Mariia Nazarkevych
Victoria Vysotska

Tecnologias da informação para o reconhecimento de objectos em vídeo: monografia

Mariia Nazarkevych
Victoria Vysotska

Tecnologias da informação para o reconhecimento de objectos em vídeo: monografia

Processamento de vídeos e imagens com base na análise de grandes volumes de dados e na tecnologia de aprendizagem automática

ScienciaScripts

Cover image: www.ingimage.com

This book is a translation from the original published under ISBN 978-3-659-86486-5.

Publisher:
Sciencia Scripts
is a trademark of
Dodo Books Indian Ocean Ltd. and OmniScriptum S.R.L publishing group

120 High Road, East Finchley, London, N2 9ED, United Kingdom
Str. Armeneasca 28/1, office 1, Chisinau MD-2012, Republic of Moldova, Europe
Printed at: see last page
ISBN: 978-620-8-35193-9

CONTEÚDO

Introdução

O estudo é dedicado ao desenvolvimento de tecnologias de informação para o reconhecimento de objectos em movimento utilizando tecnologias de aprendizagem automática na vigilância por vídeo. Nas sequências de vídeo, quando os objectos se movem em tempo real, uma tarefa importante é reconhecer e identificar os objectos em movimento, prevendo a direção do movimento e fixando a sua posição. A qualidade do reconhecimento melhorará com os métodos de aprendizagem automática e o conjunto de dados de objectos. As melhores caraterísticas do reconhecimento de objectos são alcançadas através da implementação de métodos de expansão de área, agrupamento, extração de contornos e técnicas que utilizam histogramas.

Criámos modelos para reconhecer e segmentar objectos em movimento em tempo real utilizando tecnologias de aprendizagem profunda YOLO baseadas nos últimos avanços em visão computacional, aprendizagem automática e novas tecnologias da informação. Nos métodos propostos, conseguimos um elevado desempenho quando trabalhamos com velocidades de fluxo de vídeo reais e melhoramos as taxas de precisão.

São propostos novos métodos de filtragem de fotogramas críticos de um fluxo de vídeo com melhores caraterísticas técnicas, utilizando métodos de aprendizagem profunda. Uma nova tecnologia de informação para a deteção de objectos em condições de informação em rápida mutação permite reduzir o tempo de identificação automática de objectos em 10-20%.

Foi desenvolvido um método para a identificação rápida de objectos em movimento num fluxo de vídeo que permite a alteração flexível das definições de cor em cada um dos canais e realiza a identificação rápida de um objeto em movimento em condições de fraca visibilidade, com a capacidade de responder a factores adicionais como a precipitação, o vento e o pó que podem ser registados no ambiente. Um método para identificar rapidamente objectos em movimento num fluxo de vídeo inclui a fixação de fotogramas-chave no fluxo de vídeo; a filtragem de fotogramas-chave de interferências nos domínios espacial e de frequência; a modificação dos dados dos canais vermelho, verde e azul; a aplicação do método de aprendizagem automática k-means nos canais; a expansão da área de preenchimento de pixels num determinado canal; a introdução de coeficientes de limiar em cada um dos canais; o aumento do valor do pixel para o valor dos coeficientes de limiar do canal correspondente e a colagem dos canais de cor e a identificação do objeto em movimento.

O estudo desenvolveu diagramas UML para criar um sistema de informação para a identificação de objectos em movimento. Foi construída uma hierarquia de processos do sistema de identificação de objectos móveis e um diagrama de decomposição. A decomposição dos processos permitiu considerar os aspectos críticos do sistema e revelar a sequência de etapas e fluxos de dados necessários à sua implementação. A construção de um diagrama hierárquico de processos permitiu visualizar qualitativamente as relações entre todos os processos e subprocessos do sistema, demonstrando a sequência lógica da sua execução. O diagrama ER define a estrutura da base de dados utilizada para armazenar a informação sobre os indivíduos. A análise do sistema lançou as bases para a conceção e o desenvolvimento do sistema de informação para o rastreio e reconhecimento de pessoas. Permitiu-nos determinar os principais requisitos funcionais, a estrutura do sistema e as relações entre os seus componentes.

Capítulo 1. Um método baseado em YOLO para deteção e reconhecimento do contorno de objectos em sequências de vídeo

É proposto um método para reconhecer os contornos de objectos num fluxo de dados de vídeo. Os dados são carregados utilizando a câmara de vídeo. Os objectos serão reconhecidos em tempo real. Utilizaremos o YOLO para identificar e reconhecer objectos em tempo real. Os objectos reconhecidos serão registados numa sequência de vídeo que mostra os contornos dos objectos. A abordagem proposta no projeto sintetiza razoavelmente métodos de inteligência artificial, teorias de visão por computador, por um lado, e reconhecimento de padrões, por outro; permite obter influências de controlo e funções matemáticas para a tomada de decisões em cada momento, com a possibilidade de analisar o impacto de factores externos e prever o fluxo de processos. Refere-se aos problemas fundamentais da modelação matemática dos processos reais. A instalação da rede neuronal é apresentada em pormenor. São demonstradas as caraterísticas da rede neuronal e as suas capacidades. São apresentadas abordagens à visão por computador para a extração de objectos. Os métodos mais conhecidos são os métodos de expansão de áreas, os métodos baseados em clustering, a seleção de contornos e os métodos que utilizam um histograma. O trabalho prevê a construção de um sistema de identificação rápida de veículos de combate com base nos mais recentes métodos de filtragem de imagens desenvolvidos com recurso a métodos de aprendizagem profunda. O tempo gasto na identificação da máquina será 10-20% mais curto, graças à nova tecnologia de informação desenvolvida para detetar objectos em condições de informação em rápida mudança.

1.1. Introdução

A videovigilância é uma forma comum de resolver problemas de segurança e de monitorização de eventos. Uma das principais tarefas decorrentes da videovigilância é a deteção [1], o seguimento [2] e a identificação [3] de objectos em movimento.

As câmaras de vídeo estão perto de nós e registam dados sobre nós. Por isso, é necessário reconhecer dados e objectos. Para reconhecer os dados, é necessário passar pela fase de pré-processamento, melhorando a qualidade visual - aumentando o contraste, distinguindo os limites, removendo a desfocagem e filtrando. Depois, há uma operação de preparação de imagens gráficas, que inclui a seleção de objectos, a segmentação e os contornos.

O rastreio consiste em determinar a localização de um objeto em movimento [4] ou de vários objectos ao longo do tempo, utilizando uma câmara de vídeo (ver Fig. 1.1). O algoritmo analisa os fotogramas de vídeo e indica a posição dos objectos em movimento relativamente ao fotograma.

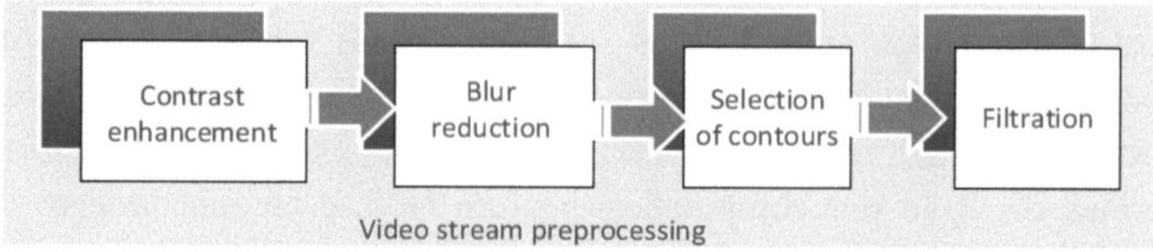

Fig. 1.1. Esquema de pré-processamento de uma sequência de vídeo com captura de objectos

O principal problema do seguimento é fazer corresponder as posições do objeto alvo em fotogramas sucessivos, especialmente se o objeto se mover mais rapidamente do que a taxa de fotogramas. Assim, os sistemas de seguimento utilizam normalmente um modelo de movimento [5], que mostra como a imagem do objeto alvo pode mudar durante vários movimentos (Fig. 1.2).

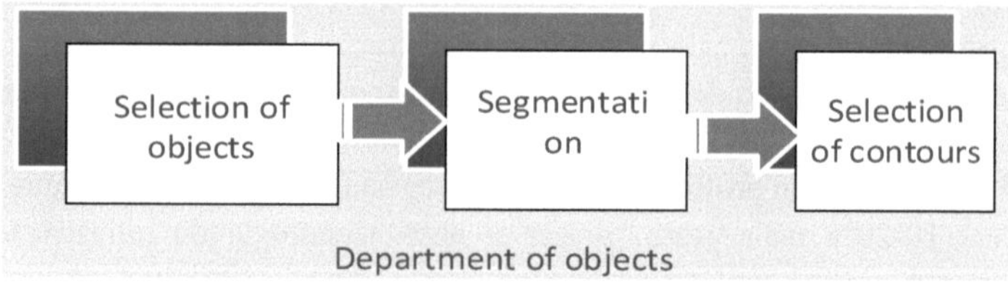

Fig. 1.2. Esquema de separação de objectos

Exemplos destes padrões de movimento simples são o seguimento de objectos planos [6] - transformação afim, ou homografia de imagens de objectos. O alvo pode ser um objeto tridimensional rígido. O modelo de movimento determina a aparência dependendo da sua posição no espaço e orientação. Para a compressão de vídeo, os quadros-chave são divididos em macroblocos. Um modelo de movimento é uma sequência de fotogramas-chave em que cada macrobloco é transformado utilizando um vetor de movimento. A imagem de um objeto deformável pode ser coberta por uma grelha, e a posição dos vértices desta grelha determina o movimento do objeto. Quando um objeto deve ser procurado e comparado com um determinado objeto, é extraído um novo conjunto de pontos críticos para a imagem de teste, os dois conjuntos são comparados e é calculada uma pontuação de semelhança.

1.2. Trabalhos relacionados

1.2.1. Seleção de objectos

Antes de selecionar um objeto a partir de um fluxo de vídeo, existem métodos pixel a pixel, bloco a bloco e métodos baseados na minimização funcional da energia [7] (Fig. 1.3). Os métodos de seleção de objectos pixel a pixel que processam todos os pontos da imagem são altamente precisos, mas são sensíveis ao ruído.

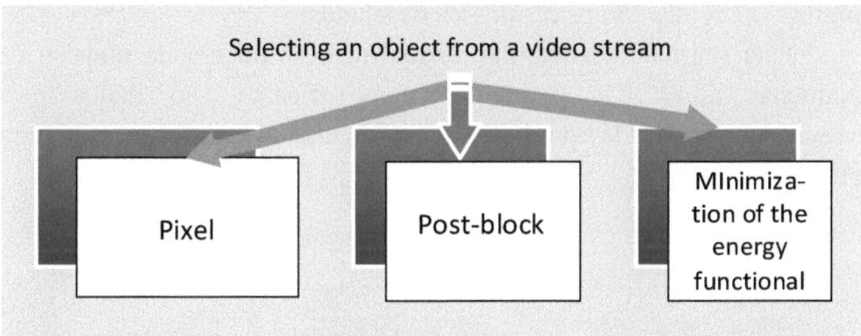

Fig. 1.3. Métodos de seleção de um objeto a partir de um fluxo de vídeo

Os métodos de escala de cinzentos efectuam a segmentação [8] - dividindo uma imagem digital em vários conjuntos de pixéis. A segmentação de imagens é normalmente utilizada para realçar objectos e limites. Mais precisamente, a segmentação de imagens consiste em atribuir essas etiquetas a cada pixel de uma imagem, de modo a que os pixéis com as mesmas etiquetas partilhem caraterísticas visuais.

Os métodos baseados em blocos não processam pixéis individuais [9], mas sim grupos de pixéis combinados em blocos. Se o bloco contiver um limite, então o limite do objeto é determinado de forma imprecisa nessas áreas.

A desvantagem dos métodos [10] baseados na função de energia é a baixa velocidade de operação.

1.2.2. Métodos de expansão de regiões

Os métodos deste grupo baseiam-se na utilização de caraterísticas locais da imagem [11]. A ideia do método de expansão de regiões consiste em analisar primeiro o ponto de partida e depois os pontos vizinhos, de acordo com o critério de homogeneidade dos pontos analisados num ou noutro grupo. Nas variantes mais eficazes do método, o ponto de partida não são os pixéis individuais, mas a divisão da imagem em várias pequenas áreas. Cada região é então verificada quanto à sua homogeneidade; se o resultado do teste for negativo, a localização correspondente é dividida em secções mais pequenas.

A segmentação por limiar e a segmentação [12], de acordo com o critério de homogeneidade baseado na luminosidade média (Fig. 1.4), muitas vezes não dão os resultados desejados.

Esta segmentação resulta normalmente num grande número de pequenas áreas. Os resultados mais eficazes são dados pela segmentação baseada no critério de homogeneidade baseado na textura [13].

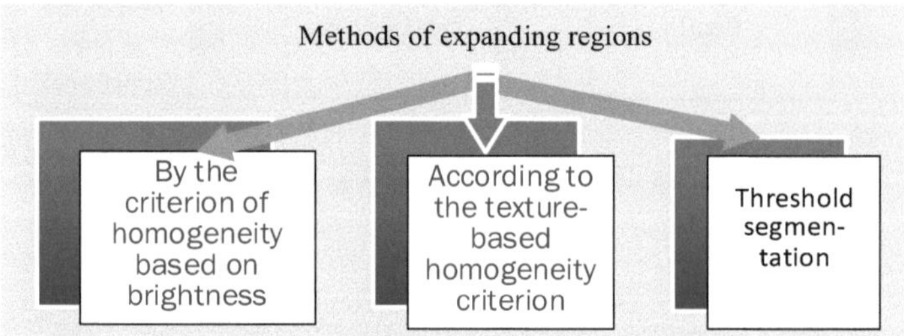

Fig. 1.4. Métodos de expansão de regiões num fluxo de vídeo

1.2.3. Seleção de contornos

No vídeo, são frequentemente observados objectos heterogéneos, pelo que é necessário encontrar perímetros, curvatura, factores de forma, área de superfície específica dos objectos, etc. Todas estas tarefas estão relacionadas com a análise dos elementos de contorno dos objectos. Os métodos para realçar os contornos numa imagem podem ser divididos em três classes principais:

1) métodos de filtragem de alta frequência [14],

2) métodos de diferenciação espacial [15]

3) métodos de aproximação funcional [16] (Fig. 1.5). Comum a todos estes métodos é o desenvolvimento da fronteira como uma região

de queda acentuada na função de brilho da imagem (i,), que o modelo matemático de contorno introduzido distingue.

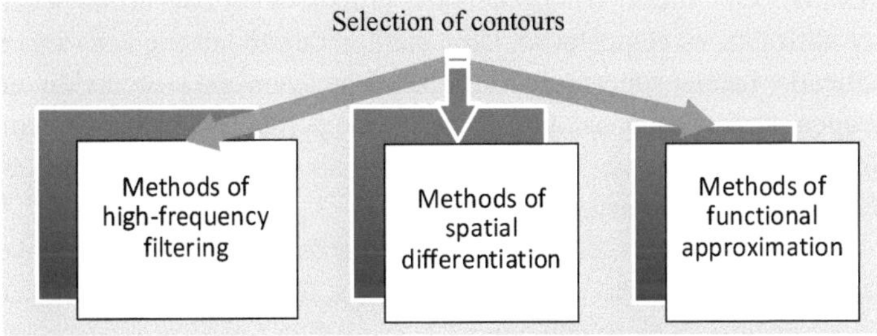

Fig. 1.5. Métodos para realçar contornos num fluxo de vídeo

Os algoritmos de seleção de contornos estão sujeitos a requisitos: os contornos selecionados devem ser finos, sem lacunas e fechados. A seleção de contornos é complicada devido à aplicação de algoritmos de afinamento e eliminação de lacunas. No entanto, os contornos não são fechados e não são adequados para procedimentos de análise.

1.2.4. Métodos baseados no agrupamento

O método K-means é um método iterativo para dividir uma imagem em K clusters. O algoritmo básico é apresentado de seguida [17]:

Passo 1. Escolher K centros de agrupamento, aleatoriamente ou com base nalgumas heurísticas.

Passo 2. Colocar cada pixel da imagem num agrupamento cujo centro esteja mais próximo desse pixel.

Passo 3. Recalcular os centros dos clusters calculando a média de todos os pixéis do cluster.

Passo 4. Repetir os passos 2 e 3 até à convergência (por exemplo, quando os pixéis permanecem no mesmo grupo).

A distância é geralmente considerada como a soma dos quadrados ou valores absolutos das diferenças entre o pixel e o centro do grupo. A diferença é frequentemente baseada na cor, brilho, textura, localização do pixel ou numa combinação equilibrada destes factores.

1.2.5. Métodos que utilizam um histograma

Os métodos baseados em histogramas [18] são muito eficientes quando comparados com outros métodos de segmentação de imagens, porque requerem apenas uma passagem de um pixel. É calculado um histograma sobre todos os pixels da imagem e os seus mínimos e máximos são utilizados para encontrar grupos. A cor ou o brilho podem ser utilizados na comparação. Uma melhoria deste método consiste em aplicá-lo recursivamente aos grupos da imagem para os dividir em grupos mais pequenos. O processo é repetido gradualmente com agrupamentos cada vez mais pequenos até ao momento em que deixam de aparecer novos agrupamentos.

As abordagens baseadas em histogramas também podem ser rapidamente adaptadas a vários fotogramas, mantendo a sua vantagem de velocidade de passagem única.

1.2.6. Deteção de objectos YOLO

O You-Only-Look-Once (YOLO) [19] é um sistema independente de deteção de objectos de vídeo que pode funcionar em tempo real a taxas de fotogramas muito elevadas - o limite padrão é de 45 fotogramas por segundo, com uma taxa de fotogramas prática reivindicada de até 155 fotogramas por segundo. O YOLO foi inicialmente lançado em 2015 com a investigação do Facebook. O YOLO é composto por duas partes principais: um detetor de classes e um detetor de estruturas. O detetor de classes determina que objectos estão presentes na imagem. O detetor de enquadramento determina a localização dos objectos na imagem. O detetor de classes funciona através de uma rede neural de regressão que aprende a prever o valor de uma variável. Aprende a prever a probabilidade de um objeto específico na imagem. O detetor de classes YOLO é uma rede neural de regressão com 24 camadas profundas. A camada de entrada da rede recebe uma imagem de 448 x 448 pixels. A camada de saída da rede contém 84 valores. Cada valor corresponde à probabilidade de um objeto específico estar presente na imagem.

1.2.7. Caraterísticas do seguimento de vídeo

As câmaras IP digitais são cada vez mais utilizadas nos modernos sistemas de videovigilância. A ligação de uma câmara IP a uma rede local já existente pode garantir custos de instalação mínimos. Vejamos as caraterísticas que devem ser consideradas ao escolher tecnologias de computador para um sistema de vigilância por vídeo digital. A primeira caraterística é o número de portas físicas às quais outros dispositivos podem ser conectados. Será que este parâmetro determina o número máximo de câmaras IP que podem ser ligadas? Um comutador com quatro portas é frequentemente utilizado para um sistema de videovigilância doméstico. Os equipamentos com 8-16-24 portas são utilizados para sistemas profissionais [20].

A segunda caraterística é a largura de banda. Ao mesmo tempo, é considerada a largura de banda de cada porta. Os valores mais comuns são 10/100 Mbps e 1 Gbps. Deve ter-se em conta que, muitas vezes, a largura de banda total do comutador pode ser inferior ao valor total de todas as portas. Ao escolher a largura de banda de uma vela, é necessário determinar a taxa de transferência de dados que a rede pode suportar.

A terceira caraterística é a velocidade de transmissão de dados, que limita a possibilidade de receber e transmitir informações. A quarta caraterística do PoE é a função que permite alimentar outros dispositivos através do mesmo cabo que transmite dados. É vital para a organização da videovigilância, uma vez que lhe permitirá livrar-se de fios desnecessários e simplificar a instalação e organização da fonte de alimentação dos dispositivos ligados.

A quinta caraterística são os protocolos de gestão. Sim, os comutadores PoE dividem-se em geridos e não geridos. Os comutadores geridos suportam vários protocolos (funções) de gestão de rede e transmissão de dados.

É possível dispensar os comutadores PoE não geridos para construir sistemas de vigilância IP simples e pequenos, fisicamente isolados das redes em que são transmitidos outros dados críticos (dados de telemetria, dados bancários e financeiros, videoconferências, etc.).

1.3. Declaração do problema

1. Vamos instalar o rastreio de objectos no fluxo de vídeo e examinar a velocidade de deteção de objectos. Para o fazer, precisamos de escrever o seguinte comando no terminal:

```
pip install ultralytics
```

E depois importá-lo para o código:

```
from ultralytics import YOLO
```

Agora, está tudo pronto para criar um modelo de rede neural:

```
modelo = YOLO("yolov8m.pt")
```

Como mencionado anteriormente, o YOLOv8 é um grupo de modelos de redes neurais. Estes modelos foram construídos e treinados com PyTorch e exportados como ficheiros .pt.

A primeira vez que executar este código, ele descarregará o ficheiro yolov8m.pt do servidor Ultralytics para a pasta atual. Em seguida, constrói um objeto modelo. Pode agora treinar este modelo, detetar objectos e exportá-los para utilização. Existem métodos convenientes para todas estas tarefas:

- `train({dataset descriptor file path})` - utilizado para treinar o modelo no conjunto de dados de imagens.
- `predict({image})` - utilizado para prever a imagem especificada, por exemplo, para detetar as caixas delimitadoras de todos os objectos que o modelo pode encontrar na imagem.
- `export({format})` - usado para exportar o modelo do formato padrão do PyTorch para o formato especificado.

Todos os modelos de deteção de objectos do YOLOv8 já estão pré-treinados no conjunto de dados COCO, uma vasta coleção de imagens de 80 tipos diferentes.

O método de previsão aceita muitos tipos diferentes de dados de entrada, incluindo um caminho para uma única imagem, uma matriz de caminhos de imagem, um objeto Image da conhecida biblioteca PIL do Python, entre outros [21].

Depois de executar os dados de entrada através do modelo, este devolve uma matriz de resultados para cada imagem de entrada. Uma vez que só fornecemos uma imagem, devolve uma matriz com um elemento, que pode extrair da seguinte forma:

```
result = results[0]
```

O resultado contém objectos detectados (Fig. 6) e propriedades convenientes para trabalhar com eles. A mais importante é a matriz de caixas com informações sobre as caixas delimitadoras detectadas na imagem (Fig. 7).

É possível determinar quantos objectos foram encontrados executando a função len:

```
len(result.boxes)
```

Fig. 1.6. Captura de vídeo de um objeto e reconhecimento de "pessoa" (foto do arquivo da família)

Fig. 1.7. Captura do objeto em vídeo e reconhecimento de "cadeira"

Após o lançamento, foi recebido "2", o que significa que foram detectadas duas caixas: uma para um telemóvel e outra para uma pessoa (Fig. 1.8). Pode analisar cada caixa num ciclo ou manualmente. Vejamos o primeiro objeto:

```
box = result.boxes[0]
```

O objeto caixa contém propriedades da caixa delimitadora, incluindo:

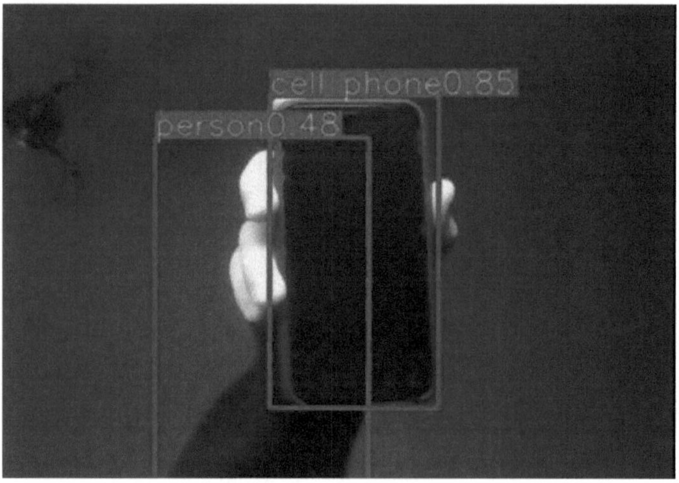

Fig. 1.8. Captura de vídeo de dois objectos e reconhecimento de "pessoa" e "telemóvel"

- xyxy - coordenadas da caixa sob a forma de uma matriz [x1,y1,x2,y2];
- cls - identificador de tipo de objeto;
- conf - nível de confiança do modelo relativamente a este objeto. Pode ignorar o campo se este for deficiente, como < 0,5.

Vamos apresentar informações sobre o objeto:

```
print("Object type:", box.cls)
print("Coordinates:", box.xyxy)
print("Probability:", box.conf)
```

Para o primeiro objeto, receberá as seguintes informações:

```
Object type: tensor([16.])
Coordinates: tensor([[261.1901,
Probability: tensor([0.9528])
```

Uma vez que o YOLOv8 contém modelos PyTorch, as saídas dos modelos PyTorch são codificadas como uma matriz de objectos Tensor PyTorch, pelo que é necessário extrair o primeiro elemento de cada uma destas matrizes:

```
print("Object type:",box.cls[0])
print("Coordinates:",box.xyxy[0])
print("Probability:",box.conf[0])
```

```
Object type: tensor(16.)
Coordinates: tensor([261.1901,
Probability: tensor(0.9528)
```

Agora, vemos os dados como objectos Tensor. Para extrair os valores reais de um Tensor, é necessário utilizar o método .tolist() para tensores com uma matriz no interior e o método .item() para valores escalares.

Vamos carregar os dados para as variáveis correspondentes:

```
cords = box.xyxy[0].tolist()
class_id = box.cls[0].item()
conf = box.conf[0].item()
print("Object type:", class_id)
print("Coordinates:", cords)
print("Probability:", conf)
```

```
Object type: 16.0
Coordinates: [261.1900634765625,
Probability: 0.9528293609619141
```

Agora, vemos os dados reais. As coordenadas podem ser arredondadas e a probabilidade também pode ser arredondada para duas casas decimais.

Todos os objectos que uma rede neural pode detetar têm identificadores digitais. No caso do modelo YOLOv8 pré-treinado, existem 80 tipos de caraterísticas com IDs de 0 a 79. As classes de caraterísticas COCO são públicas. O objeto de resultado YOLOv8 também contém uma propriedade names conveniente para recuperar estas classes.

1.4. Dados para o modelo proposto

A aplicação Web é constituída por 2 ficheiros principais:

- O Flaskapp.py é um ficheiro responsável pelo aspeto e pela estrutura do projeto.
- YOLO_Video.py é um ficheiro responsável pelo algoritmo YOLO para implementar o reconhecimento de objectos no fluxo de vídeo.

Implementação do ficheiro Flaskapp.py e configuração da aplicação Flask:

- É criada uma aplicação Web utilizando a classe Flask.
- São definidos parâmetros de configuração, tais como a chave secreta e a pasta de descarregamento de ficheiros.
- Define a classe UploadFileForm usando Flask-WTF para lidar com uploads de ficheiros.

Funções de processamento de vídeo:

- As funções generate_frames e generate_frames_web são definidas para gerar fotogramas com base nos resultados da deteção YOLO.
- Estas funções utilizam a função video_detection do ficheiro YOLO_Video.py para detetar objectos nos fotogramas de vídeo.
- As rotas são definidas para a página inicial (/ e /home), a página da webcam (/webcam) e a página de download de vídeo (/FrontPage).
- As rotas /video e /webapp transmitem quadros de vídeo com resultados de deteção de objectos.
- A webcam e os percursos frontais processam modelos HTML para páginas de webcam e carregamentos de vídeo.
- A classe UploadFileForm é utilizada para tratar o carregamento de ficheiros de vídeo.
- A aplicação é executada no servidor de desenvolvimento se o script for executado diretamente.

Implementação do ficheiro YOLO_Video.py:

- A função de deteção de vídeo recebe um percurso de vídeo como entrada e efectua a deteção de objectos utilizando o modelo YOLO.
- O modelo YOLO da Ultralytics é carregado a partir do ficheiro de ponto de controlo especificado (yolov8n.pt).
- Os fotogramas dos objectos detectados em cada fotograma são determinados e os fotogramas processados são devolvidos.
- Os nomes das classes correspondentes aos objectos detectados são definidos na lista classNames.

Captura e processamento de vídeo:

- O OpenCV é utilizado para capturar fotogramas de vídeo a partir do caminho especificado.
- Os objectos detectados, as etiquetas de classe e os níveis de confiança são desenhados em cada fotograma.
- As molduras processadas são devolvidas para transmissão no browser do utilizador.

Um curso geral de trabalho:

- O utilizador carrega um ficheiro de vídeo através da interface.
- O ficheiro é guardado e o seu caminho é armazenado na sessão do Flask.
- O detetor de objectos é chamado a partir do percurso de vídeo recebido.
- Os fotogramas de vídeo processados são transmitidos através do browser do utilizador para visualização em tempo real.

Este projeto utiliza o Flask para a aplicação Web e integra o YOLO para o processamento de vídeo em tempo real. O ficheiro YOLO_Video.py isola a funcionalidade relacionada com o YOLO, tornando-o modular e reutilizável.

Quando entramos na aplicação Web, somos recebidos pela página "título". Existem dois botões nesta página:

- O primeiro botão Vídeo envia-nos para uma página onde podemos carregar um vídeo, premir o botão Enviar e receber o vídeo processado.
- O segundo botão LiveWebcam envia-nos para uma página onde a webcam é ligada automaticamente e apresentada num formato processado no ecrã.

Nas imagens Fig. 1.9- Fig. 1.16, podemos ver que o algoritmo YOLOv8 está a ser executado na webcam.

O nosso modelo baseia-se num OSFA pré-treinado e é construído com base no PyTorch. O tamanho da imagem de treino foi de 256 × 128. Um lote de 64 dados selecionados aleatoriamente foi então alimentado à rede. Durante o teste, as imagens de teste também são redimensionadas para 256 × 128. O nosso modelo é treinado em 100 épocas. Os valores de α1, α2 e a taxa de aprendizagem são os mesmos que os do OSFA. α1, α2 e a taxa de aprendizagem são definidos como 1, 0,0007, 3,5 × 10-5, respetivamente. No SAM, o número de partes horizontais é 4. Todas as experiências são efectuadas com um ambiente de hardware Intel(R) Core(TM) i7-11800H de 11.ª geração a 2,30 GHz e NVIDIA GeForce RTX 3060.

Fig. 1.9. Resultados do reconhecimento e identificação de duas pessoas e um camião na sequência de vídeo Yolo

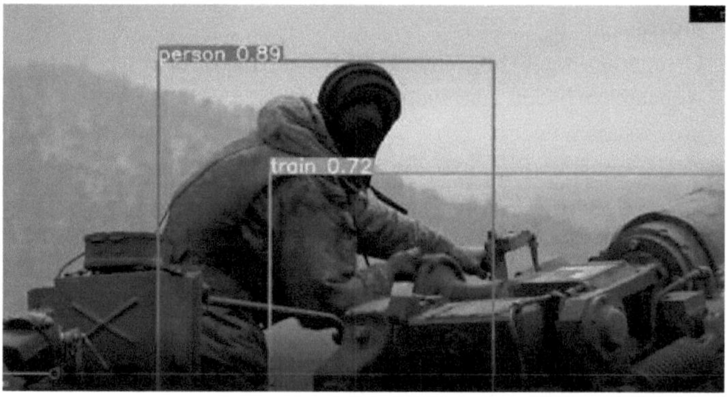

Fi. 1.10. Resultados do reconhecimento e identificação de uma pessoa e de uma sequência de vídeo Yolo

Fig. 1.11. Resultados do reconhecimento e identificação de objectos da sequência de vídeo Yolo

Fig. 1.12. Resultados do reconhecimento de humanos e tanques na sequência de vídeo Yolo

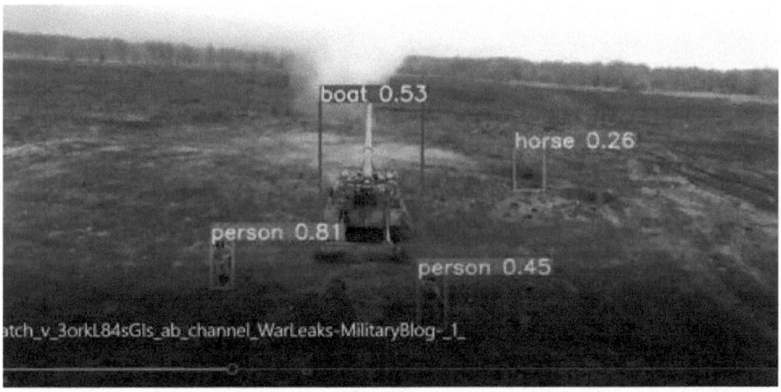

Fig. 1.13. Resultados do reconhecimento de duas pessoas, um tanque na sequência de vídeo Yolo

Fig. 1.14. Resultados do reconhecimento e identificação de objectos da sequência de vídeo Yolo

Figura 1.15. Resultados do reconhecimento e identificação de três objectos

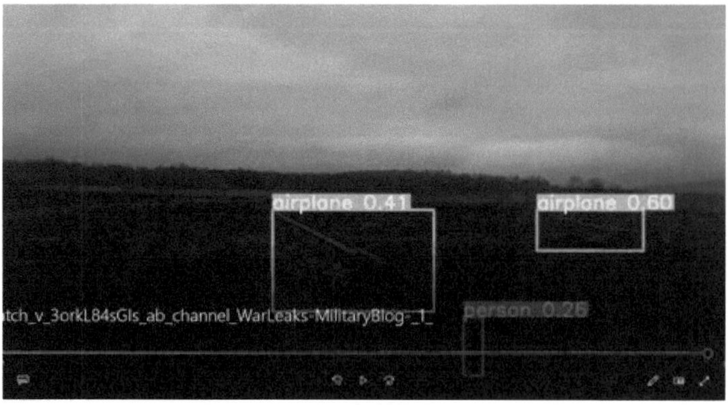

Figura 1.16. Resultados do reconhecimento e identificação de três objectos da sequência de vídeo Yolo

Os dados foram retirados de [22] para formar o conjunto de dados. A tecnologia protegida foi desenvolvida em [23], de onde foram retirados os canais de comunicação protegidos. O diagrama estrutural do modelo foi retirado de [24], e os métodos foram utilizados em [25]. Além disso, as abordagens utilizadas para o pré-processamento de imagens foram obtidas em [26] e [27]. O processamento de dados foi formado graças a [28].

1.5. Conclusão

Este estudo analisou o algoritmo de reconhecimento de objectos YOLOv8 e as suas diferenças em relação a outros algoritmos de aprendizagem automática. Foi também criada, investigada e testada uma aplicação Web para o reconhecimento de objectos num fluxo de vídeo. Foi apresentada uma panorâmica clara das ferramentas de desenvolvimento de uma aplicação Web que utiliza o YOLOv8. Foram estudados o ambiente de programação PyCharm, a estrutura Flask e as suas vantagens em relação a outras estruturas. Foi também explorado o Ultralytics, que ajuda a desenvolver e a testar aplicações Web para transmissão de vídeo.

Como resultado do trabalho realizado, foi alcançado um elevado nível de compreensão do algoritmo YOLOv8, das suas caraterísticas e capacidades na deteção de objectos no fluxo de vídeo. A aplicação Web desenvolvida não é apenas uma aplicação prática deste algoritmo, mas pode também servir de base para futuros desenvolvimentos e melhorias.

1.6. Referências

[1] Liu, J., Xie, G., Wang, J., Li, S., Wang, C., Zheng, F., & Jin, Y. (2024). Deteção profunda de anomalias em imagens industriais: A survey. Machine Intelligence Research, 21(1), 104-135.

[2] KRUGER-MARAIS, E. (2024). Legendagem para a aquisição de línguas: Eye tracking as predictor of attention allocation in education. Revista Internacional de Estudos Linguísticos, 18(2).

[3] Li, P., Zhang, Y., Yuan, L., Xiao, H., Lin, B., & Xu, X. (2024). Rede eficiente de atenção temporal longa e curta para segmentação não supervisionada de objetos de vídeo. Pattern Recognition, 146, 110078.

[4] Kawamura, E., Kannan, K., Lombaerts, T., Stepanyan, V., Dolph, C., & Ippolito, C. A. (2024). Rastreador de visão baseado em solo para mobilidade aérea avançada e mobilidade aérea urbana. No Fórum AIAA SciTech 2024 (p. 2010).

[5] Yin, Z., Ni, Y., Li, L., Wang, T., Wu, J., Li, Z., & Tan, D. (2024). Modelação numérica e investigação experimental de um vórtice de afundamento bifásico e

das suas caraterísticas de vibração fluido-sólido. Journal of Zhejiang University-SCIENCE A, 25(1), 47-62.

[6] Wolf, T., Fridovich-Keil, D., & Jones, B. A. (2024). Planejamento de trajetória baseado em informações mútuas para rastreamento de objetos espaciais Cislunar usando convexificação sucessiva. No Fórum AIAA SCITECH 2024 (p. 0626).

[7] Zhang, H., Zheng, D., Zhang, Y., Cao, J., Lin, W., & Ling, W. K. (2024). Avaliação da qualidade para visualizações sintetizadas por DIBR com base na transformada Wavelet e na similaridade de magnitude de gradiente. IEEE Transactions on Multimedia.

[8] Qin, Q., & Chen, Y. (2024). Uma revisão da segmentação de vasos da retina para análise de imagens de fundo de olho. Aplicações de Engenharia da Inteligência Artificial, 128, 107454.

[9] Li, M., Cui, Q., Wang, X., Zhang, Y., & Xiang, Y. Ftpe-Bc: Fast Thumbnail-Preserving Image Encryption Using Block-Churning. Disponível em SSRN 4698446.

[10] Clayton-Chubb, D., Kemp, W. W., Majeed, A., Lubel, J. S., Woods, R. L., Tran, C., ... & Roberts, S. K. (2024). A doença hepática esteatósica associada à disfunção metabólica em adultos mais velhos está associada à fragilidade e desvantagem social. Liver International, 44(1), 39-51.

[11] Mira, E. S., Sapri, A. M. S., Aljehanı, R. F., Jambı, B. S., Bashir, T., El-Kenawy, E. S. M., & Saber, M. (2024). Diagnóstico precoce do câncer oral usando processamento de imagem e inteligência artificial. Fusion: Practice and Applications, 14(1), 293-308.

[12] Qiao, L., Liu, K., Xue, Y., Tang, W., & Salehnia, T. (2024). Um método de segmentação de imagem de limiar multinível usando algoritmos híbridos de Otimização Aritmética e Harris Hawks Optimizer. Expert Systems with Applications, 241, 122316.

[13] Wang, Z., Deng, Y., Zhang, Y., Tang, X., Zhou, P., Li, P., ... & Zhang, M. (2024). Proteína fibrosa de soro de leite mediada por géis de emulsão homogéneos e de textura macia para idosos: Melhoria da bioacessibilidade da curcumina. Química Alimentar, 437, 137850.

[14] Gao, J., & Huang, Y. (2024). FP-Net: rede de perceção de frequência com treino adversarial para localização de manipulação de imagem. Ferramentas e aplicações multimédia, 1-19.

[15] Su, Y., Tan, W., Dong, Y., Xu, W., Huang, P., Zhang, J., & Zhang, D. (2024). Melhorando a deteção de objetos ocultos em imagens ativas de ondas milimétricas usando a transformada wavelet. Signal Processing, 216, 109303.

[16] Bhandari, J., & Russo, D. (2024). Garantias de optimalidade global para métodos de gradiente de política. Pesquisa Operacional.

[17] Qian, K., & Duan, H. C. (2024). Plataforma de contagem ótica de larvas de camarão usando k-means mascarados e um filtro de janela lateral. Applied Optics, 63(6), A7-A15.

[18] Lee, S., Kim, J., Bae, P., Lee, S., & Kim, H. (2024). Método de análise de imagem fiável baseado em histograma de intensidade para imunoensaio de fluorescência baseado em esferas. BioChip Journal, 1-9.

[19] Redmon, J., Divvala, S., Girshick, R., & Farhadi, A. (2016). Só se olha uma vez: Deteção de objectos unificada e em tempo real. Nos Anais da conferência do IEEE sobre visão computacional e reconhecimento de padrões (pp. 779-788).

[20] Zhang, T., Chowdhery, A., Bahl, P., Jamieson, K., & Banerjee, S. (2015, setembro). O projeto e a implementação de um sistema de vigilância por vídeo sem fio. Em Proceedings of the 21st Annual International Conference on Mobile Computing and Networking (pp. 426-438).

[21] Nazarkevych, M., Logoyda, M., Troyan, O., Vozniy, Y., & Shpak, Z. (2019, setembro). O filtro ateb-gabor para impressão digital. Em Conferência sobre Ciência da Computação e Tecnologias da Informação (pp. 247-255). Cham: Springer International Publishing.

[22] Nazarkevych, M., Oliarnyk, R., Troyan, O., & Nazarkevych, H. (2016, setembro). Proteção de dados baseada em encriptação usando Ateb-functions. In 2016 XIth International Scientific and Technical Conference Computer Sciences and Information Technologies (CSIT) (pp. 30-32). IEEE.

[23] Medykovskyy, M., Lipinski, P., Troyan, O., & Nazarkevych, M. (2015, setembro). Métodos de proteção de documento formado a partir de elemento latente localizado por fractais. Em 2015 Xth International Scientific and Technical Conference" Computer Sciences and Information Technologies"(CSIT) (pp. 70-72). IEEE.

[24] Sheketa, V., Romanyshyn, Y., Vovk, R., Pikh, V., & Pasyeka, M. (2019, outubro). Métodos formais para a resolução de problemas tecnológicos nas rotinas de infocomunicação da tomada de decisões inteligentes para controlo de perfuração. Em 2019 IEEE International Scientific-Practical Conference Problems of Infocommunications, Science and Technology (PIC S&T) (pp. 29-34). IEEE.

[25] Sheketa, V., Zorin, V., Chupakhina, S., Kyrsta, N., Pasyeka, M., & Pasieka, N. (2020, novembro). Método empírico de avaliação dos valores numéricos das métricas no processo de determinação da qualidade do software médico. Em 2020 Conferência Internacional sobre Ciências e Aplicações de Auxílio à Decisão (DASA) (pp. 22-26). IEEE.

[26] Boyko, N., & Tkachuk, N. (2020, novembro). Processamento de diferentes tipos de dados médicos usando Hadoop e Java MapReduce. Em IDDM (pp. 405-414).

[27] Boyko, N., Kuba, M., Mochurad, L., & Montenegro, S. (2019). Distribuição Fractal de Dados Médicos em Rede Neural. Em IDDM (pp. 307-318).

[28] Tsmots, I., Teslyuk, V., Teslyuk, T., & Lukashchuk, Y. (2021). O método e o modelo de simulação da seleção da base de elementos para a síntese do sistema de proteção e transmissão de dados. International Journal of Sensors Wireless Communications and Control, 11(5), 518-530.

Capítulo 2. Método de preenchimento do conjunto de dados e reconhecimento de objectos em movimento em sequências de vídeo com base no YOLO

Foi estudado o método de preenchimento do conjunto de dados de objectos militares móveis. O objeto capturado por uma câmara de vídeo montada num objeto em movimento será investigado no futuro. O software utilizado é o YOLO v8, que permite seguir objectos em movimento que caem no vídeo da câmara de vídeo. Utilizamos métodos de inteligência artificial para reconhecer o equipamento militar. O reconhecimento de objectos pode ser melhorado através da análise de contornos, da comparação de padrões e da comparação ponto a ponto. Em trabalhos futuros, desenvolveremos o reconhecimento destas teorias. São apresentadas as métricas utilizadas para avaliar o reconhecimento de objectos. É proposto um método para preencher o conjunto de dados e criar um classificador. Os gráficos mostram os resultados do reconhecimento de objectos em movimento no Yolo8x.

2.1. Introdução

Atualmente, com o rápido desenvolvimento da inteligência artificial baseada na tecnologia de aprendizagem profunda, as redes neuronais convolucionais [1] fizeram um grande avanço na visão por computador, aumentando significativamente a flexibilidade e a automatização da produção.

Na visão por computador, a visão artificial está envolvida no reconhecimento automático de objectos em movimento e na deteção de obstáculos durante o movimento dos objectos.

2.2. Trabalhos relacionados

A série YOLO foi actualizada para YOLO v8 [3]. Muitos cientistas começaram a estudá-las para melhorar o desempenho dos algoritmos de deteção de objectos existentes. Em particular, [4] propôs um detetor de objectos baseado em caraterísticas de profundidade. Melhora a capacidade de treinar a rede através de métodos de treino multi-escalonados sem aumentar o tamanho da rede e integra múltiplas caraterísticas de rastreio de modelos de observação para uma localização precisa do objeto. No entanto, este método carece de deteção e de falsa deteção em cenas complexas com muitos objectos.

Numa era marcada por rápidos avanços no domínio da inteligência artificial (IA) e da visão por computador, a convergência destas tecnologias deu origem a progressos revolucionários com implicações profundas. O domínio das aplicações militares está na vanguarda do aproveitamento do potencial da IA, nomeadamente no domínio da visão por computador. Este artigo explora este aspeto de forma crítica, aprofundando a importância do treino de modelos de IA, centrando-se especificamente no modelo You Only Look Once (YOLO) para o reconhecimento de objectos militares, nomeadamente tanques.

À medida que a velocidade da inovação tecnológica se intensifica, a IA e a visão por computador evoluíram para instrumentos cruciais que remodelam as nossas percepções e interações com o ambiente. Em contextos militares, a incorporação de capacidades de visão computacional é primordial, proporcionando uma maior consciência situacional, facilitando a tomada de decisões estratégicas e optimizando a eficiência operacional global. A identificação rápida e precisa de objectos militares, como tanques, é imperativa em ambientes caracterizados por dinamismo e imprevisibilidade.

No meio destes avanços tecnológicos, os recentes acontecimentos geopolíticos e a guerra na Ucrânia acentuam a necessidade urgente de modelos avançados de IA capazes de detetar bens militares como tanques. A utilização da IA em zonas de conflito confere uma vantagem estratégica ao permitir o reconhecimento de objectos em tempo real, ajudando na atribuição precisa de recursos e, em última análise, aumentando a segurança e a eficácia das operações militares.

Este artigo explora a forma como treinamos um modelo YOLO sofisticado para reconhecer objectos militares. Discutiremos os métodos que utilizamos, as dificuldades que enfrentamos e o que poderá acontecer. O objetivo é mostrar a importância da IA e da visão por computador na mudança do funcionamento da tecnologia militar, afectando significativamente a segurança e a defesa dos nossos países.

São utilizados vários métodos de visão por computador para procurar objectos na imagem.

Existem três métodos principais de reconhecimento de objectos na imagem:

- análise de contorno [5],
- correspondência de modelos [6]

- deteção, descrição e correspondência de caraterísticas [7].

Um dos métodos de reconhecimento de objectos a partir de um fluxo de vídeo é a utilização de métodos de pesquisa de padrões. Este método tem informações sobre o aspeto do objeto pretendido, o tipo de fundo que pode ter, o aspeto dos contornos específicos do objeto e as posições em que podem estar, considerando imediatamente a possível localização da deteção do objeto. Isto permite-nos obter um reconhecimento elevado e tem uma boa velocidade. No entanto, quando a câmara de vídeo capta vários objectos semelhantes, são satisfeitos padrões diferentes e o reconhecimento diminui. Por conseguinte, deve ser aplicada uma família de modelos para estimar as funções.

O Google Collaboratory [8] ("Colab", uma versão em nuvem do Jupyter Notebook) será usado para treinar redes neurais. A utilização do Colab não requer a instalação, execução ou atualização do hardware do computador para satisfazer os requisitos intensivos de CPU/GPU do Python. Além disso, o Colab fornece acesso gratuito a infra-estruturas de computação, como armazenamento, RAM, potência de computação e processamento com unidades gráficas (GPU) [9] e unidades de processamento tensorial (TPU) [10].

Será organizado um espaço de trabalho antes de o projeto ser desenvolvido. O preenchimento do conjunto de dados será efectuado para identificar alvos inimigos para o conjunto de dados correspondente. Este processo incluirá a procura de imagens e vídeos dos objectos acima mencionados e a marcação dos objectos correspondentes. O conjunto de dados será composto por dezenas de milhares de imagens únicas - aproximadamente iguais para cada classe.

2.3. Análise de contorno

Um dos métodos utilizados para determinar objectos em movimento é a análise de contornos [11], que descreve, armazena, reconhece, compara e procura imagens gráficas (objectos) com base nos seus contornos. O contorno acaba por definir a forma da imagem e contém toda a informação necessária para reconhecer imagens pela sua forma. Esta abordagem permite-lhe não considerar os pontos internos da imagem, reduzindo significativamente a quantidade de informação transformada. Um contorno é uma curva que descreve o limite do objeto na imagem. Assim, é possível considerar os contornos dos objectos, o que reduz a complexidade dos algoritmos. A principal vantagem da análise de contornos é a invariância da rotação, escala e deslocação do contorno da imagem. É adequada para a procura de um objeto com uma determinada forma. Como resultado, é frequentemente possível assegurar que o sistema funciona em tempo real. No entanto, este método tem desvantagens significativas. Há quebras no contorno em alguns sítios. Assim, a análise do contorno tem uma resistência relativamente fraca às interferências e qualquer violação da integridade do contorno ou má visibilidade do objeto conduz à impossibilidade de deteção ou a falsos positivos. A simplicidade e a rapidez da análise de contorno permitem-lhe aplicar esta abordagem com êxito, desde que um objeto bem definido esteja sobre um fundo contrastante.

2.4. Correspondência de modelos

O método de comparação de modelos [12] é executado de acordo com o critério mínimo (máximo) de uma função que compara o objeto e o seu modelo. Este método é um dos mais simples. Os parâmetros de entrada do processo são a imagem na qual o modelo deve ser procurado, a imagem do objeto que deve ser encontrada na imagem testada e o tamanho do modelo deve ser inferior ao tamanho da imagem testada. O algoritmo tem como objetivo encontrar uma secção na imagem testada que corresponda ao modelo. A procura de um modelo é efectuada movendo-o sequencialmente um pixel ao longo da imagem e avaliando a semelhança de cada nova área com o modelo. A secção com o rácio de coincidência mais elevado é selecionada com base nos resultados da verificação. É a percentagem de sobreposição entre a área da imagem e o modelo. O método descrito de correspondência com modelos é simples, mas existe uma certa complexidade no processo de criação de modelos, ou seja, na aprendizagem. A correspondência de modelos não permite dizer se o objeto original foi encontrado porque é uma caraterística probabilística que depende da escala, dos ângulos de visão, das rotações da imagem e dos obstáculos físicos [13]. Também é possível que o algoritmo dê falsos positivos quando o objeto procurado não está presente, mas existem alguns detalhes gerais no padrão e na área da imagem testada. É claro que esta situação pode ser evitada verificando o valor do fator de concordância (para que não seja inferior a um determinado limiar), mas isto nem sempre funcionará corretamente.

2.5. Pesquisa por pontos únicos

Frequentemente, os algoritmos utilizam os pontos-chave da imagem [14] (feature points) para o seu trabalho. Os pontos-chave são entendidos como algumas áreas da imagem que são distintivas para essa imagem. Existem muitos métodos para detetar esses "pontos especiais". Todos eles diferem na velocidade de operação, no número de pontos selecionados e na resistência às transformações da imagem: rotação, alterações nos ângulos de visão e alterações na escala. São utilizados três componentes para encontrar pontos críticos nas imagens e a sua posterior comparação:

- Detetor de caraterísticas [15] - procura pontos críticos na imagem.

- Descriptor (extrator de descritores) - produz uma descrição dos pontos vitais encontrados, avaliando as suas posições através da descrição das áreas circundantes.

- Matcher (matcher) - constrói correspondências entre dois conjuntos de pontos de imagem. Ao contrário da correspondência de modelos e da análise de contornos, os algoritmos para encontrar pontos-chave são mais resistentes a obstáculos e transformações e permitem encontrar objectos mesmo em barreiras físicas.

Para atingir o nível mais elevado possível de seguimento de um objeto (marcador), este deve ter muitos pontos-chave únicos (estáveis), que a biblioteca de realidade aumentada pode rapidamente destacar no fluxo de vídeo e comparar com o conjunto de modelos existente. Para tal, é necessário utilizar o detetor e o descritor mais rápidos possíveis e desenvolver um algoritmo que permita afirmar com confiança que o objeto foi encontrado.

Este algoritmo permite reconhecer imagens em diferentes ângulos e distâncias da câmara, sob diferentes condições de iluminação e quando a imagem está parcialmente sobreposta [16].

2.6. Arquitetura do algoritmo YOLO

O modelo YOLOv8 [17] é amplamente utilizado para fins de deteção de objectos. O YOLOv8 está disponível em quatro versões principais: miniatura (s), média (m), grande (l) e extra-grande (x), com cada versão a fornecer níveis crescentes de precisão. Além disso, cada variante requer uma quantidade de tempo diferente para o processo de treino. O objetivo do gráfico é criar um modelo de deteção de objectos altamente eficiente, com o desempenho indicado no eixo Y e o tempo de inferência no eixo X. Os resultados iniciais sugerem que o YOLOv8 tem um desempenho excecional na consecução deste objetivo em comparação com outras técnicas de ponta. Examinando o gráfico, é evidente que todas as versões do YOLOv8 apresentam tempos de formação mais rápidos do que o EfficientDet. Especificamente, o modelo mais preciso do YOLOv8, o YOLOv8x, demonstra a capacidade de processar imagens a um ritmo significativamente mais rápido, mantendo um nível de precisão comparável ao do modelo EfficientDet D4 [18]. A arquitetura do YOLO envolve a divisão da imagem de entrada e a previsão de caixas delimitadoras numa grelha e probabilidades de classe.

Eis uma visão geral de alto nível da arquitetura YOLO:

- Camada de entrada. O YOLO recebe uma imagem de entrada, normalmente com um tamanho fixo.
- Estamos a dividir em grelha. A imagem é dividida numa grelha S × S. Cada célula da grelha é responsável pela previsão das caixas delimitadoras e das probabilidades de classe.
- Previsão de caixa delimitadora. Cada célula da grelha prevê várias caixas delimitadoras (normalmente caixas delimitadoras B). Estas caixas delimitadoras incluem informações sobre as coordenadas (x, y) da caixa delimitadora, a largura (w), a altura (h) e as pontuações de confiança.
- Previsão de classes. O modelo prevê as probabilidades de classe para cada caixa delimitadora para diferentes categorias de objectos. É efectuada utilizando a ativação softmax.
- Pontuação de confiança. Cada previsão de caixa delimitadora está associada a uma pontuação de confiança, indicando a probabilidade de a caixa delimitadora conter um objeto. Esta pontuação considera tanto a probabilidade de presença do objeto como a precisão da caixa delimitadora.
- Previsão final. As previsões finais são obtidas através da combinação das coordenadas da caixa delimitadora, das probabilidades de classe e das pontuações de confiança. A supressão não máxima é então aplicada para filtrar as previsões redundantes e de baixa confiança.

- Saída. O resultado final é um conjunto de caixas delimitadoras, cada uma associada a um rótulo de classe e a uma pontuação de confiança.
- Função de perda. O YOLO utiliza uma função de perda de várias partes que inclui termos para a presença/ausência de objectos, coordenadas da caixa delimitadora e probabilidades de classe. Permite que o modelo seja treinado para uma deteção precisa.

O algoritmo YOLO recebe uma imagem como entrada e utiliza uma rede neural convolucional profunda para detetar objectos na imagem.

As primeiras 20 camadas convolucionais do modelo são pré-treinadas usando o ImageNet [19], usando uma camada de agrupamento de média temporal e uma camada totalmente conectada. Depois disso, este modelo treinado é transformado para executar a tarefa de deteção de objectos, melhorando o desempenho da rede treinada. A última camada totalmente conectada do YOLO prevê as probabilidades de classe e as coordenadas da caixa delimitadora.

O YOLO assume múltiplas caixas delimitadoras para cada célula da grelha. Durante o treino, o objetivo é garantir que cada preditor de caixa delimitadora é "responsável" pela previsão do objeto com base na previsão com o valor mais elevado de sobreposição de amostras com a informação correta.

Para melhorar a precisão da deteção de objectos, o YOLO utiliza o método de Supressão Não Máxima (NMS) [20]. Esta técnica permite identificar e remover caixas delimitadoras redundantes ou incorrectas que possam ser criadas para um único objeto. Como resultado da aplicação do NMS, apenas uma caixa delimitadora é selecionada para cada objeto na imagem, melhorando a qualidade e a eficiência do processo de deteção.

2.7. A diferença entre o YOLO e outros algoritmos de aprendizagem profunda para a deteção de objectos

A principal diferença entre os algoritmos YOLO utilizados para a deteção de objectos é o facto de reconhecerem rapidamente os objectos em tempo real. O princípio de funcionamento do YOLO consiste em introduzir toda a imagem de uma só vez, que passa pela rede neural convolucional apenas uma vez [21]. O desempenho do algoritmo YOLO é avaliado utilizando o conjunto de dados COCO [22] (Common

Objects in Context). O conjunto de dados COCO é um grande conjunto de dados composto por 80 classes de caraterísticas. O YOLOv1, a versão de base, consegue reconhecer 24 classes de objectos e tem um mAP (precisão média) de 21,6% medido utilizando o conjunto de dados COCO. O YOLOv2 pode reconhecer 90 classes de caraterísticas com um mAP do conjunto de dados COCO de 30,2%. O YOLOv3 pode reconhecer 1000 classes de caraterísticas com um mAP de 57,9%. O YOLOv4 tem um desempenho melhor do que o YOLOv3, mas consegue reconhecer 80 classes de caraterísticas com um mAP de 60,0%. O YOLOv8 obtém melhorias significativas de desempenho em relação ao YOLOv4 e atinge um mAP de 83,5% no conjunto de dados COCO. YOLOv6 alcançou 84,4% do conjunto de dados COCO mAP. O YOLOv7 alcançou um mAP de 85,4%. O YOLOv8 oferece melhorias adicionais de desempenho em relação ao YOLOv7 e atinge um mAP de 86,4%. No entanto, o algoritmo YOLO tem as suas desvantagens. As limitações espaciais permitem que apenas 8Bbox sejam projectados por célula da grelha, tornando difícil distinguir objectos que estão próximos uns dos outros. São utilizadas várias amostras e é frequentemente visível uma falta de pormenor.

O terceiro problema é a localização imprecisa e, por último, uma vez que o treino da Bbox é efectuado com base em dados, é difícil para o algoritmo detetar um conjunto de dados de teste que não existe nos dados de treino. No entanto, o aspeto mais desafiante da aprendizagem profunda é a preparação dos dados de treino, e os dados aplicáveis a cada domínio de aplicação são limitados. Apesar de todas as limitações, o modelo YOLO continua a ter uma velocidade de processamento significativamente superior à de outros modelos e continua a ser amplamente utilizado.

2.8. Construção do modelo

As redes neuronais artificiais são sistemas de computação complexos semelhantes aos sistemas correspondentes do cérebro humano. São constituídas por neurónios artificiais que recebem sinais de entrada a partir de um determinado número de ligações aos neurónios da camada anterior ou à entrada da rede. A Fig. 2.1 apresenta um esquema simples de rede neuronal com uma camada oculta.

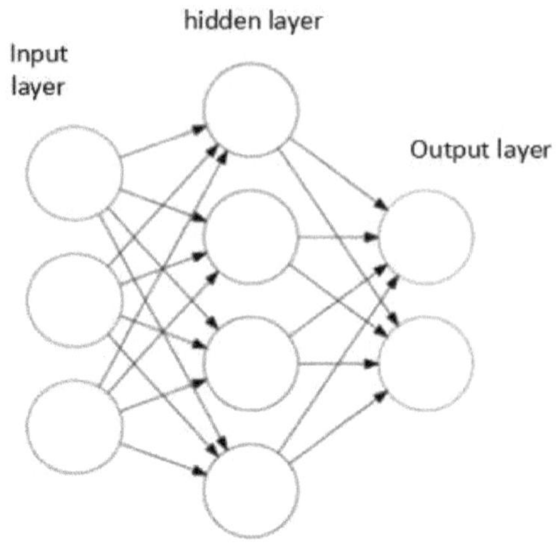

Fig. 2.1. Esquema de uma rede neural simples com uma camada oculta

A aprendizagem de uma rede neuronal consiste em ajustar os parâmetros da rede para obter melhores resultados. Para a maioria dos problemas em redes neuronais, a tutoria é utilizada quando o sistema é alimentado com dados com um resultado pronto para treinar gradualmente a rede com dados reais, em que a resposta correta não é conhecida antecipadamente. A melhoria dos resultados e da precisão da rede é feita através da minimização de um erro específico, que é a diferença entre as saídas previstas e reais.

A exatidão mede o grau em que o modelo prevê o resultado correto em comparação com o resultado real. É calculada dividindo o número de previsões corretas pelo número total de previsões. Embora a exatidão seja uma métrica valiosa, pode não ser suficiente para avaliar o desempenho de modelos complexos de IA. Por conseguinte, é essencial ter em conta outras métricas, como a precisão, a repetibilidade e a pontuação F1 [23]. Erros de classificação - matriz de confusão [24] (matriz de erros). Se existirem duas classes e um algoritmo que prediz cada objeto para uma das classes, então a matriz de erros de classificação terá o seguinte aspeto:

Tabela 2.1. Matriz de confusão

	y=1	y=0
$\breve{y} = 1$	Verdadeiro positivo (TP)	Falso positivo (FP)
$\breve{y} = 0$	Falso negativo (FN)	Verdadeiro negativo (TN)

em que $\breve{y}$ é a resposta do algoritmo no objeto e y é a etiqueta válida da classe neste objeto.

A exatidão mede o rácio entre as previsões positivas corretas e todas as previsões positivas efectuadas pelo modelo. Mostra até que ponto o modelo evita falsos positivos. Inversamente, a repetibilidade mede o rácio entre as previsões positivas corretas e todos os casos positivos reais. Mostra até que ponto o modelo evitará falsos negativos. Desta forma, são aplicados erros de classificação, que são os falsos negativos (FN) e os falsos positivos (FP) [24].

$$P = \frac{TP}{TP+FP} \times 100\% \tag{2.1}$$

$$R = \frac{TP}{TP+FN} \times 100\% \tag{2.2}$$

A pontuação F1 combina precisão e repetibilidade, fornecendo uma estimativa equilibrada do desempenho do modelo *P*).

$$F1 = \frac{2 \times P \times R}{P+R} \times 100\% \tag{2.3}$$

Os conjuntos de dados de referência são tradicionalmente utilizados para a comparação preliminar de modelos. O conjunto de dados COCO utiliza uma métrica única de exatidão média mAP mAP.

$$AP = \int_0^1 P(R)\, dR \tag{2.4}$$

$$mAP = \frac{1}{n}\sum_{i=1}^{3} \frac{TP}{FP+TP} \tag{2.5}$$

É uma medida de precisão média de diferentes valores de intersecção sobre a união.

2.9. Construção do classificador

A construção do classificador permite avaliar as preferências da escolha com base na análise das informações sobre as preferências dos utilizadores. Utilizaremos uma rede neural artificial para construir um classificador.

Uma rede neuronal baseada num perceptron multicamada é um sistema de camadas de neurónios interligadas. Cada neurónio é caracterizado por uma função de ativação que converte o sinal de entrada do neurónio num sinal de saída. As ligações dos neurónios a outros neurónios são caracterizadas por coeficientes de ligação - pesos. Um fator importante na aprendizagem de uma rede neuronal é o tipo de dados de entrada. Para obter os melhores resultados, é necessário apresentar preliminarmente os dados utilizando operações de centragem e escalonamento (2.6).

$$x_n = (x - m_x) \cdot m_x \tag{2.6}$$

O processo de aprendizagem é uma sequência iterativa de operações para calcular o sinal de saída da rede e, posteriormente, alterar os pesos das ligações. O algoritmo de retropropagação de erros é normalmente utilizado para o ajuste de pesos em redes baseadas em MLP. Refere-se a métodos de aprendizagem com um professor, pelo que requer a definição de valores-alvo nos exemplos de treino. Esse algoritmo pertence à classe dos algoritmos de gradiente. Ou seja, as alterações nos pesos das ligações são efectuadas para minimizar o gradiente do erro. O erro de previsão durante o treino é igual à diferença entre o sinal na saída da rede e o valor de referência de saída correspondente aos dados de entrada (2.2).

$$e_i = (y_i - d_i) \tag{2.7}$$

O treino da rede deve ser efectuado até que o valor médio do erro durante uma época de treino diminua. A continuação do treino conduz normalmente a uma deterioração das capacidades analíticas da rede neuronal.

A rede foi treinada utilizando os algoritmos de retropropagação do erro e de descida do gradiente. A base da ideia do algoritmo é a utilização do erro inicial da rede neural (2.8) para calcular os valores de correção dos pesos dos neurónios nas suas camadas ocultas:

$$E = \sum_{i=1}^{k} (y - y')\, k \tag{2.8}$$

em que k é o número de neurónios de saída da rede, y é o valor pretendido, y' é o valor real de saída.

Este algoritmo é iterativo. Utiliza a aprendizagem passo a passo. Funciona assim: um exemplo de teste é dado à entrada de aprendizagem. Em seguida, os valores dos pesos são ajustados. Em cada iteração, são efectuadas passagens para a frente e para trás da rede. Numa entrada de avanço, o vetor propaga-se das entradas para as saídas da rede. Desta forma, é formado um vetor de saída específico, correspondente ao estado atual (real) da balança. O erro da rede neural é calculado como a diferença entre os valores reais e os valores-alvo. Na passagem de retorno, este erro é propagado da saída da rede para as suas entradas, e os pesos dos neurónios são corrigidos de acordo com a fórmula (2.4):

$$\Delta\omega_{j,i}(n) = -\eta\delta Eav\delta\omega_{ij} \quad (2.9)$$

em que $w_{j,i}$ é o peso da *i-ésima* ligação do *j-ésimo* neurónio; η é um parâmetro de velocidade de aprendizagem que permite controlar adicionalmente a dimensão do passo de correção; Δw_{ji} para um ajuste mais preciso ao erro mínimo e é selecionado experimentalmente no processo de aprendizagem (varia no intervalo de 0 a 1).

2.10. O método de descida do gradiente estocástico

O método de descida de gradiente estocástico pertence aos algoritmos de otimização e é utilizado para ajustar os parâmetros do modelo de aprendizagem automática. O gradiente é normalmente a soma dos gradientes causados por cada elemento de formação. O vetor de parâmetros altera a direção do anti-gradiente com um determinado passo. Por conseguinte, a descida de gradiente padrão requer uma passagem sobre os dados de formação antes de alterar os parâmetros. Na descida de gradiente estocástica (ou "operacional"), o valor do gradiente é aproximado pelo gradiente da função de custo calculada apenas num elemento de treino. Os parâmetros mudam então na proporção do gradiente aproximado. Assim, os parâmetros do modelo mudam após cada objeto de treino. A descida gradiente estocástica pode proporcionar uma vantagem significativa de velocidade para grandes conjuntos de dados em relação à descida gradiente padrão.

Utilizaremos Python para construir o classificador. Uma das principais razões pelas quais o Python é utilizado para a aprendizagem automática é o facto de ter muitas estruturas que simplificam o processo de escrita de código e reduzem o tempo de desenvolvimento.

2.11. Guardar o vídeo

Assim, filmamos um vídeo e processamo-lo fotograma a fotograma [25], e queremos guardar este vídeo. Fazemos o pré-processamento de imagens [26].

Criamos um objeto VideoWriter. Especificamos o nome do ficheiro de saída (output.avi). Em seguida, especificamos o código FourCC e transferimos o número de fotogramas por segundo (fps) e o tamanho do fotograma. E a última é Cor. Se for Verdadeiro, o codificador espera um quadro colorido. Caso contrário, trabalha com um fotograma em escala de cinzentos. FourCC é um código de 4 bytes utilizado para identificar o codec de vídeo. O codec XVID é melhor. O

MJPG cria vídeos de grandes dimensões. O X264 permite obter um vídeo de tamanho reduzido. No Windows: DIVX.

2.12. Ambiente da experiência

Para a investigação, foi utilizado um conjunto de dados próprio, que inclui mais de mil imagens de tanques de vários modelos e perspectivas. Estas imagens foram obtidas a partir de livros electrónicos e sítios Web, o que as torna diversas e realistas [27]. Por conseguinte, foi necessário adicionar manualmente etiquetas às imagens para posterior treino do modelo. Este processo assegurou a classificação correta e o reconhecimento dos tanques nas imagens. Optou-se por utilizar a plataforma Roboflow para carregar e processar imagens de forma eficiente. Facilitou uma resolução rápida da tarefa e atribuiu com precisão etiquetas a cada objeto nas imagens, fornecendo ao modelo informações suficientes para o reconhecimento e classificação dos tanques. Estes passos na utilização de um conjunto de dados proprietário e da plataforma Roboflow são essenciais para o avanço do modelo de reconhecimento de tanques, particularmente para melhorar a sua precisão e eficiência durante o treino.

Fig. 2.2. Preenchimento do conjunto de dados

Fig. 2.3. Preenchimento do conjunto de dados com fotos de tanques de diferentes ângulos de visão

Fig. 2.4. Reconhecimento de cisternas

O modelo demonstrou uma precisão impressionante devido ao treino, alcançando um elevado nível de classificação correta dos objectos nas imagens [28]. Os gráficos anexados ao artigo ilustram a elevada estabilidade e eficácia do modelo durante o treino, confirmando a sua capacidade de reconhecer tanques com confiança em vários cenários e condições [29].

Além disso, o modelo treinado apresentou perdas mínimas durante o treino, o que indica uma elevada eficiência e uma adaptação óptima aos dados de treino. Os gráficos de treino e de perdas mostram um processo de aprendizagem estável e a ausência de flutuações de perdas significativas durante a otimização do modelo [30, 31].

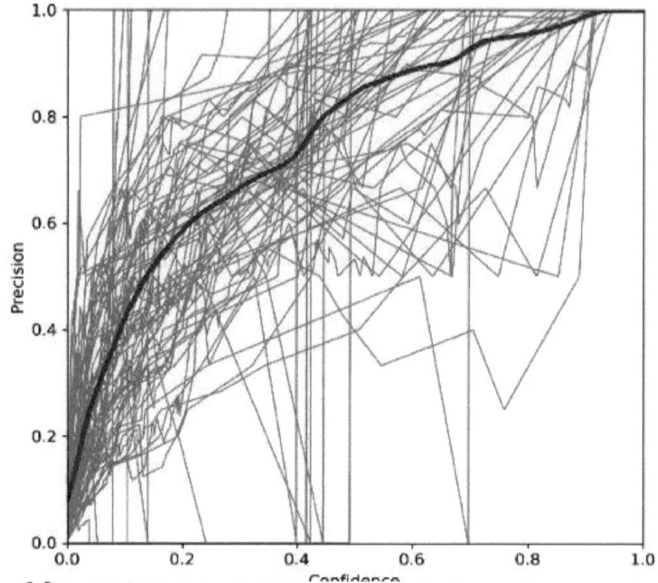

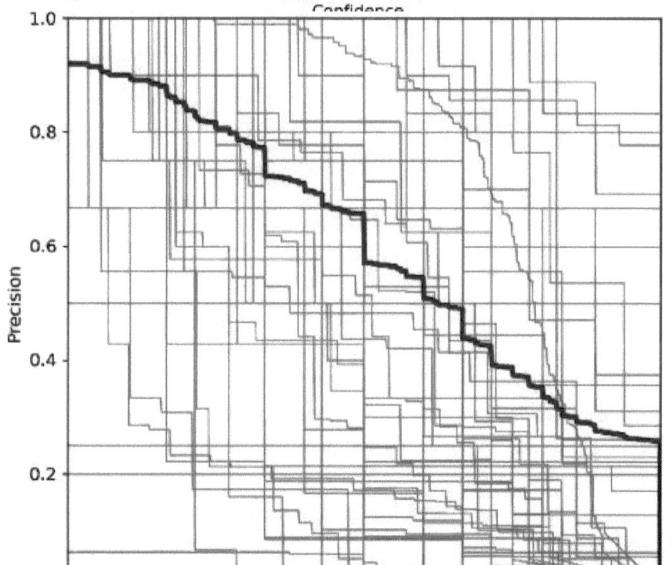

Fig. 2.5. Curva Precisão - Confiança e Fig. 2.6. Curva precisão-recall

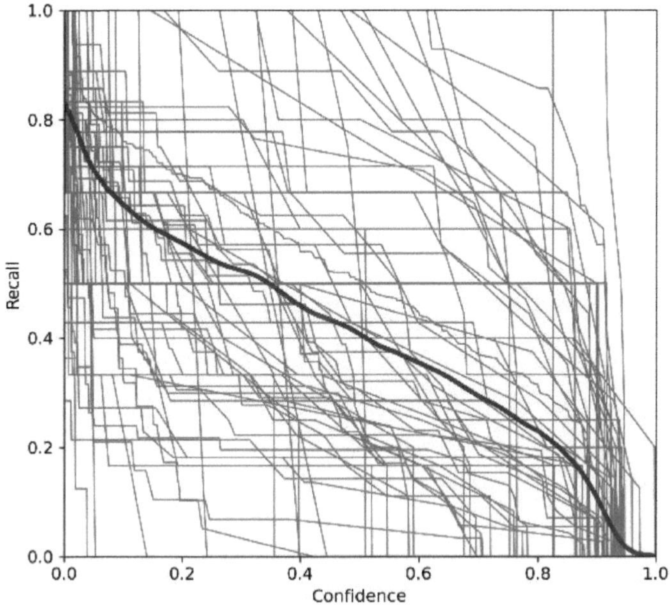

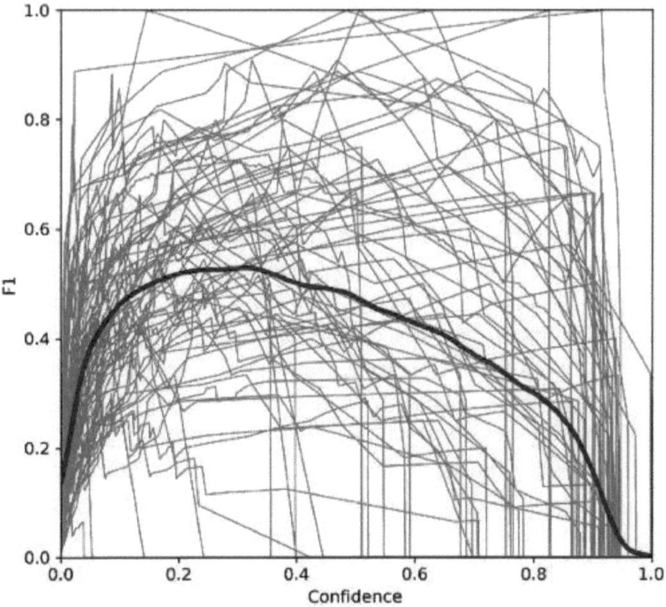

Fig. 2.7. Recall - Curva de confiança e Fig. 2.8. Curva de confiança F1

Fig. 2.9. Matriz de convolução

Em geral, os resultados obtidos afirmam o elevado potencial e a eficiência do modelo desenvolvido para o reconhecimento de tanques, tornando-o uma contribuição significativa para o domínio das aplicações militares e dos objectos de segurança.

- Teste de modelos: Efectuámos testes de modelos em várias condições, incluindo análise de imagens e transmissão de vídeo:
- Teste de imagens: O modelo foi avaliado utilizando diversas imagens de cisternas, englobando vários modelos provenientes de diferentes fontes [32, 33]. Em condições normais de iluminação e em vários ângulos de visão, o modelo reconheceu com sucesso as cisternas, demonstrando uma elevada precisão.

2.13. Teste do fluxo de vídeo

Também realizámos testes utilizando um fluxo de vídeo para avaliar as capacidades de reconhecimento de tanques em tempo real do modelo. O modelo revelou-se bastante eficaz neste modo, adaptando-se rapidamente às mudanças de imagem e reconhecendo com confiança os tanques em diferentes cenários.

Fig. 2.10. O resultado do trabalho do Yolo8, reconhecimento num fluxo de vídeo

Fig. 2.11. O resultado do trabalho do Yolo8, reconhecimento num fluxo de vídeo

Apesar do sucesso geral, vale a pena notar que o modelo teve dificuldades em reconhecer os tanques em condições de pouca luz, como durante a noite sem iluminação de imagem térmica ou em condições de neve. Este aspeto deve ser considerado como uma área potencial para mais melhorias e optimizações do modelo.

Fig. 2.12. O resultado do trabalho do Yolo8

2.14. Conclusão

O nosso projeto de investigação englobou várias fases-chave destinadas a criar e aperfeiçoar um modelo de reconhecimento de tanques utilizando YOLO (You Only Look Once). Gerámos o nosso conjunto de dados, que consiste em diversas imagens de tanques provenientes de várias fontes. Este conjunto de dados forneceu material crucial para o treino e reconhecimento de diferentes modelos de tanques. Treinámos com sucesso o modelo YOLO para reconhecer tanques utilizando o conjunto de dados criado. A metodologia de treino envolveu anotação e treino sistemático para obter uma elevada precisão. Avaliámos a eficácia do modelo em vários suportes, incluindo fotografias e vídeos. O modelo demonstrou um elevado nível de reconhecimento de tanques em tempo real e em imagens. Os resultados dos testes revelaram uma precisão e eficiência impressionantes no reconhecimento de tanques em diferentes condições e perspectivas. Após análise, o próximo passo pode envolver o aperfeiçoamento do modelo para o reconhecimento de tanques em condições de pouca luz, como à noite, sem iluminação térmica, ou durante condições climatéricas adversas, como a queda de neve. Em conclusão, o modelo desenvolvido tem um potencial significativo em aplicações militares e domínios de segurança. Outras melhorias poderão torná-lo ainda mais eficaz em condições reais.

2.15. Referências

[1] Li, Z., Liu, F., Yang, W., Peng, S., & Zhou, J. (2021). Uma pesquisa de redes neurais convolucionais: análise, aplicações e perspectivas. Transações IEEE sobre redes neurais e sistemas de aprendizagem.

[2] Qiao, Y., Ni, F., Xia, T., Chen, W., & Xiong, J. (2024, janeiro). RECONHECIMENTO AUTOMÁTICO DE FENÓMENOS ESTÁTICOS EM IMAGENS RETOCADAS: UMA NOVA ABORDAGEM. In The 1st International scientific and practical conference "Advanced technologies for the implementation of new ideas" (09-12 de janeiro de 2024) Bruxelas, Bélgica. Grupo Internacional de Ciência. 2024. 349 p. (p. 287).

[3] Wang, Z., Hua, Z., Wen, Y., Zhang, S., Xu, X., & Song, H. (2024). E-YOLO: Reconhecimento de vacas em cio com base no modelo YOLOv8n melhorado. Expert Systems with Applications, 238, 122212.

[4] Zhang, Y., Zhang, H., Huang, Q., Han, Y., & Zhao, M. (2024). DsP-YOLO: Uma rede sem âncora com DsPAN para deteção de pequenos objectos de defeitos multiescala. Expert Systems with Applications, 241, 122669.

[5] Patel, M., Liu, X. C., Yang, K., Tassone, C., Escott, B., & Thometz, J. (2024). Métricas de contorno traseiro 3D na previsão da progressão da escoliose idiopática: Análise de Coorte Retrospetiva, Relatório de Série de Casos e Prova de Conceito. Crianças, 11(2), 159.

[6] Wang, Q., Lu, C., Gao, L., & He, G. (2024). Transformer-Based Multiple-Object Tracking via Anchor-Based-Query and Template Matching. Sensors (Basileia, Suíça), 24(1).

[7] Lu, H., & Nie, J. (2024). Registo grosseiro de nuvens de pontos com base na deteção de extremos locais profundos e descrição atenta. Multimedia Systems, 30(1), 23.

[8] Shekhar, S., & Thakur, N. (2024). Estrutura de aprendizagem profunda para previsão de retinopatia diabética: Uma abordagem inovadora. Jornal Internacional de Pesquisa Inovadora em Ciência e Tecnologia da Computação, 12(1), 17-20.

[9] Utkarsh, U., Churavy, V., Ma, Y., Besard, T., Srisuma, P., Gymnich, T., ... & Rackauckas, C. (2024). Tradução automatizada e resolução acelerada de equações diferenciais em várias plataformas de GPU. Métodos computacionais em mecânica aplicada e engenharia, 419, 116591.

[10] Feng, P., Zhao, R., Yang, F., Peng, S., Pan, H., & Shuai, C. (2024). Mistura de PLLA / TPU com memória de forma magnética responsiva reforçada com estrutura co-contínua fabricada por impressão 4D. Virtual and Physical Prototyping, 19(1), e2290186.

[11] Malik, J., Belongie, S., Leung, T., & Shi, J. (2001). Análise de contorno e textura para segmentação de imagens. Revista internacional de visão computacional, 43, 7-27.

[12] Hashemi, N. S., Aghdam, R. B., Ghiasi, A. S. B., & Fatemi, P. (2016). Avanços e aplicações de correspondência de modelos na análise de imagens. arXiv preprint arXiv: 1610.07231.

[13] Cox, G. S. (1995). Template matching and measures of match in image proce-ssing. Universidade da Cidade do Cabo, África do Sul.

[14] Lowe, D. G. (2004). Caraterísticas distintivas da imagem a partir de pontos-chave invariantes à escala. Revista internacional de visão computacional, 60, 91-110.

[15] Mukherjee, D., Jonathan Wu, Q. M., & Wang, G. (2015). Um estudo experimental comparativo de detectores e descritores de recursos de imagem. Visão mecânica e aplicações, 26, 443-466.

[16] Liu, L., Fu, L., Zhang, Y., Ni, W., Wu, B., Li, Y., ... & Shen, Q. (2024). CLFR-Det: Detetor de refinamento de caraterísticas de nível cruzado para deteção de navios minúsculos em imagens SAR. Knowledge-Based Systems, 284, 111284.

[17] Liu, Q., Ye, H., Wang, S., & Xu, Z. (2024). YOLOv8-CB: Algoritmo de deteção de peões densos baseado na câmara do veículo. Eletrónica, 13(1), 236.

[18] Pan, F., Jeon, S., Wang, B., Mckenna, F., & Yu, S. X. (2024). Extração de atributos de construção zero-shot de modelos de visão e linguagem em grande escala. Em Proceedings of the IEEE/CVF Winter Conference on Applications of Computer Vision (pp. 8647-8656).

[19] Li, H., Wang, C., & Liu, Y. (2024). YOLO-FDD: rede eficiente de deteção de defeitos de fixadores de pele de aeronaves. Processamento de sinais, imagens e vídeo, 1-15.

[20] Koga, S., Hamamoto, K., Lu, H., & Nakatoh, Y. (2024). Otimizando o reconhecimento de padrões de manuseio e colocação de amostras de alimentos com YOLO: técnicas avançadas na deteção de objetos robóticos. Robótica Cognitiva.

[21] Wang, Y., Wang, B., Huo, L., & Fan, Y. (2024). GT-YOLO: Deteção de navios por infravermelhos em terra próxima com base em imagens de infravermelhos. Journal of Marine Science and Engineering, 12(2), 213.

[22] Gupta, K., & Asthana, A. (2024). Reduzindo os efeitos colaterais das oscilações no treinamento de redes YOLO quantizadas. In Proceedings of the IEEE/CVF Winter Conference on Applications of Computer Vision (pp. 2452-2461).

[23] Giudici, P., Centurelli, M., & Turchetta, S. (2024). Medição de risco de Inteligência Artificial. Expert Systems with Applications, 235, 121220.

[24] Shinde, S., Khoje, S., Raj, A., Wadhwa, L., & Shaikha, A. S. (2024). Abordagem de inteligência artificial para a previsão de ataques terroristas através da aprendizagem automática. Multidisciplinary Science Journal, 6(1), 2024011-2024011.

[25] Nazarkevych, M., Dmytruk, S., Hrytsyk, V., Vozna, O., Kuza, A., Shevchuk, O., ... & Sheketa, V. (2021). Avaliação da eficácia de diferentes métodos de esqueletização de imagens em sistemas de segurança biométrica. Jornal Internacional de Sensores Comunicações Sem Fios e Controlo, 11(5), 542-552. DOI:10.2174/2210327910666201210151809

[26] Nazarkevych, M., Logoyda, M., Troyan, O., Vozniy, Y., & Shpak, Z. (2019, setembro). O filtro Ateb-Gabor para impressão digital. Na Conferência

Internacional sobre Ciência da Computação e Tecnologia da Informação6 pp. 247-255. Springer, Cham. DOI: 10.1007/978-3-030-33695-0_18

[27] Nazarkevych, M., Oliarnyk, R., Troyan, O., & Nazarkevych, H. (2016, setembro). Proteção de dados baseada em encriptação usando Ateb-functions. In 2016 XIth International Scientific and Technical Conference Computer Sciences and Information Technologies (CSIT) (pp. 30-32). IEEE.

[28] Medykovskyy, M., Lipinski, P., Troyan, O., & Nazarkevych, M. (2015, setembro). Métodos de proteção de documento formado a partir de elemento latente localizado por fractais. Em 2015 Xth International Scientific and Technical Conference" Computer Sciences and Information Technologies"(CSIT) (pp. 70-72). IEEE.

[29] Sheketa, V., Romanyshyn, Y., Vovk, R., Pikh, V., & Pasyeka, M. (2019, outubro). Métodos formais para a resolução de problemas tecnológicos nas rotinas de infocomunicação da tomada de decisões inteligentes para controlo de perfuração. Em 2019 IEEE International Scientific-Practical Conference Problems of Infocommunications, Science and Technology (PIC S&T) (pp. 29-34). IEEE.

[30] Sheketa, V., Zorin, V., Chupakhina, S., Kyrsta, N., Pasyeka, M., & Pasieka, N. (2020, novembro). Método empírico de avaliação dos valores numéricos das métricas no processo de determinação da qualidade do software médico. Em 2020 Conferência Internacional sobre Ciências e Aplicações de Auxílio à Decisão (DASA) (pp. 22-26). IEEE.

[31] Boyko, N., & Tkachuk, N. (2020, novembro). Processamento de diferentes tipos de dados médicos usando Hadoop e Java MapReduce. Em IDDM (pp. 405-414).

[32] Boyko, N., Kuba, M., Mochurad, L., & Montenegro, S. (2019). Distribuição Fractal de Dados Médicos em Rede Neural. Em IDDM (pp. 307-318).

[33] Tsmots, I., Teslyuk, V., Teslyuk, T., & Lukashchuk, Y. (2021). O método e o modelo de simulação da seleção da base de elementos para a síntese do sistema de proteção e transmissão de dados. International Journal of Sensors Wireless Communications and Control, 11(5), 518-530.

Capítulo 3. Deteção e reconhecimento de tanques com base num modelo de conjunto de dados personalizado

Esta investigação explora a visão da Inteligência Artificial, concentrando-se explicitamente no treino de um modelo You Only Look Once (YOLO) para reconhecer objectos militares, centrando-se nos tanques. Utilizando capacidades de aprendizagem profunda e a deteção de objectos em tempo real do YOLO, o estudo introduz uma metodologia abrangente para melhorar a precisão e a eficácia da identificação de bens militares. A abordagem engloba a compilação de diversos conjuntos de dados, anotação precisa e o desenvolvimento de um plano de treinamento personalizado para equipar o modelo YOLO com a capacidade de discernir caraterísticas intrincadas de tanques em vários cenários. O modelo treinado demonstra maior proficiência em situações do mundo real através de experimentação e refinamento meticulosos, abrindo caminhos para avanços na vigilância militar, segurança e tomada de decisões estratégicas. Os resultados sublinham o potencial da visão de IA, em particular do YOLO, para fortalecer os sistemas de defesa, permitindo o reconhecimento inteligente e rápido de objectos militares.

3.1. Introdução

Numa era marcada por rápidos avanços no domínio da inteligência artificial (IA) [1] e da visão por computador, a convergência destas tecnologias desencadeou progressos revolucionários com implicações profundas. O domínio das aplicações militares está na vanguarda do aproveitamento do potencial da IA, em particular no domínio da visão computacional. Este artigo explora este aspeto de forma crítica, aprofundando a importância do treino de modelos de IA, centrando-se especificamente no modelo You Only Look Once (YOLO) para o reconhecimento de objectos militares, com destaque para os tanques [2].

À medida que a velocidade da inovação tecnológica se intensifica, a IA e a visão por computador evoluíram para instrumentos cruciais que remodelam as nossas percepções e interações com o ambiente. Em contextos militares, a incorporação de capacidades de visão computacional é primordial, proporcionando uma maior consciência situacional, facilitando a tomada de decisões estratégicas e optimizando a eficiência operacional global. A identificação rápida e precisa de objectos militares, como tanques, é imperativa em ambientes caracterizados por dinamismo e imprevisibilidade.

No meio destes avanços tecnológicos, os recentes acontecimentos geopolíticos e a guerra na Ucrânia acentuam a necessidade urgente de modelos avançados de IA capazes de detetar bens militares como tanques. A utilização da IA em zonas de conflito confere uma vantagem estratégica ao permitir o reconhecimento de objectos em tempo real, ajudando na atribuição precisa de recursos e, em última análise, aumentando a segurança e a eficácia das operações militares [3]. Este artigo explora a forma como treinamos um modelo YOLO sofisticado para reconhecer objectos militares. Discutiremos os métodos que utilizamos, as dificuldades que enfrentamos e o que pode acontecer. O objetivo é mostrar a importância da IA e da visão por computador na mudança do funcionamento da tecnologia militar, afectando significativamente a segurança e a defesa dos nossos países.

3.2. Trabalhos relacionados

Na guerra contemporânea, as exigências do campo de batalha requerem a utilização de tecnologias de ponta para detetar, reconhecer e identificar os adversários. A paisagem dinâmica dos conflitos modernos sublinha o imperativo de nos mantermos na vanguarda da inovação tecnológica, garantindo uma vantagem estratégica e melhorando as nossas capacidades para discernir, avaliar e identificar com precisão as potenciais ameaças. Adotar e aproveitar as tecnologias de ponta torna-se uma escolha estratégica e essencial para navegar nas complexidades dos actuais cenários de guerra em constante evolução [4].

Está bem estabelecido que, na guerra, o significado vai para além do mero reconhecimento do equipamento militar, como tanques, veículos de combate, aviões, helicópteros, navios e veículos aéreos não tripulados. Igualmente cruciais são as entidades que têm um impacto direto nas operações militares, incluindo as instalações de recursos naturais [5].

Entre estes, os reservatórios de petróleo, de gás e de gasolina inserem-se nesta categoria. As reservas destes recursos desempenham um papel fundamental no planeamento estratégico e operacional, permitindo às entidades militares traçar o curso das suas operações de forma eficaz. Consequentemente, as partes beligerantes também consideram estes recursos de matéria-prima como alvos viáveis, enfatizando o papel integral de tais instalações no espetro mais amplo de objectivos militares. A utilização da aprendizagem automática e do reconhecimento de objectos na vigilância por vídeo oferece vantagens substanciais nas operações militares, aumentando significativamente a eficiência e a precisão da guerra. Estas tecnologias de ponta tornaram-se componentes integrais dos sistemas de equipamento militar contemporâneo, desempenhando um papel vital em diversos aspectos dos cenários de combate. Uma vantagem essencial reside na identificação e categorização automáticas de objectos capturados em vídeo [6], permitindo aos operadores militares recolher rapidamente informações cruciais. O reconhecimento automático pode distinguir vários tipos de equipamento militar, incluindo tanques inimigos, veículos blindados, aeronaves [7] e outros objectos, ajudando assim a avaliar potenciais ameaças e a identificar a localização do inimigo.

Além disso, o aproveitamento do poder da aprendizagem automática melhora as capacidades dos veículos aéreos não tripulados (UAV) [8]. A deteção automática de alvos e a análise dos dados recolhidos simplificam os esforços de reconhecimento, facilitam a identificação imediata de potenciais perigos e elevam as estratégias das operações aeroespaciais.

Em conclusão, a incorporação da aprendizagem automática e do reconhecimento de objectos na videovigilância no âmbito de operações militares alarga as capacidades operacionais das forças armadas. Esta integração equipa os operadores com ferramentas rápidas e eficientes para análise e resposta em situações complexas e desafiantes.

3.3. Apresentação do material primário

O reconhecimento de objectos ocorre (Fig. 3.1) através do carregamento de uma sequência de vídeo para uma rede neuronal e da seleção de um modelo de cor para reconhecer e ajustar os dados de entrada.

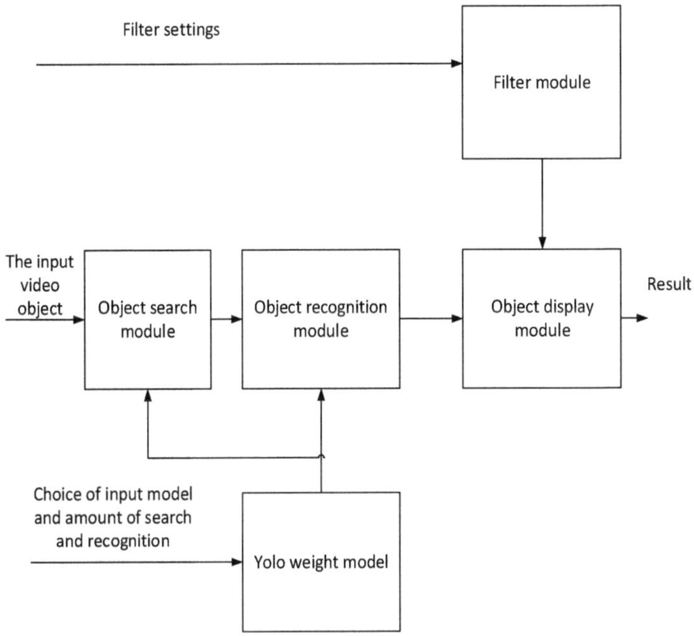

Fig. 3.1. Um método de reconhecimento e deteção de objectos na rede YOLO

Ao mesmo tempo, é efectuada uma filtragem do ruído na sequência de vídeo. O resultado é uma sequência de vídeo com dados marcados por objectos reconhecidos.

Estamos a preencher o conjunto de dados para os tanques T-80 - tanque de batalha principal, T-80UK, T-80UM, T-80AT, T-80UE, T-80UM-1 "Bars", T-80U, T-80UE-1, T-80UA, T-80UM-2. Tanque T-90 com modificações (K, A, AM, AK), T-90SKA, T-90M [9].

Utilizamos a aprendizagem supervisionada, que é mais frequentemente utilizada na classificação binária, na classificação multi-classe e na modelação de regressão. Esta abordagem utiliza um conjunto de dados que é previamente rotulado e classificado pelo utilizador, para que o algoritmo possa verificar a precisão do seu desempenho. A rotulagem completa significa que cada exemplo no conjunto de dados de treino é rotulado com uma resposta que o algoritmo deve encontrar de forma independente (Fig. 3.2). Assim, um conjunto rotulado de imagens de flores irá sugerir modelos em que as fotografias representam rosas, margaridas e narcisos. O modelo compara-o com exemplos de treino para prever o rótulo correto quando lhe é apresentada uma nova imagem.

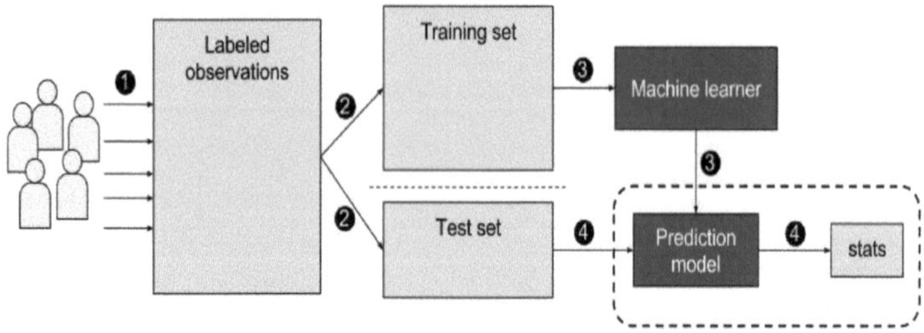

Fig. 3.2. Um exemplo de aprendizagem de um algoritmo com base num conjunto de dados rotulados

3.3.1. Método rápido de segmentação

É proposto um algoritmo de segmentação de cor rápido para desenvolver um algoritmo que cumpra as restrições de tempo de execução. O método utiliza a diferença de cor entre os canais R, G e B em vez de extrair a alteração de intensidade e misturar posteriormente as áreas resultantes.

A segunda alteração proposta é uma abordagem baseada na energia para controlar o processo de fusão de componentes para relaxar a condição de segmentação significativa e obter uma segmentação com menos regiões. Além disso, introduzimos um índice para identificar todas as regiões espúrias que aparecem durante a segmentação devido a regiões altamente variáveis que não correspondem a nenhuma região real na imagem. Estas regiões são removidas da segmentação e unidas ao componente vizinho mais próximo. A conetividade global na segmentação final é melhorada porque as áreas que estão melhor correlacionadas com as suas contrapartes permanecem.

3.3.2. Criação do conjunto de dados

Para a investigação, foi utilizado um conjunto de dados próprio, composto por mais de mil imagens de tanques de vários modelos e perspectivas. Estas imagens foram obtidas a partir de livros electrónicos e sítios Web, o que as torna diversas e realistas. Por conseguinte, foi necessário adicionar manualmente etiquetas às imagens para posterior treino do modelo. Este processo assegurou a classificação correta e o reconhecimento dos tanques nas imagens. Foi tomada a decisão de utilizar a plataforma Roboflow para carregar e processar imagens de forma eficiente. A Roboflow surge como uma plataforma versátil concebida para otimizar o carregamento e o processamento de imagens para aplicações de aprendizagem automática. A interface de utilizador intuitiva da plataforma facilita a organização e gestão eficientes de extensos conjuntos de dados de imagens. Para além das funcionalidades básicas de carregamento, a Roboflow integra caraterísticas avançadas, tais como técnicas de aumento de dados, apoiando os utilizadores na melhoria da diversidade do conjunto de dados e na robustez do modelo através de transformações como a rotação, a inversão e o escalonamento. A plataforma também alarga o suporte para anotação de imagens, permitindo aos utilizadores rotular objectos e definir regiões de interesse críticas para o treino de modelos de deteção de objectos [9]. O Roboflow normaliza os formatos de imagem e as anotações, garantindo a compatibilidade e a normalização, facilitando a integração com várias estruturas de aprendizagem automática. As ferramentas de colaboração promovem o trabalho em equipa e a coordenação em projectos partilhados, incluindo a partilha de conjuntos de dados e o controlo de versões. A integração perfeita com estruturas populares de aprendizagem automática, como o TensorFlow e o PyTorch, satisfaz as diversas preferências dos utilizadores. A escalabilidade é um ponto forte, permitindo ao Roboflow lidar com conjuntos de dados de grande escala para pequenos projectos e aplicações de nível empresarial de forma eficiente. Oferecendo feedback e visualização em tempo real (Fig. 3.3), a plataforma ajuda os utilizadores a avaliar a qualidade das anotações e as transformações de dados. Embora o seu foco principal seja o pré-processamento [10], o Roboflow também aborda as fases de implementação e inferência, fornecendo uma solução holística para o pipeline de aprendizagem automática. O Roboflow acelerou a conclusão imediata da tarefa. Atribuiu com precisão etiquetas a todos os objectos das imagens, fornecendo ao modelo informações suficientes para reconhecer e categorizar os tanques [11] (Figura 3.4). Acelerou a conclusão imediata da tarefa. Atribuiu com precisão etiquetas a todos os objectos das imagens, fornecendo ao modelo informações suficientes para reconhecer e classificar as cisternas. Após o carregamento das fotografias, foi efectuado um processo de anotação manual para destacar meticulosamente os objectos de interesse - tanques - em todas as imagens, assegurando a sua identificação exacta para o treino subsequente. O conjunto de dados abrange diversas aparências de tanques em condições variáveis [12], incluindo cenários diurnos e noturnos e estações como o outono e o inverno. Esta amostra diversificada tem como objetivo melhorar a adaptabilidade do modelo a um espetro de condições meteorológicas e climáticas, promovendo a flexibilidade das suas capacidades de reconhecimento de tanques.

Fig. 3.3. Carregamento de imagens para posterior criação do conjunto de dados

Fig. 3.4. Etiquetagem dos reservatórios

3.3.3. Formação do modelo

O nosso modelo treinado [13] demonstrou uma precisão impressionante, atingindo um elevado nível de classificação correta dos objectos nas imagens (Fig. 3.5). Os gráficos anexados ao artigo ilustram a elevada estabilidade e eficácia do modelo durante o treino, confirmando a sua capacidade de reconhecer tanques em vários cenários e condições com confiança.

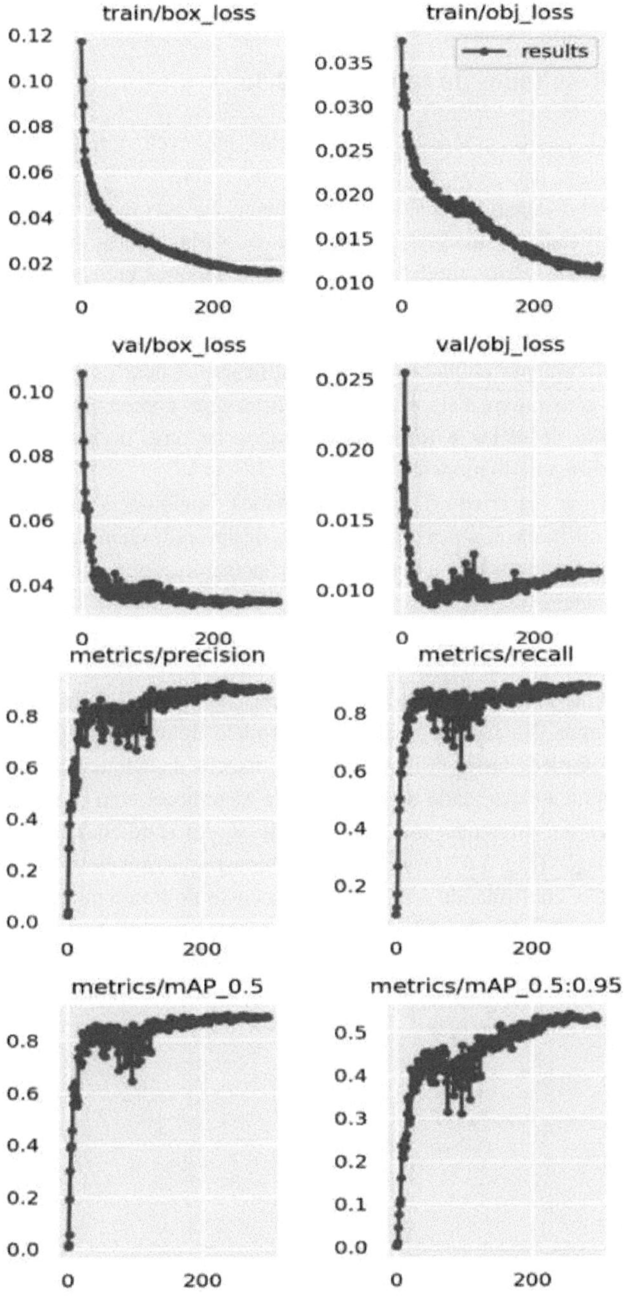
train/box_loss
train/obj_loss
results
val/box_loss
val/obj_loss
metrics/precision
metrics/recall
metrics/mAP_0.5
metrics/mAP_0.5:0.95

Fig. 3.5. Resultados do treino

3.4. Resultados do teste do modelo

O nosso processo de formação envolveu uma abordagem meticulosa para criar um conjunto de dados abrangente para o modelo de aprendizagem automática. Inicialmente, foi recolhida uma coleção diversificada de imagens de tanques de várias fontes (Figura 3.6), abrangendo vários modelos e cenários de tanques para garantir uma representação completa. Após a aquisição das imagens, um passo crucial envolveu a anotação manual, em que cada imagem foi cuidadosamente etiquetada para identificar e realçar os reservatórios que a constituem. Este processo facilitou uma compreensão clara do conjunto de dados e forneceu a verdade de base necessária para a aprendizagem do modelo.

Uma vez criado o conjunto de dados, iniciou-se a fase de treino [14], utilizando algoritmos sofisticados de aprendizagem automática. O modelo foi submetido a iterações, aperfeiçoando continuamente as suas capacidades de reconhecimento através da exposição às imagens anotadas dos tanques. Este processo iterativo permitiu que o modelo aprendesse e se adaptasse às diversas caraterísticas visuais dos tanques, incluindo diferentes condições de iluminação, ângulos e configurações ambientais. Na fase de avaliação, o modelo treinado foi submetido a uma bateria de testes utilizando várias imagens de tanques. Estes testes avaliaram a capacidade do modelo para reconhecer com exatidão [15] tanques em diferentes modelos e cenários, em condições normais de iluminação (Fig. 3.6). Os resultados demonstraram um elevado nível de exatidão, confirmando a eficácia do processo de treino na transmissão de capacidades robustas de reconhecimento de tanques [16, 17] ao modelo. Para validar ainda mais a aplicabilidade do modelo no mundo real, realizámos testes com um fluxo de vídeo em direto, simulando cenários em tempo real.

Fig. 3.6. Deteção de tanques

3.5. Conclusões

Em suma, o modelo treinado demonstrou um desempenho impressionante. Reconhece rapidamente os objectos, o que é particularmente importante em cenários de combate ativo. A precisão de reconhecimento de 86% sublinha a fiabilidade do modelo. No entanto, é importante notar que foram observados desafios no reconhecimento de objectos em condições naturais desfavoráveis. Este facto realça a necessidade de um maior aperfeiçoamento e planeamos abordar ativamente este aspeto para melhorar a eficácia global do modelo. Propõe-se um algoritmo de segmentação de cor rápido para desenvolver um algoritmo que satisfaça as restrições de tempo de execução. O método utiliza a diferença de cor entre os canais R, G e B em vez de extrair a alteração de intensidade e misturar posteriormente as áreas resultantes. Este estudo foi efectuado pela primeira vez.

3.6. Referências

[1] Kacena, M. A., Plotkin, L. I., & Fehrenbacher, J. C. (2024). A utilização de inteligência artificial na redação de artigos de revisão científica. Current Osteoporosis Reports, 1-7.

[2] Jiang, P., Ergu, D., Liu, F., Cai, Y., & Ma, B. (2022). Uma revisão dos desenvolvimentos do algoritmo Yolo. Procedia Computer Science, 199, 1066-1073.

[3] Michael C. Horowitz, Lauren Kahn, Casey Mahoney O futuro das aplicações militares da inteligência artificial: Um papel para as medidas de criação de confiança, 2020. P. 528-543. ISSN 0030-4387. https://doi.org/10.1016/j.orbis.2020.08.003.

[4] Chevalier P. Sobre a especificação dos requisitos de DRI para um alvo padrão da NATO. OPTICS. 2016. - P. 1-14.

[5] Fan, L.; Chen, X.; Wan, Y.; Dai, Y. Análise comparativa de métodos de deteção de tanques de armazenamento de sensoriamento remoto baseados em aprendizado profundo. Sensoriamento Remoto. 2023, 15, 2460. https://doi.org/10.3390/rs15092460

[6] Janakiramiaha, B., et. al. (2021). Deteção de objectos militares na defesa utilizando redes de cápsulas multinível. 10.21203/rs.3.rs-330732/v1.

[7] Bakırman, Tolga & Sertel, Elif (2023). HRPlanes: Conjunto de dados de avião de alta resolução para aprendizado profundo. 8. 212-223. 10.26833/ijeg.1107890.

[8] Liu, H.; Yu, Y.; Liu, S.; Wang, W. Um modelo de deteção de objeto militar de imagem de reconhecimento de UAV e visualização de recursos. Appl. Sci. 2022, 12, 12236. https://doi.org/10.3390/app122312236

[9] Буряк, С. П. (2023). Perspectivas de desenvolvimento dos tanques principais T-64, T-72, T-80 das forças armadas da Ucrânia.

[10] Nazarkevych, M., et al. (2021). Avaliação da eficácia de diferentes métodos de esqueletização de imagens em sistemas de segurança biométrica. International Journal of Sensors Wireless Communications and Control, 11(5), 542-552. DOI : 10.2174/2210327910666201210151809

[11] Walle, B. V., & de Lange, S. L. (2024). Compreendendo o cenário do Think Tank do Partido Político: A Categorization of Their Functions and Audiences. Government and Opposition, 1-21.

[12] Savino, A. V. (1995). Initial Hazard Categorization for the Hanford Site Tank Farms (No. WHC-SD--WM-HC-016). Westinghouse Hanford Co.

[13] Han, X., et.al. (2021). Modelos pré-treinados: Passado, presente e futuro. AI Open, 2, 225-250.

[14] Nazarkevych, M., Oliarnyk, R., & Dmytruk, S. (2017, setembro). Uma filtragem de imagens usando o método Ateb-Gabor. Em 2017, 12ª Conferência Científica e Técnica Internacional sobre Ciências da Computação e Tecnologias da Informação (CSIT) (Vol. 1, pp. 208-211). IEEE.

[15] Phillips, P. J., et. al. (2018). Precisão do reconhecimento facial de examinadores forenses, super-reconhecedores e algoritmos de reconhecimento facial. Actas da Academia Nacional das Ciências, 115(24), 6171-6176.

[16] Yu, C. M., & Lin, Y. H. (2020). Análise experimental de um controle de reconhecimento visual para um veículo subaquático autônomo em um tanque de reboque. Ciências Aplicadas, 10(7), 2480.

[17] Fan, Y., Yin, J., & Yang, J. (2024). Deteção e reconhecimento de tanques de petróleo através de sinal monogénico. Sensoriamento Remoto, 16(4), 676.

Capítulo 4. Identificação rápida de um objeto em movimento num fluxo de vídeo

4.1. Introdução

Surge o problema do reconhecimento rápido e de alta qualidade de objectos no fluxo de dados de vídeo. As câmaras são cada vez mais colocadas junto de objectos em movimento para resolver tarefas relacionadas com a determinação precisa de coordenadas, a monitorização de eventos e o reconhecimento do tipo de objeto. Atualmente, as câmaras de videovigilância não só encontram objectos em movimento como também determinam as coordenadas exactas do seu movimento. Refere-se a sistemas de inteligência artificial que são treinados utilizando uma base de dados pré-formada e que prevêem a localização de um objeto em contagens temporais futuras. A deteção de movimento visa reconhecer uma mudança na posição de um objeto em duas imagens consecutivas.

Os sistemas de informação de deteção de movimento podem ser sensíveis ao ruído devido a fontes de iluminação de imagem de baixa qualidade, a mudanças de iluminação e a pequenos movimentos de objectos não estáticos (ramos de árvores e arbustos). Por conseguinte, devem ser implementados algoritmos baseados numa janela deslizante para construir um sistema de videovigilância com elementos de deteção de objectos em movimento. Quando o fluxo de vídeo é reproduzido enquanto o veículo se desloca no terreno, ocorrem distorções substanciais no vídeo. Isto deve-se ao facto de o carro se deslocar numa superfície irregular. Por outro lado, existe o problema do reconhecimento rápido e exato do fluxo de vídeo. Além disso, as diferentes condições meteorológicas e a possibilidade de precipitação, poeira ou vento criam um ruído significativo durante a gravação de um fluxo de vídeo. As abordagens bem conhecidas à separação de objectos na visão por computador são os métodos de aumento de regiões, os métodos baseados em agrupamentos, os métodos de extração de contornos e os métodos baseados em histogramas. O reconhecimento de objectos é efectuado com base na análise de contornos, na correspondência com um modelo e na identificação e correspondência de caraterísticas. Foram utilizados métodos de inteligência artificial baseados na rede neural YOLO v8 para reconhecer equipamento militar. A aprendizagem automática é efectuada para os modelos YOLO utilizando os optimizadores Adam W, Adam e SGD e uma resolução de imagem de 512x512, 640x640 e 1024x1024 px. O reconhecimento melhorado de objectos é conseguido através da análise de contornos, da comparação de padrões e da comparação de pontos únicos introduzidos. Diferentes resoluções de imagem e optimizadores possibilitam o desenvolvimento de modelos com diferentes precisões de reconhecimento, e as métricas de avaliação padrão não dão os resultados desejados.

A identificação rápida de um objeto em movimento combina métodos que utilizam a inteligência artificial, a visão por computador e o reconhecimento de objectos em movimento, permitindo obter influências de controlo para a tomada de decisões em cada momento, analisando os factores externos e prevendo o comportamento do objeto num determinado momento.

O reconhecimento de um objeto em movimento ocorre definindo os contornos do objeto e comparando-o com os objectos da base de dados. No entanto, analisamos os canais por cores, que são registados nas câmaras de vídeo R (vermelho), G (verde) e B (azul). De seguida, colamos, invertemos e expandimos os conteúdos dos canais R, G e B, criando uma nova camada que terá um contorno bem formado. Subsequentemente, após a deformação para um tamanho específico, cada nova camada é carregada numa rede neural convolucional para obter um vetor de caraterísticas.

Para obter dados de reconhecimento mais precisos, efectuamos a filtragem de ruído. Esta permite-lhe remover dados errôneos ou imprecisos devido a ruído no fluxo de vídeo ou a erros específicos. A filtragem de ruído melhora a precisão e a fiabilidade do reconhecimento, fornecendo dados de melhor qualidade para análise posterior.

O reconhecimento de objectos em movimento é uma fase essencial no processamento de material vídeo. Existem várias abordagens baseadas em diferentes métodos, como a subtração (remoção do fundo da imagem), a aplicação de métodos probabilísticos (Svatyuk et al., 2020) [1] e a utilização de NM (Nechiporenko et al., 2019) [2]. A subtração de fundo é amplamente utilizada na resolução de tarefas de videovigilância (Markov, 2016) [3]. A utilização de métodos de aprendizagem automática, nomeadamente o método k-means, permite dividir a imagem em k-clusters de forma iterativa. Para realizar este método, é necessário fornecer um determinado número de clusters, em que os centros dos clusters são selecionados aleatoriamente; os pixéis da imagem são colocados no cluster cujo centro está mais próximo do pixel atual; os centros dos clusters são calculados através da média de todos os pixéis do cluster; os passos anteriores são repetidos até que os pixéis permaneçam no mesmo cluster. A distância entre clusters é calculada como a soma dos quadrados e valores absolutos entre as coordenadas dos pixéis e as coordenadas dos centros dos clusters. O método permite controlar os componentes de fusão para obter áreas selecionadas nos canais de cor. Introduzimos um índice para identificar todas as regiões falsas que aparecem durante a segmentação e que não correspondem a nenhuma região de cor na imagem. Estas áreas são removidas da segmentação. A conetividade global na segmentação final é melhorada porque as regiões à esquerda estão mais bem correlacionadas com as suas homólogas.

Uma solução direta para o problema da identificação rápida de objectos em movimento num fluxo de dados de vídeo é proposta por [3]. Além disso, algumas patentes sobre esta questão foram registadas anteriormente, por exemplo, a Patente de modelo de utilidade 155363 u202303639 de 21.02.2024, Bull. N.º 8/24 O método de deteção do movimento de objectos através da linha de colisão e a Patente de modelo de utilidade 155328 u202304127 de 14.02.2024, Bull. O método de deteção do movimento de objectos através da linha de colisão e a manutenção da rota e a orientação do veículo aéreo não tripulado para o alvo.

4.2. Método proposto para a identificação rápida de um objeto em movimento num fluxo de vídeo

Convertidos em gradações de cinzento do canal vermelho R-Gray, na gradação do canal cinzento-verde G-Gray, na gradação do canal cinzento-azul B-Gray, determinar os pixels em cada canal, expandir a área de preenchimento de pixels em cada canal, ou seletivamente num dos canais de gradações de cinzento vermelho, verde ou azul, processar no processador, os dados são convertidos em canais vermelho R, verde G, azul B e colados num canal, a aprendizagem automática é executada, comparando-a com os modelos treinados disponíveis na base de dados, e o objeto em movimento é identificado. Este método permite reconhecer um objeto em movimento com base na aprendizagem automática, comparando o objeto com imagens da base de dados. Este método analisa o objeto nos canais vermelho, verde e azul. Os fotogramas-chave são filtrados de interferências nos domínios espacial e de frequência.

No entanto, este método não permite um reconhecimento rápido de um objeto em movimento em condições de fraca visibilidade, em condições de movimento do veículo fora da estrada, com a possibilidade de responder à precipitação, ao vento e ao pó para garantir o cumprimento das restrições estabelecidas quanto à sua forma, cor, reação ao movimento dos meios do veículo e, consequentemente, uma tomada de decisão rápida sobre a posição de um objeto em movimento e a determinação da trajetória do seu movimento. Neste método, a precisão do reconhecimento é baixa.

A tarefa é realizada através da captura de fotogramas críticos no fluxo de vídeo com base em informações recebidas em tempo real, filtrando o fotograma crítico de interferências no domínio espacial e de frequência, transmitindo-o através do canal de cores vermelho, verde e azul, convertendo-o na gradação de cinzentos do canal vermelho R - Gray, na gradação do canal cinzento-verde G-Gray, na gradação do canal cinzento-azul B-Gray, determinar os pixels em cada canal, expandir a área de preenchimento de pixels em cada canal, ou seletivamente num dos canais de gradações cinzento-vermelho, verde ou azul, os dados são processados no processador, convertidos em canais vermelho R, verde G, azul B e colados num canal, a aprendizagem automática é efectuada, comparando-a com os modelos treinados disponíveis na base de dados, o objeto em movimento é identificado de acordo com o modelo útil, em cada canal nas gradações do canal cinzento-vermelho R-Gray, nas gradações do canal cinzento-verde G-Gray, nas gradações do canal cinzento-azul B-Gray k-means nearest neighbour search, introduzir os pesos de limiar KR para o canal vermelho, verde KG e azul KB , que aumentam o valor dos pixels em cada um dos canais com a subsequente colagem num único canal, efetuar a aprendizagem automática, comparar com os modelos treinados disponíveis na base de dados e identificar o objeto em movimento. Permite o reconhecimento rápido de um objeto em movimento quando se conduz fora de estrada em condições de fraca visibilidade. Reage à precipitação, ao vento e ao pó para determinar a trajetória do objeto em movimento e aumentar a precisão do reconhecimento. A Fig. 4.1 mostra um método de identificação rápida de um objeto em movimento num fluxo de vídeo.

O método de identificação rápida de um objeto em movimento num fluxo de vídeo é realizado da seguinte forma: com base na informação recebida da câmara de vídeo em tempo real sob a forma de um fluxo de vídeo (bloco 1), em que os quadros-chave são capturados (bloco 2), o quadro-chave é filtrado de interferências no domínio espacial e de frequência (bloco 3), são transmitidos através do canal de cores vermelho, verde e azul, que são convertidos em gradações de cinzento do canal vermelho R-Gray (bloco 4), em gradações de cinzento do canal verde G-Gray (bloco 5), em gradações de cinzento do canal azul B-Gray (bloco 6), introduzir em cada canal, nas gradações do canal vermelho-cinzento R-Gray, o método k-means de pesquisa do vizinho mais próximo (bloco 7), nas gradações do canal verde-cinzento G-Gray (bloco 8), nas gradações do canal azul-cinzento B-Grey procurar o vizinho mais próximo k-means (bloco 9), determinar os centros de agrupamento do canal vermelho Cr (bloco 10), do canal verde Cg (bloco 11), do canal azul Cb (bloco 12), introduzir certos limiares KR (bloco 13) para o canal vermelho, verde KG (bloco 14) e azul KB (bloco 15), determinar os pixels em cada canal, expandir a área de preenchimento dos pixels em cada canal, ou seletivamente num dos canais de gradação de cinzento vermelho (bloco 16), verde (bloco 17) ou azul (bloco 18), os dados nos canais vermelho (bloco 19), verde (bloco 20), azul (bloco 21) são processados no processador e convertidos em vermelho R (bloco 22), verde G (bloco 23), azul B (bloco 24) e colados num canal (bloco 25), executar o método de aprendizagem automática (bloco 27), em que, comparando com os modelos treinados disponíveis na base (bloco 26), é identificado um objeto em movimento (bloco 28).

4.3. Referências

[1] Maslyuk, V., Zavilopulo, A., Hanulych, V., Svatyuk, N., Pop, O., & Simkanich, O. (2023, setembro). Compostos bioorgânicos de modelagem 3D por computador: Como os aminoácidos podem ser criados? Em AIP Conference Proceedings (Vol. 2872, No. 1). AIP Publishing.

[2] Demchyna, B., et. al. (2021). Fundamentos científicos da resolução de tarefas e problemas de engenharia (Vol. 2). Grupo Internacional de Ciência.

[3] Mor, B., Garhwal, S., & Kumar, A. (2021). Uma revisão sistemática dos modelos ocultos de Markov e suas aplicações. Arquivos de métodos computacionais em engenharia, 28, 1429-1448.

[4] Liu, W., Ren, G., Yu, R., Guo, S., Zhu, J., & Zhang, L. (2022, junho). YOLO adaptável à imagem para deteção de objetos em condições climáticas adversas. Em Proceedings of the AAAI conference on artificial intelligence (Vol. 36, No. 2, pp. 1792-1800).

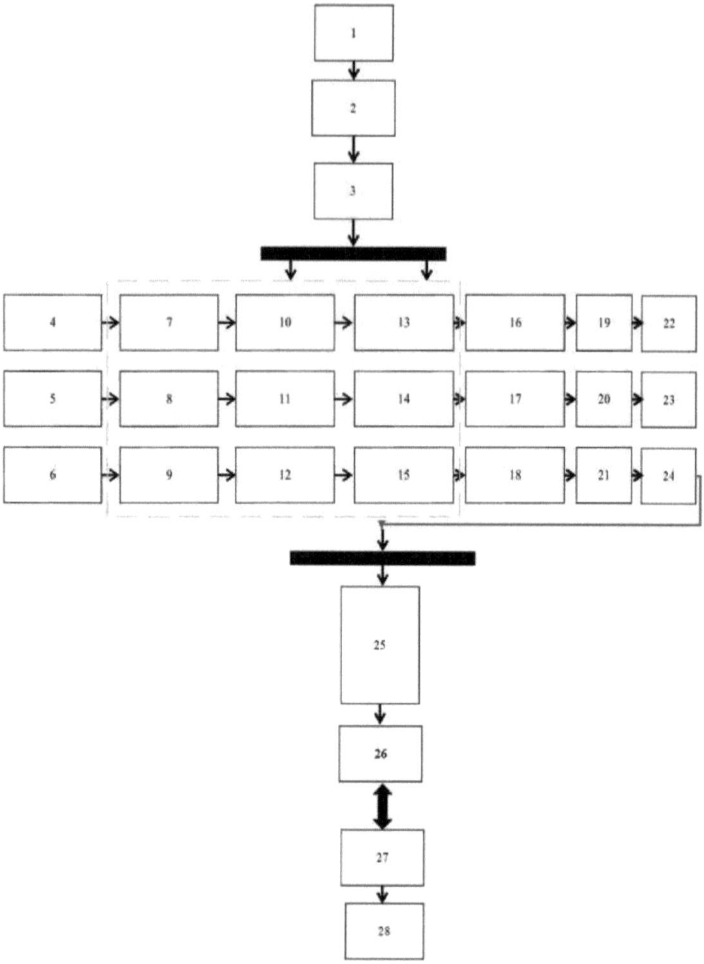

Fig. 4.1. Um método de identificação rápida de um objeto em movimento num fluxo de vídeo

Capítulo 5. Otimização de pacotes em configurações de GPU em sistemas distribuídos utilizando métodos de aprendizagem automática

O foco principal do trabalho é a eficiência das configurações multi-GPU, que demonstram reduzir significativamente o tempo de treino dos modelos em comparação com as configurações tradicionais de uma única GPU, aumentando simultaneamente a precisão dos modelos devido ao processamento paralelo de dados. Esta abordagem abre novas oportunidades para expandir a proteção das redes de telecomunicações contra ciberameaças num período de tempo muito mais curto. Considere a otimização do tamanho do lote utilizando a Informação Mútua (MI) como um método inovador que consegue uma maior precisão da validação do modelo em tempos de formação reduzidos. Este método demonstra como um conhecimento profundo dos dados e modelos pode ser utilizado para otimizar os processos de formação, tornando-os mais eficientes.

5.1. Otimizar a cibersegurança em redes de telecomunicações distribuídas através de técnicas avançadas de aprendizagem automática

Na era das ciberameaças, que avança rapidamente, o imperativo de reforçar as medidas de cibersegurança nas redes de telecomunicações nunca foi tão crítico. Esta investigação investiga a integração de técnicas avançadas de aprendizagem automática e configurações multi-GPU para otimizar os processos de formação de modelos concebidos para detetar e combater as ciberameaças. O estudo centra-se principalmente nas melhorias significativas que as configurações multi-GPU e a otimização do tamanho dos lotes com base na informação mútua (MI) trazem à eficiência e precisão dos modelos de aprendizagem automática.

O aparecimento de ciberameaças sofisticadas exige o desenvolvimento de mecanismos de defesa igualmente sofisticados. Os modelos de aprendizagem automática oferecem uma solução promissora devido à sua capacidade de aprender e adaptar-se dinamicamente a novas ameaças. No entanto, as exigências computacionais do treino destes modelos representam frequentemente um desafio significativo. Esta investigação aborda este desafio explorando a eficácia das configurações multi-GPU, que facilitam o processamento paralelo e reduzem o tempo de formação, melhorando simultaneamente a precisão do modelo.

Um aspeto fundamental da nossa investigação é a nova abordagem que consiste em utilizar a informação mútua (MI) para a otimização da dimensão dos lotes. Os métodos tradicionais de seleção do tamanho do lote baseiam-se na tentativa e erro, o que pode ser moroso e ineficaz. O nosso método utiliza a MI para harmonizar os recursos computacionais com o conteúdo informativo dos dados de treino, optimizando assim o processo de aprendizagem. Os resultados experimentais demonstram que o dimensionamento de lotes guiado por MI supera notavelmente os métodos tradicionais de ajuste manual, alcançando uma maior precisão de validação em períodos de treino reduzidos. As conclusões deste estudo sublinham a importância de incorporar técnicas computacionais avançadas e estratégias de otimização no desenvolvimento de modelos de aprendizagem automática para a cibersegurança. Especificamente, as configurações multi-GPU e as estratégias de otimização baseadas em MI melhoram significativamente a eficiência do treino e a precisão dos modelos concebidos para detetar ciberameaças. Este avanço é particularmente relevante para aplicações de cibersegurança em tempo real em infra-estruturas de telecomunicações, onde a rápida adaptação a novas ameaças é fundamental. Além disso, esta investigação contribui para o acervo de conhecimentos, demonstrando as implicações práticas das suas conclusões. A eficiência melhorada da formação e a precisão do modelo facilitada por configurações multi-GPU e o dimensionamento de lotes optimizado por MI podem melhorar significativamente a postura de cibersegurança das redes de telecomunicações, protegendo-as contra ameaças cibernéticas cada vez mais sofisticadas.

Em conclusão, o nosso estudo apresenta um avanço significativo na aprendizagem automática para a cibersegurança, destacando o potencial das configurações multi-GPU e da otimização baseada em MI para melhorar os processos de formação de modelos. Estes resultados abrem caminho para medidas de cibersegurança mais eficazes e abrem novas vias para investigação futura neste domínio dinâmico. À medida que as ciberameaças continuam a evoluir, o mesmo acontece com as nossas estratégias para as combater, com técnicas avançadas de aprendizagem automática a desempenhar um papel crucial nesta batalha contínua.

No mundo digital de hoje, onde as redes de telecomunicações estão cada vez mais difundidas e complexas, a cibersegurança surge como uma componente crítica da proteção dos sistemas de informação e dos dados. O desenvolvimento das tecnologias e o crescimento constante dos volumes de informação processada aumentam os riscos de ciberataques, tornando a otimização da cibersegurança relevante e uma tarefa urgente [1-2]. A aprendizagem automática é crucial na resolução de problemas de segurança e pode identificar, analisar e combater as ciberameaças de forma mais eficaz do que as soluções de software tradicionais. Devido à sua capacidade de aprendizagem e adaptação, os sistemas de aprendizagem automática podem detetar e bloquear ameaças novas e desconhecidas, o que os torna indispensáveis na cibersegurança [3, 11]. Esta investigação centra-se na otimização da cibersegurança em redes de telecomunicações distribuídas através da aplicação de técnicas de aprendizagem automática. O objetivo é identificar novas abordagens e soluções para aumentar a proteção dos sistemas de informação e dos dados. A introdução revela a relevância do problema da otimização da cibersegurança e a importância da aprendizagem automática na sua resolução. Além disso, fornece uma visão geral da investigação efectuada, que inclui uma análise das fontes literárias, dos métodos de investigação, dos resultados obtidos, da sua discussão e das conclusões [4, 8]. É importante notar que a aplicação de métodos de aprendizagem automática na cibersegurança das redes de telecomunicações não só proporciona uma proteção mais eficaz contra as ciberameaças, como também abre novas oportunidades para o desenvolvimento de sistemas de segurança adaptativos e inteligentes [9, 13]. Esta investigação pretende contribuir para o desenvolvimento deste domínio vital, propondo novas abordagens e soluções para melhorar o nível de proteção das redes de telecomunicações.

5.2. Materiais e métodos de investigação

Para o estudo, foram escolhidas redes de telecomunicações distribuídas utilizadas em várias infra-estruturas, desde redes móveis a computação em nuvem. Foi dada especial atenção às redes que suportam muitos utilizadores em simultâneo e processam grandes quantidades de dados, o que aumenta o risco de ciberataques [4][8].

Utilizámos um conjunto de técnicas de aprendizagem automática para otimizar os nossos processos de cibersegurança, incluindo:

- Redes neuronais para análise do tráfego de rede e deteção de anomalias [3, 11];

- Métodos de aprendizagem profunda para classificar tipos de ataques e prever potenciais ameaças [13];
- Algoritmos de agrupamento para identificação e análise de novos tipos de ciberameaças [10];

Os dados para treinar os modelos foram recolhidos de fontes abertas e de parceiros da indústria, incluindo registos de tráfego de rede, amostras de malware e bases de dados de vulnerabilidades. Os modelos foram treinados utilizando estes dados para determinar as estratégias mais eficazes de deteção e prevenção de ciberameaças, a fim de otimizar a velocidade de funcionamento e a transferência de dados. Foram utilizadas fórmulas para quantificar o desempenho, permitindo o cálculo de indicadores-chave de desempenho (KPIs) para cada modelo. Por exemplo, a exatidão do modelo (Accuracy) pode ser determinada pela fórmula:

$$Accurancy = \frac{TP + TN}{TP + TN + FP + FN} \tag{5.1}$$

em que TP são os resultados positivos verdadeiros, TN são os negativos verdadeiros, FP são os falsos positivos e FN são os falsos negativos.

Esta abordagem da avaliação permite não só determinar os modelos mais eficazes para utilização em condições reais, mas também assegurar um ajustamento flexível do sistema de cibersegurança às necessidades específicas das redes de telecomunicações.

5.3. Trabalhos relacionados

O desenvolvimento de tecnologias de cibersegurança e de aprendizagem automática desempenha um papel decisivo na proteção dos sistemas de informação e das redes de telecomunicações. A investigação existente nestes domínios fornece informações valiosas sobre o estado atual das técnicas e metodologias e identifica áreas que podem ser melhoradas [1-2].

A literatura sobre cibersegurança destaca uma variedade de abordagens para combater as ciberameaças. Ahsan et al. [1] destacam a utilização da aprendizagem automática para mitigar as ciberameaças, apontando para o potencial significativo destas tecnologias na deteção e neutralização de ataques. O trabalho de Rawindaran e co-autores [2] salienta a importância da adaptação das pequenas e médias empresas aos métodos modernos de ciberprotecção com a ajuda da aprendizagem automática. A aprendizagem automática revela um potencial significativo na resolução de problemas de cibersegurança devido à sua capacidade de analisar grandes volumes de dados e identificar padrões de comportamento complexos. Sarker et al. [3] apresentam uma panorâmica da utilização da aprendizagem automática na cibersegurança, salientando a sua eficácia na previsão e prevenção de ataques. Além disso, a investigação centrada na computação distribuída e no processamento paralelo de dados dá um contributo significativo para esta área, permitindo otimizar os processos de formação e inferência da aprendizagem automática [4].

Apesar dos avanços significativos no domínio da cibersegurança e da aprendizagem automática, existem lacunas no conhecimento, nomeadamente na integração destas duas áreas. A maioria dos trabalhos existentes centra-se nos aspectos teóricos da utilização da aprendizagem automática na cibersegurança, deixando a aplicação prática e a otimização de modelos específicos sem a devida atenção [10-11]. Além disso, poucos estudos abordam as questões da eficiência dos recursos e da otimização da capacidade de computação para treinar modelos de aprendizagem automática no contexto da cibersegurança [7, 9]. É dada especial atenção ao estudo e otimização de modelos específicos capazes de detetar e combater eficazmente as ciberameaças em tempo real e ao desenvolvimento de metodologias para reduzir os custos computacionais no treino e aplicação desses modelos [5, 6, 8].

Assim, o nosso trabalho visa contribuir para o desenvolvimento de abordagens integradas à cibersegurança e à aprendizagem automática, que protegerão as redes de telecomunicações contra as ciberameaças actuais e futuras.

5.4. Resultados da investigação e sua discussão

Foi desenvolvida uma rede GPU multi-threaded para otimizar a formação de modelos de aprendizagem automática no contexto da cibersegurança em redes de telecomunicações. As principais conclusões incluem:

- Desempenho das configurações de rede GPU multi-threaded: As configurações multi-GPU melhoram significativamente a eficiência do treino do modelo em comparação com as configurações de uma única GPU, reduzindo o tempo de treino e aumentando a precisão do modelo através do processamento paralelo [7, 11].
- Validação de modelos baseada na otimização do tamanho dos pacotes MN: A utilização de informações de otimização do tamanho dos pacotes mostra uma melhoria significativa na

precisão da validação do modelo em tempos de treino reduzidos, em comparação com os métodos de afinação tradicionais [13].

Os resultados do nosso estudo realçam a importância da utilização de técnicas de computação avançadas, como o ajuste de GPU multi-threaded e a aprendizagem optimizada por MI, para desenvolver modelos de aprendizagem automática mais eficientes e eficazes. É especialmente relevante para aplicações no domínio da cibersegurança em tempo real em infra-estruturas de telecomunicações, onde a adaptação rápida a novas ameaças é fundamental [13,14]. As diferenças entre este estudo e os trabalhos existentes incluem:

- Uma nova abordagem para o desenvolvimento e aplicação à otimização do tamanho dos pacotes utiliza informação mútua que considera tanto os recursos computacionais como o conteúdo de informação dos dados de treino.
- Uma análise aprofundada do impacto de diferentes configurações de GPU no desempenho da formação de modelos de aprendizagem automática em termos de velocidade de formação e precisão do modelo [9,10].
- Estas conclusões oferecem orientações valiosas para o desenvolvimento de métodos de aprendizagem automática no domínio da cibersegurança, salientando a importância de otimizar os processos computacionais para obter uma resposta mais rápida e mais precisa às ciberameaças.

Com base nas experiências com gráficos (Fig. 5.1-5.6), podem ser tiradas as seguintes conclusões:

- Aumentar o tamanho do pacote dentro do intervalo ótimo determinado utilizando a informação mútua ajuda a reduzir o tempo de formação, mantendo uma elevada precisão do modelo [5-6].
- A utilização de configurações de GPU multi-threaded permite reduzir significativamente o tempo de formação, o que é fundamental para a cibersegurança, em que a velocidade de resposta pode decidir o resultado do combate aos ciberataques [11, 12].

Estes resultados realçam o potencial da utilização de técnicas e métodos informáticos avançados na aprendizagem automática para criar sistemas de cibersegurança mais eficientes, precisos e rápidos.

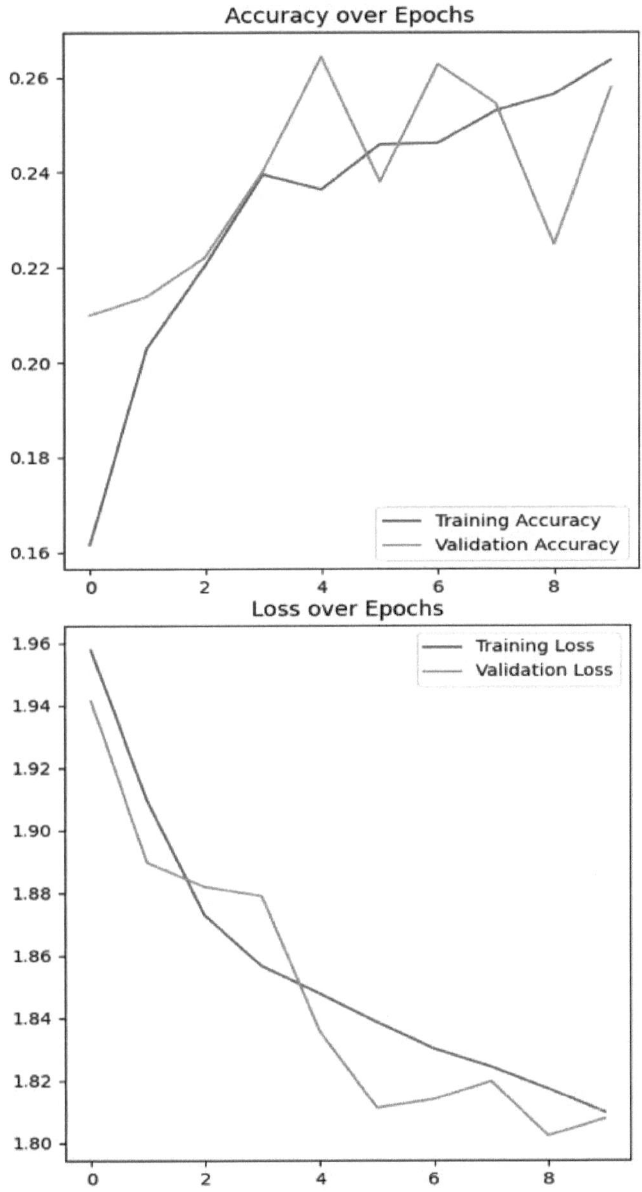

Fig. 5.1. Precisões de treino e validação e perda ao longo de épocas para treino num único dispositivo

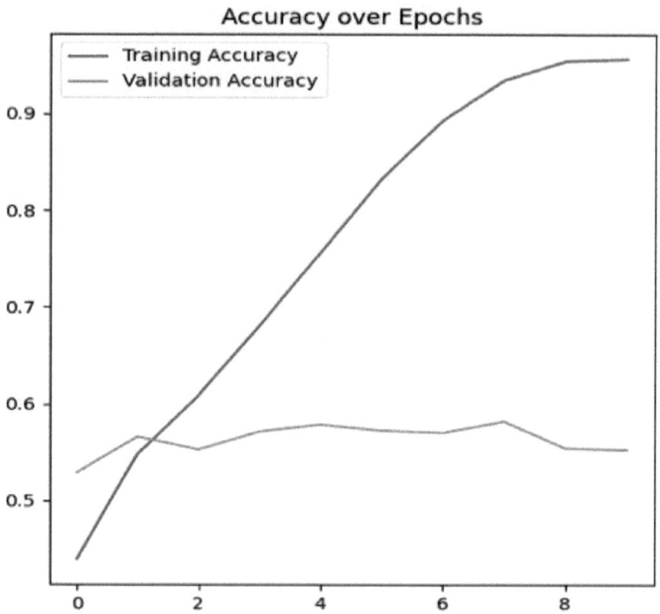
Accuracy over Epochs
Training Accuracy
Validation Accuracy
0.9
0.8
0.7
0.6
0.5
0
2
4
6
8

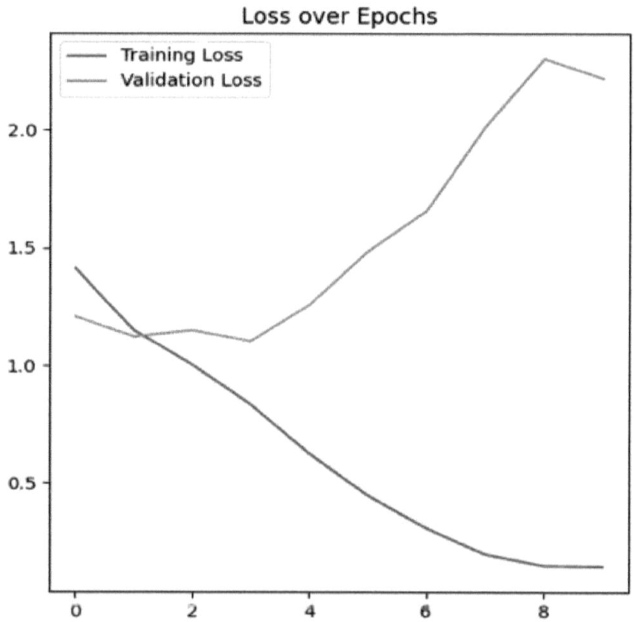
Loss over Epochs
Training Loss
Validation Loss
2.0
1.5
1.0
0.5
0
2
4
6
8

Fig. 5.2. Precisão e perda de treinamento e validação ao longo de épocas com tamanho de pacote definido manualmente numa configuração de vários dispositivos

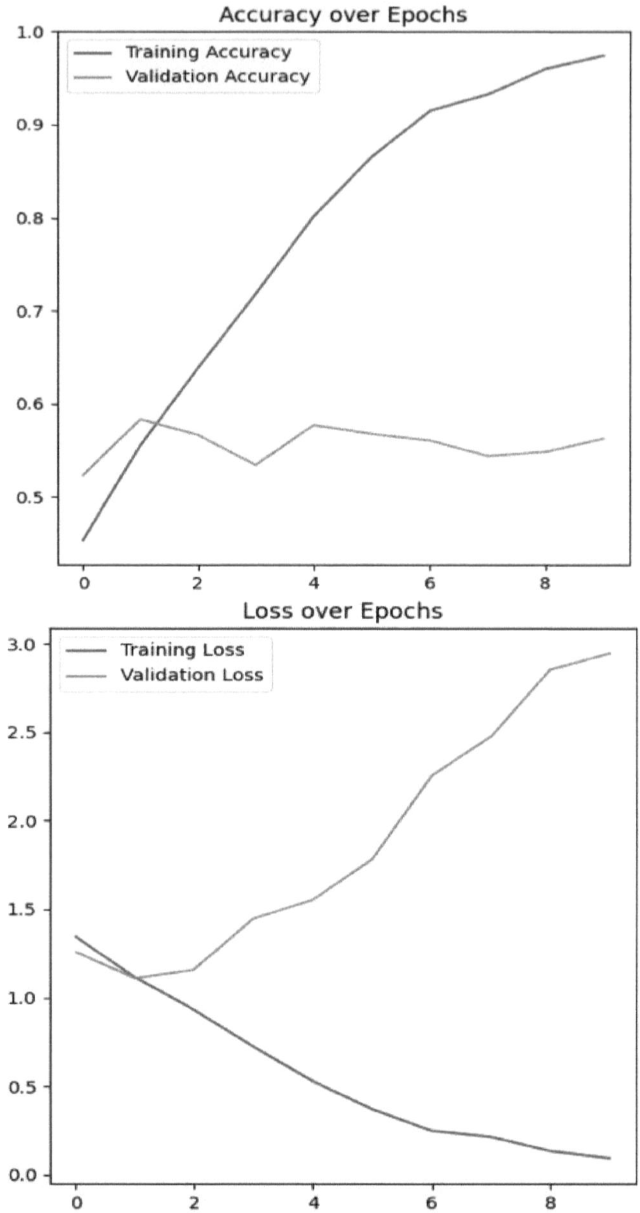

Figura 5.3. Precisão e perda de treinamento e validação ao longo de épocas com tamanho de pacote definido manualmente (Tamanho do lote = 16) em uma configuração de vários dispositivos

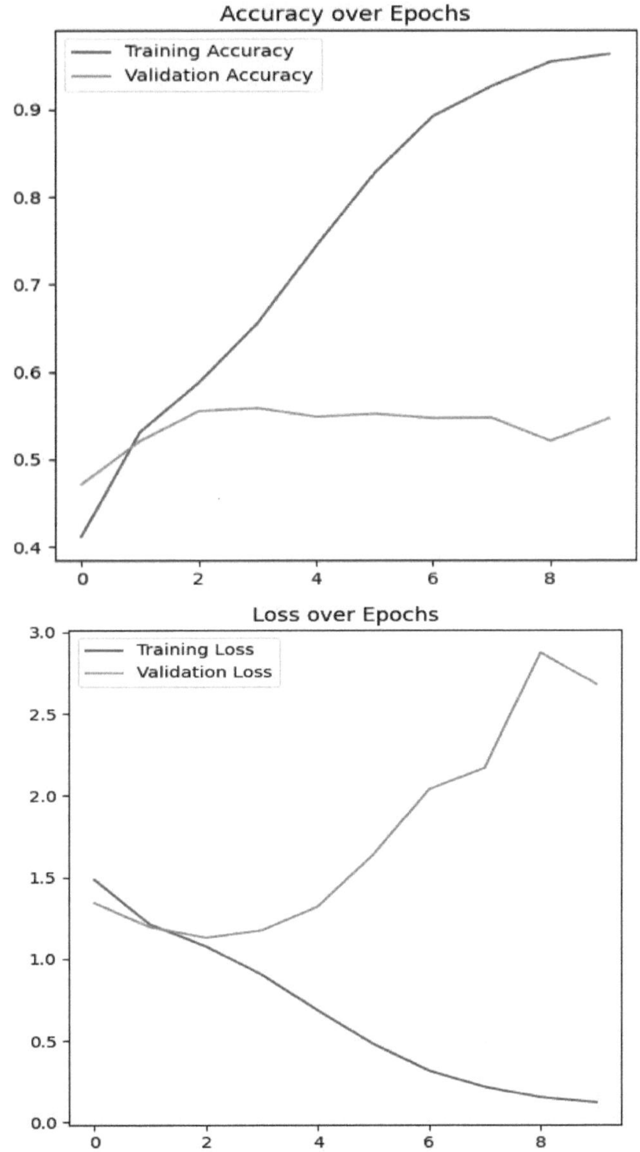

Figura 5.4. Dinâmica de treino mostrando a precisão e a perda para a configuração de GPU multithread utilizando a definição manual do tamanho do lote (Tamanho do lote = 32)

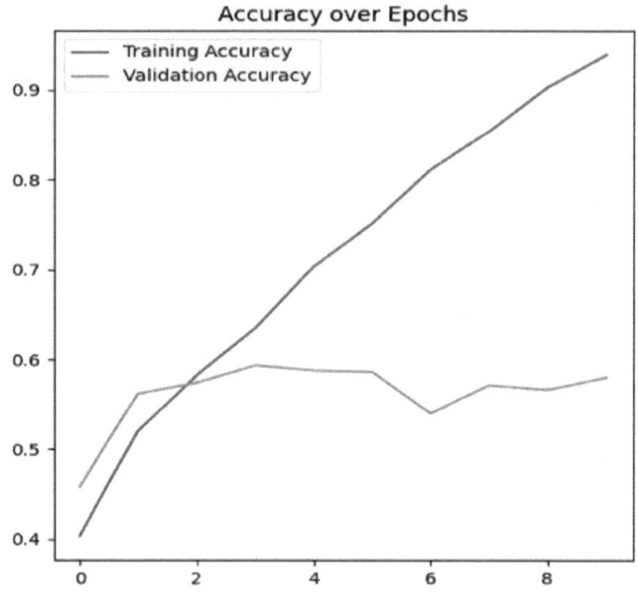

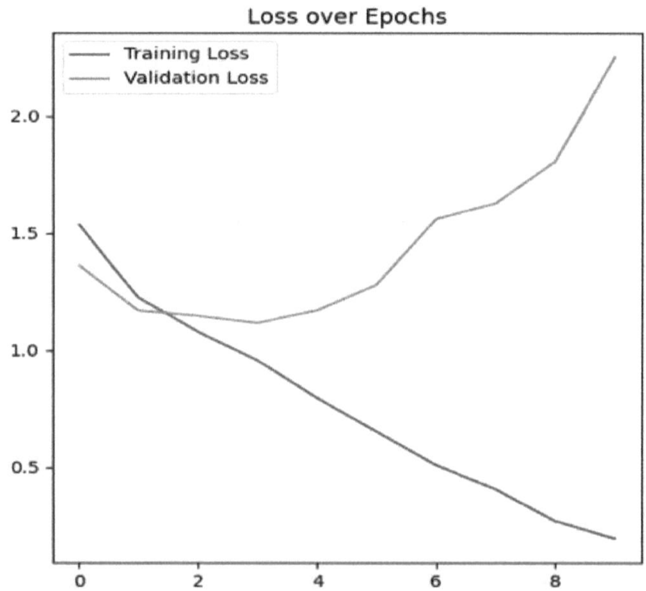

Fig. 5.5. Resultados da otimização do treino com um tamanho de lote de 64 numa configuração de GPU multithread, demonstrando a eficácia da definição do tamanho do lote com base no MI

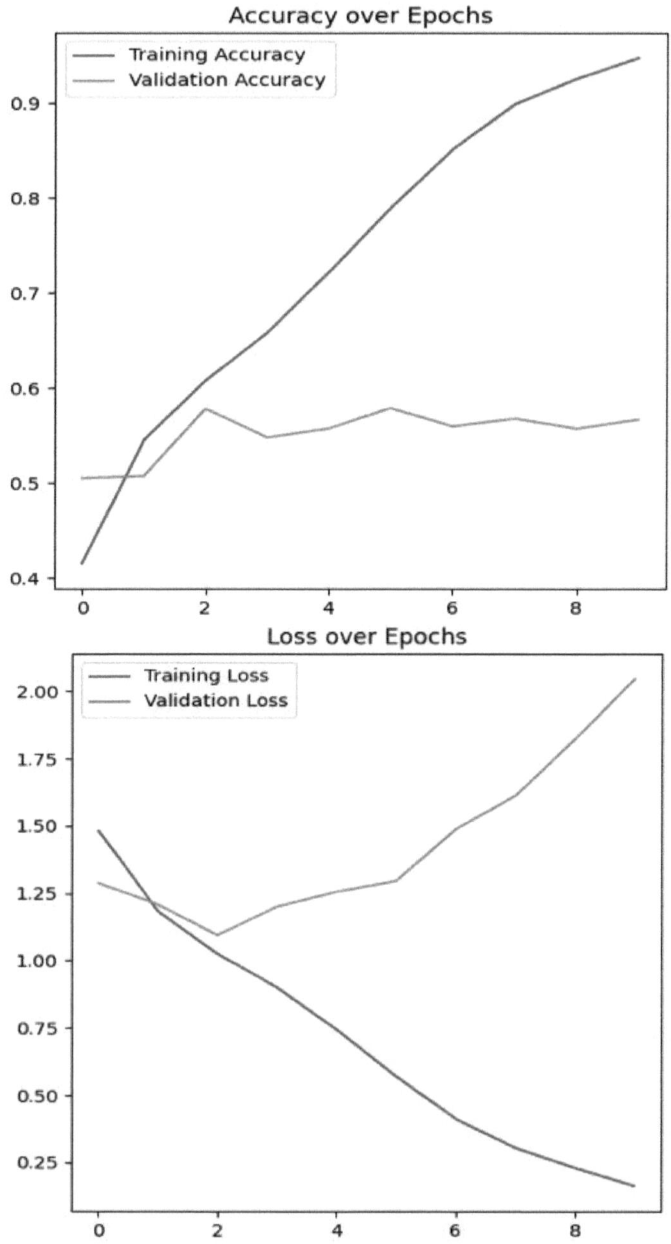

Fig. 5.6. Impacto do desempenho da formação com um tamanho de lote grande de 128 num ambiente GPU multi-threaded

A otimização dos processos computacionais permite não só aumentar a velocidade de formação dos modelos, mas também melhorar significativamente a sua capacidade de adaptação e a precisão da deteção de ciberameaças em tempo real.

É vital que o tamanho ótimo do pacote 64, determinado com a ajuda da informação mútua, abra novas oportunidades para uma utilização eficiente dos recursos informáticos. Esta abordagem reduz o tempo de formação e garante uma elevada precisão do modelo, o que é fundamental para as aplicações de cibersegurança.

5.5. Discussão dos resultados obtidos

Os resultados obtidos no nosso estudo indicam benefícios significativos da utilização de configurações de GPU multithread e da otimização do tamanho dos pacotes utilizando informação mútua (MI) no contexto da cibersegurança em redes de telecomunicações. Estes resultados apoiam a hipótese de que as técnicas avançadas de computação e otimização podem melhorar significativamente a eficiência e a precisão dos modelos de aprendizagem automática concebidos para detetar ciberameaças. A análise dos dados mostrou que as configurações multi-GPU reduzem o tempo de treino do modelo e proporcionam uma maior precisão do que as configurações de uma única GPU. Demonstra a eficácia do processamento paralelo de dados na formação de modelos de aprendizagem automática, o que é especialmente relevante para o processamento de grandes volumes de dados típicos das tarefas de cibersegurança.

A utilização da MI para otimizar a dimensão do lote melhorou ainda mais a eficiência da formação, alcançando uma maior precisão de validação do modelo em tempos de formação reduzidos. Isto indica que a MI é uma ferramenta poderosa para harmonizar os recursos computacionais com o conteúdo informativo dos dados de formação, permitindo que os modelos de aprendizagem automática aprendam mais eficazmente com os dados disponíveis.

O nosso estudo mostra melhorias significativas na velocidade e precisão do treino de modelos em comparação com os métodos existentes. As abordagens tradicionais ao treino de modelos estão frequentemente limitadas à utilização de uma única GPU de cada vez, o que pode levar a longos períodos de treino e a uma capacidade limitada do modelo para se adaptar a novos dados. A utilização de configurações de GPU multi-threaded e a otimização do tamanho do lote utilizando MI abrem novas oportunidades para melhorar estes processos.

Os resultados da nossa investigação têm implicações significativas para aplicações práticas no domínio da cibersegurança. A aplicação de configurações de GPU multi-threaded e de métodos de formação optimizados por MI pode ajudar os programadores de cibersegurança a criar modelos mais precisos e práticos para a deteção de ciberameaças em tempo real, melhorando a segurança global das redes de telecomunicações [11]. Os dados experimentais apoiam a eficácia da nossa abordagem, demonstrando que a aplicação de técnicas computacionais avançadas e de métodos de otimização pode melhorar significativamente os processos de formação de modelos de aprendizagem automática para a cibersegurança. Esta abordagem constitui um forte argumento a favor de mais investigação e da aplicação prática destas técnicas na indústria, a fim de melhorar a capacidade de detetar e combater as ciberameaças.

5.6. Conclusões

A utilização de configurações de GPU multi-threaded melhora significativamente a velocidade de treino e a precisão do modelo em comparação com as configurações de GPU única, o que os nossos resultados experimentais confirmam.

5.7. Referências

[5] Ahsan M, Nygard KE, G.R.C.M.R.N.C.J.: Cybersecurity threats and their mitigation approaches using machine learning - a review. Journal of Cybersecurity and Privacy pp. 527-555 (2022). https://doi.org/10.3390/jcp2030027

[6] Rawindaran N, Jayal A, P.E.: Adoção da cibersegurança através da aprendizagem automática nas pequenas e médias empresas dos países desenvolvidos. Computadores (2021). https://doi.org/10.3390/computers10110150

[7] Sarker, I.H., K.A.B.S.: Ciência dos dados de cibersegurança: uma visão geral da perspetiva da aprendizagem automática. Journal of Big Data (2020). https://doi.org/10.1186/s40537-020-00318-5

[8] Z. N. Rashid, S. R. M. Zebari, K.H.S., Jacksi, K.: Computação em nuvem distribuída e computação paralela distribuída: Uma análise. Conferência Internacional sobre Ciência e Engenharia Avançadas (ICOASE) 1127, 167-172 (2018). https://doi.org/10.1109/ICOASE.2018.8548937

[9] Medykovsky, M., Droniuk, I., Nazarkevich, M., & Fedevych, O. (2013). Modelando a pertubação do tráfego com base em funções ateb. Em Redes de

Computadores: 20ª Conferência Internacional, CN 2013, Lwówek Śląski, Polónia, 17-21 de junho de 2013. Proceedings 20 (pp. 38-44). Springer Berlin Heidelberg.

[10] Nazarkevych, M., Oliiarnyk, R., Nazarkevych, H., Kramarenko, O., & Onyshschenko, I. (2016, agosto). O método de criptografia baseado em funções Ateb. Em 2016 IEEE Primeira Conferência Internacional sobre Mineração e Processamento de Fluxo de Dados (DSMP) (pp. 129-133). IEEE.

[11] Wang, M., Yang, T., Flechas, M. A., Harris, P., Hawks, B., Holzman, B., Knoepfel, K., Krupa, J., Pedro, K., & Tran, N. (2021). Inferência de aprendizado de máquina acelerada por GPU como um serviço para computação em experimentos de neutrinos. Fronteiras em Big Data, 3, 604083. https://doi.org/10.3389/fdata.2020.604083

[12] Kozik, R., Choraś, M., Ficco, M., & Palmieri, F. (2018). Uma abordagem de aprendizado de máquina distribuída escalável para deteção de ataques em ambientes de computação de borda. Jornal de Computação Paralela e Distribuída. https://doi.org/10.1016/j.jpdc.2018.03.006

[13] Bharadiya, J. . (2023). Aprendizagem automática em cibersegurança: Techniques and Challenges. Jornal Europeu de Tecnologia, 7(2), 1 - 14. https://doi.org/10.47672/ejt.1486

[14] Dasgupta D, Akhtar Z, Sen S. Machine learning in cybersecurity: a comprehensive survey. O Jornal de Modelação e Simulação de Defesa. 2022;19(1):57-106. doi:10.1177/1548512920951275

[15] Handa, A., Sharma, A., & Shukla, S.K. (2019). Aprendizado de máquina em segurança cibernética: Uma revisão. WIREs Data Mining e Descoberta de Conhecimento. https://doi.org/10.1002/widm.1306

[16] Diro, A.A., & Chilamkurti, N. (2018). Esquema de deteção de ataques distribuídos utilizando uma abordagem de aprendizagem profunda para a Internet das Coisas. Sistemas informáticos de geração futura. https://doi.org/10.1016/j.future.2017.08.043

[17] Giovanni Apruzzese, Pavel Laskov, Edgardo Montes de Oca, Wissam Mallouli, Luis Brdalo Rapa, Athanasios Vasileios Grammatopoulos e Fabio Di Franco. 2023. O papel da aprendizagem automática na cibersegurança. Digital Threats 4, 1, Artigo 8 (março de 2023), 38 páginas. https://doi.org/10.1145/3545574

[18] A. Aljuhani, "Machine Learning Approaches for Combating Distributed Denial of Service Attacks in Modern Networking Environments", em IEEE Access, vol. 9, pp. 42236-42264, 2021, doi: 10.1109/ACCESS.2021.3062909.

[19] A. Sivanathan, H. Habibi Gharakheili e V. Sivaraman, "Managing IoT Cyber-Security Using Programmable Telemetry and Machine Learning", em IEEE Transactions on Network and Service Management, vol. 17, n.º 1, pp. 60-74, março de 2020, doi: 10.1109/TNSM.2020.2971213.

Capítulo 6. Construção de um sistema de identificação de objectos em movimento baseado em tecnologias de aprendizagem automática

O estudo é dedicado à construção de um sistema de identificação de objectos em movimento num fluxo de vídeo baseado em tecnologias de aprendizagem automática. A localização e o reconhecimento de objectos em movimento é uma tarefa urgente hoje em dia. É fundamental reconhecer os objectos em movimento e proceder à sua identificação com base na inteligência artificial. O sistema está dividido em três módulos principais: reconhecimento facial, localização de pessoas e gravação dos resultados do reconhecimento. É descrita a utilização de tecnologias modernas, como os algoritmos de aprendizagem automática YOLOv7 para o seguimento de pessoas e a biblioteca Face Recognition para o reconhecimento facial. Foi criado um diagrama de fluxo de dados contextual, mostrando os passos necessários para transformar o fluxo de vídeo de entrada em imagens de rosto normalizadas, prontas para reconhecimento posterior. Foi construída uma hierarquia de processos do sistema de identificação de objectos em movimento. O diagrama de decomposição do processo de processamento de vídeo mostra a sequência lógica de etapas e fluxos de dados necessários para a preparação das imagens de rosto.

Ao classificar o comportamento, os padrões de movimento identificados são associados a tipos específicos de comportamento. O sistema utiliza dados de identificação dos indivíduos e informações sobre o seu comportamento anterior para classificar os padrões de movimento. A decomposição dos processos permitiu examinar os aspectos-chave de cada sistema e revelar a sequência de passos e fluxos de dados necessários à sua implementação. A construção do diagrama hierárquico de processos permitiu visualizar qualitativamente as relações entre todos os processos e subprocessos do sistema, demonstrando a sequência lógica da sua execução. O diagrama ER definiu a estrutura da base de dados que foi utilizada para armazenar informação sobre os indivíduos. A análise do sistema lançou as bases para a conceção e o desenvolvimento do sistema de informação para o seguimento e reconhecimento de pessoas. Permitiu determinar os principais requisitos funcionais, a estrutura do sistema e as relações entre os seus componentes. A possibilidade de utilizar o software para prevenir ameaças de terrorismo e sabotagem é significativa. Estes sistemas de informação permitem melhorar a situação económica dos objectos individuais e do país.

6.1. Introdução

Os sistemas actuais de reconhecimento e localização de pessoas exigem normalmente um investimento financeiro significativo para a sua integração ou conhecimentos técnicos importantes. Além disso, a maioria dos serviços que resolvem problemas semelhantes oferece armazenamento de dados nas suas próprias "nuvens", aumentando a segurança dos dados pessoais. O sistema desenvolvido de localização e reconhecimento de pessoas resolve este tipo de problema.

O domínio da inteligência artificial está a desenvolver-se ativamente e abre novas perspectivas para a integração dessas tecnologias na vida quotidiana, a fim de simplificar e aumentar a eficiência dos processos. Um dos problemas que a inteligência artificial resolve é a visão artificial. Um ramo importante da visão artificial é o reconhecimento e a localização de pessoas. Esta tecnologia é amplamente implementada nas empresas para aumentar o nível de segurança e de eficiência dos trabalhadores. O exemplo mais simples é o trabalho de um guarda de segurança numa loja, cujas tarefas podem ser significativamente simplificadas graças à integração de tecnologias semelhantes.

A integração de sistemas de reconhecimento em empresas que já dispõem de ferramentas de videovigilância ajudará a cobrir tanto as necessidades das empresas privadas como as do país, cujas autoridades poderão utilizá-los, se necessário, para garantir a segurança dos cidadãos. Assim, desenvolver e implementar um sistema eficaz de reconhecimento e localização de pessoas é crucial para garantir a segurança nacional, reforçar a lei e a ordem e aumentar a segurança dos cidadãos ucranianos. Ao mesmo tempo, a capacidade de utilizar tecnologias semelhantes para as necessidades empresariais, a fim de melhorar a eficiência dos processos, reforçará o poder económico do país, graças a uma melhor utilização dos recursos. Por conseguinte, a investigação no domínio da localização e reconhecimento de pessoas é excecionalmente relevante nas condições actuais.

6.2. Análise da investigação e das publicações recentes

A identificação de pessoas em fluxos de dados de vídeo é considerada em [1]. Apresenta uma abordagem multimodal para a identificação de pessoas com base em vídeo num ambiente não supervisionado que enfatiza a forma tridimensional do corpo, a pose e a aparência. São apresentados dois codificadores: O PSE codifica as formas do corpo utilizando silhuetas binárias, movimentos esqueléticos e formas corporais 3D. O AAE fornece dois níveis de agregação de caraterísticas de aparência: agregação de caraterísticas baseada na atenção e agregação por média. Utilizámos a atenção espacial e temporal para a agregação de caraterísticas baseada na atenção, a fim de nos concentrarmos em áreas cruciais para a discriminação de pessoas.

Em [2], apresentamos o SEAS que utiliza a supervisão alinhada com a forma para melhorar a caraterística da aparência para a reidentificação humana. Utilizamos uma representação implícita da forma do corpo para controlar o treino do codificador de identificação baseado na aparência, com um extrator de forma para traduzir o mapa de caraterísticas em formas do corpo ao nível do pixel, fornecendo orientação da forma ao nível do pixel. Para a reidentificação de vídeo, a consistência temporal na ocorrência de diferentes fotogramas no mesmo vídeo é incorporada através da adição de calibração ao nível do pixel. Esta abordagem proporciona o melhor desempenho nas estimativas de reidentificação baseadas em fotogramas e em vídeo em conjuntos de dados publicamente disponíveis. O processo de deteção é altamente dependente de factores externos, incluindo as capacidades técnicas da câmara e a estabilidade da sua posição, que é crítica no processo de deteção de movimento. Estes factores incluem uma luz estável e sem cintilação, uma elevada taxa de fotogramas e a resolução da câmara.

A reidentificação de uma pessoa (ReID) visa encontrar uma pessoa de interesse em várias câmaras não sobrepostas. É considerada uma etapa essencial para o programa de seguimento de pessoas. A ReID de uma pessoa pode ser pesquisada com base em imagens ou vídeos. Foram utilizadas diferentes técnicas de aprendizagem profunda para os vídeos ReID. As abordagens ao estudo aprofundado dos sinais são classificadas em abordagens espaciais e temporais. As abordagens à aprendizagem profunda dividem-se em supervisionadas, não supervisionadas, fracamente supervisionadas e de aprendizagem única. É efectuada uma análise detalhada das arquitecturas das abordagens de aprendizagem profunda mais modernas. O seu desempenho é demonstrado em quatro conjuntos de dados de referência.

A reidentificação da pessoa (ReID) é estudada em [3]. Com base em imagens ou vídeos. As abordagens de aprendizagem profunda de caraterísticas são classificadas em espaciais e temporais, enquanto a aprendizagem profunda de métricas é dividida em abordagens de aprendizagem de métricas. A reidentificação [4] (reidentificação) é difícil devido a distúrbios de oclusão. No entanto, têm sido feitos esforços significativos para evitar a captura de informações de uma única imagem, negligenciando a riqueza de informações adicionais disponíveis em várias imagens do mesmo peão. Durante este processo, propõe-se que seja desenvolvido um módulo de localização que integre seletivamente a informação que contribui para a identificação, de modo a evitar a introdução de ruído de oclusão. Além disso, tendo em conta a diferente natureza discriminativa de outras imagens, é concebido um módulo de quantificação probabilística para integrar informação de elevada fiabilidade.

A necessidade de um sistema de reidentificação de pessoas [5] para as aplicações de videovigilância urbana em rápido desenvolvimento constitui um desafio significativo neste domínio em mutação. A reidentificação de uma pessoa baseada em vídeo (Re-ID) visa obter sequências de vídeo de uma única pessoa com câmaras não sobrepostas. Os métodos anteriores centram-se geralmente em vistas limitadas, como a espacial, a temporal ou a espácio-temporal, que carecem de observações em diferentes domínios de caraterísticas. O documento propõe três transformadores de auto-visão para utilizar as relações entre caraterísticas locais para melhorar a informação nos domínios espacial, temporal e espácio-temporal.

6.3. Fundamentos teóricos da investigação

O fluxo de vídeo das câmaras de vigilância ou de outras fontes passa primeiro pela fase de descodificação. Esta permite converter um fluxo de vídeo comprimido numa sequência de fotogramas individuais que podem ser processados individualmente. Em seguida, os fotogramas selecionados são submetidos à deteção de rostos, em que os algoritmos de visão por computador identificam as áreas da imagem que contêm rostos humanos [6].

Para aumentar a precisão do reconhecimento facial, os rostos detectados são submetidos a uma etapa de alinhamento. Nesta fase, a posição e a escala dos rostos são ajustadas para garantir que estão na mesma posição e tamanho na imagem. Isto é essencial porque os algoritmos de reconhecimento de rostos são normalmente concebidos para trabalhar com imagens alinhadas. O diagrama de contexto do processamento de vídeo é apresentado na Fig. 6.1. Finalmente, as imagens de faces alinhadas são submetidas à normalização [7]. Esta fase uniformiza a imagem em termos de tamanho, brilho e contraste, reduzindo a influência de factores externos como a iluminação e o ângulo de disparo. As imagens de face normalizadas estão prontas para o reconhecimento posterior, onde o sistema irá compará-las com uma base de dados de faces conhecidas para identificação. Como resultado da decomposição, obtivemos um diagrama do processo de processamento de vídeo, apresentado na Fig. 6.2. O diagrama de decomposição deste processo demonstra a sequência de passos necessários para transformar o fluxo de vídeo de entrada em imagens de rosto normalizadas, prontas para reconhecimento posterior. Um diagrama de decomposição do processo de processamento de vídeo demonstra a sequência lógica de passos e fluxos de dados necessários para preparar as imagens de rostos para reconhecimento.

O diagrama de decomposição do processo de reconhecimento facial (Fig. 6.3) permite ao sistema identificar pessoas em imagens. Após a obtenção das imagens de rosto normalizadas na fase de processamento de vídeo, estas entram na fase de extração de caraterísticas [8]. Aqui, os algoritmos de visão computacional analisam a imagem e determinam os traços caraterísticos da face, como a distância entre os olhos, a forma do nariz, a linha da boca e outras caraterísticas únicas. Estas caraterísticas são transformadas em vectores matemáticos que representam uma impressão digital do rosto. A fase seguinte, a comparação com a base de dados, é o coração do processo de reconhecimento. As caraterísticas faciais selecionadas são comparadas com as armazenadas numa base de dados de pessoas famosas. O sistema procura as correspondências mais próximas utilizando diferentes algoritmos de comparação. Os resultados da comparação são enviados para a fase de classificação. Aqui, o sistema decide se o rosto pertence a uma pessoa da base de dados e determina o nível de fiabilidade desta decisão. Se o nível de confiança exceder o limiar, o sistema considera a pessoa identificada e atribui-lhe o identificador correspondente. Um diagrama detalhado do processo de reconhecimento facial demonstra como o sistema utiliza algoritmos complexos para converter imagens de rosto em impressões digitais e compará-las com uma base de dados para identificação. Este processo é vital para garantir a exatidão e a fiabilidade do Sistema de Informação de Localização e Identificação de Pessoas.

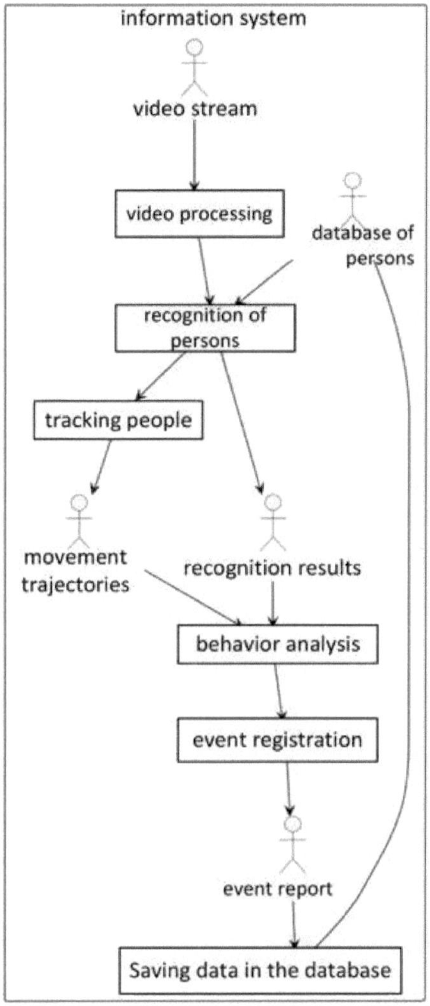
information system
video stream
video processing
database of persons
recognition of persons
tracking people
movement trajectories
recognition results
behavior analysis
event registration
event report
Saving data in the database

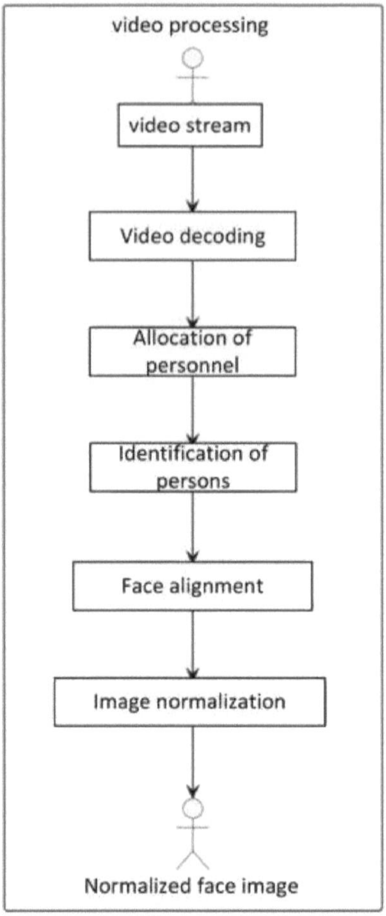

Fig. 6.1. Diagrama de contexto Fig. 6.2. Diagrama de decomposição do processamento de vídeo

O diagrama de decomposição do processo de reconhecimento facial (Fig. 4) revela a sequência de passos que permitem ao sistema seguir com precisão e fiabilidade as trajectórias dos movimentos das pessoas. A primeira etapa do processo de rastreio consiste em identificar os indivíduos em cada fotograma do fluxo de vídeo. Esta fase permite ao sistema seguir o movimento das pessoas no espaço e no tempo.

Em seguida, o sistema associa as pessoas detectadas aos identificadores obtidos na fase de reconhecimento. Permite associar as informações visuais sobre uma pessoa aos seus dados de identificação armazenados na base de dados.

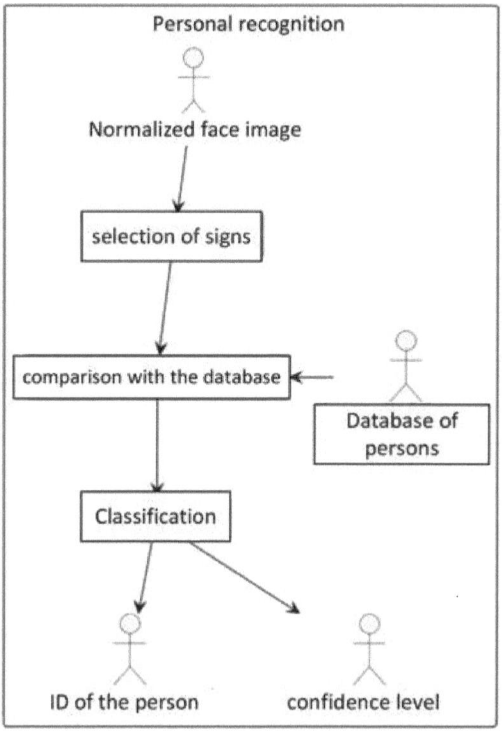

Fig. 6.3. Diagrama de decomposição do reconhecimento facial

Após a associação com os identificadores, o sistema procede ao seguimento das trajectórias de movimento das pessoas. Nesta fase, o sistema analisa a sequência de fotogramas e determina a forma como os indivíduos se deslocam no espaço. Permite construir trajectórias de movimento que reflectem o percurso de cada pessoa. A última etapa é a filtragem do ruído das trajectórias obtidas. Permite-lhe remover dados errados ou imprecisos devido a ruído no fluxo de vídeo ou a erros de algoritmo. A filtragem do ruído melhora a precisão e a fiabilidade do rastreio, fornecendo dados de qualidade para posterior análise comportamental. Um diagrama de decomposição do processo de seguimento de pessoas demonstra como o sistema utiliza diferentes tecnologias para seguir o movimento das pessoas e construir as suas trajectórias. Este processo é essencial para garantir a monitorização e a análise contínuas do comportamento humano nas IS.

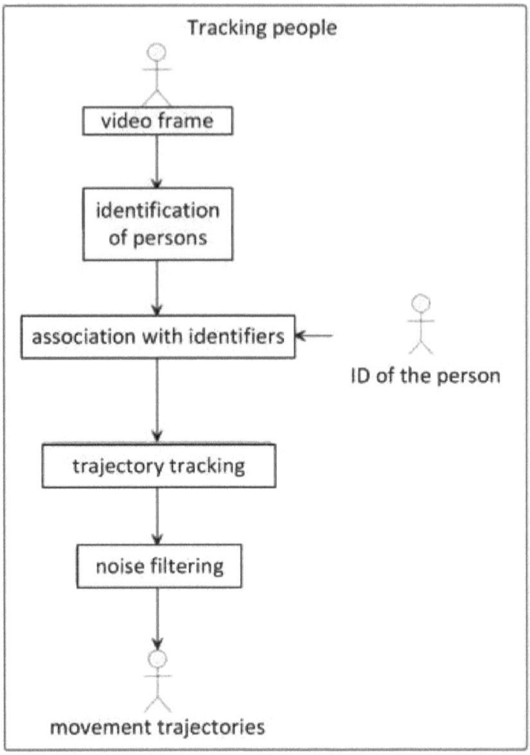

Fig. 6.4. Diagrama de decomposição do seguimento de pessoas

O diagrama de decomposição do processo de análise do comportamento (Fig. 6.5) revela a lógica da análise baseada nas trajectórias de movimento e nos dados de identificação dos indivíduos. A primeira etapa do processo de análise é a deteção de anomalias nas trajectórias de movimento. O sistema analisa os dados sobre o movimento dos indivíduos e identifica padrões atípicos ou suspeitos que podem indicar um comportamento invulgar. Podem incluir mudanças súbitas de direção, paragens em locais invulgares ou deslocações a uma velocidade notável. Em seguida, o sistema efectua o agrupamento das trajectórias de movimento. Permite que as trajectórias sejam agrupadas por caraterísticas semelhantes, como a direção, a velocidade ou a duração. O agrupamento ajuda a identificar padrões de movimento comuns e a separar as trajectórias em diferentes categorias.

A fase seguinte - classificação do comportamento - relaciona os padrões de movimento identificados com tipos específicos de comportamento. O sistema utiliza dados de identificação dos indivíduos e informações sobre o seu comportamento anterior para classificar os padrões de movimento. Permite-lhe atribuir categorias como "correr", "andar", "estar de pé" ou "comportamento suspeito" aos padrões detectados. Um diagrama de decomposição do processo de Análise Comportamental demonstra como o sistema utiliza informações sobre trajectórias de movimento e dados de identificação para detetar e classificar padrões de comportamento. Este processo permite-lhe compreender como as pessoas se comportam dentro da área de monitorização e identificar potenciais ameaças ou situações invulgares. O processo de registo de eventos (Fig. 6.6) é a fase final da cadeia de processamento de informação no Sistema de Informação para o seguimento e reconhecimento de pessoas. Um diagrama de decomposição deste processo revela como o sistema transforma os dados sobre o comportamento humano em relatórios estruturados que apresentam os eventos vitais e as suas caraterísticas.

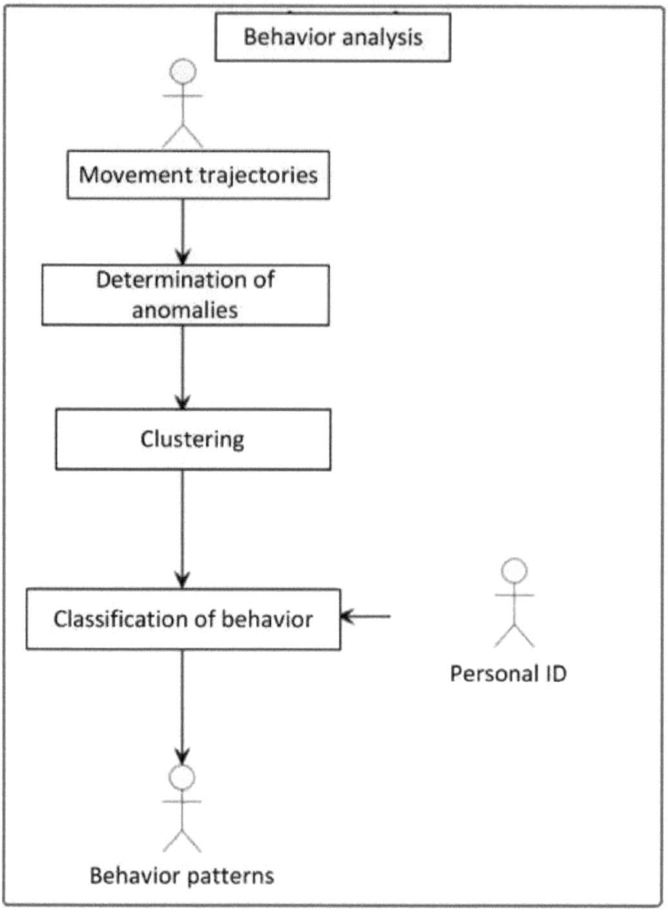

Fig. 6.6. Diagrama de decomposição da análise do comportamento

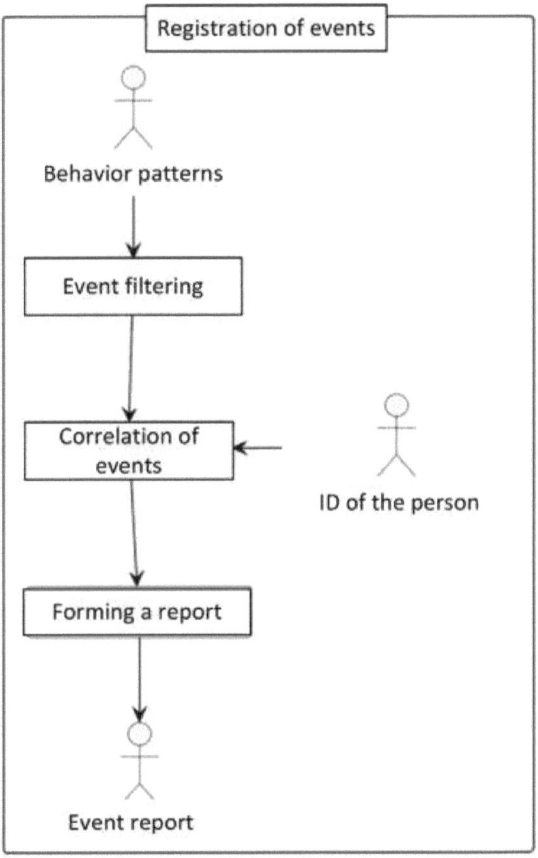

Fig. 6.7. Diagrama de decomposição do registo de eventos

Os eventos são filtrados no início do processo de registo. O sistema analisa os padrões de comportamento detectados na fase anterior e seleciona os eventos significativos que satisfazem os critérios especificados. Permite-lhe filtrar os dados insignificantes ou redundantes e concentrar-se nos eventos que podem ser importantes para a segurança ou análise. De seguida, o sistema efectua a correlação de eventos. Nesta fase, os eventos individuais são associados a indivíduos específicos utilizando os seus dados de identificação. Isto permite-lhe estabelecer a sequência de eventos e compreender como o comportamento de uma pessoa afecta as outras. Por fim, o sistema procede à criação de relatórios. Nesta etapa, as informações sobre os eventos selecionados e correlacionados são combinadas num relatório estruturado que contém detalhes sobre a hora, o local, a pessoa e o tipo de comportamento. Dependendo das necessidades dos utilizadores, o relatório pode ser apresentado em diferentes formatos, tais como texto, tabela ou gráfico. Um diagrama de decomposição do processo de "Registo de Eventos" demonstra como o sistema transforma dados díspares sobre o comportamento humano em informação valiosa que reflecte eventos críticos e as suas relações. Os relatórios gerados nesta fase podem ser utilizados para segurança, análise de comportamento e tomada de decisões informadas.

O processo de gravação dos dados na base de dados (Fig. 6.8) garante um armazenamento fiável e eficaz das informações sobre os eventos detectados pelo sistema de informação para a localização e o reconhecimento das pessoas. Um diagrama de decomposição deste processo revela as etapas que garantem a integridade e a qualidade dos dados armazenados na base de dados.

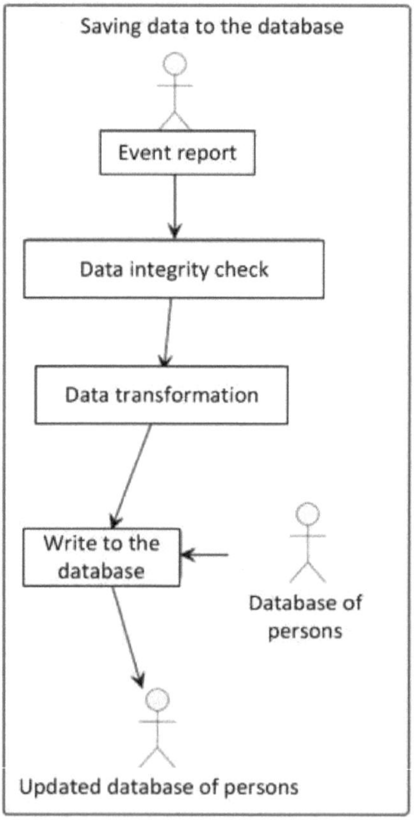

Fig. 6.8. Diagrama de decomposição da gravação de dados na base de dados

O relatório de eventos gerado na etapa anterior é primeiro verificado quanto à integridade dos dados. O sistema analisa o relatório para detetar erros, inconsistências ou dados em falta. Garante que apenas as informações fiáveis e de alta qualidade entram na base de dados.

De seguida, os dados do relatório são transformados, ou seja, convertidos para um formato compatível com a base de dados. Isto pode incluir a alteração da estrutura dos dados, a conversão dos tipos de dados ou a adição de informações adicionais à base de dados.

Finalmente, os dados preparados são registados na base de dados de pessoas. O sistema actualiza os registos relevantes na base de dados, acrescentando informações sobre novos eventos relacionados com indivíduos específicos. Assegura a preservação do historial dos acontecimentos e permite-lhe utilizar esta informação para análises e decisões posteriores.

O diagrama de decomposição do processo "Guardar dados na base de dados" demonstra como o sistema garante a integridade e a qualidade dos dados armazenados na base de dados. Este processo é essencial para garantir a fiabilidade e a disponibilidade a longo prazo das informações recolhidas pelos SI.

6.4. Construção da hierarquia de processos

Um diagrama de hierarquia de processos mostra todas as tarefas e suas subtarefas necessárias para o bom funcionamento do sistema. O topo é o sistema de informação, que se ramifica em funções, que, por sua vez, incluem subtarefas. Desta forma, é criada uma hierarquia de processos, onde a conclusão de todas as subtarefas especificadas evidencia a conclusão de cada tarefa. Os principais diagramas da hierarquia de processos incluem o diagrama de contexto e o diagrama de decomposição, onde o topo da hierarquia é o SI. Uma vez que os SI requerem a presença de uma base de dados, devem ser concebidos a nível concetual. Isto significa que a melhor abordagem será construir um diagrama ER que reflectirá a estrutura da futura base de dados do sistema de informação. O diagrama é apresentado na Fig. 6.10.

Essências:

- Person armazena informações sobre pessoas (identificador, nome próprio, apelido, data de nascimento, fotografia).
- O evento armazena informações sobre o evento (identificador, hora, tipo de evento, descrição).
- O local armazena informações sobre os locais (ID, Nome, Descrição).

Ligações:

- Pessoa - Evento (Participa) associa indivíduos a eventos em que participaram.
- Evento - Local (Happens at) está associado a eventos e locais onde estes ocorreram.

Este diagrama ER mostra a estrutura básica da base de dados para o Sistema de Informação de Localização e Reconhecimento de Pessoas. Pode ser alargado com entidades e ligações adicionais, em função dos requisitos específicos do sistema.

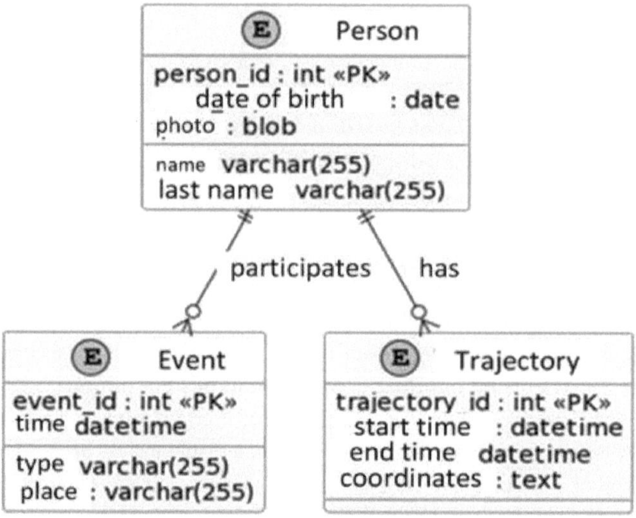

Fig. 6.10. Diagrama ER

6.5. Metodologia da investigação

Python [9] possui um vasto ecossistema de bibliotecas que abrange vários domínios, incluindo o processamento de imagens, a aprendizagem automática e a visão por computador. Permite-lhe utilizar soluções prontas para muitos problemas que surgem durante o desenvolvimento de um sistema de informação. Em particular, as bibliotecas OpenCV e Pillow fornecem ferramentas para o processamento de um fluxo de vídeo, a extração de fotogramas, a deteção de rostos e a realização de outras operações de imagem. A YoloV7 [10], como base para o seguimento de pessoas num sistema de informação, impressiona pelas suas capacidades técnicas e eficiência. Esta rede neural é capaz de detetar com grande precisão objectos, incluindo pessoas, em tempo real, o que é um aspeto crucial para o bom funcionamento do nosso sistema. A precisão da biblioteca é de 99,38%, que foi testada no conhecido conjunto de dados para reconhecimento de rostos Labelled Faces in the Wild [11-12]. A capacidade de reconhecer rostos com diferentes valores do erro de reconhecimento é demonstrada abaixo (ver Fig. 6.11). Quando o valor do erro é reduzido, o reconhecimento torna-se mais rigoroso, o que nos permite ajustar o sistema de informação de forma mais precisa, tendo em conta as necessidades e os requisitos do software [13-14]. Outra caraterística técnica importante do Reconhecimento Facial é a sua escalabilidade. A biblioteca pode ser facilmente integrada em sistemas com muitos utilizadores e grandes bases de dados de rostos. Isto permite-nos utilizá-la para reconhecer muitas pessoas sem perder precisão e velocidade.

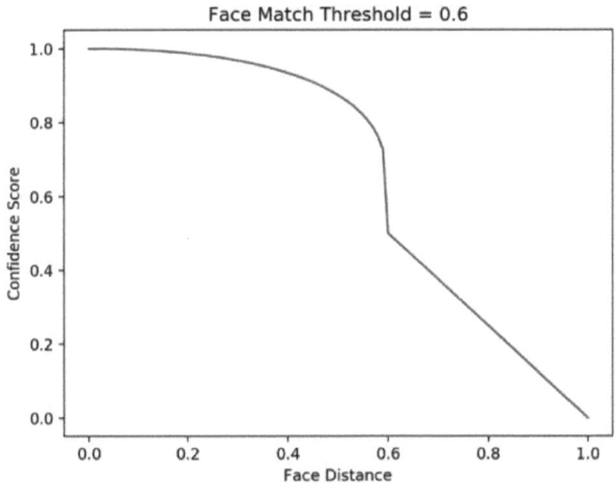

Fig. 6.11. Exatidão do reconhecimento com um erro admissível de 0,6

6.6. Desenvolvimento de software para rastreio e reconhecimento de objectos em movimento

O sistema oferece a possibilidade de ativar e desativar a função de localização de pessoas. Permite-lhe concentrar-se no reconhecimento de pessoas sem monitorizar os seus movimentos, ou vice-versa, para seguir os movimentos das pessoas sem as identificar. Esta flexibilidade permitir-lhe-á adaptar o sistema a diferentes cenários de utilização e garantir a conformidade com os requisitos legais de proteção de dados pessoais. Existe também uma opção para ativar e desativar o reconhecimento facial. Esta opção permite que o sistema seja utilizado apenas para seguir o movimento de pessoas sem a sua identificação, ou vice-versa, para se concentrar no reconhecimento de pessoas sem seguir as suas trajectórias. Esta opção dá aos utilizadores um controlo adicional sobre o processo de processamento de dados e permite a privacidade, se necessário. O sistema também oferece a possibilidade de gravar vídeos processados. Permite-lhe guardar vídeos que reconhecem e seguem pessoas para análise posterior ou utilização como prova. O sistema de localização e reconhecimento de pessoas foi criado utilizando Python. O sistema integra o YOLOv7 e o reconhecimento facial para proporcionar uma deteção e identificação precisas e rápidas de indivíduos em várias condições e ambientes.

6.7. Classes de tarefas a resolver

As principais tarefas do IS são aumentar a segurança e a eficiência na utilização de sistemas de videovigilância. Além disso, o programa pode ser utilizado para otimizar a lógica empresarial e personalizar a experiência dos utilizadores finais. Para resolver estas tarefas, optou-se por escrever um programa com uma interface gráfica baseada na linguagem Python, utilizando as bibliotecas YoloV7 e de reconhecimento facial. A YoloV7 é utilizada para detetar pessoas em imagens e vídeos. O YoloV7 consegue detetar rostos com elevada precisão e velocidade, o que é fundamental para o funcionamento eficaz do sistema em tempo real. O sistema utiliza a tecnologia de reconhecimento facial, que se baseia em algoritmos de aprendizagem profunda, para reconhecer rostos. O reconhecimento facial pode identificar e comparar caraterísticas faciais únicas com uma base de dados de pessoas famosas, garantindo uma elevada precisão de identificação.

6.8. Descrição da ferramenta de software criada

A funcionalidade do sistema pode ser geralmente dividida em três módulos principais. O primeiro é o reconhecimento facial, o segundo é a localização das pessoas e o último é o registo e a gravação dos resultados do reconhecimento num ficheiro separado para análise posterior. Todos estes módulos são utilizados na nossa interface GUI para simplificar a interação do utilizador com o sistema. O processo de formação do nosso sistema no conjunto de dados é efectuado antes de compilar o programa e são utilizados métodos de formação diferentes para o reconhecimento e a localização. Esta abordagem permite-lhe seguir as regras de execução de uma tarefa pelo módulo, aumenta a legibilidade do código e reduz a utilização de duplicações. A seguinte lógica é utilizada no programa. Descarregamento de dados faciais codificados de um ficheiro serializado:

- Com open('face_encodings.pkl', 'rb') as f:: Abre o arquivo face_encodings.pkl no modo de leitura binária ('rb'). A construção with fecha automaticamente um ficheiro quando se termina de trabalhar com ele.
- todas_codificações_de_faces = pickle.load(f): Utiliza o módulo pickle para gerar dados a partir de um ficheiro. pickle. Neste caso, a variável all_face_encodings torna-se um dicionário em que as chaves são os nomes das pessoas e os valores são listas das suas codificações faciais.

Inicialização da variável de seguimento:

- Tracking = False: Esta variável é provavelmente utilizada para controlar se o seguimento do rosto está ativado ou desativado.
- Inicialmente definido como Falso, o rastreio é desativado por predefinição.

Inicialização de listas para armazenar codificações de rostos e nomes correspondentes:

- codificacoes_de_faces_conhecidas = []: Esta lista armazena as codificações de face que o sistema pode reconhecer.
- nomes_de_faces_conhecidas = []: Esta lista contém os nomes correspondentes às codificações de faces em known_face_encodings.

Preenchimento de listas com dados do dicionário all_face_encodings:

- Para nome, codificações em all_face_encodings.items(): Este ciclo percorre cada par chave-valor no dicionário all_face_encodings, em que name é o nome da pessoa e encodings é a lista do seu rosto em forma codificada.
- Ciclo interno para codificação em codificações: Para cada codificação de face na lista de codificações, essa codificação é adicionada a known_face_encodings e o nome correspondente é adicionado a known_face_names.

O processo de reconhecimento real ocorre no código apresentado acima, que faz parte da função update_image(). Funciona de acordo com a seguinte lógica:

- Verificação da condição if enable_recognition.get(): O código é executado se enable_recognition.get() devolver True.
- É um interrutor para ativar ou desativar a funcionalidade de reconhecimento facial.

Obtenção da localização das faces e dos seus códigos:

- face_locations = face_recognition.face_locations(rgb_frame): Determina as coordenadas das faces no quadro. Essas coordenadas incluem os cantos superior, direito, inferior e esquerdo da face.
- face_encodings = face_recognition.face_encodings(rgb_frame, face_locations): Gera codificações de face únicas com base nas localizações em rgb_frame.

Ordenar cada rosto na moldura:

- For (top, right, bottom, left), face_encoding in zip(face_locations, face_encodings): O loop processa cada face, encontrando suas coordenadas e codificação.

Comparação da face detectada com codificações conhecidas:

- Matches = face_recognition.compare_faces(known_face_encodings, face_encoding): Compara a codificação da face detectada com codificações já conhecidas e devolve uma lista de valores booleanos (Verdadeiro/Falso).

Face ID:

O nome = "Desconhecido" é inicializado no caso de um rosto ser encontrado mas não reconhecido

- face_distances = face_recognition.face_distance (known_face_encodings, face_encoding): Calcula as distâncias entre a face detectada e as codificações conhecidas.

- índice_de_melhor_correspondência = np.argmin(distâncias_de_faces): Define o índice da distância mais pequena (melhor correspondência).

Se for encontrada uma correspondência se matches[best_match_index]: atribui o nome correspondente à face.

Dimensionamento da localização de faces:

- Os tamanhos das coordenadas são escalados 4 vezes, uma vez que o reconhecimento foi efectuado num fotograma reduzido 4 vezes.

Desenhar um retângulo e uma assinatura à volta do rosto:

- cv2.rectangle(frame, (left, top), (right, bottom), (0, 0, 255), 2): Desenha um retângulo vermelho ao redor do rosto.
- cv2.putText(frame, name, (left + 6, bottom - 6), cv2.FONT_HERSHEY_DUPLEX, 0.5, (255, 255, 255), 1): Adiciona o nome abaixo da face em branco.

Em espera antes de processar o fotograma seguinte:

- cv2.waitKey(1): Este comando pausa a execução do código por um curto período de tempo (1 milissegundo), permitindo que os quadros processados sejam exibidos em tempo real.
- O código apresentado acima é responsável pela inicialização e carregamento dos pesos e classes treinados para o modelo YoloV7. As variáveis globais para gravação de vídeo também são definidas aqui.

Inicialização do modelo YOLOv7:

- yolov7 = YOLOv7(): Esta linha cria um objeto yolov7 que representa o modelo YOLOv7. YOLO (You Only Look Once) é uma arquitetura de rede neural popular para tarefas de deteção de objectos em tempo real.

Carregamento de pesos e classes para um modelo:

- yolov7.load('coco.weights', classes='coco.yaml', device='cpu'): Esta linha carrega os pesos pré-treinados do arquivo coco.weights e as definições de classe do arquivo coco.yaml. Esses arquivos identificam os objetos que o modelo pode detetar usando o conjunto de dados COCO (Common Objects in Context). O parâmetro device='cpu' indica que o modelo deve ser executado na unidade central de processamento (CPU), e não na unidade de processamento gráfico (GPU).

Inicializar variáveis para gravação de vídeo:

- video_writer = Nenhum: Esta variável destina-se a armazenar o objeto responsável pela gravação do vídeo. É inicialmente definida como None, o que significa que o registo ainda não foi inicializado.
- is_recording = False: Esta variável booleana indica se a gravação de vídeo está ativa. False significa que não está a decorrer qualquer gravação.

O código apresentado acima é responsável pela implementação do ecrã de vídeo na GUI, que segue as pessoas e grava o vídeo. Vamos considerar cada passo do algoritmo com mais pormenor.

Seguimento de pessoas utilizando o modelo YOLOv7:

- Se rastreio:: Este bloco condicional é executado se a variável de seguimento for verdadeira, indicando que o modo de seguimento está ativado.
- detecções = yolov7.detect(frame): Utilizando o modelo YOLOv7, são detectados objectos no quadro de vídeo atual.
- Frame = draw(frame, detections): Os resultados da deteção são visualizados na moldura do vídeo, nomeadamente, as molduras à volta das pessoas detectadas.
- cv2.waitKey(1): Atraso por um curto período de tempo (1 milissegundo) para que a GUI da aplicação possa apresentar adequadamente o vídeo atualizado.

Conversão de imagens do formato BGR para RGB e posterior conversão para o formato PIL:

- Imagem = Image.fromarray (cv2.cvtColor (frame, cv2.COLOR_BGR2RGB)): A imagem, que está no formato BGR por defeito na biblioteca OpenCV (cv2), é convertida para RGB e depois convertida para o formato da biblioteca PIL para processamento e visualização na interface gráfica.
- Imagem = ImageTk.PhotoImage(imagem): Converte uma imagem para um formato compatível com a biblioteca Tkinter para exibição na GUI.

Atualizar a GUI com uma nova imagem:

- label_image.config(image=image): Actualiza o widget label_image com a nova imagem.
- label_image.image = imagem: Guardar a referência à imagem no atributo image do widget para evitar ser destruído pela recolha de lixo do Python.

Gravação de vídeo, se estiver activada:

- If is_recording:: Este bloco condicional é executado se a variável is_recording for True.
- video_writer.write(frame): Escreve o quadro atual em um arquivo de vídeo usando o objeto video_writer.

Programar o próximo fotograma a capturar:

- Se estiver em execução:: O processo de captura de vídeo está ativo se a variável em execução for verdadeira.
- root.after(10, update_image): Chama a função update_image após 10 milissegundos para processar o próximo quadro. Garante uma captura contínua e actualizações de vídeo em tempo real.

Função start_recording():

- global video_writer, is_recording: Declare as variáveis video_writer e is_recording como globais para as modificar em funções.
- If not is_recording:: Verifica se a gravação de vídeo não está activada. Se is_recording for False, então a gravação está activada.
- fourcc = cv2.VideoWriter_fourcc(*'XVID'): Define o codec de gravação de vídeo. XVID é um codec popular que permite a compressão de vídeo.
- video_writer = cv2.VideoWriter('output.avi', fourcc, 10.0, (640, 480)): Cria um objeto VideoWriter para gravar vídeo em output.avi a 10 quadros por segundo e tamanho de quadro 640x480 pixels.
- is_recording = True: Definir o sinalizador is_recording para True significa ativar a gravação de vídeo.
- start_record_btn.config(text='Iniciar gravação (ativa)'): Actualiza o texto do botão de gravação na GUI para indicar o estado de gravação ativo.

A função stop_recording():

- Do mesmo modo, é utilizada a declaração global de variáveis.
- Se is_recording:: Se a gravação estiver ativa, então pára.
- video_writer.release(): Liberta os recursos associados a video_writer fechando o ficheiro de vídeo.
- is_recording = False: Alteração do estado de gravação para inativo.

- start_record_btn.config(text='Iniciar gravação (não está a gravar)'): Atualizar o texto do botão para mostrar que não está a decorrer qualquer gravação.

Função toggle_tracking():

- rastreio global: Declarar a localização como uma variável global.
- Alternar o estado do seguimento: se o seguimento estiver ativo, é desativado e vice-versa.

Função toggle_recognition():

- Mudar o estado do reconhecimento facial. Se o reconhecimento estiver ativado (enable_recognition.get() devolve True), está desativado e vice-versa.

Função close_program():

- global running: Declaração de funcionamento como uma variável global.
- Em execução = Falso: Define o estado da aplicação como inativo, o que faz com que o ciclo de captura de vídeo pare.
- video_capture.release(): Liberta os recursos de captura de vídeo.
- Root.quit(): Sai da GUI.

Além disso, um aspeto essencial do funcionamento correto do sistema de informação são os modelos que treinámos antes de executar o programa. No caso do rastreio, um modelo treinado que funcione corretamente não necessita de quaisquer alterações no futuro. No que diz respeito ao módulo de reconhecimento, novas pessoas podem atualizar e completar os dados. De um ponto de vista técnico, o utilizador não deve preocupar-se com estes problemas. No entanto, é possível uma situação em que o utilizador final necessite urgentemente de atualizar a base de dados sem a participação de um especialista. Este caso também está previsto. Por conseguinte, existe a possibilidade de criar novos vectores de rostos através da execução de um simples script. A lógica deste algoritmo é descrita a seguir. O código acima implementa a funcionalidade de recolha dos caminhos para as pastas de imagens ordenadas por pessoas e de preparação de uma estrutura de dados para armazenar as codificações de rostos. Segue-se uma descrição pormenorizada da sua lógica:

Função get_people_folders(base_folder):

- A função recebe como argumento base_folder o diretório base onde as imagens são armazenadas.

- people_folders = {}: Inicializa um dicionário vazio para armazenar os pares nome da pasta - caminho da pasta.
- For name in os.listdir(base_folder): Um loop que itera através de todos os itens (pastas e arquivos) no diretório base_folder dado. A função os.listdir retorna uma lista dos nomes de todas as pastas e arquivos no diretório especificado.
- caminho_da_pasta = os.path.join(pasta_base, nome): Juntando o caminho completo para cada elemento, permitindo o acesso a ficheiros e pastas relativos ao caminho base.
- If os.path.isdir(folder_path): Verifica se um elemento é um diretório (não um arquivo).
- pessoas_pastas[nome] = caminho_da_pasta: Se o elemento for um diretório, adicionamos o seu nome e caminho ao dicionário people_folders.

A função devolve um dicionário people_folders, em que as chaves são os nomes das pastas (pessoas) e os valores são os caminhos para essas pastas.

Inicializar o diretório base:

- base_folder = 'images/': Definir o caminho para o diretório de base onde são guardadas as pastas de imagens de diferentes pessoas.

Obtenção de um dicionário com caminhos:

- people_folders = get_people_folders(base_folder):

Chame a função get_people_folders com o caminho da pasta base para obter um dicionário que contenha os caminhos das pastas de cada pessoa.

Preparação do dicionário para a codificação das faces:

- face_encodings = {}: Inicializa um dicionário vazio para armazenar as codificações de rosto. Este dicionário irá associar os nomes das pessoas às suas codificações faciais.

O código acima processa imagens de rostos, recolhe codificações de rostos dessas imagens, armazena-as num dicionário e serializa-as para utilização posterior.

Processar cada pasta associada a uma pessoa:

- Para a pessoa, pasta em people_folders.items(): Este ciclo itera através de cada par chave-valor no dicionário people_folders, onde a pessoa é o nome da pessoa e a pasta é o caminho para a pasta que contém as suas imagens.

Inicialização da lista de codificações faciais de uma pessoa:

- person_encodings = []: Esta lista será utilizada para armazenar todas as codificações de rosto encontradas nas imagens de uma determinada pessoa.

Iterar sobre cada ficheiro da pasta:

- For filename in os.listdir(folder): Percorre cada ficheiro na pasta onde as imagens da pessoa estão armazenadas.
- Se filename.endswith(('png', 'jpg', 'jpeg')): Verifica se o ficheiro é uma imagem (formatos PNG, JPG, JPEG).

Carregamento de uma imagem e deteção de codificações de rosto:

- image_path = os.path.join(folder, filename): Formação do caminho completo para a imagem.
- image = face_recognition.load_image_file(image_path): Carregando uma imagem usando a biblioteca face_recognition.
- encodings = face_recognition.face_encodings(image): Obtenção de codificações de faces a partir de uma imagem. Se for detectado um rosto na imagem, a função devolve uma lista de codificações.

Acrescentar a codificação facial à lista:

- Se codificações: Verificar se foram encontradas codificações na imagem.
- person_encodings.append(encodings[0]): Anexa a primeira codificação de rosto da lista a person_encodings.

Guardar codificações de rosto para uma pessoa no dicionário:

- codificações_de_faces[pessoa] = codificações_de_pessoas: Associar o nome de uma pessoa às suas codificações faciais no dicionário face_encodings.

Serialização de codificações de faces para um ficheiro utilizando pickle:

- With open('face_encodings.pkl', 'wb') as f: Abre o ficheiro face_encodings.pkl em modo binário para escrita.
- pickle.dump(face_encodings, f): Despeja um dicionário de face_encodings em um arquivo usando a serialização pickle.

Saída de resultados:

- Para a pessoa, codificações em face_encodings.items(): Percorrer o dicionário para obter o número de codificações de rosto associadas a cada pessoa.
- Imprimir (f"{pessoa} tem {len(codificações)} codificações de rosto."): Saída do nome da pessoa e do número das suas codificações faciais.

6.9. Descrição das principais caraterísticas e elementos do sistema

O sistema pode funcionar 24 horas por dia ou a tempo inteiro, consoante as necessidades do utilizador. O sistema pode manter registos do seu desempenho para garantir o controlo e a qualidade do desempenho. Uma vez que o sistema utiliza inteligência artificial, é dada uma percentagem para cada reconhecimento, o que indica a probabilidade de o programa ter a certeza de que vê exatamente o objeto pretendido. É de salientar que a utilização deste tipo de software pode violar as leis relativas à segurança e à privacidade dos dados pessoais, pelo que, antes de o integrar na sua própria empresa, deve consultar um advogado para cumprir todas as normas necessárias e os direitos humanos. Iremos testar todas as funções e apresentar os resultados para demonstrar o funcionamento do programa. Depois de abrir a aplicação, o utilizador pode ver a sua webcam e a interface. A webcam é mostrada porque está especificada por defeito no ficheiro de configuração do software (Fig. 6.12). Depois de premir o botão Start Recording (Iniciar gravação), o seu estado mudará para Stop Recording (Parar gravação) e o sistema começará a gravar o vídeo (Fig. 6.13). O vídeo será guardado num ficheiro separado, que pode ser visualizado mais tarde (Fig. 6.14). O software funciona e destaca até mesmo pessoas desconhecidas (Fig. 6.13).

Face Recognition and Tracking
PERSON 79%
Me
Close Program
Stop Recording

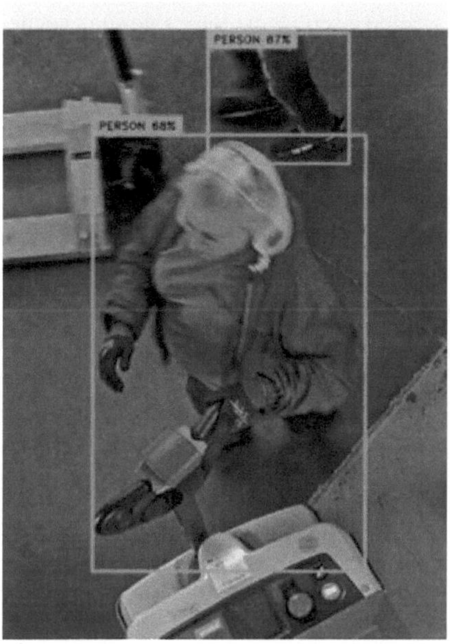

Fig. 6.12 Teste do vídeo Fig. 6.13. Software com uma nova fonte de vídeo

6.10. Conclusões

Foi implementado um sistema de informação para o seguimento e reconhecimento de objectos em movimento. O sistema está dividido em três módulos principais: reconhecimento facial, seguimento de pessoas e gravação dos resultados do reconhecimento. É descrita a utilização de tecnologias modernas e de algoritmos de aprendizagem automática no trabalho, nomeadamente o YOLOv7 para o seguimento de pessoas e a biblioteca Face Recognition para o reconhecimento facial. O sistema de informação concebido permite-lhe implementar rápida e livremente a tecnologia moderna de localização e reconhecimento nas empresas sem conhecimentos técnicos. Foram estudados a estrutura, a funcionalidade e os processos do sistema de informação. Com a ajuda da árvore de objectivos, foi determinada a funcionalidade do sistema, necessária para atingir o objetivo. A decomposição dos processos permitiu examinar os aspectos chave de cada sistema e revelar a sequência de passos e fluxos de dados necessários para a sua implementação. A construção do diagrama hierárquico de processos permitiu visualizar qualitativamente as relações entre todos os processos e subprocessos do sistema, demonstrando a seqüência lógica de sua execução. O diagrama ER definiu a estrutura da base de dados que foi utilizada para armazenar informação sobre os indivíduos. A análise do sistema lançou as bases para a conceção e o desenvolvimento do sistema de informação para o seguimento e reconhecimento de pessoas. Permitiu determinar os principais requisitos funcionais, a estrutura do sistema e as relações entre os seus componentes. Foi utilizada a linguagem Python juntamente com as bibliotecas YoloV7 e Face Recognition. A escolha foi determinada pela eficácia das opções apresentadas e pela conformidade com os nossos requisitos. Foi criado um manual do utilizador que permite compreender as principais caraterísticas do sistema e as condições necessárias para a sua utilização. Foram formuladas as especificações recomendadas e todos os aspectos do sistema foram descritos em pormenor. O seu funcionamento foi demonstrado e foi analisado um exemplo de controlo, onde verificámos todas as funções do sistema e o seu desempenho.

6.11. Referências

[1] Zhu, H., Zheng, W., Zheng, Z., & Nevatia, R. (2024). Sharc: reconhecimento da forma e da aparência para identificação de pessoas na natureza. In Proceedings of the IEEE/CVF Winter Conference on Applications of Computer Vision (pp. 6290-6300).

[2] Zhu, H., Budhwant, P., Zheng, Z., & Nevatia, R. (2024). SEAS: Supervisão alinhada com ShapE para reidentificação de pessoas. Em Proceedings of the IEEE/CVF Conference on Computer Vision and Pattern Recognition (pp. 164-174).

[3] Saad, R.S.M., Moussa, M.M., Abdel-Kader, N.S. et al. Deep video-based person re-identification (Deep Vid-ReID): comprehensive survey. EURASIP J. Adv. Signal Process. 2024, 63 (2024). https://doi.org/10.1186/s13634-024-01139-x

[4] Dong, N., Yan, S., Tang, H., Tang, J., & Zhang, L. (2024). Integração e propagação de informações de múltiplas visualizações para reidentificação de pessoas ocluídas. Information Fusion, 104, 102201.

[5] Nguyen, V. D., Mirza, S., Zakeri, A., Gupta, A., Khaldi, K., Aloui, R., ... & Merchant, F. (2024). Lidando com mudanças de domínio na reidentificação de pessoas: Uma pesquisa e análise. Em Proceedings of the IEEE/CVF Conference on Computer Vision and Pattern Recognition (pp. 4149-4159).

[6] M. Nazarkevych, A. Petrov, O. Onopriychuk, N. Oleksiv, Y. Kis DESENVOLVIMENTO DE UM MÉTODO DE CORRESPONDÊNCIA DE PADRÕES DE IMPRESSÃO DIGITAL UTILIZANDO K-MEANS Електроніка та інформаційні технології. 2022. Випуск 19. C. 58-65 Eletrónica e tecnologias da informação. 2022. Edição 19. P. 58-65. http://dx.doi.org/10.30970/eli.19.5

[7] Назаркевич М., Возний Я., Назаркевич Г. РОЗРОБЛЕННЯ МЕТОДУ МАШИННОГО НАВЧАННЯ ПРИ БІОМЕТРИЧНОМУ ЗАХИСТІ ІЗ НОВИМИ МЕТОДАМИ ФІЛЬТРАЦІЇ. Електронне фахове наукове видання" Кібербезпека: освіта, наука, техніка"- 2021. - №. 3(11). - С. 16-30. https://csecurity.kubg.edu.ua/index.php/journal/article/view/230

[8] Грицик В., Назаркевич М., Дишко А. Порівняльний аналіз методів визначення зображення, отриманих від датчиків видимого спектру. Електронне фахове наукове видання" Кібербезпека: освіта, наука, техніка"- 2021. - №. 4(8). - С. 149-164. https://www.csecurity.kubg.edu.ua/index.php/journal/article/view/164/158

[9] Python, W. (2021). Python. Lançamentos Python para Windows, 24.

[10] Diwan, T., Anirudh, G., & Tembhurne, J. V. (2023). Object detection using YOLO: Challenges, architectural successors, datasets and applications. multimedia Tools and Applications, 82(6), 9243-9275.

[11] Du, J. (2018, abril). Compreensão da deteção de objetos com base na família CNN e YOLO. Em Jornal de Física: Série de conferências (Vol. 1004, p. 012029). Publicação IOP.

[12] Shafiee, M. J., Chywl, B., Li, F., & Wong, A. (2017). Fast YOLO: Um sistema rápido que você só olha uma vez para deteção de objetos incorporados em tempo real em vídeo. arXiv preprint arXiv: 1709.05943.

[13] Zhang, Z., Lu, X., Cao, G., Yang, Y., Jiao, L., & Liu, F. (2021). ViT-YOLO: YOLO baseado em transformador para deteção de objetos. Em Proceedings da conferência internacional IEEE / CVF sobre visão computacional (pp. 2799-2808).

[14] S. Li, Y. Li, Y. Li, M. Li e X. Xu, "YOLO-FIRI: YOLOv5 melhorado para a deteção de objectos em imagens de infravermelhos", em IEEE Access, vol. 9, pp. 141861-141875, 2021, doi: 10.1109/ACCESS.2021.3120870.

Capítulo 7. Métodos de reconhecimento facial em sequências de vídeo e estudos de desempenho

Foi desenvolvido um método para captar o rosto de uma pessoa num fluxo de vídeo. São considerados os métodos desenvolvidos para a captação do fluxo de vídeo. Os métodos de seguimento são utilizados na vigilância por vídeo. São considerados os métodos de captura do fluxo de vídeo, de extração de fotogramas de imagem e de reconhecimento facial. O método de comparação flexível em gráficos, o método dos componentes principais, o método Viola-Jones, os padrões binários locais e os modelos de Markov ocultos, que são utilizados para o reconhecimento facial, são considerados. Foi estudada a biblioteca em Python DeepFace. Foram realizadas experiências de reconhecimento facial. Foram reconhecidos rostos fotografados no género selfie, retrato e fotografia documental. Verificou-se que os melhores métodos de reconhecimento se encontram no género da fotografia. Os resultados de reconhecimento são um pouco piores para selfies. Os piores são os da fotografia digital. O reconhecimento foi baseado na biblioteca de deteção de faces MediaPipe. O tempo de reconhecimento foi de 10 a 22 mc.

7.1. Introdução

A localização de objectos em imagens de câmaras de vigilância é uma tarefa difícil. A localização de objectos em sequências de vídeo para melhorar o seu reconhecimento é muito mais difícil. Existem muitos métodos de localização de objectos, mas todos têm algumas desvantagens. Alguns dos modelos de seguimento de objectos existentes são modelos de contorno baseados em regiões [1]. O rastreio consiste em seguir um objeto numa sequência de vídeo e em detetar um objeto numa sequência de vídeo. O seguimento por deteção ocorre quando os seguidores executam primeiro um detetor para cada fotograma. Em seguida, o algoritmo de seguimento associa estas detecções para determinar o movimento de objectos individuais e atribuir-lhes números de identificação únicos [2]. O seguimento de objectos é um problema complexo. As dificuldades no seguimento de objectos podem resultar do movimento abrupto do objeto, da alteração dos padrões de aparência do objeto e da cena, de estruturas de objectos não rígidas, de oclusões objeto-objeto e objeto-cena e do movimento da câmara. O seguimento é normalmente efectuado em aplicações de nível superior que requerem a localização e/ou a forma de um objeto em cada fotograma. Normalmente, são feitas suposições para limitar o problema do seguimento no contexto de uma aplicação específica. Esta análise classifica os métodos de seguimento com base nas representações de objeto e movimento utilizadas. O seguimento de objectos envolve a utilização de caraterísticas de imagem apropriadas, a seleção de modelos de movimento e a deteção de objectos [3] como representação de alvos e objectos de localização.

As dificuldades surgem quando os objectos se movem rapidamente em comparação com a taxa de fotogramas ou quando o objeto seguido muda de direção no tempo. O fluxo sequencial de deteção de objectos, seguimento de objectos, identificação de objectos e comportamento de objectos completa o processo de seguimento [4]. O processamento do vídeo consiste nas seguintes etapas: carregamento do vídeo [5], pré-processamento, um algoritmo proposto que inclui o processamento do vídeo e a etapa de captura do objeto (Fig. 7.1).

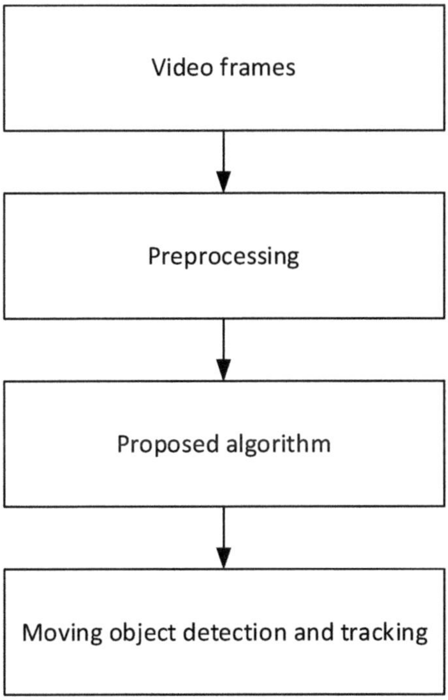

Fig. 7.1. Esquema de processamento de vídeo e seleção de contornos de objectos

7.2. Reconhecimento de objectos

A captura e codificação de imagens digitais deverá resultar na criação e rápida difusão de uma vasta quantidade de informação visual. Por conseguinte, é essencial dispor de ferramentas eficientes de pesquisa e recuperação de informação visual. Embora existam atualmente motores de pesquisa eficazes para documentos de texto, não existem sistemas satisfatórios para a recuperação de informações visuais. Devido ao crescimento dos dados visuais em linha e fora de linha [6] e ao sucesso fenomenal da pesquisa na Web, as expectativas em relação às tecnologias de pesquisa de imagens e vídeos estão a aumentar.

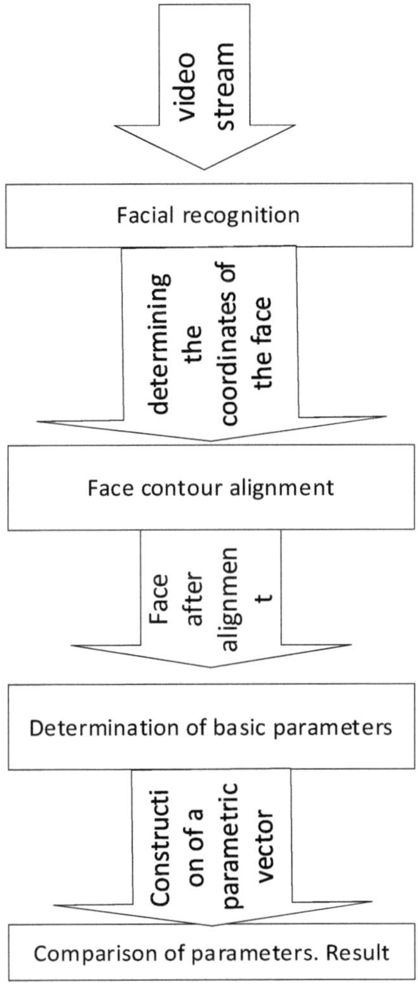

Fig.7.2. Algoritmo de reconhecimento facial

No entanto, com a evolução das caraterísticas das câmaras de vídeo, que podem gravar a altas velocidades de fotogramas com boa qualidade, e com os avanços na deteção, como as novas abordagens baseadas em redes neuronais convolucionais (CNN), a base para os rastreadores por deteção [7] tornou-se mais robusta. Os requisitos para um seguidor num sistema de seguimento mudaram radicalmente, permitindo algoritmos de seguimento muito mais simples que podem competir com sistemas mais complexos que exigem custos computacionais significativos.

Vamos analisar três algoritmos de classificação que consideram as propriedades espaciais, temporais e espácio-temporais dos videoclipes geo-referenciados. A deteção de objectos requer o treino de modelos de aprendizagem automática, como as redes neurais recorrentes (RNN) e as redes neurais convolucionais (CNN), em imagens em que os objectos foram anotados manualmente e associados a um conceito de alto nível.

É transmitido um fluxo de vídeo em que é necessário reconhecer um rosto [8]. Determinamos o tamanho das coordenadas da face. O contorno da face é alinhado e os parâmetros básicos são especificados (Fig. 7.2). Como resultado, é construído um vetor paramétrico. Os parâmetros são comparados. Como resultado, o reconhecimento é efectuado. Deteção de objectos em vídeo offline. Esta abordagem estima o comportamento dos objectos percebidos e complementa melhor outros sistemas de deteção de objectos baseados em vídeo offline [9]. Nos últimos anos, surgiram vários outros sistemas de deteção de objectos em vídeo que tentaram utilizar redes convolucionais 3D que analisam muitas imagens simultaneamente. Os métodos baseados no conhecimento utilizam informações sobre o rosto, as caraterísticas, a forma, a textura e a cor da pele. Nestes métodos, distingue-se um conjunto específico de regras que um fragmento de imagem deve cumprir para ser considerado um rosto humano. É muito fácil definir esse conjunto de regras (Fig. 7.3). Todas as regras são conhecimentos formalizados que uma pessoa utiliza para determinar se um rosto é ou não um rosto.

Por exemplo, as regras básicas são: as áreas dos olhos, nariz e boca diferem em brilho do resto do rosto; os olhos do rosto estão sempre posicionados simetricamente uns em relação aos outros. Com base nestas e noutras propriedades semelhantes, são criados algoritmos para verificar se estas regras são cumpridas na imagem durante a execução. O mesmo grupo de métodos inclui um método mais geral - o método de correspondência de padrões. Neste método, é determinado um padrão de rosto (modelo) através da descrição das propriedades e da posição relativa das áreas individuais do rosto, com o qual a imagem de entrada é subsequentemente comparada. A deteção de faces utilizando estes métodos é efectuada [10] através da pesquisa de todos os fragmentos rectangulares da imagem para determinar a que classe pertence a imagem. O método de deteção de objectos Viola-Jones [11] foi proposto por Paul Viola e Michael Jones e foi o primeiro a demonstrar resultados elevados no processamento de imagens em tempo real. A técnica tem muitas implementações, incluindo a que faz parte da biblioteca de visão computacional OpenCV (função cvHaarDetectObjects()). As vantagens deste método são a sua elevada velocidade (devido à utilização de um classificador em cascata) e a precisão da deteção de faces viradas num ângulo de até 30 graus. As desvantagens incluem um longo tempo de treino. O algoritmo precisa de analisar um grande número de imagens de teste.

O método de comparação de grafos (Elastic graph matching) [12] está relacionado com a modelação 2D. A sua essência reside na comparação de gráficos que descrevem faces (uma face é representada como uma grelha com uma localização individual de vértices e arestas). As faces são representadas como gráficos com vértices e arestas ponderados. Na fase de reconhecimento, um dos gráficos, o gráfico de referência, permanece inalterado, enquanto o outro é deformado para corresponder melhor ao primeiro gráfico. Nestes sistemas de reconhecimento, os grafos podem ter uma estrutura retangular e uma estrutura formada por pontos caraterísticos (antropométricos) dos rostos. As arestas dos grafos são ponderadas pelas distâncias [13] entre os vértices adjacentes. A diferença (distância, caraterística discriminativa) entre dois grafos é calculada usando uma função de custo de deformação específica que considera a diferença entre os valores de caraterística calculados nos vértices e o grau de deformação das arestas do grafo.

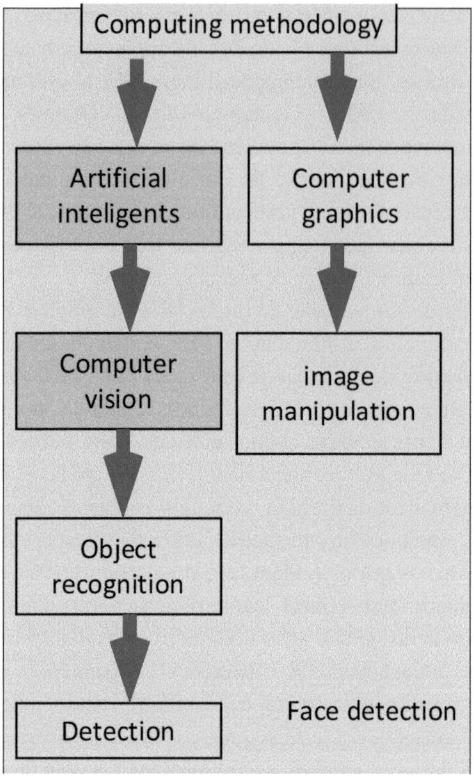

Fig. 7.3. Classificação da deteção de rostos

O gráfico é deformado deslocando cada vértice a uma certa distância em direcções específicas relativamente à sua localização original e escolhendo uma posição em que a diferença entre os valores das caraterísticas no vértice do gráfico deformado e no vértice correspondente do gráfico de referência seja mínima. Esta operação é efectuada sucessivamente para todos os vértices do grafo até se obter a menor diferença total entre as caraterísticas dos grafos deformado e de referência. O valor da função de custo da deformação nesta posição do gráfico mede a diferença entre a imagem do rosto de entrada e o gráfico de referência. Este procedimento de deformação de "relaxamento" deve ser efectuado para todos os rostos de referência na base de dados do sistema. O resultado do reconhecimento do sistema é a referência com o melhor valor da função de custo de deformação. As desvantagens do método incluem a complexidade do algoritmo de reconhecimento e o procedimento complicado para introduzir novos modelos na base de dados. A Convolutional Neural Network ou rede neural convolucional apresentou os melhores resultados no reconhecimento de rostos. O sucesso deve-se à capacidade de compreender a topologia bidimensional da imagem, ao contrário do perceptron de várias camadas. As caraterísticas distintivas das redes neuronais convolucionais são os campos receptores locais (que permitem a conetividade bidimensional local dos neurónios), os pesos normalizados (que permitem a deteção de algumas caraterísticas em qualquer ponto da imagem) e a organização hierárquica com subamostragem espacial. Graças a estas inovações, a CNN oferece uma resistência parcial a alterações de escala, deslocações, rotações, alterações de ângulo e outras distorções.

As redes neurais convolucionais foram desenvolvidas no DeepFace, que o Facebook adquiriu para reconhecer os rostos dos utilizadores da sua rede social. O método de reconhecimento geométrico de faces [14] é um dos primeiros métodos de reconhecimento de faces utilizados. Os métodos deste tipo de reconhecimento envolvem a seleção de um conjunto de pontos críticos (ou áreas) da face e a formação de um conjunto de caraterísticas. Os pontos críticos podem incluir os cantos dos olhos, os lábios, a ponta do nariz, o centro do olho, etc. As vantagens deste método incluem a utilização de equipamento pouco dispendioso. As desvantagens são as seguintes: baixa fiabilidade estatística, requisitos de iluminação elevados e imagem frontal obrigatória do rosto, com pequenos desvios. Não tem em conta possíveis alterações nas expressões faciais.

O método de comparação flexível em gráficos [15] compara gráficos que descrevem a imagem do rosto de uma pessoa. Algumas publicações indicam uma eficiência de reconhecimento de 95-97%, mesmo na presença de diferentes expressões emocionais e de alterações no ângulo de formação da imagem do rosto até 15 graus. No entanto, são necessários cerca de 25 segundos para comparar a imagem de rosto de entrada com 87 imagens de referência. Outra desvantagem desta abordagem é a baixa capacidade de memorização de novos padrões, o que geralmente leva a uma dependência não linear do tempo de funcionamento em relação ao tamanho da base de dados de rostos. As principais vantagens são a baixa sensibilidade à iluminação do rosto e às alterações do ângulo do rosto, mas esta abordagem tem uma precisão de reconhecimento inferior à dos métodos construídos com recurso a redes neuronais.

O método das componentes principais (PCM) [16] reduz o processo de reconhecimento ou classificação à construção de um determinado número de componentes principais de imagens para uma imagem de entrada. No entanto, a eficácia do método é significativamente reduzida em casos com alterações significativas da iluminação ou da expressão facial na imagem do rosto.

O método Viola-Jones [11] permite detetar objectos em imagens em tempo real. A técnica funciona bem quando se observa um objeto num ângulo ligeiro, até cerca de 30°. A precisão de reconhecimento deste método atinge parcialmente mais de 90%, o que é um bom resultado. No entanto, a probabilidade de reconhecimento cai drasticamente num ângulo de desvio superior a 30°. Esta caraterística torna impossível a deteção de um rosto num ângulo arbitrário com base na utilização de redes neuronais. Um dos melhores resultados no reconhecimento de rostos é obtido com a utilização de redes neuronais convolucionais (CNN), que são um desenvolvimento lógico de arquitecturas como a cognição e a neurocognição. O sucesso deve-se à capacidade de considerar a topologia bidimensional da imagem, ao contrário do perceptron multicamadas. Graças a estas inovações, a RNA oferece uma resistência parcial às mudanças de escala, deslocações, rotações, mudanças de perspetiva e outras distorções. O teste da RNA na base de dados ORL, que contém imagens de rostos com ligeiras alterações de iluminação, escala, rotação espacial, posição e várias emoções, revelou uma precisão de reconhecimento de 96%. As desvantagens dos métodos baseados em redes neuronais incluem a adição de um novo rosto de referência à base de dados, o que exige a reconversão completa da rede em todo o conjunto disponível, e este é um procedimento bastante moroso que, dependendo da dimensão da amostra, requer horas de trabalho ou mesmo vários dias.

Os padrões binários locais (LBP) [12] foram propostos pela primeira vez em 1996 para analisar a textura de imagens de meio-tom. Estudos demonstraram que os LBP são invariáveis a pequenas alterações nas condições de iluminação e a pequenas rotações da imagem. Os métodos baseados em LBW funcionam bem quando se utilizam fotografias de rostos com diferentes expressões faciais, iluminação diferente e rotações da cabeça. Entre as desvantagens está a necessidade de um pré-processamento de imagem de alta qualidade devido à elevada sensibilidade ao ruído, uma vez que o número de códigos binários falsos aumenta na sua presença.

Modelos de Markov ocultos [13]. Um modelo de Markov oculto é um modelo estatístico que simula o funcionamento de um processo semelhante a um processo de Markov com parâmetros desconhecidos. De acordo com o modelo, a tarefa é encontrar parâmetros desconhecidos com base noutros parâmetros observados. Os parâmetros obtidos podem ser utilizados em análises posteriores para o reconhecimento facial. Do ponto de vista do reconhecimento, uma imagem é um sinal discreto bidimensional. O vetor de observação desempenha um papel vital na construção de um modelo de imagem. Uma janela retangular é normalmente utilizada para o reconhecimento, a fim de evitar discrepâncias nas descrições. As janelas rectangulares devem sobrepor-se umas às outras para evitar a perda de áreas de dados. Os valores de sobreposição, bem como as áreas de reconhecimento, são selecionados experimentalmente. Antes de ser utilizado, o modelo deve ser treinado em imagens pré-rotuladas. Cada etiqueta tem o seu número e define um ponto caraterístico que o modelo deve encontrar quando se adapta a uma nova imagem.

7.3. Deteção de rostos

O MediaPipe Face Detection é um software de deteção de faces que inclui seis pontos de referência e suporta múltiplas faces. Baseia-se no BlazeFace [14], um detetor de faces leve e de elevado desempenho concebido explicitamente para GPUs móveis. O desempenho em tempo real do detetor permite-lhe ser aplicado a qualquer fluxo de vídeo em tempo real que exija uma região de rosto exacta para ser utilizada como entrada noutros modelos específicos de tarefas, como a estimativa de pontos-chave de rosto 3D (por exemplo, MediaPipe Face Mesh), caraterísticas faciais ou classificação de expressões faciais e segmentação de regiões de rosto. O BlazeFace utiliza uma rede simplificada de extração de caraterísticas inspirada na MobileNetV1/V2, mas distingue-se por um esquema de ligação compatível com GPU modificado a partir do Single Shot MultiBox Detetor (SSD).

Uma coleção de faces detectadas, em que cada face é representada como uma proto-mensagem que contém uma caixa delimitadora e seis pontos-chave (olho direito, olho esquerdo, ponta do nariz, centro da boca, trago da orelha direita e trago da orelha esquerda). A caixa delimitadora consiste em x_{min} e largura (ambos normalizados para [0.0, 1.0] pela largura da imagem) e y_{min} e altura (ambos normalizados para

[0.0, 1.0] pela altura da imagem). Cada ponto-chave é composto por x e y, que são normalizados para [0,0,1,0] pela largura e altura da imagem, respetivamente (Fig. 7.4).

Fig. 7.4. Captura de rosto em vídeo (foto do arquivo da família)

7.4. Puré facial

O MediaPipe Face Mesh é uma solução que estima 468 pontos de referência faciais em 3D em tempo real, mesmo em dispositivos móveis [15, 16]. O programa utiliza a aprendizagem automática para determinar a superfície 3D do rosto, exigindo apenas uma única entrada de câmara, sem necessidade de um sensor de profundidade único. Utilizando uma arquitetura de modelação simplificada juntamente com a aceleração GPU em todo o pipeline, a solução proporciona um desempenho crítico em tempo real.

Além disso, a solução inclui um módulo de transformação facial que preenche a lacuna entre a estimativa de pontos de referência faciais e as aplicações funcionais de realidade aumentada (RA) em tempo real [17]. Estabelece um espaço 3D métrico e utiliza as posições dos pontos de referência faciais no ecrã para estimar as transformações faciais nesse espaço. Os dados de transformação da face consistem em primitivos 3D convencionais, incluindo uma matriz de transformação da pose da face e uma malha triangular da face [18]. O método de análise estatística ligeira da Análise de Procrustes conduz a uma lógica robusta, eficiente e portátil. A análise é efectuada no CPU e tem uma pegada de velocidade mínima.

O pipeline de aprendizagem automática consiste em dois modelos de redes neuronais profundas em tempo real que funcionam em conjunto [19]: um detetor que funciona em toda a imagem e calcula a localização do rosto e um modelo de referência facial 3D que funciona nestas localizações e prevê uma superfície 3D aproximada utilizando regressão. O recorte exato do rosto reduz significativamente a necessidade de aumentar os dados convencionais.

O pipeline é implementado como um gráfico MediaPipe que utiliza um subgráfico de referência de rosto do módulo de referência de rosto e visualiza utilizando um subgráfico especial de renderizador de rosto. O subgrafo de referência de face usa internamente o subgrafo face_detection_subgraph do módulo de deteção de face. O detetor de faces é o mesmo modelo BlazeFace utilizado na deteção de faces do MediaPipe.

Para os pontos de referência faciais 3D, aplicámos a aprendizagem por transferência e treinámos a rede com vários objectivos: a rede prevê simultaneamente coordenadas de pontos de referência 3D em dados sintéticos visualizados e contornos semânticos 2D em dados anotados do mundo real. A rede resultante deu-nos previsões razoáveis de pontos de referência 3D em dados sintéticos e do mundo real [20, 21]. A rede de pontos de referência 3D recebe um quadro de vídeo recortado como entrada sem entrada adicional de profundidade. O modelo produz as posições dos pontos 3D e a probabilidade da presença de um rosto e do seu alinhamento correto nos dados de entrada [22, 23]. Uma abordagem alternativa comum consiste em prever um mapa de calor 2D para cada ponto de referência, mas não se presta à previsão de profundidade e tem custos computacionais elevados para tantos pontos. Melhoramos ainda mais a precisão e a fiabilidade do nosso modelo através do carregamento iterativo e do refinamento das projecções. Desta forma, podemos aumentar o nosso conjunto de dados para casos cada vez mais complexos, como caretas, oblíquos e oclusões. Pode ser utilizado para várias aplicações de mascaramento facial (Fig. 7.5).

Fig. 7.5. Criar uma máscara facial numa faixa de vídeo

7.5. Desenvolvimento do modelo

Existem dois modelos nesta solução: geral e paisagem. Ambos os modelos são baseados no MobileNetV3 e foram modificados para os tornar mais eficientes. O modelo geral funciona com um tensor 256x256x3 (HWC) e produz um tensor 256x256x1 que representa a máscara de segmentação. O modelo de paisagem é semelhante ao modelo geral, mas funciona com um tensor de 144x256x3 (HWC). Ele tem menos FLOPs do que o modelo regular e, portanto, é mais rápido. O MediaPipe Selfie Segmentation redimensiona automaticamente a imagem de entrada para o tamanho correto do tensor antes de a alimentar com o modelo ML [24]. O modelo geral também suporta o ML Kit, e a opção de modelo de paisagem suporta o Google Meet (Fig. 7.6).

Esta experiência considerou a questão do reconhecimento de objectos num fluxo de vídeo. As principais bibliotecas Python que podem ser usadas para identificar e classificar objectos de vídeo são destacadas. Os métodos do MediaPipe para obter um determinado resultado no reconhecimento são claramente descritos (Fig. 7.7).

Fig. 7.6. Modelo de paisagem - máscara de segmentação

```
img = cv2.imread(img_path)
cv2.imshow('image', img)
cv2.waitKey(0)
gray = cv2.cvtColor(img, cv2.COLOR_BGR2RGB)
faces = face_cascade.detectMultiScale(gray,1.1,5)
faces_detected = " Face found: " + format(len(faces))
print(faces_detectadas)
for (x, y, w, h) in faces:
cv2.rectangle(img, (x, y), (x+w, y+h), (255, 0, 0), 2)
cv2.imshow('img', img)
cv2.waitKey()
```

Fig. 7.7. Fragmento do programa de deteção de faces

7.6. Resultados experimentais

Foram utilizadas cerca de 50 imagens de estudantes de mestrado finalistas. As imagens foram obtidas a partir de telemóveis. Posteriormente, depois de tirarem as fotografias, gravaram vídeos em formato MPEG7. Na experiência, foi tida em conta a colocação do rosto no plano da fotografia. A fotografia foi tirada ao estilo de uma selfie, de uma fotografia documental e de um retrato. Além disso, estas imagens tinham diferentes variações de qualidade e continham várias facetas de variação na cor, posição, escala, rotação, pose e expressão facial. Apresentamos os resultados da deteção nas Tabelas 1 e 2 para o conjunto de imagens HHI MPEG7. O rosto foi fascinado pelo rastreio.

Tabela 7.1. FP: falsos positivos, DR: taxa de deteção

Fora do homem	Frontal	Próximo do frontal	Semi-perfil	Perfil
	Selfie			
Número de imagens	12	10	7	15
Tamanho da imagem				
FP: Falsos positivos	6204	5205	3090	2580
DR: Taxa de deteção	87%	85%	90%	99%
Tempo (seg)	10мс			
	Retrato			
FP: Falsos Positivos	5290	5005	2590	2800
DR: Taxa de deteção	93%	92%	85%	95%
Tempo (seg)	18 mc			
	Fotografia documental			
FP: Falsos positivos	3458	2693	6780	3480
DR: Taxa de deteção	85%	83%	90%	91%
Tempo (seg)	22 mc			

7.7. Referências

[1] Yilmaz, A., Javed, O., & Shah, M. (2006). Object tracking: A survey. Acm computing surveys (CSUR), 38(4), 13-es.

[2] T. S. Huang, "Computer Vision: Evolution and Promise", 1996 Escola de Computação do CERN, pp.21-25

[3] Pang, Z., Li, Z., & Wang, N. (2023, fevereiro). Simpletrack: Compreendendo e repensando o rastreamento de vários objetos 3d. Nos Workshops de Visão Computacional-ECCV 2022: Tel Aviv, Israel, 23-27 de outubro de 2022, Proceedings, Parte I (pp. 680-696). Cham: Springer Nature Switzerland.

[4] Delibaşoğlu, İ. (2023). Método de deteção de objetos em movimento com rastreamento de regiões de movimento na subtração de fundo. Processamento de sinal, imagem e vídeo, 1-9.

[5] Yu, X. (2023). Avaliação da eficiência do treino de jogadores de ténis de mesa com base na tecnologia de processamento de vídeo por computador. Optik, 273, 170404.

[6] Nixon, L. (2023, janeiro). Como é que os destinos se relacionam uns com os outros? Um estudo de marca visual de destino no Instagram. Em Tecnologias de Informação e Comunicação no Turismo 2023: Proceedings of the ENTER 2023 eTourism Conference, January 18-20, 2023 (pp. 204-216). Cham: Springer Nature Switzerland.

[7] Xiao, C., & Luo, Z. (2023). Improving Multiple Pedestrian Tracking in Crowded Scenes with Hierarchical Association [Melhorando o rastreamento de múltiplos pedestres em cenas lotadas com associação hierárquica]. Entropy, 25(2), 380.

[8] Garcia Sierra, J. F., et. al. (2023). Experiência de ensino presencial e online sobre animais de experimentação e métodos alternativos com estudantes de enfermagem: um estudo de investigação. BMC nursing, 22(1), 1-10.

[9] Lee, M. F. R., & Chen, Y. C. (2023). Deteção e rastreamento de objetos baseados em inteligência artificial para um pequeno robô subaquático. Processes, 11(2), 312.

[10] Boyd, A., Tinsley, P., Bowyer, K. W., & Czajka, A. (2023). CYBORG: Misturar a saliência humana na perda melhora a deteção de rosto sintético baseado em aprendizado profundo. Em Proceedings of the IEEE/CVF Winter Conference on Applications of Computer Vision (pp. 6108-6117).

[11] Hassan, B. A., & Dawood, F. A. A. (2023). Deteção de imagens faciais com base no algoritmo de Viola-Jones para reconhecimento de género. International Journal of Nonlinear Analysis and Applications, 14(1), 1593-1599.

[12] Hartman, E., Sukurdeep, Y., Klassen, E., Charon, N., & Bauer, M. (2023). Análise de forma elástica de superfícies com métricas de Sobolev de segunda ordem: uma estrutura numérica abrangente. Revista Internacional de Visão Computacional, 1-27.

[13] Rica, E., Álvarez, S., & Serratosa, F. (2023, janeiro). Aprendendo distâncias entre nós e arestas do gráfico. Em Reconhecimento de padrões estruturais, sintáticos e estatísticos: Joint IAPR International Workshops, S+ SSPR 2022, Montreal, QC, Canadá, 26-27 de agosto de 2022, Proceedings (pp. 103-112). Cham: Springer International Publishing.

[14] Qi, X., Wu, C., Shi, Y., Qi, H., Duan, K., & Wang, X. (2023). Um método de reconhecimento facial de rede neural convolucional baseado em BiLSTM e mecanismo de atenção. Inteligência Computacional e Neurociência, 2023.

[15] Yasuda, Y., Carlini, E. M., Estanqueiro, A., Eriksen, P. B., Flynn, D., Herre, L. F., ... & Vrana, T. K. (2023). Gráfico de flexibilidade 2.0: Uma ferramenta visual acessível para avaliar recursos de flexibilidade em sistemas de energia. Renewable and Sustainable Energy Reviews, 174, 113116.

[16] Ramadan, G. A. D., Mahmoud, H., Ookawara, S., & Hassan, H. (2023). Impacto do tipo de PCM no desempenho da fotocélula usando o sistema de arrefecimento de tubo de calor-PCM: Um estudo numérico. Journal of Energy Systems, 7(1), 67-88.

[17] Sut, S. K., et. al. (2023). Classes automatizadas de doenças da glândula adrenal usando a técnica de padrão binário local simétrico central baseado em patch com imagens de TC. Journal of Digital Imaging, 1-14.

[18] Glennie, R., et. al. (2023). Hidden Markov models: Pitfalls and opportunities in ecology. Methods in Ecology and Evolution, 14(1), 43-56.

[19] Bansal, N., et. al. (2023). Inteligência computacional avançada em tempo real para a deteção de vídeos falsos profundos. Ciências Aplicadas, 13(5), 3095.

[20] Deori, B., & Thounaojam, D. M. (2014). Uma pesquisa sobre rastreamento de objetos em movimento em vídeo. Revista Internacional sobre Teoria da Informação (IJIT), 3(3), 31-46.

[21] Medykovskyy, M., Lipinski, P., Troyan, O., & Nazarkevych, M. (2015, setembro). Métodos de proteção de documento formado a partir de elemento

latente localizado por fractais. Em 2015 Xth International Scientific and Technical Conference" Computer Sciences and Information Technologies"(CSIT) (pp. 70-72). IEEE.

[22] Logoyda, M., et. al. (2019). Identificação de imagens biométricas usando elementos latentes. Actas do Workshop CEUR. EID: 2-s2.0-85074659529

[23] Nazarkevych, M., Yavourivskiy, B., & Klyuynyk, I. (2015, fevereiro). Edição de imagens rasterizadas e classificação digital com software. A Experiência de Conceção e Aplicação de Sistemas CAD em Microeletrónica (pp. 439-441). IEEE.

[24] Hrytsyk, V., Grondzal, A., & Bilenkyj, A. (2015, setembro). Realidade aumentada para pessoas com deficiência. In 2015 Xth International Scientific and Technical Conference" Computer Sciences and Information Technologies"(CSIT) (pp. 188-191). IEEE.

Capítulo 8. Métodos de captura e seguimento de objectos em sequências de vídeo com posterior identificação através de inteligência artificial

Nos sistemas de videovigilância, a tarefa de capturar um objeto e segui-lo é relevante. Uma tarefa ainda mais urgente é o processo de identificação, que envolve a subsequente autenticação da pessoa. Este processo permite organizar a segurança adequada de uma pessoa ou propriedade privada e a segurança de objectos importantes. Foi desenvolvido um método de captura do objeto. A utilização dos melhores métodos nos sistemas automatizados de videovigilância aumentará a eficácia dos sistemas inteligentes de videovigilância com um nível de fiabilidade suficiente. As imagens da captura do objeto são gravadas em ficheiros. A captura de objectos foi implementada utilizando a biblioteca MediaPipe Face Mesh. No futuro, está previsto efetuar a identificação de uma pessoa utilizando a aprendizagem automática. É proposta uma abordagem para melhorar o algoritmo de pesquisa de caraterísticas locais para a formação de redes neuronais. São apresentados e analisados os resultados de uma experiência que utiliza uma rede treinada para reconhecer objectos individuais.

8.1. Introdução

A tecnologia de localização [1] é utilizada na prática em sistemas automatizados de videovigilância, monitorização do tráfego, reconhecimento baseado no movimento, como a identificação baseada na marcha, indexação de vídeo em grandes catálogos de dados, navegação de veículos não tripulados, realidade aumentada (Augmented reality, AR), indústria cinematográfica e publicitária, para a criação de gráficos de computador e efeitos visuais, na investigação em medicina e desporto [2], imagiologia médica, interação homem-computador (reconhecimento de gestos, teclado virtual, rato, localização de pupilas), análise do comportamento de multidões, compressão de vídeo. A rápida introdução e implantação de sensores de vídeo omnipresentes permitiu recolher enormes quantidades de dados. No entanto, a indexação e a pesquisa em grandes bases de dados de vídeo continua a ser uma tarefa difícil. A inclusão de descrições de metadados nos clips de media [3] é útil para a engenharia. No nosso trabalho anterior, propusemos a noção de um modelo de cena visível obtido através da combinação de informações do sensor de localização e direção com um fluxo de vídeo. Esses fluxos de media geo-referenciados são úteis em muitas aplicações e, mais importante ainda, podem ser pesquisados de forma eficiente. O resultado de uma consulta de vídeo geo-referenciado consistirá normalmente no número de segmentos de vídeo que satisfazem as condições da consulta, mas com maior ou menor relevância.

A disponibilidade generalizada de sensores de vídeo digital deu origem a várias aplicações, desde a gravação de vídeo casual até aos sistemas profissionais de vigilância com várias câmaras [4]. Como resultado, são recolhidos muitos clips de vídeo, criando problemas complexos de processamento de dados. Muitas instituições utilizam sistemas de videovigilância com a função principal de proteger a propriedade e não de monitorizar o tráfego público. Atualmente, existe uma videovigilância baseada na nuvem que, para além das questões de segurança, resolve a função de proteção da propriedade. Além disso, a principal vantagem de um sistema de videovigilância baseado na nuvem é que está localizado fora do objeto de observação e tem uma capacidade de armazenamento flexível.

Um sistema de vigilância visual [5] é composto por duas partes principais: Objeto de representação do alvo, objeto de localização, filtragem e associação de dados. A representação e localização de objectos-alvo é, na sua maioria, um processo ascendente e sequencial, e os passos subsequentes não afectam os anteriores. A complexidade computacional típica destes algoritmos é relativamente baixa.

Os algoritmos padrão para encontrar e localizar [6] um objeto alvo incluem:

- Seguimento de blob: segmentação do interior do objeto, incluindo deteção de blob, correlação baseada em blocos e fluxo ótico;
- Seguimento baseado em kernel (seguimento por deslocamento médio): um procedimento de localização iterativo baseado na maximização do critério de semelhança;
- Seguimento de contornos: procura do limite de um objeto. Correspondência de caraterísticas: registo de imagens.
- Seguimento de caraterísticas pontuais: Dada uma sequência de imagens de uma cena específica captada por uma câmara móvel ou fixa. É necessário obter um conjunto das sequências mais exactas de coordenadas de projeção de alguns pontos da cena em cada fotograma.

A captação e codificação de imagens digitais deverá conduzir à criação e rápida difusão de uma vasta quantidade de informação visual. Por conseguinte, são essenciais ferramentas eficientes para a pesquisa e recuperação de informação visual. Embora existam atualmente motores de pesquisa eficazes para documentos de texto, não existem sistemas satisfatórios para a recuperação de informações visuais. Devido ao crescimento dos dados visuais em linha e fora de linha e ao fenomenal sucesso da pesquisa na Web, as expectativas em relação às tecnologias de pesquisa de imagens e vídeos estão a aumentar.

Modelos ocultos de Markov (HMM) [7]. O método baseia-se na comparação estatística de um objeto com uma base de dados de modelos. Os modelos de Markov ocultos utilizam as propriedades estatísticas dos sinais e consideram as suas caraterísticas espaciais. Elementos do modelo: probabilidade inicial dos estados, conjunto de estados observados, conjunto de estados ocultos, matriz de probabilidade de transição. Durante o reconhecimento humano, todos os modelos de Markov gerados são verificados, e a maior probabilidade é que a sequência de observações de um objeto gerada pelo modelo correspondente seja procurada.

Deveríamos tentar utilizar o PRNU SCI em fluxos de vídeo para terminar as nossas experiências. 270 Basicamente, o PRNU é igualmente válido para todos os quadros capturados num vídeo. Normalmente, um vídeo tem 25 ou 30 quadros por segundo. As câmaras normalmente reduzem os fotogramas individuais à resolução 272 quando capturam um vídeo: 720x576 é chamado de definição padrão (SD), 1280x720 é 273 chamado de definição aprimorada e 1920x1080 é a alta definição (HD ou, às vezes, Full HD). 274 Atualmente, existem definições mais elevadas, como 3840x2160 (4K) ou 7680x4320 (8K). Veja 275 que mesmo 4K tem menos de 8 Mpixels por quadro.

As desvantagens incluem a baixa velocidade de processamento e a baixa resolução.

O sistema só pode otimizar o tempo de processamento de dados e o tempo de resposta do seu modelo, mas não pode minimizar o tempo gasto na procura de outros modelos.

A análise de componentes principais é baseada em [8]. Um dos métodos mais conhecidos e desenvolvidos é a análise de componentes principais (PCA) baseada na transformação de Karunen Loewe [9]. Inicialmente, o método das componentes principais foi utilizado em estatística para reduzir o espaço de caraterísticas sem perda significativa de informação. O reconhecimento facial é utilizado principalmente para representar uma imagem facial com um vetor de baixa dimensão, que é depois comparado com vectores de referência armazenados numa base de dados.

O principal objetivo do método dos componentes principais é reduzir significativamente a dimensionalidade do espaço de caraterísticas, de modo a que este descreva o melhor possível as imagens "típicas" pertencentes a um grande número de rostos. É possível detetar diversas variações no conjunto de treino de imagens de rostos e descrever esta variabilidade com base em vários vectores ortogonais utilizando este método. O conjunto de vectores próprios obtido uma vez no conjunto de treino de imagens de rostos [9] codifica todas as outras imagens de rostos representadas numa combinação ponderada de vectores próprios.

Utilizando um número limitado de vectores próprios, é possível obter uma aproximação comprimida da imagem do rosto de entrada [10], que pode então ser armazenada na base de dados como um vetor de coeficientes, que é também uma chave de pesquisa na base de dados de rostos. Além disso, o objetivo do método PCA é reduzir o espaço de caraterísticas sem perda significativa de informação, de modo a descrever melhor as imagens "típicas" pertencentes a um conjunto de rostos. O reconhecimento de rostos é utilizado principalmente para representar um rosto como um vetor de baixa dimensão, sendo depois comparado com vectores de referência da base de dados.

O PCA provou a sua eficácia em muitas aplicações. No entanto, a eficácia do método diminui significativamente quando existem expressões faciais significativas ou alterações de iluminação na imagem do rosto. Isto deve-se ao facto de o método dos componentes principais selecionar um subespaço para maximizar a aproximação do conjunto de dados de entrada em vez de discriminar entre classes de rostos.

O método da Máquina de Vectores de Suporte (SVM) [11] é um conjunto de algoritmos de aprendizagem semelhantes para tarefas de classificação e análise de regressão. A essência do método do vetor de suporte consiste em encontrar um hiperplano no espaço de caraterísticas que separa uma classe de imagens de rostos de outras imagens (a classe de fotografias "sem rostos"). Neste caso, de todos os hiperplanos possíveis que dividem as duas classes, é necessário escolher um hiperplano cuja distância de cada classe seja máxima. As vantagens deste método são a elevada resistência ao sobretreino, a elevada velocidade em comparação com as redes neuronais e a capacidade de reduzir a sensibilidade ao ruído, diminuindo a precisão. As desvantagens incluem o facto de a precisão do método ser inferior à de muitos outros métodos.

Os métodos das redes neuronais [12] baseiam-se em procedimentos relativamente normalizados, incluindo cerca de uma dúzia de algoritmos. A principal caraterística destas redes é a sua capacidade de aprender a partir de um conjunto de exemplos prontos introduzidos previamente na base de dados. Durante a formação das redes neuronais, a rede extrai automaticamente as principais caraterísticas e estabelece relações entre elas. Depois disso, a rede neural treinada aplica a experiência adquirida para reconhecer um objeto previamente desconhecido. Os métodos de redes neuronais apresentam alguns dos melhores resultados no domínio do reconhecimento, mas são considerados os mais difíceis de implementar.

Cerca de uma dúzia de redes neuronais (RN) [13] baseiam-se numa rede construída com base num perceptrão de várias camadas, que permite classificar uma imagem ou um sinal dado como entrada de acordo com as definições preliminares da rede neuronal e a experiência de treino. As redes neuronais são treinadas com base num conjunto de exemplos de treino. A essência do treino consiste em ajustar os pesos das ligações inter-neuronais na resolução de um problema de otimização, utilizando o método de gradiente descendente. Durante o exercício, a rede neuronal extrai automaticamente as caraterísticas principais, determina a sua importância e estabelece relações. Parte-se do princípio de que a rede treinada pode aplicar a experiência adquirida durante o treino a imagens desconhecidas, utilizando capacidades de generalização.

8.2. Modelo matemático do algoritmo de seguimento de objectos

Seja $I(x,t)$ o brilho do quadro da imagem no tempo t no ponto x, em que x é um vetor. O movimento da imagem para longe dos limites de visibilidade é descrito por uma equação da forma $I(x,t)=I(delta(x), t+t_1)$ (*), onde $delta(x)$ é o movimento do ponto x ao passar do quadro (t) para $(t+1)$. O movimento das caraterísticas de quadro para quadro é descrito pelo equilíbrio de todos os pontos x das caraterísticas circundantes W [14].

Neste caso, a iluminação dos pontos da cena correspondentes às caraterísticas mantém-se constante.

Com pequenas alterações na imagem de fotograma para fotograma, pode ler-se que a janela de caraterísticas está contida e o movimento *delta*(x) assume a forma *delta*(x) = x +d. No entanto, quando a duração do seguimento aumenta, a imagem do ponto de cena é distorcida. Uma transformação afim pode descrever aproximadamente esta imagem. Por conseguinte, o movimento dos pontos é representado por uma transformação afim *delta*(x) = $Ax + d$, em que A é uma matriz de dimensão 2*2.

A tarefa do seguidor é seguir os valores do movimento *delta*(x) para todos os pontos da janela de caraterísticas W. Uma vez que (*) nunca é executado em condições reais, a procura é de um movimento que minimize a diferença entre as janelas na posição atual e na posição seguinte no quadro, ou seja, é. é o *delta*(x) em que o mínimo é atingido

$$e = \min\sum_{W} delta(x), t + t1 - I(x, t) \quad (8.1)$$

ou é a norma da diferença de imagem L2.

8.3. Detetar objectos de vídeo em tempo real

As redes neurais recorrentes baseiam-se em dados sequenciais e são adequadas para a deteção de objectos em vídeo. Uma colaboração entre o Instituto de Tecnologia da Geórgia (GIT) e a Google Research propôs um método de deteção de objectos em vídeo baseado em RNN [15] que atingiu taxas de reconhecimento de até 15 fotogramas por segundo, mesmo funcionando num processador móvel.

Uma abordagem para a deteção de objectos de vídeo consiste em dividir o vídeo nos quadros que o compõem e aplicar um algoritmo de reconhecimento de imagem a cada quadro. Esta abordagem rejeita todas as vantagens potenciais da extração de informações temporais do vídeo. Considere-se, por exemplo, o problema da oclusão e da recaptura: se um sistema de reconhecimento de objectos em vídeo identificar uma pessoa que é depois brevemente coberta por um peão que passa, levará algum tempo até que o sistema se aperceba de que "perdeu" o objeto. Um objeto pode ser perdido não só devido à oclusão, mas também devido à desfocagem por movimento, nos casos em que o movimento da câmara ou o movimento do objeto (ou ambos) causam uma perturbação suficiente no enquadramento para que os elementos fiquem esbatidos ou desfocados, o que torna impossível a identificação pela cstrutura dc rcconhccimcnto.

Se o sistema analisar os fotogramas, esta compreensão é impossível porque cada fotograma é tratado como um episódio completo e fechado. O custo computacional de um sistema de deteção de objectos em vídeo é menor para a identificação e o seguimento de objectos do que para o novo registo do mesmo objeto quadro a quadro.

A estimativa do fluxo ótico gera um campo vetorial bidimensional que representa a deslocação do pixel entre um fotograma e o fotograma vizinho (anterior ou seguinte). O fluxo ótico pode mostrar o progresso de agrupamentos de pixéis individuais ao longo de todo o comprimento da filmagem de vídeo, fornecendo orientação sobre quais as operações funcionais a realizar. Há muito tempo que é utilizado em ambientes tradicionais de vídeo com grande volume de dados, como os conjuntos de edição de vídeo, para fornecer vectores de movimento ao longo dos quais podem ser aplicados filtros e para fins de animação. Do ponto de vista do reconhecimento de objectos em vídeo, o fluxo ótico permite o cálculo de trajectórias descontínuas de objectos porque pode calcular trajectórias médias de uma forma impossível com métodos mais antigos, como a abordagem Lucas-Canade [16]. Esta abordagem apenas considera o fluxo constante entre fotogramas agrupados. Não consegue formar uma relação abrangente entre múltiplos grupos de acções, mesmo que estes grupos possam representar o mesmo evento interrompido por factores como a oclusão e a desfocagem do movimento.

8.4. Investigação de produtos de software para reconhecimento de objectos Google Video Intelligence

Como investidor líder da FAANG (Facebook, Amazon, Apple, Netflix e Google) em investigação sobre visão computacional, o sistema Video Intelligence da Google oferece funcionalidades prontas a utilizar, incluindo reconhecimento de objectos em vídeo, capacidades de OCR (reconhecimento ótico de caracteres) em tempo real, deteção de logótipos e deteção de rostos. O Cloud Video Intelligence tem uma vasta oferta de modelos pré-treinados, embora esteja disponível um treino personalizado [16].

8.5. Deteção de mãos

A capacidade de perceber a forma e o movimento das mãos pode ser vital para melhorar a experiência do utilizador em vários domínios e plataformas tecnológicas. Por exemplo, pode constituir a base para compreender a linguagem gestual e controlar os gestos das mãos, permitindo a sobreposição de conteúdos e informações digitais sobre o mundo físico em realidade aumentada. No entanto, como é natural para os seres humanos, a perceção fiável das mãos em tempo real é um grande desafio para a visão computacional, porque as mãos cobrem-se frequentemente a si próprias ou umas às outras (por exemplo, oclusões de dedos/palmas e tremores nas mãos) e não têm padrões de elevado contraste. O MediaPipe Hands é uma solução de rastreio de mãos e dedos altamente precisa. Utiliza a aprendizagem automática (ML) para identificar 21 pontos de referência da mão em 3D a partir de um fotograma. Entretanto, as abordagens actuais mais avançadas baseiam-se principalmente em ambientes de trabalho potentes.

8.6. Modelo de deteção da palma da mão

Para detetar a localização inicial da mão, existe um modelo de detetor optimizado para utilização móvel em tempo real, semelhante ao modelo de deteção de rostos no MediaPipe Face Mesh. A deteção da mão é uma tarefa altamente desafiante: Os modelos simplificado e completo têm de trabalhar com diferentes tamanhos de mãos com um alcance em grande escala (~20x) relativamente ao quadro da imagem e ser capazes de detetar mãos fechadas e auto-fechadas. Enquanto os rostos têm padrões de alto contraste, como na zona dos olhos e da boca, a ausência de tais caraterísticas nas mãos torna difícil detectá-las de forma fiável com base apenas nas caraterísticas visuais. Em vez disso, o fornecimento de contexto adicional, como caraterísticas da mão, do corpo ou do rosto, ajuda a localizar a mão com precisão.

O método resolve os problemas acima referidos utilizando estratégias diferentes. Em primeiro lugar, treinamos um detetor de palma em vez de um detetor de mão porque estimar as caixas delimitadoras de objectos sólidos como palmas e punhos é muito mais fácil do que detetar mãos com dedos articulados. Além disso, uma vez que as palmas das mãos são objectos mais pequenos, o algoritmo de supressão não máxima funciona bem mesmo em casos de auto-oclusão com duas mãos, como os apertos de mão. Além disso, as palmas das mãos podem ser modeladas utilizando rectângulos delimitadores quadrados (âncoras na terminologia ML), ignorando outros rácios de aspeto, reduzindo assim o número de âncoras em 3-5. Em segundo lugar, é utilizado um extrator de caraterísticas codificador-descodificador para aumentar a perceção do contexto da cena, mesmo para objectos pequenos. Finalmente, minimizamos a perda focal durante o treino para suportar muitas âncoras resultantes da dispersão de alta escala. Com os métodos acima referidos, é possível obter uma precisão média de 95,7% na deteção de palmas. A perda de entropia cruzada convencional sem um descodificador dá um resultado de base de apenas 86,22%.

8.7. Modelo de referência da mão

Depois de detetar a palma da mão na imagem, o modelo de mão de referência subsequente localiza com precisão os pontos críticos das coordenadas 21-3D da mão e dos dedos na região da mão detectada utilizando a regressão, ou seja, a previsão direta das coordenadas. O modelo aprende uma representação interna consistente da pose da mão e é robusto mesmo para mãos parcialmente visíveis. Os autores do MediaPipe selecionaram manualmente 21 coordenadas para obter os dados, como se mostra abaixo.

8.8. Detetor BlazePose

O BlazeFace fornece dois pontos vitais virtuais adicionais que descrevem claramente o centro, a rotação e a escala do corpo humano como um círculo. Utilizando o Homem Vitruviano de Leonardo, os autores previram o meio das coxas da pessoa, o raio do círculo que rodeia a pessoa e o ângulo da linha que liga o meio dos ombros e das ancas. O modelo de pontos de referência do MediaPipe Pose fornece a localização de 33 pontos de referência da pose (ver figura abaixo) [17].

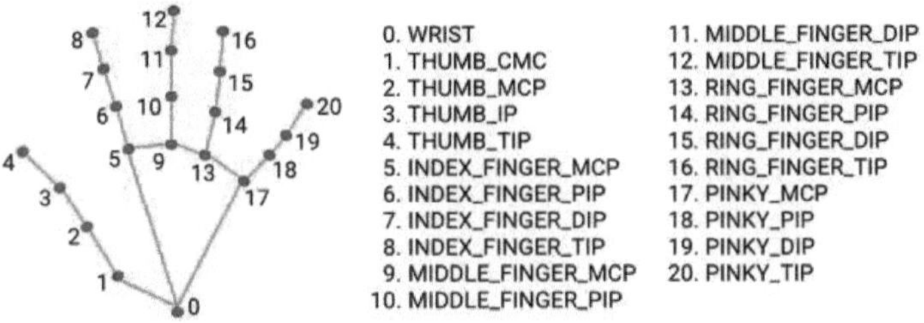

Fig. 8.1. Resultados da pesquisa do esqueleto da palma da mão

Fig. 8.2. Implementação da captura da palma da mão na pista de vídeo

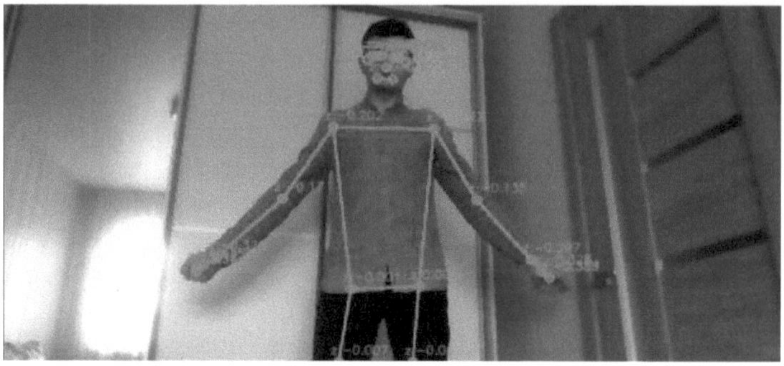

Fig. 8.3. Implementação da captura na faixa de vídeo do esqueleto utilizando o MediaPipe

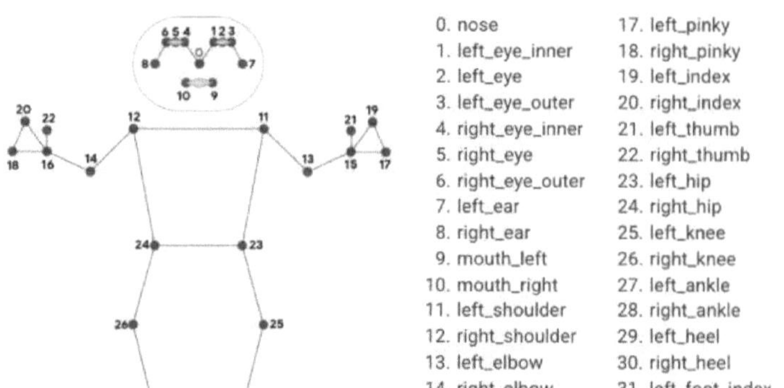

Fig. 8.4. Criando um esqueleto com MediaPipe

8.9. Objectron

O MediaPipe Objectron é uma solução móvel para a deteção de objectos 3D em tempo real. Detecta objectos em imagens 2D e estima a sua posição utilizando um modelo de aprendizagem automática (ML) treinado no conjunto de dados Objectron.

A deteção de objectos é um problema amplamente estudado na visão computacional, mas a maior parte da investigação tem-se centrado na previsão de objectos 2D. Embora a previsão 2D apenas forneça caixas delimitadoras 2D, a extensão da previsão para 3D pode capturar o tamanho, a posição e a orientação de um objeto em todo o mundo, levando a várias aplicações em robótica, veículos não tripulados, recuperação de imagens e realidade aumentada. Embora a deteção de objectos 2D esteja relativamente madura e seja amplamente utilizada na indústria, a deteção de objectos 3D a partir de imagens 2D é um problema difícil devido à falta de dados e à variedade de aparências e formas dos objectos dentro de uma categoria. Quando o modelo é aplicado a cada fotograma captado por um dispositivo móvel, pode sofrer de instabilidade devido à ambiguidade da caixa delimitadora 3D estimada em cada fotograma [18]. A mesma estratégia de deteção+rastreio é utilizada no pipeline de deteção e rastreio de objectos 2D no MediaPipe Box Tracking para atenuar este problema. Reduz a necessidade de executar a malha em cada fotograma, permitindo modelos mais pesados e mais precisos, mantendo o pipeline em tempo real nos dispositivos móveis. Ele também preserva a identidade do objeto nos quadros e garante que as previsões sejam consistentes ao longo do tempo, reduzindo a instabilidade.

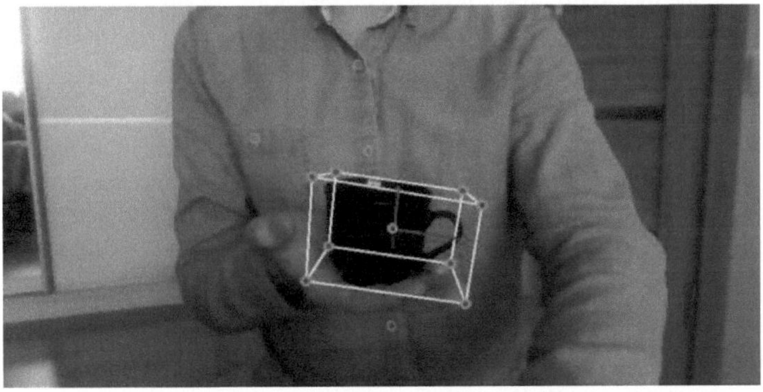

Fig. 8.5. Capturar um objeto 3-D

O pipeline de deteção e seguimento de objectos 3D da Objectron é implementado como um gráfico MediaPipe que utiliza internamente um subgrafo de deteção e um subgrafo de seguimento [19]. Para reduzir a carga computacional, o subgrafo de deteção efectua a inferência lógica apenas uma vez a cada poucos quadros. Descodifica o tensor de saída numa FrameAnnotation que contém nove pontos-chave: o centro da caixa delimitadora 3D e os seus oito vértices. O subgráfico de rastreio executa cada fotograma utilizando a ferramenta de rastreio de janelas no MediaPipe Box Tracking para rastrear uma caixa 2D que abrange a projeção da caixa delimitadora 3D e aumenta a escala dos pontos-chave 2D rastreados para 3D utilizando o EPnP. Quando uma nova deteção fica disponível a partir do subgrafo de deteção, o subgrafo de seguimento é também responsável pela consolidação entre os resultados da deteção e do seguimento com base na região de sobreposição [20, 21].

8.10. Resultados experimentais

A segmentação de selfies do MediaPipe pode funcionar em tempo real tanto em smartphones como em computadores portáteis. A captura de um objeto num fluxo de vídeo começa com a inicialização da classe ObjectTracker encontrada na biblioteca cv2. Ligar a câmara de vídeo. Efectuamos o escalonamento e definimos as caraterísticas de interpolação. Criamos uma janela para o quadro. Podemos entrar numa gravação de vídeo e capturar a pista. Escrevemos a função de seleção da janela de seguimento. Definir o tamanho da janela. Capturamos o objeto. O algoritmo analisa a localização do objeto. O problema do reconhecimento do objeto no fluxo de vídeo foi considerado durante a implementação desta experiência. São abordadas as principais bibliotecas da linguagem Python que podem ser utilizadas para reconhecer e classificar objectos a partir de vídeos. Os métodos MediaPipe para obter um determinado resultado no reconhecimento são claramente descritos. Uma vez que esta experiência requer muitas imagens de objectos de diferentes ângulos de visão, foi utilizada para a sua implementação uma amostra obtida por computação gráfica e geração de faces pelo programa MediaPipe. O teste de reconhecimento de faces foi efectuado através da correspondência do método Viola-Jones, um classificador SVM combinado com o cálculo do histograma de gradientes orientados e redes convolucionais treinadas na amostra ImageNet. As bibliotecas Caffe forneceram os modelos treinados com o OpenCV.

8.11. Conclusões

O resultado do estudo foi o estudo do algoritmo de reconhecimento. Foram realizadas experiências de captura de objectos. Os fotogramas de captura de objectos foram registados em ficheiros. Está planeado identificar estas imagens de acordo com o facto de o rosto pertencer a uma determinada pessoa. A biblioteca MediaPipe teve o melhor desempenho. Foi criada e treinada uma rede neural para reconhecimento de objectos num fluxo de vídeo. Foi realizada uma experiência em que a eficiência do sistema desenvolvido foi comparada com os indicadores de métodos de reconhecimento alternativos conhecidos. A precisão do reconhecimento aumenta quando se utiliza o método proposto. O sistema de reconhecimento desenvolvido é mais resistente ao ruído local: para imagens sujeitas a desfocagem e oclusão, a precisão do reconhecimento do sistema desenvolvido diminui. Os resultados da investigação são de interesse prático na conceção de sistemas de gestão e processamento de informação em visão computacional e reconhecimento de imagem para as tarefas em que é necessário determinar os parâmetros espaciais dos objectos representados. Para utilizar o sistema para monitorização em tempo real, é necessário analisar e conceber um sistema baseado em computação distribuída para análise paralela de fotogramas, porque os resultados das experiências locais mostram dificuldades com muitos fotogramas por segundo. A ativação de detectores a vários níveis exige recursos informáticos significativos.

8.12. Referências

[1] Moriggl, P., Asprion, P. M., Schneider, B., & Scherb, C. (2023, janeiro). Touching Space: Tecnologia de Ledger Distribuído para Certificados de Rastreamento e Rastreamento. Em Proceedings da 56ª Conferência Internacional do Havaí sobre Ciências do Sistema.

[2] Mashxura, M., & Siddiqov, I. M. Z. (2023). Efeitos da sala de aula invertida no ensino de computação gráfica. Eurasian Research Bulletin, 16, 119-123.

[3] Najmi, A. H., Alhalafawy, W. S., & Zaki, M. Z. T. (2023). Desenvolvendo um Ambiente Sustentável Baseado em Realidade Aumentada para Educar Adolescentes sobre os Perigos do Vício em Jogos Eletrônicos. Sustentabilidade, 15(4), 3185.

[4] Hyodo, R., Saito, S., Nakano, T., Akabane, M., Kasuga, R., & Ogawa, T. (2023). Sistema de vigilância por vídeo incorporando processo de tomada de decisão especializada: A Case Study on Detecting Calving Signs in Cattle. arXiv preprint arXiv:2301.03926.

[5] Lu, W., Sun, W., Min, X., Zhang, Z., Wang, T., Zhu, W., ... & Zhai, G. (2023, janeiro). Avaliação da qualidade da imagem de vigilância cega por meio de rede neural profunda combinada com a saliência visual. Em Inteligência Artificial: Segunda Conferência Internacional CAAI, CICAI 2022, Pequim, China, 27-28 de agosto de 2022, Artigos Selecionados Revisados, Parte II (pp. 136-146). Cham: Springer Nature Switzerland.

[6] Yu, S., Zhu, J., & Lv, C. (2023). Um algoritmo de morcego de recozimento quântico para localização de nós em redes de sensores sem fio. Sensors, 23(2), 782.

[7] Glennie, R., Adam, T., Leos-Barajas, V., Michelot, T., Photopoulou, T., & McClintock, B. T. (2023). Modelos de Markov ocultos: Pitfalls and opportunities in ecology. Methods in Ecology and Evolution, 14(1), 43-56.

[8] Maćkiewicz, A., & Ratajczak, W. (1993). Análise de componentes principais (PCA). Computers & Geosciences, 19(3), 303-342.

[9] Adlersberg, S., & Cuperman, V. (1987, abril). Quantização vetorial no domínio da transformação para sinais de fala. Em ICASSP'87. Conferência Internacional do IEEE sobre Acústica, Fala e Processamento de Sinais (Vol. 12, pp. 1938-1941). IEEE.

[10] Boyd, A., Tinsley, P., Bowyer, K. W., & Czajka, A. (2023). CYBORG: Misturar a saliência humana na perda melhora a deteção de rosto sintético baseado em aprendizado profundo. Em Proceedings of the IEEE/CVF Winter Conference on Applications of Computer Vision (pp. 6108-6117).

[11] Kurani, A., Doshi, P., Vakharia, A., & Shah, M. (2023). A comprehensive comparative study of artificial neural network (ANN) and support vetor machines (SVM) on stock forecasting. Annals of Data Science, 10(1), 183-208.

[12] Tanantong, T., & Yongwattana, P. (2023). Uma estrutura de rede neural convolucional para classificar conteúdos de vídeo em linha inadequados. IAES International Journal of Artificial Intelligence, 12(1), 124.

[13] Wen, P., Ye, Z. S., Li, Y., Chen, S., & Zhao, S. (2023). Modelos de fusão para prognóstico e gerenciamento de saúde de baterias de íon-lítio com base em redes neurais informadas por física. arXiv preprint arXiv: 2301.00776.

[14] Zhang, J., & Li, D. (2023). Pesquisa sobre algoritmo de rastreamento de caminho de máquinas agrícolas verdes para o desenvolvimento sustentável. Tecnologias e Avaliações de Energia Sustentável, 55, 102917.

[15] Azimi, F., Raue, F., Hees, J., & Dengel, A. (2023, fevereiro). Repensando a segmentação de objetos de vídeo baseada em RNN. Em Teoria e Aplicações de Visão Computacional, Imagem e Computação Gráfica: 16ª Conferência Internacional Conjunta, VISIGRAPP 2021, Evento Virtual, 8 a 10 de fevereiro de 2021, Artigos Selecionados Revisados (pp. 348-365). Cham: Springer International Publishing.

[16] Teece, D. J. (2023). Big Tech e gestão estratégica: Como os estudiosos de gestão podem informar a política de concorrência. Academy of Management Perspectives, 37(1), 1-15.

[17] Shaikh, S., Prodduturu, S. S., Naikh, R., Shrirao, A., & Birajdar, A. KINEMATIC POSE TRACKING FOR WORKOUT APP USING COMPUTER VISION.

[18] Medykovskyy, M., Lipinski, P., Troyan, O., & Nazarkevych, M. (2015, setembro). Métodos de proteção de documento formado a partir de elemento

latente localizado por fractais. Em 2015 Xth International Scientific and Technical Conference" Computer Sciences and Information Technologies"(CSIT) (pp. 70-72). IEEE.

[19] Logoyda, M., Nazarkevych, M., Voznyi, Y., Dmytruk, S., & Smotr, O. (2019). Identificação de imagens biométricas usando elementos latentes. Actas do Workshop CEUR. EID: 2-s2.0-85074659529

[20] Nazarkevych, M., Logoyda, M., Troyan, O., Vozniy, Y., & Shpak, Z. (2019, setembro). O filtro ateb-gabor para impressão digital. Na Conferência sobre Ciência da Computação e Tecnologias da Informação (pp. 247-255). Springer, Cham.

[21] Hrytsyk, V., Grondzal, A., & Bilenkyj, A. (2015, setembro). Realidade aumentada para pessoas com deficiência. Em 2015 Xth International Scientific and Technical Conference" Computer Sciences and Information Technologies"(CSIT) (pp. 188-191). IEEE.

Capítulo 9. Investigação sobre sistemas de reconhecimento facial e critérios de identificação

Os sistemas de segurança biométricos estão a desenvolver-se rapidamente e a generalizar-se. A investigação visa criar um sistema de reconhecimento do rosto de uma pessoa, uma vez que se trata de sistemas de identificação sem contacto e que este tema é particularmente relevante. Os sistemas de videovigilância estão a generalizar-se, sendo muitas vezes necessário identificar uma pessoa. É proposto um método de identificação facial que funciona em sistemas de videovigilância. Foram realizadas experiências utilizando selfies, retratos e fotografias documentais. O método desenvolvido captura o rosto de uma pessoa, grava-o e depois passa ao reconhecimento. Foi desenvolvido um método de reconhecimento de olhos humanos baseado no processo de Sherlock e Monroe.

9.1. Introdução

A necessidade de resolver os problemas de proteção da informação deve-se ao aumento acentuado da criminalidade informática, que resulta em perdas materiais significativas, independentemente de se tratar de um ataque de vírus ou de uma fraude no comércio eletrónico [1].

Atualmente, os sistemas de identificação biométrica não são perfeitos [2]. Ocorrem muitos erros durante os registos de dados aleatórios. Muitas vezes, estes sistemas são demasiado lentos. O desenvolvimento de sistemas de reconhecimento de segurança é uma tarefa muito urgente [3]. O acesso ao sistema de segurança biométrico é efectuado com base na transferência de grandes volumes de dados e caraterísticas de identificação, em que os sistemas de controlo de acesso determinam com maior precisão os fragmentos biométricos individuais e as modernas tecnologias de identificação pessoal. O reconhecimento das pessoas [4] é muitas vezes lento. Isto torna-se especialmente relevante quando há um grande fluxo de pessoas durante o controlo aduaneiro, em empresas com controlo de acesso, etc. As avarias do sistema de identificação biométrica ou os erros [5] que ocorrem durante a identificação são também problemáticos.

Ao entrar no sistema de reconhecimento de dados biométricos por imagem, esta é afetada por ruído aleatório. O ruído aleatório pode ser evidente como grãos aleatórios ou pontos estranhos na imagem, levando à instabilidade do sistema. O ruído aleatório é mais percetível nas zonas escuras da imagem, uma vez que a relação sinal/ruído [6] será muito mais baixa aqui do que nas zonas claras. Qualquer imagem recebida pode ser deficiente: falta de nitidez, desfocagem da imagem ou detalhes individuais desfocados. Dependendo do tipo de distorção, foram desenvolvidos vários métodos de filtragem de imagens; são utilizados em determinadas situações e proporcionam uma qualidade de atualização diferente.

A comparação com os esquemas existentes mostra que o esquema proposto apresenta uma elevada eficiência de reconhecimento, tanto para conjuntos de dados biométricos simples como multi-biométricos, mantendo a segurança de todo o sistema. A qualidade da imagem de entrada desempenha um papel essencial no seu trabalho prático, que pode ser melhorado utilizando algoritmos baseados na filtragem nos domínios da frequência ou espacial, ajustando o contraste e o brilho. A tecnologia de reconhecimento facial pode identificar e verificar uma pessoa [7] numa imagem digital ou num quadro de vídeo. Normalmente, este sistema é utilizado para o controlo do acesso em sistemas de segurança, juntamente com outros sistemas biométricos, como o reconhecimento da íris e das impressões digitais. A precisão do reconhecimento facial como tecnologia biométrica [8] é inferior à do reconhecimento da íris e das impressões digitais, mas é amplamente utilizada devido ao processo sem contacto. Na Fig. 9.1, mostra-se que a identificação do rosto (90%), dedos (65%), mão (45%), voz (45%), olhos (65%) e assinatura (45%) é utilizada durante o controlo de passaportes [9].

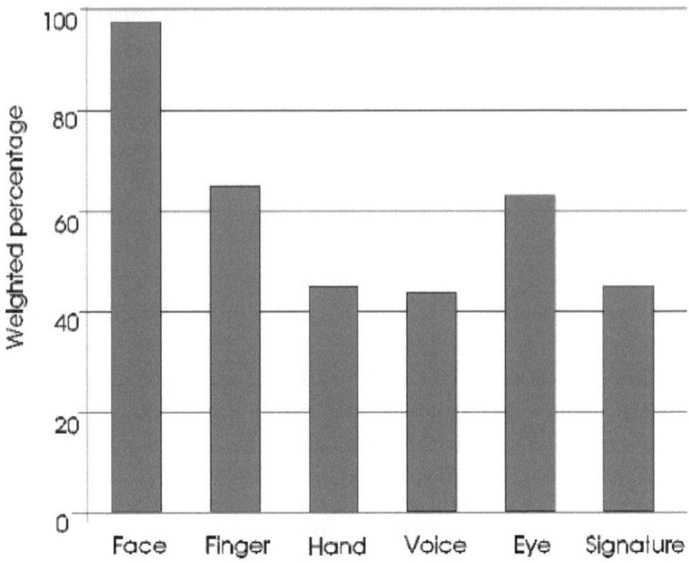

Fig. 9.1. Comparação de várias caraterísticas biométricas durante o controlo de passaportes [10]

9.2. Método de reconhecimento facial

O reconhecimento facial é efectuado em várias fases [11]. Em primeiro lugar, é obtida uma imagem do rosto. Isto pode ser feito através da digitalização de uma fotografia existente para produzir uma imagem do sujeito. Uma vez que o vídeo é uma sequência rápida de imagens fixas individuais, também pode ser utilizado como fonte de imagens faciais.

Em segundo lugar, o software é utilizado para determinar a localização de quaisquer rostos. Generaliza os padrões e, como resultado, é utilizado um rosto semelhante.

Depois de o software ter identificado o rosto, este pode ser analisado.

Fig. 9.2. Um exemplo de captura de rosto (foto do arquivo da família)

A função de reconhecimento facial analisa a geometria espacial e as caraterísticas distintivas do rosto. Diferentes fornecedores utilizam diferentes métodos de extração de caraterísticas faciais. O método mais popular é a análise de componentes principais (PCA) [12], um método de análise de factores em estatística que utiliza uma transformação ortogonal de um conjunto de observações com variáveis relacionadas (entidades, cada uma das quais adquire valores numéricos diferentes) como componentes principais. O método de componentes principais deve reduzir a dimensionalidade dos dados, perdendo a menor quantidade de informação possível. A PCA é combinada com redes neuronais e funções de análise local para melhorar o desempenho. Um modelo é um conjunto reduzido de dados que representa as caraterísticas únicas do rosto de um participante. É importante notar que, uma vez que o sistema utiliza a geometria espacial para distinguir rostos e procurar objectos na imagem, a visão por computador utiliza métodos diferentes. Existem três métodos principais de reconhecimento de objectos na imagem: análise de contornos, pesquisa de modelos (mais conhecida como correspondência de modelos) e correspondência por pontos-chave (deteção, descrição e correspondência de caraterísticas).

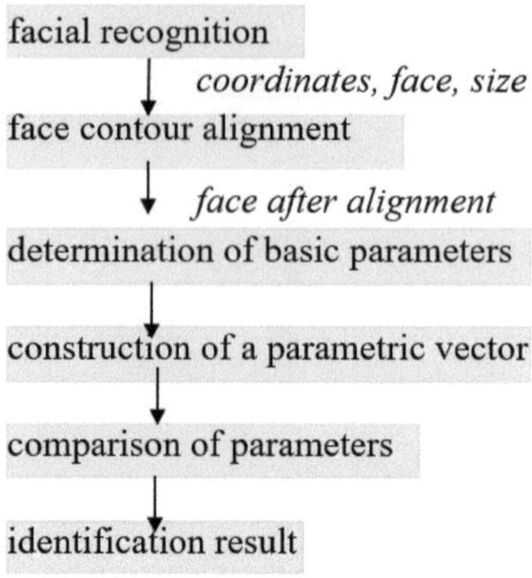

Fig. 9.3. Reconhecimento do rosto

A análise de contornos é um método de descrição, armazenamento, reconhecimento, comparação e pesquisa de imagens gráficas (objectos) pelos seus contornos. O contorno define, em última análise, a forma da imagem e contém todas as informações necessárias para o reconhecimento de imagens pela sua forma. Esta abordagem permite-lhe não considerar os pontos internos da imagem, reduzindo assim significativamente a quantidade de dados processados. Um contorno é uma curva que descreve o limite de um objeto na imagem. A principal vantagem da análise de contornos é a invariância relativamente à rotação, escala e deslocação do contorno na imagem que está a ser testada.

Graças à correspondência de modelos [13], é possível verificar rapidamente a presença de alguns objectos na imagem. No entanto, é importante compreender que a correspondência de modelos não permite afirmar com segurança se o objeto original foi encontrado, uma vez que se trata de uma caraterística probabilística que depende da escala, dos ângulos de visualização, das rotações da imagem e da presença de obstáculos físicos.

São utilizados três componentes para encontrar pontos críticos nas imagens e a sua posterior comparação: Detetor de caraterísticas (procura pontos cruciais na imagem), Extrator de descritores (descreve os pontos-chave encontrados, avaliando as suas posições através da descrição das áreas circundantes), Matcher (constrói correspondências entre dois conjuntos de pontos de imagem). Ao contrário da correspondência de modelos e da análise de contornos, os algoritmos para encontrar pontos-chave são mais resistentes às transformações dos obstáculos e permitem encontrar objectos mesmo em obstáculos físicos. O Numpy e o SciPy são utilizados em cálculos científicos e o SciKit-Learn é utilizado na extração e análise de dados. Estas bibliotecas são frequentemente utilizadas com o TensorFlow, o CNTK e o Apache Spark para conceber redes neuronais. Além disso, a sintaxe simples da linguagem Python ajuda o programador a testar algoritmos complexos com o mínimo de tempo gasto na sua implementação. A estrutura Scikit-learn é suficiente para resolver o problema. A biblioteca scikit-learn é composta por 35 módulos, que podem ser divididos em módulos de agrupamento, módulos de avaliação de modelos, módulos de quantificação da qualidade das previsões e módulos para trabalhar com conjuntos de dados (pré-processamento, normalização). A investigação baseia-se nos sistemas de reconhecimento facial da biblioteca OpenCV. Todas as empresas tecnológicas utilizam um sistema de reconhecimento facial para identificar o pessoal que trabalha. Recentemente, este sistema de reconhecimento facial foi utilizado pelos maiores bancos do país, nomeadamente os que suportam pagamentos com Face ID.

9.3. O método proposto

Inicialmente, o algoritmo precisa de muitas imagens de rostos e fotografias sem rostos para treinar o classificador. Em seguida, é necessário extrair funções das mesmas. Utiliza as caraterísticas Haar apresentadas na imagem abaixo. Assemelham-se a um núcleo convolucional. A convolução (kernel, matriz de convolução) é uma matriz, normalmente de pequena dimensão, utilizada no processamento de imagens como filtro para desfocar, aumentar a nitidez, realçar os limites, etc. O processamento de imagens consiste em calcular o novo valor do pixel selecionado, tendo em conta o valor dos pixels circundantes. A convolução é o processo de adicionar cada elemento da imagem aos seus vizinhos ponderados pelo kernel. É importante notar que a operação matricial efectuada - a convolução - não é uma multiplicação vulgar, embora seja designada por *. Por exemplo, se tivermos duas matrizes 3x3, a primeira é um núcleo, a segunda é uma parte da imagem, e a convolução é o processo de transposição das linhas e colunas do núcleo seguido de multiplicação e adição. O elemento com coordenadas [2, 2] (ou seja, o elemento central) da imagem recebida será uma combinação ponderada de todos os aspectos da matriz da imagem, com pesos retirados do núcleo:

$$\left(\begin{bmatrix} a & b & c \\ d & e & f \\ g & h & i \end{bmatrix} * \begin{bmatrix} 1 & 2 & 3 \\ 4 & 5 & 6 \\ 7 & 8 & 9 \end{bmatrix}\right)[2,2] == (i \cdot 1) + (h \cdot 2) +$$
$$(g \cdot 3) + (f \cdot 4) + (e \cdot 5) + (d \cdot 6) +$$
$$+(c \cdot 7) + (b \cdot 8) + (a \cdot 9) \qquad (9.1)$$

Para tal, aplicamos cada função a todas as imagens de treino. O algoritmo encontra o melhor limiar para cada função que classifica os indivíduos em positivos e negativos. Haverá erros ou classificações incorrectas. Seleccionamos as caraterísticas com a taxa de erro mínima, o que significa que são as que classificam com maior precisão as imagens com rosto e as imagens sem rosto.

Primeiro, é atribuído o mesmo peso a cada imagem. Após cada classificação, os pesos das imagens mal classificadas são aumentados. De seguida, segue-se o mesmo processo. São calculados novos coeficientes de erro. Também estão a ser construídas novas escalas. O processo continua até se atingir a precisão ou a taxa de erro pretendidas ou até se encontrar o número necessário de caraterísticas. O classificador final é uma soma ponderada destes classificadores fracos. Chama-se fraco porque não consegue classificar uma imagem por si só, mas forma um classificador com outros.

A maior parte da imagem não está na zona frontal. Por isso, é melhor ter uma forma fácil de verificar se uma janela não é a área de uma pessoa. Se não for, o algoritmo concentrar-se-á nas regiões onde a pessoa pode estar. Assim, é gasto mais tempo a verificar exatamente as áreas possíveis da pessoa. Para isso, foi introduzido o conceito de uma cascata de classificadores. Em vez de aplicar todas as funções à janela, estas são agrupadas por diferentes fases dos classificadores e utilizadas uma após a outra.

A biblioteca OpenCV foi escolhida para criar o programa. O OpenCV fornece um método de treino ou modelos pré-treinados que podem ser especificados utilizando o método cv:: CascadeClassifier [14]. Para criar um campo de orientação, vamos usar a técnica proposta por Sherlock e Monroe em [15] para formar um campo de orientação de linhas de impressão. O modelo proposto por Sherlock e Monroe permite criar um campo de orientação com base em informações sobre o estado das peças. A criação de linhas de segmentação dos olhos com base nos campos de orientação e densidade é conseguida utilizando filtragem. A imagem de saída contém singularidades isoladas que aumentam gradualmente de tamanho. A orientação do modelo apresentado por Sherlock e Monroe [16] permite obter uma imagem da orientação das linhas de segmentação da pupila, tendo em conta as caraterísticas da linha de segmentação do olho [17]. Neste modelo, cada elemento de campo tem uma direção e uma magnitude. A fase do módulo funcional racional do núcleo e dos núcleos delta determina a orientação das linhas de segmentação do olho. O modelo de Sherlock e Monroe é utilizado da seguinte forma: a pupila do olho é filtrada, seguida de uma operação de afinamento [18]. As posições dos núcleos e deltas são definidas e, em seguida, é construído um campo de direção. A esqueletização transforma objectos em imagens numa estrutura semelhante a um esqueleto, representando a topologia do objeto através da remoção sequencial dos limites dos pixels sem quebrar a conetividade do objeto correspondente [19]. Muitos algoritmos de esqueletização baseiam-se na remoção iterativa de pontos de fronteira. Normalmente, o algoritmo de afinamento exclui os pontos de extremidade e uma janela 3×3 é movida ao longo da imagem, com regras aplicadas ao conteúdo da janela. A esqueletização [19] é realizada através de passagens iterativas na imagem, removendo pixels nos limites do objeto até que não seja possível remover mais nenhum. A imagem é associada a uma máscara que atribui a cada pixel um número de 0 a 255, correspondente a cada um dos seus oito vizinhos [20]. Em seguida, é atribuído aos pixels um valor de 0, 1, 2 ou 3, que são removidos durante as iterações.

9.4. Realização

Os resultados do programa podem ser vistos na Fig. 9.4. Como resultado do trabalho do programa. Notou-se que o programa não reconhece todas as fotos ou frames de vídeo da mesma forma. O programa captura muito bem as imagens quando apenas um rosto humano está na foto. Este rosto é nítido e os olhos, o nariz e a boca são visíveis. Neste caso, o rosto é capturado. No futuro, o rosto será identificado com a base de dados de rostos do sistema. O utilizador terá acesso aos dados necessários.

Fig. 9.4. Rosto identificado com sucesso (foto do arquivo da família)

A Fig. 9.5 mostra um grupo de pessoas. O sistema reconheceu alguns deles como rostos humanos, nomeadamente aqueles que olham diretamente para a câmara e que estão sem óculos. O sistema não reconheceu qualquer pessoa que não tenha entrado na câmara ou cujo rosto tenha sido cortado. Os rostos captados pela câmara podem ser identificados e depois reconhecidos. É assim que se organiza o sistema de proteção baseado no reconhecimento facial [21]. A figura 9.6 mostra que o reconhecimento facial não ocorreu de todo. Os rostos não estão virados de perfil nas imagens, pelo que o reconhecimento não ocorreu.

Fig. 9.5. Faces parcialmente identificadas

Fig. 9.6. Rostos completamente irreconhecíveis

Distinguimos o rosto no fluxo de vídeo. Guardamos a imagem em formato de imagem. Depois, capturamos a imagem e guardamo-la. De seguida, identificamos os olhos.

9.5. Conclusões

É proposto um sistema de reconhecimento de rostos humanos para identificar rostos numa sequência de vídeo. São analisadas as vantagens e desvantagens do sistema. Foram efectuadas experiências de reconhecimento de fotografias selfie, retratos e fotografias documentais. Mostrámos que as melhores taxas de reconhecimento são nas fotografias de retratos. Foi estudado que o ângulo da câmara e a viragem da pessoa para a câmara afectam a captura do rosto. Estes resultados podem ser aplicados a sequências de vídeo e a sistemas de videovigilância. Após a operação de captura do rosto, guardamos a imagem. De seguida, determinamos os olhos de acordo com o método de Sherlock e Monroe. Se a identificação for bem sucedida, a pessoa obtém acesso ao sistema.

9.6. Referências

[1] Usmonov, M. (2023). Problemas de formação de um estilo especial de pensamento analítico e construção de algoritmos para a resolução de problemas lógicos.1(1), 39-56.

[2] Tatar, A. B. (2023). Sistema de identificação biométrica utilizando sinais EEG. Neural Computing and Applications, 35(1), 1009-1023.

[3] Jyothi, P., Reddy, D. K., & Kumar, P. N. (2023). Uma abordagem de classificação híbrida para o sistema de reconhecimento de íris para

segurança de aplicações industriais. Journal of Scientific & Industrial Research, 82(1), 151-157.

[4] Specker, A., Cormier, M., & Beyerer, J. (2023). UPAR: Reconhecimento unificado de atributos de pedestres e recuperação de pessoas. Em Proceedings of the IEEE/CVF Winter Conference on Applications of Computer Vision (pp. 981-990).

[5] Bratu, I. (2023). Uma primeira análise crítica da abordagem europeia aos danos causados pela inteligência artificial possibilitada pelos sistemas globais de navegação por satélite. Uma ponte para lado nenhum ou uma nuvem com um forro de prata? Revista Internacional de Direito, Computadores e Tecnologia, 1-19.

[6] Jin, P., Tang, Y., Li, D., Wang, Y., Ran, P., Zhou, C., ... & Yang, Y. (2023). Realizando corrente escura quase zero e detetor de raios-X de perovskita de relação sinal-ruído ultra-alta e matriz de imagem por estratégia de desvio de corrente escura. Nature Communications, 14(1), 626.

[7] M. Dyvak, O. Kozak, A. Pukas, "Modelo de intervalo para identificação de nervos laríngeos", Przegląd Elektrotechniczny, vol. 86, n.º 1, pp. 139-140, 2010.

[8] Mobilio, G. (2023). O teu rosto não é novo para mim - Regulamentar o poder de vigilância das tecnologias de reconhecimento facial. Internet Policy Review, 12(1).

[9] He, X., Yan, S., Hu, Y., Niyogi, P., & Zhang, H. J. (2005). Face recognition using laplacianfaces. IEEE transactions on pattern analysis and machine intelligence, 27(3), 328-340.

[10] Jain, A. K., & Li , S. Z. (2011). Handbook of face recognition (Vol. 1). Nova Iorque: springer.

[11] Parkhi, O. M., Vedaldi, A., & Zisserman, A. (2015). Reconhecimento facial profundo.

[12] Ding, Y. R., Cai, Y. J., Sun, P. D., & Chen, B. (2014). O uso de redes neurais combinadas e algoritmos genéticos para a previsão da qualidade da água do rio. Jornal de pesquisa aplicada e tecnologia, 12(3), 493-499.

[13] Brunelli, R. (2009). Template matching techniques in computer vision: theory and practice [Técnicas de correspondência de modelos em visão computacional: teoria e prática]. John Wiley & Sons.

[14] Setjo, C. H., & Achmad, B. (2017, agosto). Deteção humana de imagem térmica usando classificador Haar-cascata. Em 2017 7º Seminário Internacional Anual de Engenharia (InAES) (pp. 1-6). IEEE.

[15] Ansari, A. H. (2011). Geração e armazenamento de uma grande base de dados de impressões digitais sintéticas. Tese de Mestrado, Jul.

[16] Wu, N., & Zhou, J. (2004, outubro). Algoritmo baseado em modelos para deteção de pontos singulares em imagens de impressões digitais. Em 2004, Conferência Internacional sobre Processamento de Imagens, 2004. ICIP'04. (Vol. 2, pp. 885-888). IEEE.

[17] Nazarkevych, M., Logoyda, M., Troyan, O., Vozniy, Y., Shpak, Z. The Ateb-Gabor Filter for Fingerprinting. Na Conferência Internacional sobre Ciência da Computação e Tecnologia da Informação, pp. 247-255. Springer, Cham. DOI: 10.1007/978-3-030-33695-0_18.

[18] Nazarkevych, M., Oliarnyk, R., Troyan, O., Nazarkevych, H. (2016, setembro). Proteção de dados baseada em criptografia usando funções Ateb. In 2016 XIth International Scientific and Technical Conference Computer Sciences and Information Technologies (CSIT), pp. 30-32.

[19]N. Porplytsya, M. Dyvak, I. Spivak e I. Voytyuk, "Mathematical and algorithmic foundations for implementation of the method for structure identification of interval difference operator based on functioning of bee colony," The Experience of Designing and Application of CAD Systems in Microelectronics, Lviv, Ucrânia, 2015, pp. 196-199, doi: 10.1109/CADSM.2015.7230834.

[20] Lytvyn, Vasyl, Victoria Vysotska, Petro Pukach, Zinovii Nytrebych, Ihor Demkiv, Andriy Senyk, Oksana Malanchuk, Svitlana Sachenko, Roman Kovalchuk e Nadiia Huzyk. 2018. "Analysis of the Developed Quantitative Method for Automatic Attribution of Scientific and Technical Text Content Written in Ukrainian" [Análise do método quantitativo desenvolvido para a atribuição automática de conteúdos de textos científicos e técnicos escritos em ucraniano]. Jornal da Europa de Leste de Tecnologias Empresariais 6 (2 (96):19-31. https://doi.org/10.15587/1729-4061.2018.149596.

Capítulo 10. Investigação de métodos de avaliação da nitidez de imagens em fotografias de pessoas

10.1. Introdução

O tema do artigo é a avaliação da nitidez de imagens em fotos de pessoas. O trabalho tem como objetivo analisar os métodos existentes de avaliação da nitidez de imagens, comparar o seu desempenho e qualidade dos resultados e sugerir melhorias para o caso de uso da classificação da nitidez de fotografias de pessoas, onde estão presentes grandes quantidades de desfoque de fundo devido ao efeito de abertura.

As imagens continham diferentes tamanhos de objectos e tipos de desfocagem. Foram utilizados os seguintes métodos: Transformada rápida de Fourier (FFT), Variância do Laplaciano, algoritmos de deteção de rostos baseados na aparência, análise de metadados e análise de linhas de tendência linear. Como resultado, foi demonstrado o problema de um fundo naturalmente desfocado e foram tiradas conclusões. Foi descrito um método alternativo de avaliação da nitidez, que resolve o problema. O algoritmo melhorado sugerido foi testado para determinar se satisfaz as expectativas e resolve os problemas identificados. A biblioteca OpenCV foi utilizada para implementar os métodos da Transformada Rápida de Fourier e da Variância do Laplaciano. Foram obtidos os seguintes resultados - quando se utiliza a implementação predefinida, as técnicas FFT e Variância do Laplaciano não são fiáveis para avaliar a nitidez de imagens que contêm quantidades grandes e instáveis de fundo naturalmente desfocado (devido à abertura) e quando se utilizam diferentes definições da objetiva e da câmara.

Foram tiradas as seguintes conclusões: é necessário tomar medidas para eliminar os factores de quantidades instáveis de fundo naturalmente desfocado e as preferências da câmara e, desta forma, melhorar a precisão e a fiabilidade da avaliação da nitidez. Isto significa avaliar a nitidez de partes das imagens e das imagens como um todo. Estas etapas incluem, entre outras, a deteção da posição do rosto, a identificação dos rostos que deviam estar focados quando a fotografia foi tirada e a avaliação da nitidez apenas das áreas que deviam estar focadas. Foram definidos planos para investigação futura e melhorias do algoritmo sugerido.

A fotografia é muito subjectiva. Há muitas formas de tirar uma fotografia, uma vez que vemos o mundo de forma diferente. Existem, no entanto, alguns princípios básicos para conseguir uma fotografia geralmente bem composta. Pode ou não seguir estes princípios e, mesmo assim, obter uma excelente fotografia que conte uma história, mas, estatisticamente falando, as imagens mais bonitas e objetivamente reconhecidas como profissionais e agradáveis são as que têm o motivo em foco nítido e crítico.

Conseguir focar uma fotografia é um processo altamente complexo e vários factores influenciam o resultado final. O utilizador geral de um smartphone toma este processo como garantido, uma vez que o telemóvel toma todas as decisões e processa as fotografias por nós em tempo real, obtendo, na maioria das vezes, resultados bastante bons para utilização geral nas redes sociais. Os algoritmos utilizados são afinados e orientados para os temas. Os nossos telemóveis utilizam frequentemente a aprendizagem automática para detetar a cena e ajustar as definições para obter melhores resultados. Os nossos smartphones estão a melhorar cada vez mais todos os anos em termos de fotografia. Existe até a capacidade de imitar objectivas caras, adicionando uma falsa profundidade de campo às fotografias [1]. No entanto, qualquer fotógrafo profissional bem estabelecido dirá como é importante controlar as definições manuais da câmara, ser o decisor e o criador da cena, obter o resultado exato que o criador pretende, e não a ferramenta por si só.

Além disso, utilizam hardware profissional, que pode conter algumas caraterísticas "inteligentes", mas que, em geral, está muito exposto à substituição manual, dando ao operador mais flexibilidade. No entanto, os erros estão presentes quando os seres humanos estão envolvidos.

Depois de fotografar um evento, por exemplo, um casamento, o fotógrafo passa normalmente horas e, por vezes, dias a olhar para mais de 2000 fotografias, filtrando as que devem ser eliminadas e destacando as melhores para posterior edição. É um processo muito longo e complicado de comparar fotografias que à primeira vista parecem idênticas (mas que diferem ligeiramente), o que pode ser um fator significativo no resultado final. A coisa mais importante que o fotógrafo analisa é a nitidez dos objectos. É uma regra geral que, ao fotografar seres humanos ou animais, os olhos devem estar em foco nítido e crítico. Tudo o resto na fotografia pode ser alterado - a iluminação pode ser aumentada ou diminuída, e alguns elementos podem ser adicionados ou removidos, mas tornar nítido um objeto desfocado é um processo altamente desaconselhado e destrutivo. Este trabalho tem como objetivo analisar e comparar diferentes algoritmos e soluções de programas para identificar automaticamente a nitidez de uma fotografia (que contenha seres humanos como motivo) e propor melhorias aos algoritmos existentes para resolver os problemas que serão descritos mais adiante.

10.2. Trabalhos relacionados

Quando se trata de resolver um problema científico, é necessário trabalhar com termos e cálculos objectivos. É por isso que é essencial definir o que é uma fotografia nítida. A forma padrão de medir a nitidez é através da "distância de subida" dos bordos da imagem. Desta forma, a nitidez é determinada pela distância do nível de um pixel entre 10% e 90%. Por conseguinte, a nitidez pode ser medida através da análise da intensidade dos gradientes dos bordos [2]. No entanto, o nível limite de intensidade para classificar uma fotografia como nítida ou não é muito pormenorizado e não pode ser normalizado. Durante as experiências seguintes, será utilizado um conjunto de fotografias de referência para determinar os valores mínimo e máximo de nitidez e, assim, fornecer o limiar. Para além disso, o problema da avaliação da qualidade da imagem [3] é bem conhecido e tem sido objeto de muitas tentativas de resolução.

Para começar a detetar e classificar a nitidez das fotografias, é necessário esclarecer quais as definições da câmara e da objetiva que a influenciam. A câmara, em combinação com a objetiva, tem três definições principais: abertura, velocidade do obturador e ISO.

A abertura é a definição principal da objetiva. É geralmente uma abertura que pode ser maior ou menor e, assim, deixar entrar mais ou menos luz. Normalmente, é preferível deixar entrar o máximo de luz possível, "abrindo" ou "tornando a abertura muito aberta", mas isto tem um efeito secundário que pode influenciar diretamente a nitidez do motivo. Quanto mais aberta for a abertura, menor será a profundidade de campo. Para as câmaras que só podem focar uma distância de um objeto de cada vez, a profundidade de campo é a distância entre os objectos mais próximos e os mais afastados que estão com uma nitidez aceitável. Ao conhecer a DOF (profundidade de campo), podemos compreender a profundidade da imagem que deve ser focada. Para compreender melhor porque é que isto é importante, é apresentado um exemplo de imagem, captada com uma DOF muito reduzida (ver Figura 10.1).

Fig. 10.1. Exemplo de uma fotografia com um DOF pouco profundo

A Figura 10.1 (fotografia de Dolhanenko O.) demonstra um disparo com uma abertura muito aberta de 2.8 (quanto mais baixo o número, mais aberta é a abertura). O objeto no interior da profundidade de campo reduzida está focado de forma extremamente nítida. No entanto, os motivos secundários antes e depois dos limites do campo não estão de todo focados (neste caso, apenas antes do motivo à direita).

Utilizando algoritmos tradicionais de deteção da nitidez da fotografia, esta não é uma fotografia nítida, uma vez que a área em focagem crítica é mínima em comparação com a parte desfocada (isto será testado experimentalmente mais à frente). No entanto, se o motivo for corretamente identificado entre os dois e for verificado exclusivamente, a fotografia está com uma nitidez crítica e é aceitável para edição posterior. Outra definição que influencia a nitidez de uma fotografia é a velocidade do obturador. A regra é "quanto mais rápido - melhor" para a fotografia em geral. Quanto mais rápido a cortina cair perante o sensor, menor será a desfocagem da fotografia, uma vez que cada movimento dos objectos na fotografia durante o disparo fará com que a sua nitidez diminua. Esta desfocagem de movimento é bastante visível quando se fotografa em condições de pouca luz, quando não estão disponíveis velocidades de obturação rápidas (caso contrário, a fotografia ficará demasiado escura), devido a pequenos movimentos.

A procura de uma avaliação exacta da nitidez das imagens levou à exploração de várias abordagens, abrangendo métodos baseados no domínio espacial, métodos baseados no domínio espetral, métodos baseados na aprendizagem [4] e uma combinação destas técnicas, cada uma apresentando vantagens e desafios únicos, incluindo a utilização de métodos como a Coerência de Fase Local [5, 6], a abordagem de análise da Informação de Bordo [7], a abordagem baseada no gradiente normal [8], a abordagem ponderada pela vizinhança do gradiente [9] e outras. Zhu et al. (2023) [10] efectuaram uma revisão exaustiva, oferecendo uma visão das tendências actuais e comparações de desempenho de algoritmos notáveis, revelando um panorama de inovação em curso para ultrapassar as deficiências dos métodos existentes.

Bielievtsov et al. (2018) [11] investigaram a tecnologia de rede para a transmissão de informações visuais, destacando a importância de manter a qualidade da imagem na comunicação e no armazenamento digital. Este trabalho é fundamental, preparando o terreno para novas pesquisas sobre métodos de avaliação da qualidade da imagem que são críticos para várias aplicações, incluindo, mas não se limitando a, reconhecimento facial, redes sociais e fotografia profissional.

Na pesquisa e recuperação de imagens, Smelyakov et al. (2020) [12] introduziram uma abordagem inovadora à pesquisa em motores de imagem para grandes armazéns de dados, salientando a necessidade de processamento de imagens de alta qualidade para uma recuperação de imagens eficiente e exacta. Este desenvolvimento é particularmente relevante para a nossa investigação, uma vez que sublinha a importância da nitidez da imagem para melhorar o desempenho dos motores de busca, que muitas vezes dependem da análise do conteúdo visual para funcionarem eficazmente.

Além disso, a eficácia dos algoritmos de pré-processamento para aplicações de processamento de linguagem natural foi explorada por Smelyakov et al. (2020) [13], ilustrando as amplas aplicações das técnicas de processamento de imagem e sinal em vários domínios da informática. Embora centrados no processamento de linguagem natural, os princípios do pré-processamento e da melhoria da qualidade aplicam-se ao domínio do processamento de imagens, fornecendo informações sobre métodos que podem potencialmente melhorar os algoritmos de avaliação da nitidez das imagens.

O desenvolvimento de métricas de nitidez sem referência (NR) [14] tem sido particularmente notável, com Duan et al. (2021) [15] a introduzirem uma métrica de avaliação de nitidez objetiva NR eficiente concebida para imagens com pouca profundidade de campo, uma caraterística comum em retratos e fotografias que realçam sujeitos humanos. Essa métrica, que calcula a nitidez com base em diferenças bidirecionais de intensidade de pixel, aborda as limitações das ferramentas tradicionais de avaliação de nitidez quando aplicadas a essas imagens. A pesquisa de Her e Yang (2019) [16] sobre algoritmos de avaliação de nitidez de imagem para sistemas de foco automático exemplifica ainda mais a evolução do campo. O seu trabalho avalia o desempenho de várias funções de domínio espacial, destacando a adaptabilidade à cena e as capacidades anti-bloqueio do algoritmo de Benner e a sensibilidade do algoritmo de Laplace, entre outros. Esta investigação sublinha o papel crítico das funções de avaliação da nitidez na melhoria da qualidade das imagens captadas por vários sistemas de imagiologia.

O desenvolvimento de sistemas avançados de inteligência artificial, tal como explorado por Kyrychenko, Tereshchenko, Proniuk e Geseleva (2023) [17], através de métodos de agrupamento de predicados, apresenta potenciais vias para aperfeiçoar as técnicas de avaliação da nitidez das imagens. Além disso, os avanços na avaliação da qualidade da imagem para fotografias com zoom, tal como investigados por Han et al. (2023) [18], revelam os desafios colocados pelas pequenas dimensões dos sensores e pelas distâncias focais fixas nos smartphones. A sua nova métrica de qualidade de zoom sem referência incorpora a estimativa de nitidez tradicional com conceitos de naturalidade da imagem, demonstrando melhorias significativas na avaliação da qualidade da imagem em relação às métricas convencionais.

10.3. Métodos existentes

A Transformada Rápida de Fourier é um algoritmo matemático conveniente para calcular a Transformada Discreta de Fourier (DFT). Converte um sinal de um domínio para outro [19]. A FFT é utilizada em diferentes áreas, como a matemática, a música, a engenharia, etc. Este método é muito utilizado, pois por vezes os cálculos são muito mais fáceis quando os sinais de séries temporais são convertidos para o domínio da frequência. Este método também pode converter o domínio da frequência de volta ao formato original. Ao discutir a FFT no processamento de imagens e na visão por computador, é essencial notar que a imagem é representada nos domínios de Fourier e espacial. Assim, a imagem é expressa em componentes imaginários e naturais.

Os valores obtidos podem ser analisados para efetuar a deteção de desfocagem ou desfoque, a deteção de arestas, a análise de texturas, etc. Existe uma transformada de Fourier por amostragem, designada por

DFT. Contém apenas o conjunto de amostras de imagem que são suficientes para representar completamente a imagem no domínio espacial [20] (frequentemente utilizada para a extração de outras métricas de qualidade). Dada uma imagem de tamanho N*N, a matriz DFT resultante pode ser definida da seguinte forma

$$EF(k,l) = \sum_{i=0}^{N-1} \sum_{j=0}^{N-1} f(i,j) e^{-\iota 2\pi \left(\frac{ki}{N}+\frac{li}{N}\right)} \quad (10.1)$$

em que $f(a,b)$ é a imagem no domínio espacial e o termo exponencial é a função de base correspondente a cada ponto $F(k,l)$ no espaço de Fourier.

A equação pode ser interpretada como o valor de cada ponto $F(k,l)$, obtido multiplicando a imagem espacial pela função de base correspondente e somando o resultado. Nas funções de nível de base, as operações são representadas como ondas sinusoidais e cossenoidais com frequências crescentes. Por exemplo, $F(0,0)$ representa o componente DC da imagem (brilho médio da imagem), e $F(N-1,N-1)$ é a frequência mais alta da imagem. A DFT unidimensional comum tem uma complexidade N2. Se for utilizada a Transformada Rápida de Fourier (FFT), a complexidade pode ser reduzida para $N\log_2 N$. Esta melhoria é crucial para o cálculo de imagens de grandes dimensões. No entanto, algumas formas da FFT podem restringir o tamanho máximo da entrada a $N=2^n$. O resultado é uma imagem de saída representada por números complexos. Esta imagem pode ser apresentada em dois estados: ou com a parte real e imaginária ou com magnitude e fase (ver Fig. 10.2).

Quando se resolvem problemas de processamento de imagens, normalmente só é apresentada a magnitude da transformada de Fourier. A imagem de exemplo do resultado dessa transformação é ilustrada acima. Para obter resultados precisos e fiáveis, é necessário calcular previamente um limiar de deteção de contraste [21] para saber se a imagem tem contraste suficiente para análise posterior. No caso da disponibilidade de contraste e da conclusão do algoritmo FFT, um valor de ponto flutuante da média da magnitude indica a nitidez relativa de toda a imagem. Naturalmente, uma vez que este valor é relativo, não é possível tirar conclusões sem um valor de nitidez de referência.

Fig. 10.2. O resultado do cálculo e apresentação da magnitude da Transformada de Fourier de uma imagem de entrada

Outra opção é utilizar a variância do Laplaciano. O Laplaciano de uma função f num ponto p é (até um fator) a taxa a que o valor médio de f sobre as esferas canterizadas em p se desvia de f(p) à medida que o raio da esfera diminui para 0. O operador Laplaciano é definido como a divergência do gradiente da função f, como se mostra na fórmula (2).

$$\Delta f(x,y) = div(grad(f)) \quad (10.2)$$

Nesta definição, o gradiente é o declive do acento mais acentuado, e dá informação sobre o ponto e a direção do acento mais elevado nos máximos locais e, da mesma forma, nos mínimos locais.

No caso da deteção da nitidez da imagem, a divergência é o campo vetorial associado à desfocagem resultante do movimento do sujeito ou da desfocagem natural do fundo. A matriz calculada do Laplaciano é apresentada na Figura 10.3.

0	1	0
1	-4	1
0	1	0

Fig. 10.3. O núcleo Laplaciano para a convulsão com a imagem de origem

O processo de convulsão com a imagem de origem é transformado com base no núcleo Laplaciano. É utilizado para encontrar áreas de mudanças rápidas da fonte (mas isto funciona se não existir ruído na imagem [22]).

Este método será testado em imagens de amostra contendo áreas desfocadas e objectos nítidos utilizando a biblioteca OpenCV. Esta desfocagem parcial foi causada por uma abertura muito aberta, que fez uma separação de fundo muito distinta.

```
var imageMat = Highgui.imread(image.absolutePath,
Highgui.CV_LOAD_IMAGE_GRAYSCALE)
```

```
val destino = Mat()
Imgproc.Laplacian(imageMat, destino)
val median = MatOfDouble()
val std = MatOfDouble()
Core.meanStdDev(destino, mediana, std)
val variance = Math.pow(std.get(0, 0).get(0), 2.0)
```

Para obter um único número de ponto flutuante que represente a nitidez geral de uma fotografia, a imagem de origem tem de ser carregada em tons de cinzento, após o que deve ser chamada a função Laplaciana básica.

10.4. O algoritmo alternativo

Os resultados dos dois algoritmos populares mostram que nenhum deles está suficientemente optimizado para o problema referido no início. Durante as sessões fotográficas, a maioria das fotografias de retrato são tiradas com uma abertura aberta, o que faz com que o fundo tenha muitas áreas com baixas frequências [23]. Se a área com frequências naturalmente baixas for maior do que a área com frequências altas, a imagem será rotulada como "não nítida", o que não é necessariamente verdade. Coloca-se a questão: como podemos avaliar a nitidez do objeto fotográfico se a análise de toda a imagem não é a ideal? Como solução de nível superior, o algoritmo de deteção de nitidez deve ser modificado de forma a que apenas as áreas que devem estar focadas sejam avaliadas e o fundo/plano de fundo seja ignorado. É o princípio geral da avaliação de erros visíveis em áreas específicas da fotografia [24]. Um exemplo desta abordagem pode ser encontrado no quadro para medir a nitidez em imagens naturais [25]. Além disso, existe investigação sobre a avaliação da qualidade da imagem com base em regiões de interesse identificadas como caraterísticas altamente não estacionárias em termos espaciais [26]. A solução será desenvolvida com base na limitação de que os objectos que precisam de estar focados são rostos humanos. Esta limitação, no entanto, pode ser eliminada modificando o algoritmo e fornecendo suporte para mais objectos. A lista seguinte descreve os passos do algoritmo:

1) Encontre as coordenadas e os limites de boxe de cada face no quadro;
2) Extrair a distância de focagem da fotografia;
3) Calcule a distância para cada rosto no quadro;
4) Calcule a profundidade de campo ideal;

5) Selecione os rostos que estão dentro do plano de focagem pretendido (distância de focagem +- profundidade de campo perfeita);
6) Aplicar o detetor de nitidez apenas às caixas que contêm as faces selecionadas;
7) Calcular a pontuação média de nitidez com base nas pontuações individuais de nitidez.

Em seguida, as etapas do algoritmo serão descritas mais pormenorizadamente, bem como as propostas e as variantes de aplicação.

10.5. Encontrar os limites e as coordenadas das faces no quadro

Existem vários métodos e opções para a deteção de rostos em imagens. Dada uma imagem arbitrária, a deteção de rostos tem como objetivo determinar se existem ou não rostos na imagem e, se existirem, indicar a localização da imagem e a extensão de cada rosto. Alguns métodos de deteção de rostos incluem métodos Top-Down baseados no conhecimento, abordagens invariantes de caraterísticas, métodos de correspondência de modelos e métodos baseados na aparência. Os métodos baseados no conhecimento são desenvolvidos tendo como principal fonte de informação o conhecimento científico sobre rostos humanos. O problema com esta abordagem é a dificuldade em traduzir o conhecimento humano em regras bem definidas. Encontrar um equilíbrio perfeito de rigor nestas regras é muito difícil. Se as regras forem definidas com demasiado rigor, o método pode não conseguir detetar rostos que não cumpram todas as regras ao mesmo tempo. Por outro lado, se as regras forem demasiado gerais, a técnica pode resultar em falsos positivos.

Os métodos baseados em caraterísticas baseiam-se no facto de os seres humanos poderem reconhecer um rosto em diferentes condições de iluminação, sob vários ângulos e circunstâncias, o que significa que estamos treinados para detetar determinadas caraterísticas. Este método baseia-se neste facto, e foram propostas muitas variantes quando as caraterísticas foram extraídas e analisadas pela primeira vez. Um problema com estes algoritmos baseados em caraterísticas é que as caraterísticas da imagem podem ser gravemente corrompidas devido à iluminação, ao ruído e à oclusão.

Nos métodos de correspondência de modelos, um padrão de rosto é predefinido manualmente. Ao analisar uma imagem de entrada, a correlação é calculada para partes separadas do rosto presumível: o contorno, o nariz, os olhos e a boca. O resultado é positivo se o valor médio da correlação destes componentes for superior a um determinado limiar. Este método, no entanto, não é ideal devido à falta de flexibilidade relativamente a diferentes formas, poses e escalas do rosto. Por último, as técnicas baseadas na aparência estão mais próximas da vida real do que as anteriores. Os modelos não são gerados por especialistas (como na correspondência de modelos), mas sim retirados de amostras de bases de dados de imagens reais. Este método baseia-se fortemente na análise estatística e na aprendizagem automática. Os métodos baseados na aparência têm muitas implementações, começando com máquinas de vectores de apoio baseadas na distribuição, modelos ocultos de Markov, classificadores em cascata, redes convolucionais em cascata [27], etc.

Tendo em conta as vantagens e desvantagens dos métodos de deteção de rostos acima referidos, foi decidido que os métodos baseados na aparência são mais adequados para esta tarefa. Os classificadores em cascata podem ser utilizados para implementar o algoritmo de deteção de nitidez melhorado. O OpenCV contém classificadores abertos pré-treinados que podem ser descarregados gratuitamente. Para obter as coordenadas da face utilizando a biblioteca OpenCV, pode utilizar-se o classificador em cascata para detetar a função MultiScale. Os argumentos para esta função são a imagem de entrada (em escala de cinzentos), scaleFactor e minNeighbours. O fator de escala especifica o grau de redução do tamanho da imagem em cada escala. minVizinhos especifica o número de vizinhos que cada retângulo candidato deve ter para o manter. Estes parâmetros serão ajustados durante o processo de desenvolvimento. Claro que tudo o que envolve o processamento de imagens e o reconhecimento de objectos ocupa sempre algum tempo de processamento valioso, por isso há outra forma de extrair os rostos na imagem. O outro método baseia-se fortemente na capacidade integrada da câmara para detetar rostos em tempo real e escrever esta informação nos metadados. Naturalmente, o algoritmo não deve depender estritamente destes metadados opcionais, mas deve definitivamente utilizá-los se estiverem disponíveis - isso melhoraria drasticamente o desempenho do método. Como resultado da digitalização de imagens com classificadores ou da extração de faces utilizando metadados, as coordenadas e os limites de todas as faces na imagem serão recuperados para análise posterior.

10.6. Extrair a distância de focagem e outros parâmetros funcionais da fotografia

O plano de focagem é o sensor de imagem da câmara. A distância de focagem é a distância entre o plano de focagem e o objeto. Quando se utilizam lentes automáticas (lentes com focagem automática que não requerem intervenção manual para colocar o motivo em focagem extremamente nítida), são executados algoritmos complexos para produzir resultados óptimos em termos de focagem. A câmara monitoriza constantemente a imagem, compreende a distância ao motivo em tempo real e ajusta os motores de focagem em conformidade. A lente da câmara move-se para uma posição em que é obtida a imagem mais nítida para obter a focagem automática. A nitidez máxima é medida a partir dos histogramas das imagens em que foi inicialmente aplicado um filtro que realça as margens. Conhecendo a distância focal da lente, as distâncias podem ser encontradas na equação da lente [28]. Assim, podemos ver que isto é possível e que as câmaras efectuam constantemente estes cálculos. Além disso, as câmaras podem utilizar diferentes algoritmos de focagem [29] para obterem precisão. A distância que o motor de focagem percorreu na lente antes de a fotografia ser tirada corresponde à distância de focagem estimada necessária para o algoritmo de deteção de nitidez modificado.

É possível obter a distância de focagem calculada consultando os metadados da fotografia. EXIF (Exchangeable Image File Format) é uma norma que permite adicionar informações (metadados) a fotografias e vídeos. Este formato é flexível, o que significa que todos os utilizadores podem modificá-lo, adicionando novas entradas de dados com nomes originais. Isto significa que nem todos os corpos de câmara de diferentes fabricantes produzem os mesmos metadados. Dito isto, muitas câmaras contêm informações valiosas que podem ser utilizadas para esta investigação. Podemos encontrar as seguintes informações relevantes visualizando os metadados com um leitor EXIF (Tabela 10.1).

Quadro 10.1. Informações parciais e mais relevantes extraídas dos metadados das fotografias de teste

Nome do parâmetro	Valor
Especificação da lente	FE 70-200mm F4 G OSS

Distância focal mínima	70,0 mm
Distância focal máxima	200,0 mm
Distância focal	159,0 mm (equivalente a 35 mm: 159,0 mm)
Localização do foco	6000 4000 2709 1291
Posição do zoom da lente	76%
Abertura	4.0
Distância de focagem 2	3.46 m
Círculo de Confusão	0,030 mm
Campo de visão	12,9 graus
Distância hiperfocal	210.35 m
Rostos detectados	3
Posição da face 1	789 2344 1256 1256
Face 2 Posição	1521 3506 1575 1575
Face 3 Posição	413 1688 844 844
Círculo de Confusão	0,030 mm

O parâmetro "Focus Distance 2" implica a distância calculada (em metros) para o assunto focado. A câmara calculou esta distância analisando o ângulo de rotação do motor de focagem quando as extremidades da imagem estavam focadas. Este parâmetro pode ser usado como uma solução pronta e será útil para cálculos posteriores. Não existe outra forma fiável de recuperar/calcular a distância de focagem de uma fotografia, especialmente quando não é garantido que a fotografia esteja inicialmente em focagem crítica. É por isso que o método se baseia fortemente neste meta-parâmetro. Alguns outros parâmetros valiosos incluem o número de rostos detectados e as posições dos rostos detectados. Ter estes parâmetros nos metadados é um "luxo", e apenas as câmaras modernas fornecem essas informações. Confiar fortemente na presença destes parâmetros limitaria o método a funcionar apenas para corpos de câmaras modernas de alta tecnologia. Assim, o processo utilizará estes atalhos nos metadados, se estiverem presentes, mas continua a poder detetar os limites dos rostos descritos na secção anterior.

10.7. Calcular a distância a cada face na moldura

É necessário encontrar as distâncias para todas as faces na imagem porque o método precisa de determinar quais as faces que precisam de estar focadas. Os critérios de "necessidade de focagem" são descritos no ponto seguinte. Nesta etapa, a distância de focagem e todos os limites das faces (e, portanto, os tamanhos) já são conhecidos. É necessário estimar a altura do rosto na vida real para encontrar a distância ao rosto humano na fotografia. Dois métodos podem ser usados para ver a altura real de cada rosto no quadro:

- o valor estatístico médio da altura da face (21,8cm -23,9 cm);
- calculado a partir de uma fórmula de proporcionalidade baseada na distância entre os olhos e a boca.

A segunda opção é muito complicada, envolve operações extra como a deteção de bordos para encontrar a localização dos olhos e da boca, depende da pose (não funciona para retratos de lado) e não garante uma precisão muito maior do que a primeira opção. É por isso que a primeira opção, que consiste em assumir que a altura do rosto está algures entre 21,8 cm e 23,9 cm, será utilizada durante a implementação.

Quando a altura real de todas as faces do quadro é conhecida, a distância real às faces pode ser determinada de duas maneiras:

- proporções pré-definidas a 1 metro de distância (ver Figura 10.4, foto de Dolhanenko O.);
- utilizando como referência uma alegada "face focada" a partir das coordenadas do ponto de focagem.

O primeiro método pode ser descrito da seguinte forma: encontrar, de forma prática ou matemática, a altura percentual (a partir da altura do fotograma) de um objeto com 23,9 cm de altura a uma distância de 1 metro a uma distância focal de 50 mm (que dá 1,0 vezes a ampliação) num sensor full-frame de 35 mm.

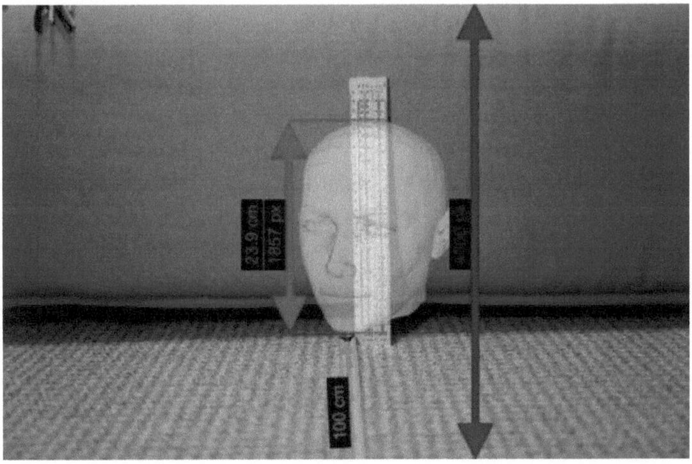

Fig. 10.4. O resultado da medição de um objeto de 23,9 cm de altura a uma distância de 1 metro com definições específicas

Como se pode ver na fotografia, a altura do rosto na imagem é de 1857px (46,4%) numa fotografia horizontal com uma resolução de 4000*6000. Numa fotografia vertical com a resolução exacta, a altura do rosto corresponde a 30,95% da altura total. Isto dá um ponto de referência que pode ser escalado proporcionalmente com base no tamanho do sensor e/ou na distância focal (não full frame).

A fórmula seguinte pode ser utilizada para converter a medição de referência para uma distância focal diferente num sensor de câmara de formato diferente:

$$h = H * \frac{f}{50}, \tag{10.3}$$

em que h é a nova altura de referência da face, f é a distância focal equivalente a 35 mm da lente selecionada e H é a altura de referência inicial da face (obtida com uma lente full frame de 50 mm a 1 metro).

Quando a altura de referência da face de 23,9 cm é calculada, tendo em conta o formato do sensor e a distância focal, a distância D a uma determinada face no enquadramento pode ser calculada comparando a altura da face com a altura de referência e determinando proporcionalmente a distância ao sensor.

$$D = \frac{h}{g}, \tag{10.4}$$

em que D é a distância (em metros) à face na imagem, g é a altura da face de interesse em pixéis e h é a altura de referência da face.

O método descrito acima é simplificado. Em trabalhos futuros, a precisão pode ser melhorada adicionando suporte para distorções da lente e outros factores que possam influenciar as medições. O segundo método baseia-se fortemente nos metadados. As coordenadas do ponto de focagem nos metadados indicam a área exacta de interesse da focagem na fotografia. Uma vez que as coordenadas e caixas de todas as faces estão disponíveis neste ponto, a face dentro da área de interesse pode ser selecionada como referência. Uma vez que a distância a esta face já está disponível, mais uma vez, a partir dos metadados, podemos calcular a distância proporcional a outras faces no enquadramento utilizando a fórmula (10.4). O segundo método pode ser fiável se a imagem não tiver faces empilhadas e ligeiramente deslocadas, mas como isto não é uma garantia, o primeiro método pode ser preferido. No entanto, se as condições forem ideais, o segundo método produzirá resultados mais precisos, uma vez que utiliza mais medições não estimadas. Outros métodos de extração da distância ao objeto utilizam alvos de referência [30]; no entanto, estes métodos não são adequados para a fotografia em geral.

10.8. Cálculo da profundidade de campo ideal

A profundidade de campo (DOF) é a distância entre os objectos mais próximos e os mais afastados que estão em foco aceitavelmente nítido numa imagem.

Para saber se um motivo a uma distância específica é ou não suposto estar nítido na fotografia (com base nas definições da câmara e da objetiva), a profundidade de campo deve ser calculada utilizando as definições da câmara e da objetiva captadas. As fórmulas para calcular a distância até ao plano frontal da área de focagem e a distância até ao plano posterior da área de focagem são apresentadas na fórmula (10.5):

$$\frac{R * f^2}{f^2 - K * f * z + K * R * z};$$
$$R_2 = \frac{R * f^2}{f^2 + K * f * z - K * R * z}, \tag{10.5}$$

em que R_1 é a distância até à extremidade frontal do plano de focagem crítica, R é a distância de focagem (pode ser obtida a partir de metadados), R_2 é a distância até à extremidade posterior do plano de focagem crítica, f é a distância focal da objetiva em metros (pode ser obtida a partir de metadados), K é o f-stop da objetiva (pode ser obtido a partir de metadados), Z é o Círculo de Confusão (pode ser obtido a partir de metadados).

Ao subtrair R_1 de R_2, , a profundidade de campo pode ser encontrada. No entanto, será mais fácil utilizar os valores brutos de R1 e R2 para cálculos posteriores.

10.9. Aplicar a deteção de nitidez apenas aos rostos que devem estar focados

Em primeiro lugar, é necessário compreender os critérios de profundidade de enquadramento de retrato esperada (EPFD) para compreender quais os rostos que devem ser verificados quanto à nitidez.

A EPFD é um pressuposto generalizado da distância máxima entre os objectos quando se tiram fotografias de várias filas de pessoas em simultâneo. Por exemplo, um fotógrafo tira uma fotografia de retrato de grupo com dez pessoas em duas filas. Nesse caso, a profundidade de enquadramento do retrato esperada é de 0,8 metros, pois há duas fileiras, cada uma com cerca de 0,3 metros de largura + uma margem entre elas. Para obter essa profundidade de enquadramento, o fotógrafo precisa de definir uma determinada abertura (f-stop) para que a profundidade de campo seja igual ou superior à profundidade de enquadramento.

O EPFD é um parâmetro subjetivo que não pode ser calculado através da análise da fotografia. Isto deve-se ao facto de ser infinitamente complexo para um computador determinar se a fotografia de um grupo de pessoas se destina a ser tirada com uma abertura aberta (para focar apenas os motivos frontais) ou se foi concebida para focar ambas as filas de pessoas. O valor de abertura baixo foi escolhido por engano. A natureza subjectiva deste parâmetro permite que esta parte do método seja ajustada pelo utilizador final, selecionando uma de duas opções numa coleção de fotografias antes da deteção da nitidez: fotografias de um só casal ou fotografias de grupos com várias filas.

Para a segunda opção, em que é selecionada uma fotografia de grupo (composta por duas ou mais filas), os rostos podem ser classificados como "destinados a serem nítidos" pela seguinte sequência de fórmulas:

$$EV = \log_2\left(\frac{100*K^2}{I*S}\right), \tag{10.6}$$

em que EV é o valor de exposição, K é o valor de f-stop e I é o ISO.

Dado o valor de luz medido (EV) dos metadados, a abertura máxima deve ser calculada usando o mesmo valor EV. Quanto maior for o valor da abertura, maior será a profundidade de campo, o que significa que mais rostos precisam de ser focados com nitidez crítica. O fotógrafo pode cometer o erro de definir uma abertura baixa, o que resulta na focagem de apenas uma fila de pessoas (10,6). É por isso que é necessário determinar o valor máximo de abertura e analisar a fotografia para ver se estas definições "ideais" foram definidas na câmara. Dado o valor ISO máximo aceitável pelo fotógrafo (quanto mais significativo for o ISO, mais ruído existe na fotografia. Assim, é uma questão de preferência pessoal do fotógrafo), o valor máximo da abertura para obter o mesmo valor de luz pode ser determinado da seguinte forma:

$$Kmax = \sqrt{\frac{2^{EV}*Imax*Smax}{100}} \tag{10.7}$$

em que $Kmax$ é o número f-stop máximo para o EV e ISO predefinidos, Imax é o valor ISO máximo aceitável pelo fotógrafo e $Smax$ é a duração máxima da velocidade do obturador.

O fotógrafo pode ou não utilizar definições automáticas quando opera uma câmara. É por isso que a velocidade do obturador não é retirada dos metadados na fórmula acima, mas sim calculada. A velocidade máxima aceitável do obturador pode ser calculada da seguinte forma:

$$Smax = \frac{1}{Fl} \tag{10.8}$$

em que *Fl* é a distância focal utilizada para a fotografia, retirada dos metadados.

No entanto, uma regra informal afirma que não se deve selecionar velocidades de obturação inferiores a 0,008 de um segundo quando se fotografa retratos. Pode também ser uma definição externa de ajuste fino disponível para o utilizador final. De seguida, é necessário calcular a profundidade de campo máxima. A fórmula (10.5) pode conseguir isso inserindo o valor máximo de f-stop da abertura (Kmax). Como resultado, é possível encontrar R1 (distância até à extremidade frontal do plano de focagem crítico) e R2 (distância até à extremidade posterior do plano de focagem crítico) com as definições "ideais" da câmara.

Dada a distância calculada para o rosto do sujeito, os critérios de intenção de focagem podem ser formulados da seguinte forma: o rosto de um sujeito foi intencionado para estar em focagem criticamente nítida se a distância D satisfizer a condição:

$$D \leq R2 \tag{10.9}$$

10.10. Deteção de nitidez apenas para as regiões que contêm as faces selecionadas

Nesta fase do algoritmo, a informação mais valiosa já foi obtida - compreender quais os rostos no fotograma que, muito provavelmente, deveriam estar focados. Esta informação permite que o algoritmo de deteção de nitidez seja aplicado exclusivamente a estas regiões. Isto resultará em resultados precisos, uma vez que o fundo e os outros objectos não serão avaliados. Vale a pena mencionar que ter esta informação abre uma janela inteira de possibilidades para a categorização de fotografias. Não só a nitidez pode ser avaliada, como também o estado aberto dos olhos (aberto/meio aberto/fechado), as expressões faciais preferidas dos motivos focados e até as poses podem ser classificadas como apelativas ou não.

10.11. Experiência

A experiência seguinte visa demonstrar a relação entre os algoritmos de avaliação da nitidez do Laplaciano e da FFT e os diferentes factores da fotografia. A revelação destas dependências dos factores conduzirá a conclusões sobre os passos necessários para melhorar a eficácia dos algoritmos.

Nesta experiência, será utilizado o seguinte conjunto de imagens:

- Uma representação de referência de uma fotografia completamente desfocada;
- Uma representação de referência de uma fotografia muito nítida em todas as partes (sem desfocagem do fundo).

10.12. Fotografias que contêm partes nítidas e partes desfocadas devido ao efeito de abertura

A primeira e a segunda imagens determinam os resultados dramáticos de nitidez máxima e mínima de ambos os algoritmos. Todas as outras 7 fotografias de teste contêm pessoas, devem ter a resolução exacta e condições de iluminação idênticas para obter resultados de avaliação óptimos. Não deve ser feita qualquer correção de cor ou de nitidez antes da experiência. Todas as fotografias da experiência são semelhantes à Figura 10.1 e contêm os mesmos motivos e cenas, mas em configurações diferentes. A Tabela 10.2 descreve verbalmente as imagens que foram utilizadas para a experiência. A primeira foto foi tirada com uma abertura muito fechada (f22) e tem um primeiro plano extremamente "ocupado", o que leva a resultados extremos de nitidez pelo método Laplaciano. A segunda foto está totalmente desfocada, resultando em resultados de valor muito baixo para ambos os algoritmos. Ainda não é possível tirar conclusões a partir destes resultados.

Tabela 10.2. Descrição das imagens de teste

Nome da imagem	Descrição verbal
1.JPG	Uma fotografia nítida com um motivo focado, que ocupa 24,7% da moldura
2.JPG	Uma fotografia nítida com um motivo focado, que ocupa 37,5% da moldura
3.JPG	Uma fotografia nítida com dois motivos focados e uma abertura elevada (a desfocagem do fundo é elevada) ocupa coletivamente 38,38% da moldura.
4.JPG	Uma fotografia nítida com um motivo focado e outro desfocado, ocupando coletivamente 36,09% da moldura
5.JPG	Uma fotografia nítida com dois motivos focados, abertura reduzida (a desfocagem do fundo é baixa), ocupando 33,13% do enquadramento
6.JPG	Uma fotografia nítida com um motivo focado e outro em movimento, ocupando coletivamente 37,87% da moldura

7.JPG	Uma fotografia nítida com um motivo focado e outro desfocado, ocupando coletivamente 57,24% da moldura
8.JPG	Uma fotografia muito "movimentada" e nítida, tirada com uma abertura fechada (f22)
9.JPG	Uma fotografia completamente desfocada e fora de foco da mesma cena que em 8.JPG

A Tabela 10.3 representa os resultados da análise primária das sete fotografias (fornecidos nas colunas Laplaciano, FFT), juntamente com os parâmetros adicionais calculados necessários para a análise das dependências. É de referir que os métodos Laplaciano e FFT produzem valores que não se relacionam entre si e, por isso, não devem ser comparados diretamente.

Tabela 10.3. Parâmetros e resultados da experiência com as fotografias principais

Nome da imagem	Laplaciano	FFT	Quantidade de fundo (%)	Tamanho total do objeto da fotografia (%)	valor ff-stop
1.JPG	33.84	20.89	75.22	24.78	4
2.JPG	77.03	13.39	62.475	37.525	4
3.JPG	60.63	40.95	61.62	38.38	20
4.JPG	23.97	25.53	63.91	36.09	4
5.JPG	36.76	35.02	66.87	33.13	4
6.JPG	44.06	32.12	62.129	37.871	4
7.JPG	39.57	21.24	42.76	57.24	2.8
8.JPG	647.4	64.066	7.1	92.9	22
9.JPG	3.71	-6.80	100	0	2.8

A "quantidade de fundo" é o valor percentual de quanto do fundo ocupa a fotografia. O "tamanho total do motivo" da imagem é o valor oposto, descrevendo a área de uma fotografia que é ocupada pelos motivos.

A fase seguinte da experiência inclui a utilização das partes do algoritmo melhorado descrito na secção anterior. Nesta experiência, foram determinadas as dependências que conduzem a resultados instáveis. Uma das partes principais do algoritmo descrito é a deteção de rostos. O teste seguinte foi efectuado num conjunto de imagens que foram previamente cortadas para conter apenas rostos. Duas imagens individuais cortadas representam imagens que contêm dois objectos.

As condições e os resultados da experiência são apresentados na Tabela 10.3. As imagens de teste são faces extraídas da moldura (ver Figura 10.5, fotografias de O. Dolhanenko) e os resultados do teste são apresentados no Quadro 10.4.

Fig. 10.5. Alguns exemplos das imagens de teste utilizadas na experiência

Os métodos foram implementados utilizando Kotlin e lançados na JVM, funcionando em MacOS com um CPU Core-I9.

10.13. Resultados

O gráfico seguinte pode ser obtido através da representação gráfica dos valores dos resultados da nitidez obtidos durante a experiência em função da quantidade de fundo (ver Figura 10.6).

Como se pode ver no gráfico, uma linha de tendência linear clara descreve a relação entre a quantidade de fundo e a nitidez calculada (tanto no método Laplaciano como no método FFT). Isto significa que quanto maior for a quantidade de fundo visível numa fotografia (mesmo que o motivo esteja com uma nitidez crítica), menor será a probabilidade de a imagem ser classificada como nítida. O gráfico seguinte pode ser obtido traçando os valores dos resultados de nitidez obtidos durante a experiência contra os valores de f-stop (ver Figura 10.7).

A relação neste gráfico é menos evidente do que no anterior, uma vez que o conjunto de dados é relativamente pequeno. Ainda assim, é visível uma linha de tendência linear para os métodos Laplaciano e DFT. Esta tendência implica que quanto maior for o valor do f-stop, maior será a probabilidade de a fotografia ser classificada como nítida. Depois de analisar ambas as relações, pode afirmar-se que os resultados dos métodos DFT e Laplaciano dependem do cenário e das definições da câmara, o que significa que não são fiáveis para a filtragem automática genérica de fotografias. Além disso, a comparação do valor médio da nitidez Laplaciana das fotografias do sujeito (45,12) com o valor médio da nitidez das duas fotografias de referência (325,54) revela uma diferença significativa. Esta diferença demonstra a fonte de erros que podem surgir ao selecionar um valor de referência incorreto.

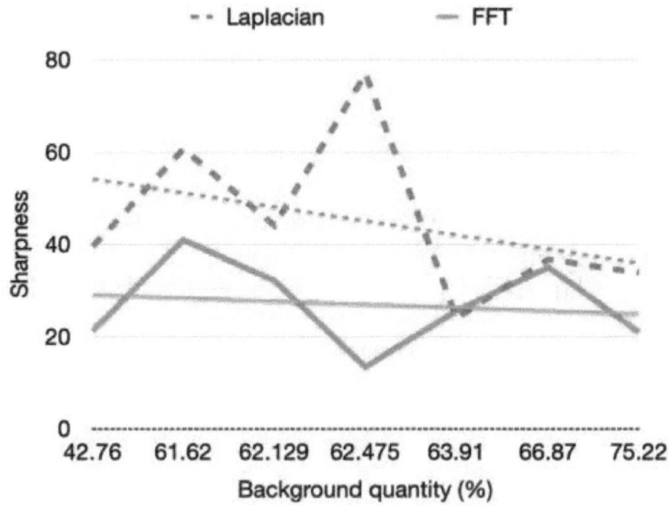

Fig. 10.6. Resultados de ambos os algoritmos em relação à quantidade de fundo

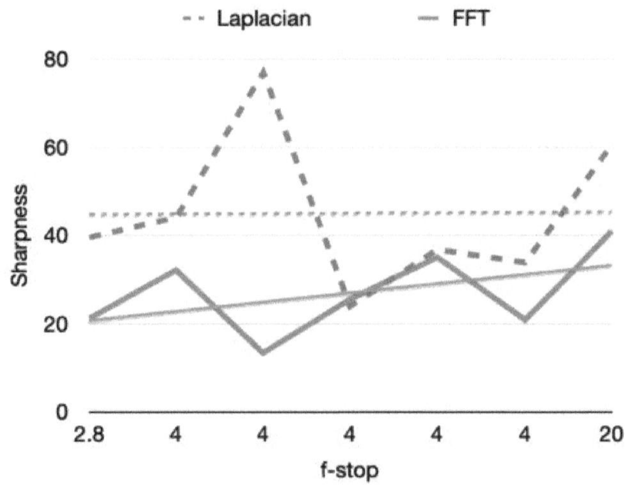

Fig. 10.7. Resultados de ambos os algoritmos em relação à quantidade de fundo

O "Nome da(s) imagem(ns)" é o nome da fotografia analisada. Se a fotografia contivesse vários motivos, era dividida em imagens separadas e visualmente fundidas na tabela. A "Expectativa" é uma classificação subjectiva não tendenciosa da qualidade da imagem e da facilidade de utilização dada pelo fotógrafo, em que 0 é inutilizável (desfocada) e 1 - é utilizável (nítida). O "Laplaciano" e a "FFT" são resultados reais da avaliação da nitidez. O "Laplaciano normalizado" e o "FFT normalizado" são conversões dos resultados reais para uma escala de 0-1, em que 1 é o valor máximo retirado do resultado do algoritmo. Desta forma, os valores normalizados de diferentes algoritmos relacionam-se com os valores de "Expectativa". As colunas "tempo" representam o tempo necessário para processar a imagem em milissegundos. Após a recolha dos dados, as colunas normalizadas foram analisadas para detetar tendências visuais. Para cumprir o primeiro objetivo da experiência, a tendência dos valores de entrada ordenados (a expetativa) deve corresponder à tendência dos valores de saída normalizados ordenados. Ao ver os resultados (ver Figura 10.8), pode afirmar-se que ambos os algoritmos satisfazem geralmente este requisito. Apenas um ponto de dados é classificado de forma não natural como agudo (por ambos os algoritmos), ou o parâmetro subjetivo de usabilidade não foi definido com precisão.

Tabela 10.4. Resultados da experiência para a avaliação apenas da face

Nome da(s) imagem(ns)	Expectativa (1 - nítido, 0 - desfocado)	Laplaciano	Laplaciano médio	Laplaciano normalizado	Tempo Laplaciano (ms)	FFT	FFT avg	FFT normalizada	Tempo FFT (ms)
10-2.JPG	0	7.1056	23.2832	0.0898	7	-4.2154	7.1930	0.2517	132
10.JPG		39.4608			10	18.6013			155
4-2.JPG	0.2	7.0557	78.0437	0.3010	12	2.1674	12.1821	0.4263	233
4.JPG		149.0316			10	22.1968			96
3-2.JPG	0.3	45.4098	92.2698	0.3559	5	13.8346	18.2867	0.6400	75
3.JPG		139.1298			13	22.7388			201
7-2.JPG	0.4	6.5819	72.2417	0.2786	18	9.8695	18.1252	0.6343	353
7.JPG		137.9015			40	26.3808			589
6-2.JPG	0.4	373.5180	203.0986	0.7834	11	26.3782	19.9107	0.6968	104
6.JPG		32.6791			7	13.4432			102
5-2.JPG	0.7	80.4655	213.9522	0.8252	6	17.0262	21.8001	0.7630	50

5.JPG		347.438 9			8	26.574 0			133
1.JPG	0.8	221.897 0	221.897 0	0.8559	52	26.226 2	26.226 2	0.9179	277
2.JPG	1	259.258 9	259.258 9	1.0000	49	28.573 2	28.573 2	1.0000	879

O segundo objetivo da experiência era determinar qual dos algoritmos é mais estável e deve ser utilizado na implementação real. Comparando os dois gráficos (Figura 10.8), obtém-se uma linha de tendência mais linear com o algoritmo FFT do que com o Laplaciano. Além disso, o primeiro método produz resultados muito desequilibrados. O terceiro e último objetivo era determinar qual o algoritmo mais rápido. Comparando a velocidade média de ambos os algoritmos - 17,7 ms para o Laplaciano e 241,25 ms para a FFT, pode concluir-se que o método FFT é 14 vezes mais lento. Foram analisados e comparados dois métodos - FFT (Fast Fourier Transform) e a Variância do Laplaciano para avaliação da nitidez da imagem. Durante a primeira experiência, foi determinado que ambos os algoritmos produzem resultados altamente dependentes da cena da fotografia, da composição e das definições da câmara - as fotografias com grandes quantidades de fundo (criadas por um valor baixo de f-stop) foram classificadas como desfocadas.

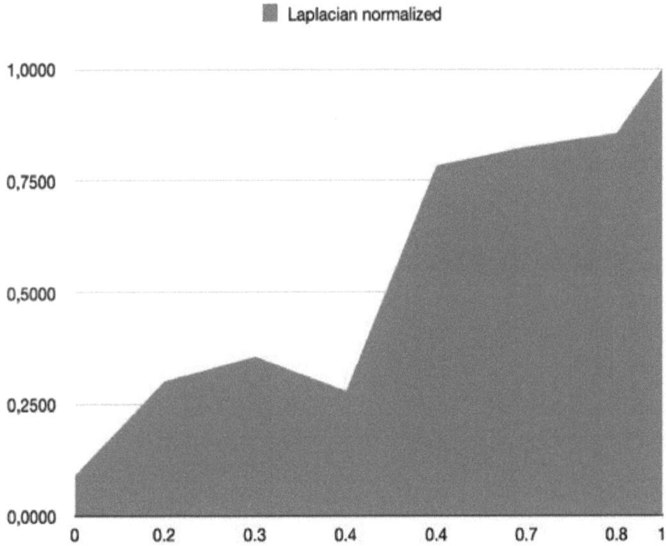

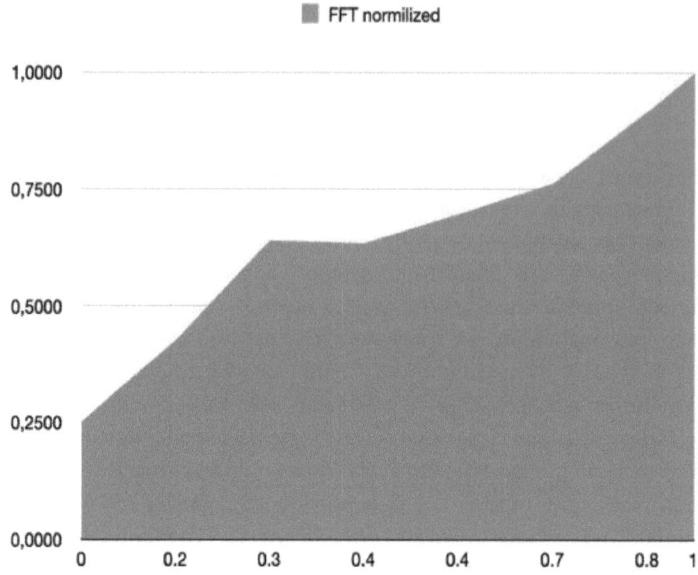

Fig. 10.8: Resultado da segunda experiência com expectativas de nitidez

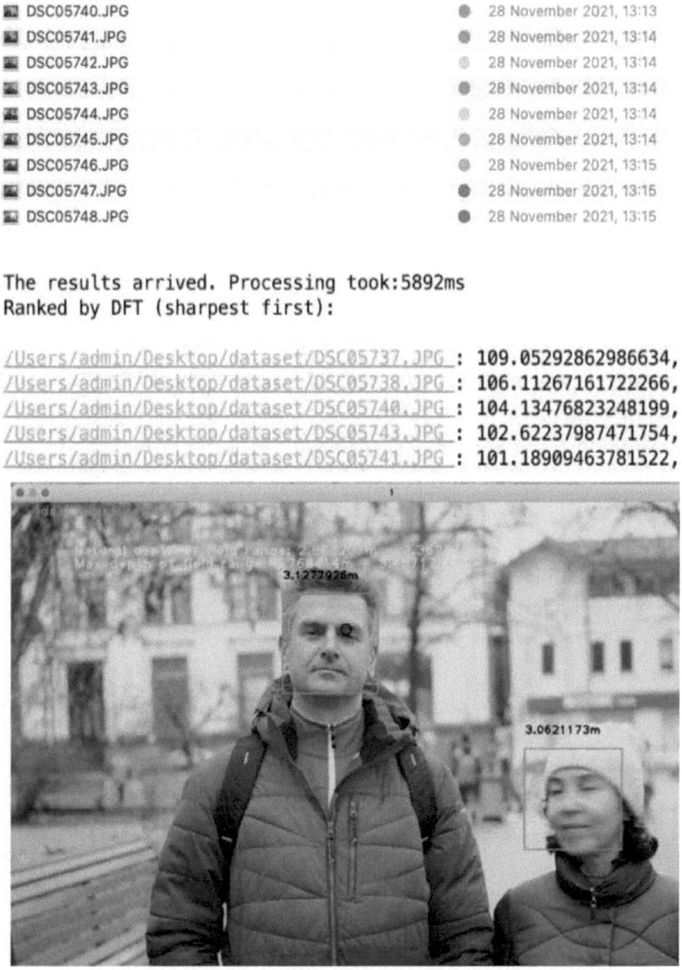

Fig. 10.9: Uma solução de software para a classificação automática com base na nitidez do objeto

Foi proposto um algoritmo melhorado baseado na deteção do motivo [31, 32] e na avaliação da nitidez exclusivamente da caixa do motivo. Todas as dependências foram eliminadas e foram obtidos resultados de avaliação mais naturais.

O algoritmo melhorado utiliza os metadados das fotografias para simplificar os cálculos se os "atalhos" de dados relevantes estiverem disponíveis. Os metadados podem conter as coordenadas do rosto detectado em alguns casos, optimizando significativamente o desempenho do algoritmo. O método baseia-se no princípio da análise de dados e não necessita de muita intervenção do utilizador para funcionar corretamente.

O único parâmetro que não pode ser alcançado automaticamente é o estilo de fotografia pretendido - se o utilizador estava a fotografar grupos de pessoas para ficarem todos focados ou se foi concebido para focar apenas 1-2 motivos no enquadramento, isolando o resto do fundo. Outro parâmetro que o utilizador pode introduzir é o valor ISO máximo aceitável. Este parâmetro tem um valor predefinido, mas é subjetivo e depende da preferência do utilizador. A experiência teve como objetivo identificar se os resultados do algoritmo melhorado satisfazem as expectativas e determinar quais os métodos de avaliação da nitidez que funcionam melhor para a tarefa. Como resultado, verificou-se que o algoritmo melhorado satisfaz as expectativas e funciona melhor com o método de avaliação da nitidez FFT, uma vez que produz resultados de tendência mais lineares. O método Laplaciano, no entanto, é 14 vezes mais rápido e pode ser preferido para conjuntos de dados maciços, em que a exatidão não é tão crucial como a eficiência de tempo.

Os resultados da investigação foram utilizados para implementar um protótipo de solução de software para a classificação automática de ficheiros de imagem por nitidez do objeto (ver Fig. 10.9).

O software resultante foi configurado para funcionar com ficheiros JPG, construído principalmente com Kotlin e OpenCV, implementado e executado num ambiente MacOS.

10.14. Conclusões

Esta investigação teve como objetivo analisar os métodos existentes de avaliação da nitidez de imagens e sugerir melhorias para o caso de utilização da avaliação da nitidez de fotografias de pessoas. O resultado final é uma solução automatizada de ordenação de fotografias que classifica as imagens de nítidas e utilizáveis a desfocadas e inutilizáveis. A comparação dos métodos FFT e Variância do Laplaciano para a avaliação da nitidez da imagem mostrou que a sua precisão é afetada pela cena da fotografia, pela composição e pelas definições da câmara, levando a uma classificação incorrecta de fotografias com fundo detalhado como desfocadas. Um algoritmo melhorado que aproveita a deteção de objectos para a avaliação da nitidez da imagem mostrou melhorias significativas, eliminando enviesamentos e produzindo resultados mais precisos. Utiliza metadados de fotografias para simplificar os processos, principalmente através da inclusão de coordenadas de rostos detectados, melhorando a eficiência do desempenho. O método minimiza a entrada de dados do utilizador, exigindo apenas o estilo de fotografia e um valor ISO máximo aceitável opcional para ajustar a preferência pessoal. Os testes finais confirmaram a eficácia do algoritmo, particularmente com o método FFT para os seus resultados lineares. No entanto, o método Laplaciano mais rápido pode ser escolhido para grandes conjuntos de dados em que a velocidade supera a precisão.

Os resultados da investigação e das experiências foram utilizados para implementar um protótipo de um sistema de automatização para classificar fotografias por nitidez do motivo, deteção de movimentos indesejados na imagem e desfocagem do motivo.

10.15. Referências

[1] N. Wadhwa, Profundidade de campo sintética com um telemóvel de câmara única, ACM Transactions on Graphics 37.4 (2018) 64. doi:10.1145/3197517.3201329.

[2] M.-J. Chen, A. C. Bovik, Avaliação da desfocagem de imagens sem referência utilizando gradiente multiescala, J Image Video Proc. 2011, 3 (2011). doi:10.1186/1687-5281-2011-3.

[3] H. R. Sheikh, Image information and visual quality, IEEE Transactions on Image Processing. 15.2 (2006): 430-444. doi: 10.1109/tip.2005.859378.

[4] W. Zhang, K. Ma, J. Yan, D. Deng e Z. Wang, Avaliação cega da qualidade da imagem usando uma rede neural convolucional bilinear profunda, Transações IEEE em circuitos e sistemas para tecnologia de vídeo 30.1 (2020) 36-47, 2020. doi:10.1109/TCSVT.2018.2886771

[5] S. Chattopadhyay, Avaliação da nitidez da imagem com base na coerência de fase local. NeuroQuantology 5.20 (2022). doi: 0.48047/nq.2022.20.5.nq22800.

[6] R. Hassen, el. al. Avaliação da nitidez da imagem com base na coerência de fase local, Transactions on Image Processing, 22.7 (2013), 2798-2810, 10.1109/TIP.2013.2251643.

[7] Z. Liu, H. Hong, Z. Gan, J. Wang, Y. Chen, Um método aprimorado para avaliar a nitidez da imagem com base em informações de borda, Ciências Aplicadas 12.13 (2022): 6712. doi: 10.3390 / app12136712

[8] Y. Zhang et al., Método de avaliação da nitidez da imagem baseado na caraterística de gradiente normal, em Procedimentos do 3.º Simpósio Internacional de Robótica e Tecnologia de Fabrico Inteligente (ISRIMT), Changzhou, China, 2021, pp. 308-314, doi:10.1109/ISRIMT53730.2021.9596808.

[9] Yan, X.Y., Lei, J., Zhao, Z.: Algoritmo de avaliação da nitidez de imagens ponderadas por vizinhança de gradiente multidirecional. Math. Problems Engin. 7864024 (2020). doi: 10.1155/2020/7864024

[10] M. Zhu, L. Yu, Z.Wang, Z. Ke, C. Zhi, Revisão: Uma pesquisa sobre avaliação objetiva da nitidez da imagem, Ciências Aplicadas 13.4 (2023): 2652. doi:10.3390/app13042652.

[11] S. Bielievtsov, et. al., Network technology for transmission of visual information, Trabalhos selecionados da XVIII Conferência Internacional Científica e Prática "Tecnologias de Informação e Segurança" (ITS 2018), Kiev, Ucrânia, 27 de novembro de 2018. Nos Anais do Workshop CEUR, Vol-2318, 2018, pp. 160-175.

[12] K. Smelyakov, A. Chupryna, D. Sandrkin e M. Kolisnyk, Motor de pesquisa por imagem para Big Data Warehouse, em: Proceedings of the 2020 IEEE Open Conference of Electrical, Electronic and Information Sciences (eStream), Vilnius, Lituânia, 2020, pp. 1-4, doi:10.1109/eStream50540.2020.9108782.

[13] K. Smelyakov, et. al., Effectiveness of Preprocessing Algorithms for Natural Language Processing Applications, em: Actas da Conferência Internacional IEEE 2020 sobre Problemas de Infocomunicações. Ciência e Tecnologia (PIC S&T), Kharkiv, Ucrânia, 2020, pp. 187-191, doi:10.1109/PICST51311.2020.9467919.

[14] Jiye Qian, Hengjun Zhao, Jin Fu, Wei Song, Jide Qian, Q. Xiao. "Avaliação da nitidez da imagem sem referência por meio de quocientes de diferença". Journal of Electronic Imaging, 28.1 (2019).

[15] Z. Duan, G. Li e G. Fan, Um método eficaz de avaliação da nitidez para imagens de profundidade de campo rasas, na Conferência Internacional sobre Processamento de Imagem, Anchorage, AK, EUA, 2021, pp. 1449-1453, doi:10.1109/ICIP42928.2021.9506498

[16] L. Her e X. Yang, Investigação do algoritmo de avaliação da nitidez da imagem para focagem automática, em Procedimentos da 4ª Conferência Internacional IEEE de 2019 sobre Imagem, Visão e Computação (ICIVC), Xiamen, China, 2019, pp. 93-98, doi: 10.1109/ICIVC47709.2019.8980980.

[17] I. Kyrychenko, G. Tereshchenko, G. Proniuk, N. Geseleva, Método de agrupamento de predicados e sua aplicação no sistema de inteligência artificial, em: Actas da 7.ª Conferência Internacional sobre Linguística Computacional e Sistemas Inteligentes (COLINS-2023), 3396 (2023), pp. 395 - 406.

[18] Z. Han, Y. Liu, R. Xie, G. Zhai, Avaliação da qualidade da imagem para fotos com zoom realista. Sensors 2023 (2023) 4724. doi:10.3390/s23104724.

[19] T. Sieberth. "Deteção automática de imagens desfocadas em conjuntos de imagens de UAV". ISPRS Journal of Photogrammetry and Remote Sensing. 122 (2016). doi: 10.1016/j.isprsjprs.2016.09.010.

[20] E. Fry. "Preenchendo a lacuna entre o desempenho da imagem e as medidas de qualidade da imagem". Electronic Imaging. 12 (2018). doi: 10.2352/issn.2470-1173.2018.12.iqsp-231.

[21] S. Triantaphillidou. "Sensibilidade ao contraste em imagens naturais". Processamento de Sinais: Comunicação de imagem. 75 (2019): 67. doi: 10.1016/j.image.2019.03.002.

[22] O. van Zwanenberg, el.al., Técnicas de deteção de bordos para quantificar o desempenho do sistema de imagiologia espacial e a qualidade da imagem, em: Actas da Conferência IEEE/CVF de 2019 sobre Workshops de Visão por Computador e Reconhecimento de Padrões (CVPRW), Long Beach, CA, EUA, 2019 pp. 1871-1879. doi: 10.1109/cvprw.2019.00238.

[23] P. Marziliano, Percetual blur and ringing metrics: application to JPEG2000, Signal Processing: Comunicação de Imagem. 19.2 (2004): 167. doi: 10.1016/j.image.2003.08.003.

[24] Z. Wang, Avaliação da qualidade da imagem: Da Visibilidade do Erro à Estrutural, IEEE Transactions on Image Processing 13.4 (2004): 601. doi:10.1109/tip.2003.819861.

[25] M. Nuutinen, A framework for measuring sharpness in natural images captured by digital cameras based on reference image and local areas, EURASIP Journal on Image and Video Processing (2012). doi: 10.1186/1687-5281-2012-8.

[26] W. Yang, Método de avaliação da qualidade da imagem com base na região de interesse, Journal of Computer Applications 28.5 (2008): 1310–1312. doi:10.3724/sp.j.1087.2008.01310.

[27] R. Qi, el. al., Método de deteção de rosto baseado em redes convolucionais em cascata, IEEE Access. 7 (2019): pp. 110740-110748. doi:10.1109/access.2019.2934563.

[28] H.Eugen. Medição da distância de vídeo com base na focagem, em: Proceedings of the 2020 International Conference and Exposition on Electrical and Power Engineering (EPE), Iasi, Roménia, 2020, pp. 65. doi:10.1109/epe50722.2020.9305593.

[29] S. Pertuz, D. Puig, M. A. Garcia, Análise de operadores de medida de foco para shape-from-focus, Pattern Recognition 46.5 (2013): 1415-1432. doi: 10.1016/j.patcog.2012.11.011.

[30] Z. Xu, L. Wang, J. Wang, Um método para medição de distância de objetos em movimento em uma imagem monocular, em: Proceedings of the 3rd International Conference on Signal and Image Processing, Shenzhen, China, 2018, pp. 245-249, doi:10.1109/SIPROCESS.2018.8600495.

[31] A. Sergiyenko, et. al., Local Feature Extraction in Images, Information, Computing and Intelligent systems 2 (2021). doi: 10.20535/2708-4930.2.2021.244191.

[32] Z. Huo, Y. Zhang, H. Liu, J. Wang, X. Liu, J. Zhang. Detetor de caraterísticas locais covariantes aprimorado, Pattern Recognition Letters 135 (2020). doi: 10.1016 / j.patrec.2020.03.027.

Capítulo 11. A classificação multiclasse de objectos baseada no reconhecimento de imagens multiespectrais

Este trabalho considera a solução para a classificação multiclasse de objectos com a ajuda das suas imagens multiespectrais. Para resolver esse problema, usamos uma rede neural, que criamos em Python usando as bibliotecas TensorFlow e Keras. O artigo analisa projetos semelhantes e descreve as etapas de escolha de métodos para resolver o problema, estabelecendo os parâmetros ideais do modelo de rede neural e definindo sua criação, treinamento e uso.

11.1. Introdução

Recentemente, a aprendizagem automática tem sido utilizada em várias áreas, tais como finanças, medicina, agricultura, assuntos militares, indústria, vida quotidiana e muitas outras [1]. Este artigo irá classificar um objeto utilizando a sua imagem multiespectral e redes neuronais. As fotografias multiespectrais têm muitas aplicações, como a visualização espacial, a deteção remota, a localização de alvos militares, a agricultura, a medicina e a investigação forense [2-7]. Por isso, a combinação de tecnologias de inteligência artificial e imagens multiespectrais é uma solução interessante e relevante [8-10]. Este trabalho tem como objetivo criar um sistema que reconheça a aparência de um objeto utilizando a sua imagem multiespectral. Para atingir este objetivo, temos de realizar as seguintes tarefas: analisar o nosso problema, recolher dados e criar e treinar uma rede neural. O objeto de estudo é o processo de reconhecimento de objectos através das suas imagens multiespectrais. Assim, o tema do trabalho são os métodos e meios de identificação de objectos através das suas imagens multiespectrais. Como resultado do trabalho, será criado um sistema. A entrada será alimentada com uma matriz de números de 0 a 1 (descrição matemática da imagem multiespectral). Além disso, o utilizador receberá o tipo de objeto apresentado numa janela única na saída. A novidade científica dos resultados obtidos é a análise e identificação de deficiências na formação do modelo de reconhecimento de objectos e a implementação de software para o reconhecimento de objectos pelas suas imagens multiespectrais com base em métodos e algoritmos de aprendizagem automática. O valor prático dos resultados reside na criação de módulos de software. Utilizando algoritmos de aprendizagem automática, este produto de software permitirá aos militares reconhecer o tipo de objeto pela sua imagem multiespectral.

11.2. Métodos e materiais

Existem muitos métodos de classificação de dados na aprendizagem automática, sendo os mais famosos: regressão logística [11], floresta aleatória [12-13], Bayes ingénuo [14-15], máquina de vectores de apoio [16], classificador de árvores de decisão [17-18], k-vizinhos mais próximos [19] e rede neural artificial [20-26]. De seguida, analisaremos cada um destes métodos, tentaremos destacar as suas vantagens e desvantagens e escolheremos o que melhor se adequa à resolução do nosso problema. Do ponto de vista da aprendizagem automática, uma rede neuronal é um caso particular de reconhecimento de padrões, análise discriminante, métodos de agrupamento, etc. As redes neuronais não são programadas no sentido habitual da palavra. São aprendidas. Quando se aprende uma rede, são oferecidas várias amostras de imagens, indicando a que classe pertencem. O modelo é normalmente representado como um vetor de valores de caraterísticas. Assim, o conjunto de todos os sinais deve definir sem ambiguidade uma classe à qual a amostra pertence. A rede pode associar incorretamente o mesmo padrão a vários cursos se não houver caraterísticas suficientes. Após a graduação da rede, podem ser-lhe apresentadas imagens previamente desconhecidas e respostas sobre a pertença a uma classe específica [7]. A topologia de uma rede deste tipo é caracterizada pelo número de neurónios na camada de origem, que é normalmente igual ao número de classes definidas. Estabelece uma correspondência entre a saída da rede neuronal e a classe que representa. Quando se apresenta uma imagem a uma rede, uma das suas saídas deve indicar que a imagem pertence a essa classe. Ao mesmo tempo, outras saídas devem sugerir que a imagem não pertence a essa classe. Se dois ou mais resultados mostrarem um sinal de pertença a uma classe, a rede é considerada "insegura" quanto à sua resposta. As vantagens são que, regra geral, as redes neuronais são a forma mais eficiente de classificação porque geram muitos modelos de regressão (que são utilizados na resolução de problemas de classificação por métodos estatísticos). A desvantagem é o facto de não se saber qual a complexidade (dimensão) que a rede pode necessitar para uma implementação de visualização bastante precisa. Esta complexidade pode ser demasiado elevada, exigindo uma arquitetura de rede complexa [4]. Tendo em conta as vantagens e desvantagens de cada um destes métodos, concluímos que, no nosso problema, a melhor utilização das redes neuronais se deve ao facto de serem muito flexíveis, tolerantes a falhas e terem uma elevada resistência ao "ruído". Têm desvantagens significativas com a lentidão da previsão em tempo real (como as florestas aleatórias) e a instabilidade do sistema (como as árvores de decisão).

11.3. Experiências

Nesta parte do artigo, vamos detalhar o processo de criação do nosso modelo. Vamos começar com a estrutura do projeto. Na Fig. 11.1, podemos ver que o projeto tem seis ficheiros com a extensão ".py" que contêm vários módulos do nosso programa. O mais importante é o ficheiro network.py, que é responsável por criar, treinar e guardar o modelo. Os ficheiros experiments.py e network_exp.py contêm código que nos ajuda a experimentar os parâmetros e a arquitetura da rede e a escolher a melhor opção. Os ficheiros network1.py e test.py realizam a tarefa de analisar e avaliar a rede resultante. Os ficheiros project.py e rocket1.ico são responsáveis pela interface de utilizador do programa, que discutiremos na próxima secção. Além disso, a pasta do projeto contém good_model.h5 - este é um modelo de rede neural guardado, e trainData.csv e test-Data.csv () - os nossos dados para treinar e testar a rede neural [27].

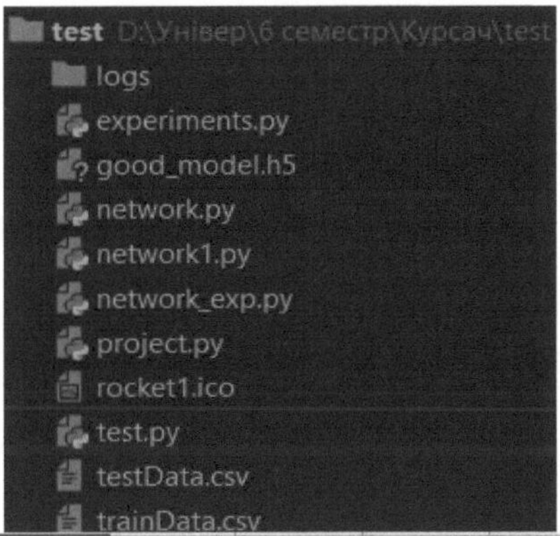

blue	green	red	infrared	type
0.734177	0.613636	0.73913	0.76	plane
0.797468	0.568182	0.724638	0.76	plane
0.759494	0.5	0.57971	0.4	rocket
0.620253	0.545455	0.478261	0.4	rocket
0.810127	0.636364	0.811594	0.84	plane
0.873418	0.704545	0.73913	0.92	plane
0.632911	0.727273	0.173913	0.08	drone
0.759494	0.5	0.724638	0.6	plane
0.797468	0.613636	0.710145	0.72	plane

Fig. 11.1. Estrutura do projeto

Fig. 11.2. Estrutura de dados

Como mencionado anteriormente, os ficheiros trainData.csv e testData.csv contêm um conjunto de dados que compilámos para trabalhar neste projeto [27], dividido 80/20 em kits de treino e de teste. A estrutura destes documentos é apresentada na Fig. 11.2. A figura mostra que os dados são constituídos por 5 colunas: quatro descrevem a imagem multiespectral fornecida (fracções de frequências azuis, verdes, vermelhas e infravermelhas) e a última - o tipo de objeto nesta imagem. É importante notar que existem apenas três tipos de objectos no conjunto de dados: avião, foguetão e drone. É para classificar estes tipos de objectos que a nossa rede neural vai aprender. Utilizámos a biblioteca seaborn para visualizar estes dados, nomeadamente o gráfico de pares (Fig. 11.3).

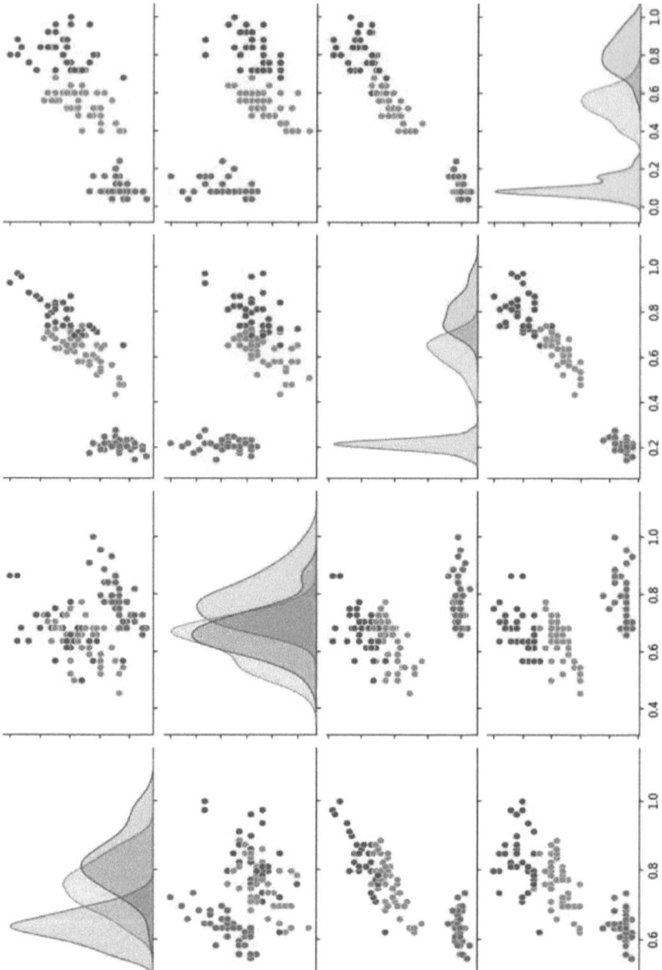

Fig. 11.3. Visualização de dados, onde azul é avião, rad - foguetão, verde - drone

Este gráfico mostra as relações entre todos os pares de variáveis. Além disso, mostra a relação para (n, 2) a combinação de variáveis no DataFrame como uma matriz de gráficos e os gráficos diagonais são gráficos unidimensionais. A partir da figura, podemos concluir que os nossos dados são representativos e podem ser utilizados para treinar a nossa rede.

11.4. Modelo criado

Utilizaremos a biblioteca Keras para criar o modelo e Numpy e Pandas para trabalhar com os dados. O próximo passo é descarregar os dados de treino. Vamos fazê-lo com o Pandas, depois dividimos as colunas em sinais (primeiras quatro) e respostas (últimas). Também é necessário fornecer equivalentes numéricos para os tipos de objectos ("foguetão", "avião", "drone"). A fase de preparação está concluída para definir o modelo Keras [1-7]. Utilizaremos a sigmoide no nível inicial e a função tangente na camada oculta. A arquitetura do nosso modelo é definida da seguinte forma:

- O modelo fornece linhas de dados com quatro variáveis (argumento input_dim = 4).
- Uma única camada oculta tem 17 nós e utiliza a função de ativação tanh.
- O nível de saída tem três nós e utiliza a função de ativação sigmoide.

O processo de aprendizagem durará várias iterações, chamadas épocas. Para o nosso programa, trabalharemos por 2.000 épocas e usaremos o tamanho de lote padrão.

O parâmetro validation_split varia de 0 a 1. A fração dos dados de treino será utilizada como dados de validação. O modelo separará essa parte dos dados de treinamento, não treinará nela. E estima as perdas e qualquer desempenho do modelo nestes dados no final de cada era. Isto permitir-lhe-á avaliar o grau de aprendizagem da rede neural, nomeadamente para evitar o subtreino. O parâmetro verboso assume quatro valores: "auto", 0, 1 ou 2 e significa o modo de visualização do processo de aprendizagem: 0 = silencioso, 1 = indicador de progresso, 2 = uma linha por era. O valor "auto" é 1 por defeito na maioria dos casos, mas 2 quando utilizado com ParameterServerStrategy. Treinámos a nossa rede neural em todo o conjunto de dados e podemos avaliar o desempenho da rede num único conjunto de dados. É claro que isso só nos dará uma idéia de quão bem nós o modelamos para o conjunto de dados dado, mas não teremos idéia de quão bem o algoritmo pode funcionar nos novos dados. Vamos avaliar o nosso modelo no conjunto de dados de treino utilizando a função evaluate () e passando-lhe alguns dos primeiros dados de entrada e saída para treinar o modelo. O programa gera uma previsão para cada par de entradas e saídas e recolhe pontos, incluindo perdas médias e quaisquer métricas definidas, como a precisão. A função evaluate () retorna uma lista de dois valores. O primeiro será a perda do modelo no conjunto de dados, e o segundo será a precisão do modelo no conjunto de dados. Depois de avaliar o modelo, podemos escolher se o queremos guardar. Manteríamos o modelo se ele tivesse uma precisão maior ou igual a 95% (Fig. 11.4). Os resultados do nosso código são mostrados na Fig. 11.5. Ao trabalhar com dados de treino, podemos ver que a rede neural dá uma precisão de 97% e as perdas atingem 5%.

```
if accuracy >= 0.95:
    model.save("good_model.h5")
```

Fig. 11.4. Salvando o modelo do Keras

```
4/4 [==============================] - 0s 665us/step - loss: 0.0562 - accuracy: 0.9739
0.9739130139350891
```

Fig. 11.5. Resultados da avaliação do modelo

11.5. Resultados

Podemos testar o trabalho do modelo criado e utilizá-lo para gerar previsões no conjunto de dados de treino, fingindo que se trata de um novo conjunto de dados que nunca vimos antes. É fácil fazer previsões - basta chamar a função predict () no modelo. O resultado será uma lista de três valores que determinam a probabilidade de o objeto na imagem pertencer a um tipo ou a outro. Podemos transformar rapidamente este resultado numa previsão precisa para este problema de classificação, escolhendo o índice mais extenso. Além disso, podemos chamar a função predict_classes() no modelo para prever classes claras diretamente, como fazemos no nosso programa (Fig. 11.6). O exemplo completo abaixo faz previsões para os dois primeiros exemplos no conjunto de dados. Imprime a entrada, a classe esperada e a classe esperada. O resultado é mostrado na Fig. 11.7.

```
predictions = model.predict_classes(X[:2, :])

X_1 = X[:2, :]
Y_1 = Y[:2]
for i in range(2):
    print('%s => %s (expected %s)' % (X_1[i].tolist(), predictions[i], Y_1[i]))
```

Fig. 11.6. Previsão de valores utilizando o modelo

```
[0.734177215, 0.613636364, 0.739130435, 0.76] => 0 (expected 0)
[0.797468354, 0.568181818, 0.724637681, 0.76] => 0 (expected 0)
```

Fig. 11.7. O resultado da previsão

Agora, precisamos de descobrir se a rede funciona bem com dados que não estudou. Para isso, use os dados de teste que discutimos inicialmente. O resultado da rede neural criada é mostrado na Fig. 11.8.

```
Accuracy:  96.66666666666667 %
```

Fig. 11.8. A precisão da rede neural quando trabalha com dados de teste

Como mostra a Fig. 11.8, o trabalho com dados de treino e de teste é aproximadamente o mesmo e atinge quase 97%. É um resultado bastante bom, mas pode ser melhorado. Para isso, temos de perceber exatamente onde é que a rede neuronal errou. A matriz de confusão ajudar-nos-á nesse sentido (Fig. 9).

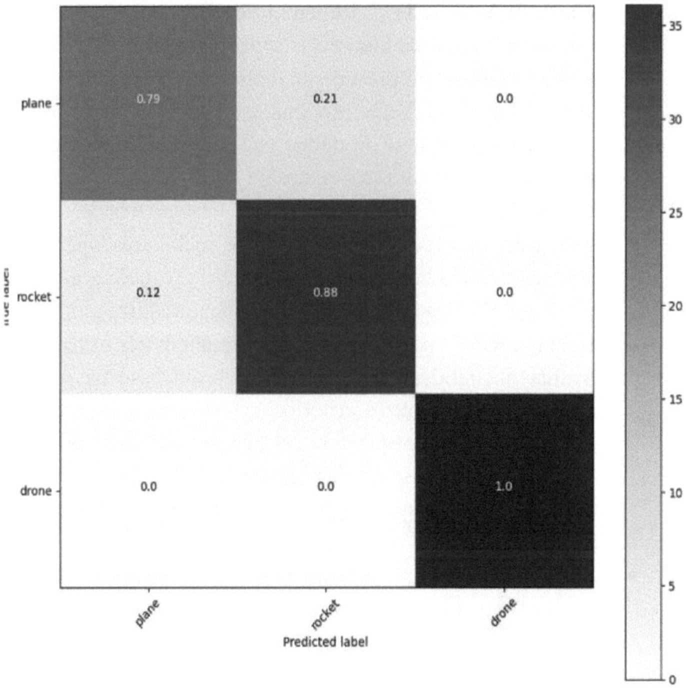

Fig. 11.9. Matriz de confusão

11.6. A partir destes dados, pode concluir-se que a rede neural reconhece perfeitamente os drones, mas tem resultados menos positivos no reconhecimento de mísseis e aviões. Assim, os seus efeitos podem ser melhorados fornecendo um conjunto de dados de treino com mais exemplos que representem foguetões e aviões. Depois de avaliar a qualidade dos dados de treino e de teste, concluímos que a rede neural tinha uma precisão satisfatória, pelo que a mantivemos e começámos a integrar a rede na interface do utilizador, para que os utilizadores comuns pudessem prever sem esforço os seus valores.

11.5.1. Exemplo de referência

O diagrama de casos de utilização do sistema concebido é apresentado na Fig. 11.10. Descrição do gráfico de precedentes:

- Um único ator ("utilizador" do sistema) tem apenas uma opção dentro do sistema - "utilizar uma rede neural". Mas o precedente inclui mais quatro opções: "preparar dados", "construir uma rede", "treinar a rede" e "avaliar a rede". Descreveremos cada uma delas separadamente:
- "preparar dados" - o precedente inclui duas utilizações: "criar uma base de dados", que está ligada à interface "object data", e "dividir o conjunto de dados em conjuntos para treino e teste". Tem também uma extensão: "normalizar, normalizar os dados";
- "construir uma rede" - o precedente inclui três opções de utilização: "escolher a topologia da rede", "escolher a função de ativação" e "escolher o algoritmo de aprendizagem";
- "treinar a rede" - o precedente inclui também três utilizações: "avaliar a qualidade da rede" (nota "com base na rede de confirmação ou noutros critérios"), "otimizar a arquitetura", que, por sua vez, consiste em opções para utilizar "alterar os pesos" e "afinar o espaço das caraterísticas", e "concentrar-se na versão da rede que proporciona a melhor capacidade de generalização";
- "avaliar a rede" - o precedente inclui dois casos de utilização: "avaliar a qualidade utilizando um conjunto de dados de teste" e "certificar-se de que a rede fornece a precisão de classificação necessária". Também tem uma extensão: "determinar o grau de influência de vários factores na tomada de decisões".

O diagrama de classes representa a estrutura do modelo de elementos estáticos (declarativos) dos ecrãs, tais como classes, tipos de dados, conteúdo e relações. O diagrama de classes do sistema concebido é apresentado na Fig. 11.11.

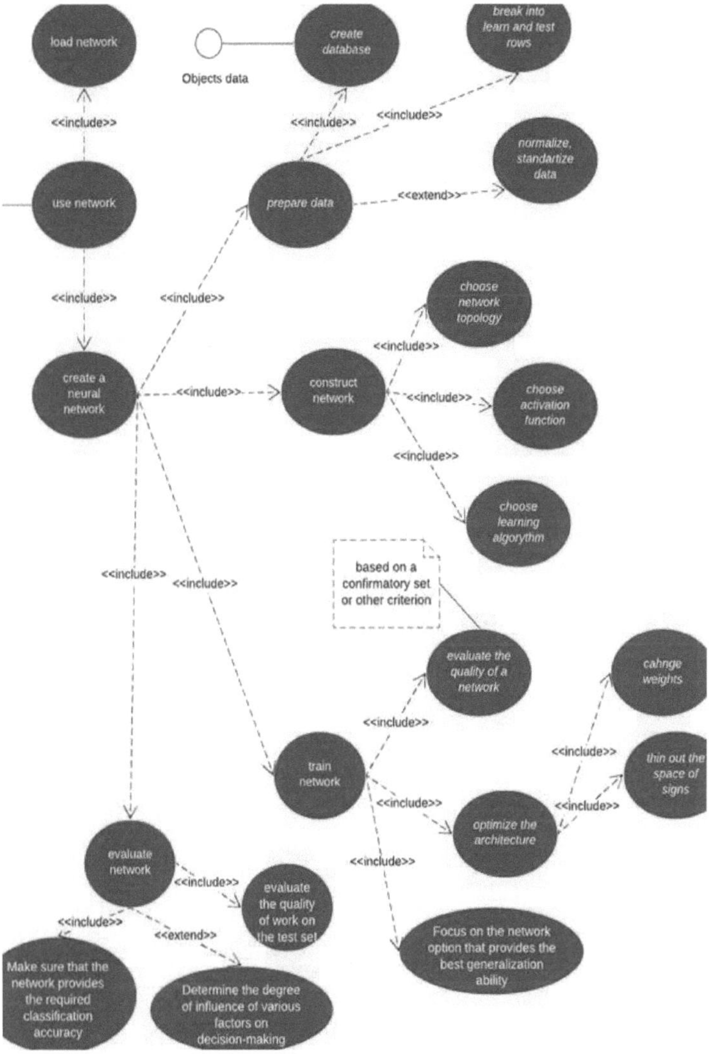

Figura 11.10 Diagrama de casos de utilização

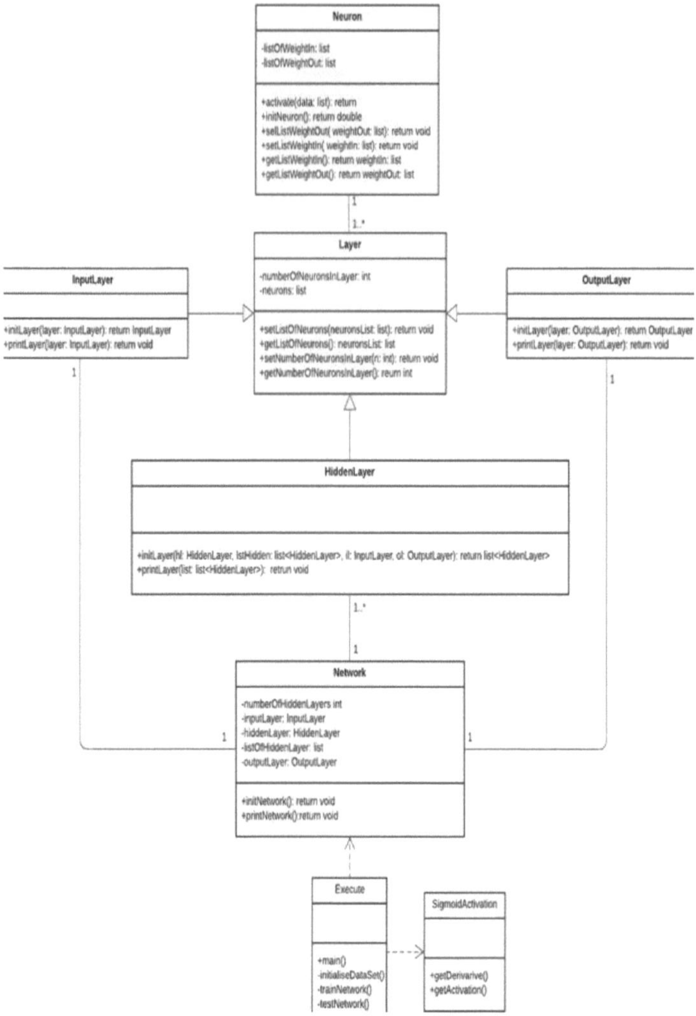

Fig. 11.11. Diagrama de classes

11.5.2. Descrição das classes apresentadas para o sistema concebido

A classe Neuron contém os seguintes dados: lista "listOfWeightIn" (escalas de entrada, privadas), lista "listOfWeightOut" (escalas de saída, privadas). Associada à classe Layer, ligando-se uma à outra ou mais. A classe também contém as seguintes operações:

- Activate - tipo: public, aceita um parâmetro do tipo lista que é um dado para ativação. Não devolve nada.
- Iniciar neurónio (initNeuron) - não aceita parâmetros, tipo: public. Devolve um número duplo que caracteriza o neurónio.
- Definir lista de pesos na entrada (setListWeightIn) - tipo: public, aceita uma variável do tipo list, uma lista de pesos. Não devolve nada.
- Definir lista de saída (setListWeightOut) - tipo: public, aceita uma lista de pesos como parâmetro do tipo lista. Não devolve nada.
- Obtém uma lista de pesos na entrada (getListWeightIn). Não aceita parâmetros; tipo: public. Devolve uma lista das balanças na entrada.
- Obter uma lista de pesos de saída (getListWeightOut). Não aceita parâmetros; tipo: public. Devolve uma lista de escalas de saída.

A classe "Layer" contém os seguintes dados: um número inteiro "numberOfNeuronsInLayer" (número de neurónios na camada, privado) e uma lista de "neurónios" (lista de neurónios na camada, privada). A classe também contém as seguintes operações:

- Setlist of neurons (setListOfNeurons) - tipo: public, recebe um parâmetro do tipo list, uma lista de neurónios. Não devolve nada.
- Obter uma lista de neurónios (getListOfNeurons). Não aceita parâmetros; tipo: public. Devolve uma lista de neurónios.
- Definir o número de neurónios (setNumberOfNeurons) - tipo: public, recebe o parâmetro de tipo integer, o número de neurónios. Não devolve nada.
- Descobrir o número de neurónios (getListOfNeurons). Não aceita parâmetros; tipo: public. Devolve um número inteiro, que é o número de neurónios.

A classe InputLayer não contém dados. Está associada à classe "Camada" pela ligação de generalização. Associada à classe "Rede" através da comunicação entre si. Contém as seguintes operações:

- Iniciar camada (initLayer) - tipo: público, aceita um parâmetro do tipo InputLayer (ele próprio). Devolve uma variável do tipo InputLayer (ela própria).

- Camada de impressão (printLayer) - tipo: public, aceita um parâmetro do tipo InputLayer (ele próprio). Não devolve nada.

A classe HiddenLayer não contém dados. Está associada à classe "Camada" pela ligação de generalização. Associada à classe "Rede" por ligação e outras. Inclui as seguintes operações:

- Iniciar camada (initLayer) - tipo: public, aceita parâmetro 4 parâmetros: tipo HiddenLayer (self), tipo list (lista de camadas na parte oculta), tipo InputLayer (dados sobre a camada de entrada) e tipo OutputLayer (dados sobre a camada de origem). Devolve uma lista de tipo variável que contém dados sobre todas as camadas ocultas.
- Imprimir camada (printLayer) - tipo: public, recebe um parâmetro do tipo lista (lista de camadas ocultas). Não devolve nada.

A classe OutputLayer não contém dados. Está associada à classe "Camada" pela ligação de generalização. Associada à classe "Rede" através da comunicação entre si. Contém as seguintes operações:

- Iniciar camada (initLayer) - tipo: público, aceita um parâmetro do tipo OutputLayer (ele próprio). Devolve uma variável do tipo OutputLayer (itself).
- Camada de impressão (printLayer) - tipo: public, aceita um parâmetro do tipo OutputLayer (ele próprio). Não devolve nada.

A classe "Rede" contém os seguintes dados: número inteiro "numberOfHiddenLayers" (número de camadas ocultas, privado), variável de tipo InputLayer "inputLayer" (dados sobre a camada de entrada, privado), variável de tipo HiddenLayer "hiddenLayer" (dados sobre as camadas ocultas, privado), lista "listOfHiddenLayer" (lista de camadas ocultas, privado), variável de tipo OutputLayer "outputLayer" (dados sobre a camada de origem, privado). A classe também contém as seguintes operações:

- Iniciar a rede (initNetwork) - tipo: público, não aceita parâmetros. Não devolve nada.
- Mostrar a rede no ecrã (printNetwork) - tipo: público, não aceita parâmetros. Não devolve nada.

A classe Executar não contém dados. Associada às classes de relações de dependência "Rede" e "SigmoidActivation". Inclui as seguintes operações:

- Principal - tipo: público, não aceita parâmetros. Não devolve nada.
- InitializeDataSet - tipo: public, não aceita parâmetros. Não devolve nada.
- Rede de comboios (trainNetwork) - tipo: público, não aceita parâmetros. Não devolve nada.
- Rede de teste (testNetwork) - tipo: público, não aceita parâmetros. Não devolve nada.
- A classe SigmoidActivation não contém dados. Contém as seguintes operações:
- Aprender derivada (getDerivative) - tipo: público, não aceita parâmetros. Não devolve nada.
- Saiba mais sobre getActivation - tipo: público, não aceita parâmetros. Não devolve nada.

A interface do utilizador é uma janela, cuja parte central é ocupada por um mapa da área, dividido em quadrados. Os dados de entrada são as coordenadas do objeto e um vetor de quatro quantidades que descrevem a imagem multiespectral. O utilizador pode introduzir os dados de entrada nos campos corretos e clicar no botão "Predict" (Prever) para obter uma previsão (o tipo de objeto na imagem multiespectral). Um exemplo do programa é apresentado na Fig. 11.12.

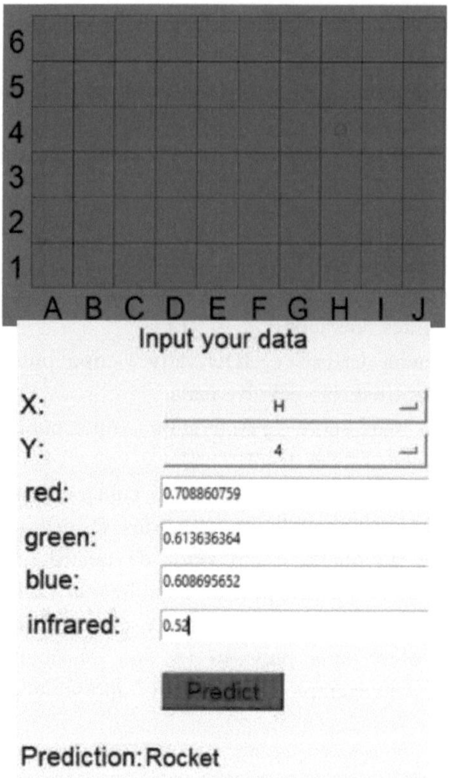

Fig. 11.12. Exemplo de funcionamento do programa

11.6. Discussão

Nas secções anteriores, mostrámos a versão final da nossa rede neural, mas este código foi precedido de muitas experiências com os parâmetros da rede, que fizemos para escolher a melhor versão da rede. Nesta secção, queremos falar sobre algumas dessas experiências.

11.6.1. Experiências com a arquitetura da rede neural

Na fase de definição do modelo, surgiu um grande número de questões. Quantos neurónios devem existir na camada oculta? É necessário acrescentar uma segunda camada oculta? Em caso afirmativo, quantos nós devem estar nela? O ficheiro network_exp.py vai ajudar-nos a responder a estas questões. Tudo é bastante simples com o número de neurónios nas camadas de entrada e de saída. São aplicados quatro valores à entrada, logo, quatro neurónios. Na saída, temos de classificar o tipo de objeto. Existem apenas 3, pelo que existem três nós na camada de origem. A precisão do modelo depende do número de neurónios na camada oculta. O gráfico de dependência da precisão e das perdas em relação ao número de neurónios na camada oculta é apresentado na Fig. 11.13.

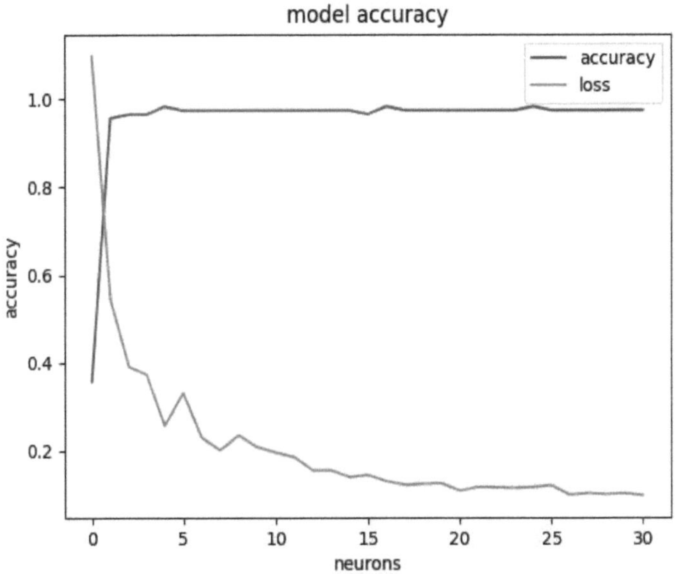

Fig. 11.13. Alterar o número de neurónios na camada oculta

Como podemos ver no gráfico, os valores mais óptimos podem ser considerados 5, 7 e 17. Para uma investigação mais aprofundada, selecionámos 17 neurónios. Depois disso, decidimos investigar se a precisão da rede neural mudaria se fosse adicionada outra camada oculta. O resultado dessa experiência é mostrado na Fig. 11.14.

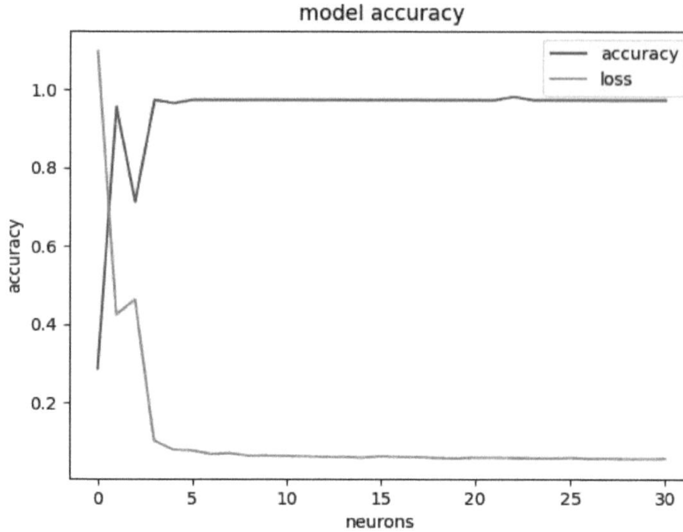

Fig. 11.14. Adicionar uma segunda camada oculta

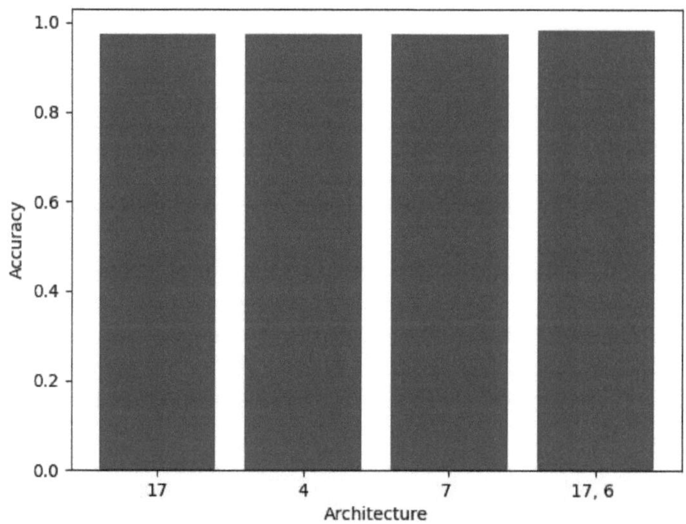

Fig. 11.15. Comparação da precisão

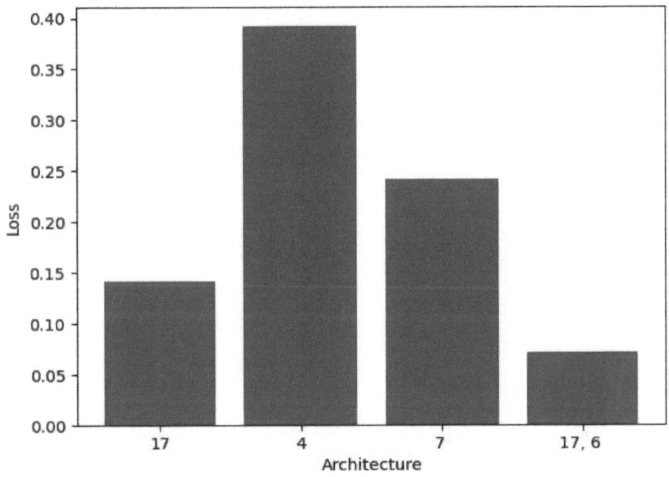

Fig. 11.16. Comparação de perdas

A adição da segunda camada oculta aumenta a precisão e reduz as perdas. Por isso, decidimos testar quanto custa essa complicação em comparação com a melhoria dos resultados. Para isso, comparámos a precisão e a perda de vários modelos que mostraram os melhores efeitos em gráficos, nomeadamente redes neurais de três camadas com 17, 4 e 7 neurónios na camada oculta e uma rede neural de quatro camadas com 17 nós na primeira camada oculta e seis na segunda. O resultado da comparação, sob a forma de um histograma, é apresentado nas Figuras 11.15-11.16. Concluímos, com base nos histogramas acima, que não vale a pena complicar o modelo com outra camada oculta (os resultados podem ser melhorados com outros parâmetros do modelo). Por conseguinte, foi escolhida para o nosso projeto uma rede neural de três camadas com 17 neurónios na camada oculta.

11.6.2. Experiências com funções de ativação

Depois de decidirmos a arquitetura da rede neural, fizemos experiências com seus outros parâmetros no arquivo experiments.py. A função de ativação é um dos parâmetros mais críticos da rede neural. Embora tenhamos feito nossa pesquisa na literatura e na Internet, é possível encontrar muitos conselhos sobre quais tarefas e funções são melhores. Na Fig. 11.17, é possível comparar a precisão das redes neurais que usam a função de ativação sigmoide na camada de origem e a diferença na camada oculta.

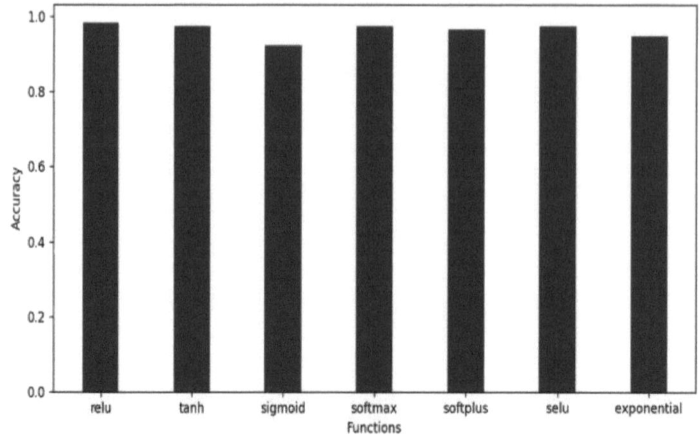

Fig. 11.17. Comparação das funções de ativação na camada oculta

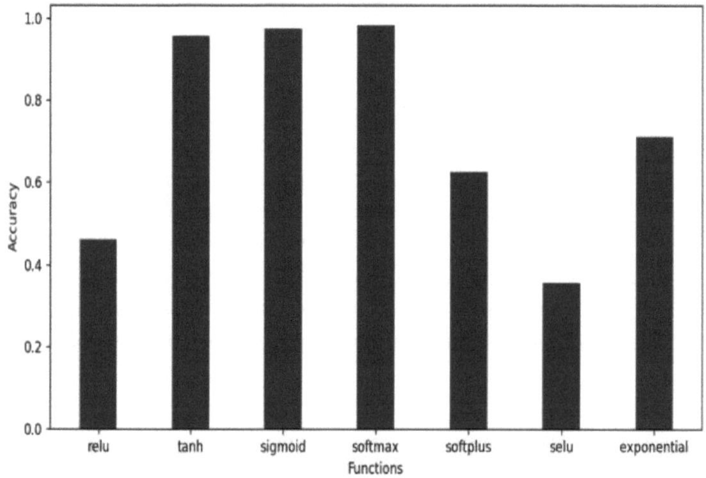

Fig. 11.18. Comparação das funções de ativação na camada de origem

De acordo com o gráfico, a precisão da rede neural não depende fortemente da função de ativação da camada oculta. Assim, decidimos investigar a dependência da precisão da rede neural da alteração da função de ativação na camada de origem e, para a oculta, escolhemos tanh. O resultado da pesquisa é mostrado na Fig. 11.18. A partir do gráfico, podemos concluir que a melhor opção para a camada de origem serão as funções sigmoide e softmax. No entanto, verificámos a existência de combinações mais bem sucedidas antes de escolher qualquer uma destas combinações. Fizemos isso com a ajuda de uma matriz, em que as funções de ativação para a camada de origem são representadas horizontalmente e para a camada oculta verticalmente. Em seguida, a precisão da rede neural que utiliza estas funções é representada na intersecção. O resultado da investigação é apresentado na Fig. 11.19.

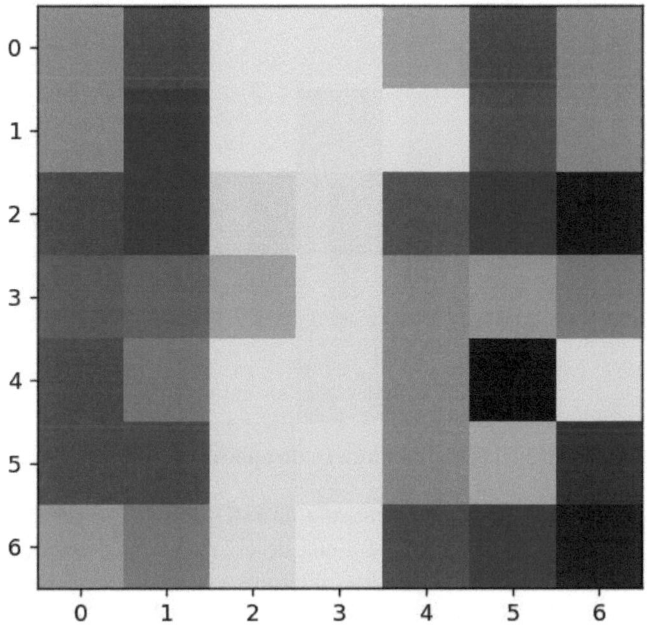

Fig. 11.19. Comparação das funções de ativação para duas camadas

Aqui, 0 é a função de ativação da RELU, 1 é tanh, 2 é sigmoide, 3 é softmax, 4 é softplus, 5 é selu e 6 é exponencial. A figura mostra que o melhor resultado é uma combinação de tanh para a camada oculta e sigmoide para a fonte. É a combinação que utilizaremos no nosso projeto.

11.6.3. Experiências com optimizadores

A etapa seguinte consiste em escolher o optimizador adequado que permita aprender bem e rapidamente a nossa rede neuronal. Passámos em revista os optimizadores para a rede neuronal, com os parâmetros que definimos nos parágrafos anteriores. Comparámos os seus resultados na Fig. 11.20. O gráfico mostra que cinco funções apresentaram simultaneamente um bom resultado. Escolhemos o "Adam" porque é configurado automaticamente e dá bons resultados para muitos problemas.

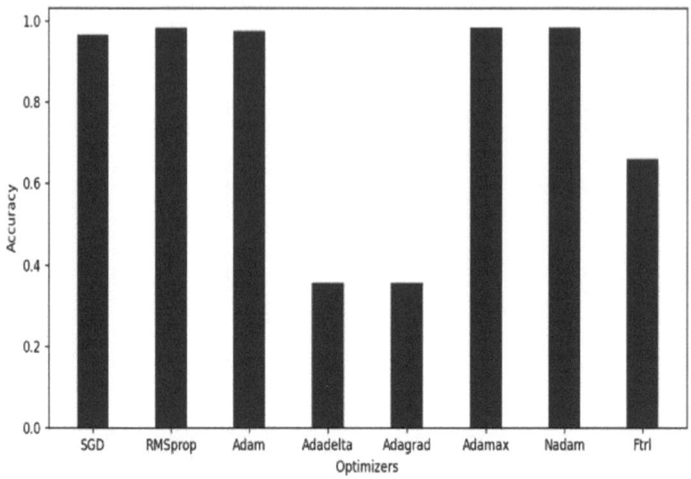

Fig. 11.20. Comparação dos optimizadores

11.6.4. Experiências com o número de épocas de aprendizagem

Uma vez decidida a arquitetura da rede neuronal, as funções de ativação e os optimizadores, é altura de escolher o número ideal de épocas de aprendizagem. Para isso, traçámos a dependência da precisão e da perda do conjunto de treino e dos dados para validação em relação ao número de períodos (Fig. 11.21). O diagrama mostra que a precisão atinge o seu valor máximo na época 400 e quase não se altera. No entanto, ao mesmo tempo, com um novo aumento do número de períodos, as perdas diminuem, atingindo o valor ótimo ao nível de 2000 épocas. Escolhemos este número para a nossa rede neural. Assim, nas nossas experiências, decidimos qual a melhor arquitetura para a nossa rede neuronal. Quatro neurónios estão na camada de entrada, 17 - na camada oculta única e 3 - na saída. Escolhemos as funções de ativação que dão o melhor resultado (tanh para a camada oculta e sigmoide - para a original), determinámos também o melhor optimizador (escolhemos "adam") e selecionámos o número ideal de épocas (2000). Depois, com base nestes dados, foi criado um modelo que dá uma precisão de 97% e perdas de 5% quando se trabalha com dados de treino.

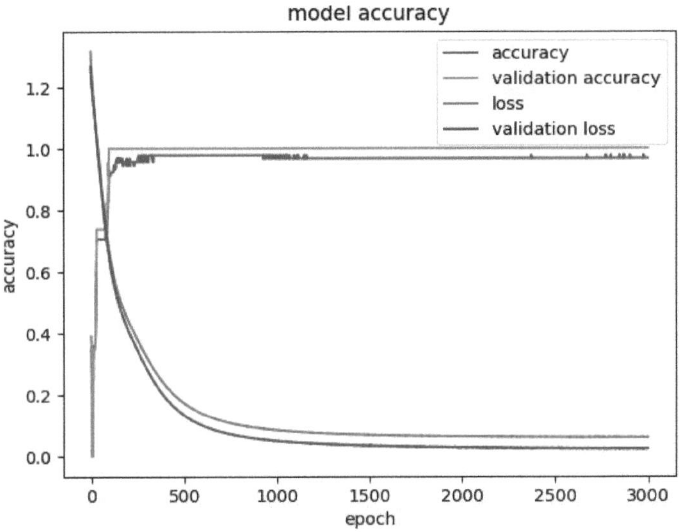

Fig. 11.21. Experiências com o número de épocas

11.7. Conclusões

A investigação investigou trabalhos semelhantes e analisou métodos para resolver problemas de classificação. As redes neuronais foram a nossa escolha. Depois de determinar as técnicas e os materiais, iniciámos as experiências recolhendo dados sobre imagens multiespectrais de alguns objectos e analisando-os. A etapa seguinte do trabalho de investigação consistiu em criar e treinar uma rede neuronal com os dados recolhidos. Ao escrever o código da rede, fizemos experiências com os seus parâmetros: alterámos a arquitetura do modelo, as funções de ativação e os optimizadores, bem como o número de épocas de aprendizagem. Com a ajuda destas experiências, foi possível escolher os parâmetros mais óptimos para a rede neural criada. O resultado é uma rede neural que atinge 97% de precisão quando trabalha com dados de teste. Em seguida, analisámos os métodos para melhorar os resultados e criámos uma interface de utilizador para prever os resultados utilizando a rede neural desenvolvida.

11.8. Referências

[1] Assistente de Radiologia Cognitiva, https://www.research.ibm.com/haifa/dept/imt/mia.shtml

[2] A. Frisk, "What is Project Maven? O projeto de IA do Pentágono que os funcionários da Google querem excluir", https://globalnews.ca/news/4125382/google-pentagon-ai-project-maven/.

[3] E. Black, "Machine Learning A-Z," 2019.

[4] A. Géron, "Aprendizagem automática prática com Scikit-Learn, Keras e TensorFlow: conceitos, ferramentas e técnicas para criar sistemas inteligentes", 2019.

[5] S. Samudrala, "Machine Intelligence: Demystifying Machine Learning, Neural Networks and Deep Learning", 2019.

[6] E. Alpaydin, "Introduction to Machine Learning", MIT, 2020.

[7] J. Martinez, "TensorFlow 2.0 Computer Vision Cookbook", 2021.

[8] B. Rusyn, V. Ostap, O. Ostap, "A correlation method for fingerprint image recognition using spectral features," International Conference on Modern Problems of Radio Engineering, Telecommunications and Computer Science, 2002, pp. 219-220.

[9] B.P. Rusyn, "Critérios de construção dos sistemas de caraterísticas óptimas no reconhecimento de imagens", Problemy Upravleniya I Informatiki (Avtomatika), 1997, (2), pp. 36-40.

[10] V. Lytvyn, I. Peleshchak, R. Peleshchak, R. Holoshchuk, "Deteção de imagens de entrada multiespectrais utilizando redes neurais artificiais não lineares", Conferência Internacional sobre Tendências Avançadas em Radioelectrónica, Telecomunicações e Engenharia Informática, 2018, pp. 119-122.

[11] R. Yurynets, Z. Yurynets, D. Dosyn, Y. Kis, "Tecnologia de avaliação de risco de crédito com a utilização do modelo de regressão logística", Atas do Workshop CEUR, 2019, Vol-2362, 153-162.

[12] G. Pan, Z. Xin, S. Shi, D. Jin, "Classificação de arritmia baseada na transformação wavelet e florestas aleatórias", Ferramentas e aplicações multimédia, 2018, 77(17), pp. 21905-21922.

[13] I. Bodnar, M. Bublyk, O. Veres, O. Lozynska, I. Karpov, Y. Burov, P. Kravets, I. Peleshchak, O. Vovk, O. Maslak, "Forecasting the Risk of Cervical Cancer in Women in the Human Capital Development Context Using Machine Learning", Actas do Workshop CEUR, 2020, Vol-2631, pp. 491-501.

[14] V. Lytvynenko, M. Voronenko, O. Kovalchuk, U. Zhunissova, L. Lytvynenko, "Aplicação de métodos bayesianos para o diagnóstico diferencial da doença pulmonar obstrutiva crónica", Actas do Workshop CEUR, 2021, Vol-2917, pp. 851-862.

[15] V. Lytvynenko, et. al., "A utilização de métodos bayesianos na tarefa de localizar a distribuição de substâncias estupefacientes", Conferência sobre Ciências Informáticas e Tecnologias da Informação, 2019, pp. 60-63.

[16] A. Krysovatyy, H. Lipyanina-Goncharenko, S. Sachenko, O. Desyatnyuk, "Deteção de crimes económicos utilizando a classificação da máquina de vetor de suporte": Actas do Workshop CEUR, 2021, Vol-2917, pp. 830-840.

[17] L.Chyrun, E. Leshchynskyy, V. Lytvyn, A. Rzheuskyi, V. Vysotska, Y. Borzov, "Análise intelectual da árvore de tomada de decisões em sistemas de informação de observação de rastreio de doentes imunológicos", Actas do Workshop CEUR, 2019, 2362, pp. 281-296.

[18] H. Lipyanina, A. Sachenko, T. Lendyuk, S. Nadvynychny, S. Grodskyi, "Modelo de segmentação baseado em árvores de decisão da interação do cliente com a página comercial", Workshop CEUR, Actas, 2020, pp. 1001-1012.

[19] B.E. Kapustii, B.P. Rusyn, V.A. Tayanov, "Estimation of the influence of information class coverage on generalised ability of the k-nearest-neighbors classifier," Automatic Control and Computer Sciences, 2008, 42(6), pp. 283-287.

[20] V. Lytvyn, I. Peleshchak, R. Peleshchak, V. Vysotska, "Encriptação de informação baseada na síntese de uma rede neural e do algoritmo AES", Conferência Internacional sobre Tecnologias Avançadas de Informação e Comunicação, AICT, 2019, pp. 447-450.

[21] A. Demchuk, B. Rusyn, L. Pohreliuk, A. Gozhyj, I. Kalinina, L. Chyrun, N. Antonyuk, "Sistema de distribuição de conteúdos comerciais baseado em redes neuronais e aprendizagem automática", Actas do Workshop CEUR, 2019, 2516, pp. 40-57.

[22] V. Lytvyn, I. Peleshchak, R. Peleshchak, "A compressão das imagens de entrada na rede neural que utiliza o método de diagonalização das matrizes de conexões de peso sináptico", Conferência sobre Tecnologias Avançadas de Informação e Comunicação, 2017, pp. 66-70.

[23] M.O. Medykovskyi, I.G. Tsmots, O.V. Skorokhoda, "Tecnologia de filtragem de redes neurais de espetro para melhorar a precisão da previsão de processos dinâmicos em economia", Atual Problems of Economics, 2014, 162(12), pp. 410-416.

[24] O. Ivanov, L. Koretska, V. Lytvynenko, "Intelligent modeling of unified communications systems using artificial neural networks", Actas do Workshop CEUR, 2020, 2623, pp. 77-84

[25] V. Demchenko, et. al., "Modeling and Predicting the Organochlorine Pesticides Concentration in the Child's Body Based on their Accumulation in the Mother's Body" (Modelação e previsão da concentração de pesticidas organoclorados no corpo da criança com base na sua acumulação no corpo da mãe), CEUR Workshop Proceedings, 2020, Vol-2631, pp. 419-432.

[26] A. Safonyk, M. Mishchanchuk, V. Lytvynenko, "Sistema de informação inteligente para a determinação de ferro em coagulantes com base numa rede neural", CEUR Workshop Proceedings, 2021, 2853, pp. 142-150.

[27] Conjunto de dados, https://www.kaggle.com/search?q=Images+Reconhecimento, https://www.kaggle.com/uciml/iris

Capítulo 12. Análise de métodos de agrupamento para a determinação das caraterísticas das cores do terreno

O presente documento aborda uma das etapas da conceção da camuflagem de ocultação, que consiste em identificar as cores caraterísticas do terreno. A cor é parte integrante da caraterística visual da camuflagem, que tem por objetivo ocultar pessoal, recursos materiais, armas e equipamento militar dos meios de reconhecimento e destruição do inimigo. Propõe-se que as cores caraterísticas sejam identificadas utilizando a análise de clusters, que se refere a métodos de aprendizagem automática não supervisionados. O número de agrupamentos obtidos determina o número de cores apresentadas no revestimento de camuflagem. Como resultado da investigação, foram analisados algoritmos matemáticos de agrupamento para determinar as cores caraterísticas do terreno. A necessidade de efetuar estes estudos deve-se à falta de uma forma universal de determinar o número de clusters. Baseia-se na investigação de outros cientistas que determinaram que, para cada terreno, apenas um algoritmo de agrupamento específico funciona mais eficazmente, o que deve ser determinado experimentalmente. De acordo com os resultados da investigação, o algoritmo ótimo para determinar as cores caraterísticas do terreno foi o algoritmo de agrupamento k-means++.

12.1. Introdução

A experiência das operações de combate no Leste da Ucrânia mostra que o inimigo utiliza amplamente dispositivos optoelectrónicos modernos e plataformas móveis para a sua utilização durante os levantamentos e ajustamentos dos meios de fogo ou destruição. A forma mais eficaz de preservar a vida do pessoal, os recursos materiais, as armas e o equipamento militar é utilizar a camuflagem para ocultar estes objectos militares e tomar medidas para enganar o inimigo. A análise dos recentes conflitos locais no território da República do Azerbaijão, da República Árabe da Síria, do Estado da Líbia, etc., confirma-o. [1]. Por conseguinte, apesar da melhoria contínua dos equipamentos de vigilância térmica, laser e multiespectral, a redução da visibilidade na faixa do visível continua a ser um elemento essencial para garantir a segurança das tropas. Os fabricantes mundiais de armas continuam a desenvolver e a melhorar as estruturas dos padrões de camuflagem (padrões e coloração) dos meios de camuflagem para o seu funcionamento eficaz na gama visível do espetro eletromagnético das ondas [2, 3]. Em 2022, a empresa americana Digital Concealment Systems anunciou a produção de equipamento e vestuário na nova camuflagem universal A-TACS U|CON (Universal Camouflage), o padrão criado quase de raiz utilizando modelação matemática. A empresa tem planos ambiciosos para adotar este padrão de camuflagem como o principal para os uniformes militares das Forças Armadas dos EUA.

12.2. Trabalhos relacionados

Atualmente, é urgente fornecer e adotar meios de camuflagem modernos, incluindo meios de dissimulação, para as Forças Armadas da Ucrânia. A camuflagem de ocultação destina-se a eliminar as caraterísticas de desmascaramento do equipamento militar, das instalações e das actividades das tropas (meios de camuflagem individuais, kits de camuflagem, máscaras, coberturas, etc.). Os meios de dissimulação dos meios de reconhecimento ótico devem garantir a obtenção do efeito de dissimulação necessário nas gamas espectrais do ultravioleta próximo, do visível e do infravermelho próximo e reduzir a possibilidade de deteção de objectos na gama ótica [29]. Os combates na Ucrânia estão a ter lugar numa ampla frente em diferentes zonas naturais, cada uma com a sua própria vegetação, que tem cores específicas em vários períodos do ano. Na primavera, é verde brilhante; no verão, as plantas desvanecem-se e apresentam cores verde-escuro, verde-claro e verde-amarelo; no outono, amarelo, castanho, castanho e cores escuras dos troncos das árvores e dos arbustos. Os resultados da investigação de Timothy O'Neill, um conhecido criador do padrão de camuflagem MARPAT para o Corpo de Fuzileiros Navais dos EUA, mostram que os componentes da camuflagem, como o padrão e a paleta de cores, devem ser desenvolvidos para o ambiente específico em que as missões de combate serão efectuadas [4, 6]. Deve ser utilizado um padrão de camuflagem de uniformes militares para cada teatro de operações, que seja mais eficaz nesse território específico [5]. Isto é especialmente verdade para as Forças Armadas da Ucrânia, cujo pessoal usa os uniformes de camuflagem dos exércitos de todos os países que nos ajudam a combater o inimigo. No entanto, este uniforme e o seu padrão de camuflagem foram concebidos para outros teatros de guerra e nem sempre são adequados para o território da Ucrânia. Dado que a paleta de cores é um dos principais elementos de um dispositivo de camuflagem, é necessário efetuar uma investigação para determinar a paleta de cores eficaz para o território da Ucrânia.

Ao conceber a camuflagem, pode ser utilizada uma única cor ou uma paleta de cores ampla no seu padrão de camuflagem. Se utilizar apenas uma cor para a coloração da camuflagem, o produto terá um aspeto monótono e destacar-se-á como uma mancha no chão. Para garantir a eficácia da ocultação, o agente de camuflagem deve ser pintado com o número ideal de cores [28].

A paleta de cores caraterísticas de qualquer objeto consiste em cores dominantes, de apoio e de realce. A tecnologia da sua seleção é uma fase essencial no desenvolvimento dos meios de camuflagem [7]. É necessário agrupar as cores em grupos de acordo com caraterísticas específicas para determinar as cores caraterísticas do terreno. O grupo com o tamanho mais significativo será a cor dominante na gama de cores da imagem, o segundo maior grupo será a cor de suporte e os restantes grupos de cores serão cores de destaque [30-35]. A cor dominante dá uma ideia da cor de um objeto à primeira vista. Na pintura multicolorida, a cor dominante mantém a integridade da composição e a sua unidade semântica. A cor de apoio complementa a dominante. A sua combinação cria uma composição cromática. Se a percentagem de duas cores numa imagem for a mesma, elas competem pela atenção e o espaço de cor parece contraditório e fragmentado. As cores de destaque criam acentos - pontos de cor que animam o espaço. A utilização de quatro, cinco ou mais cores enriquece ainda mais a paleta de cores de um objeto. No entanto, aumentar o número de cores complica a criação de uma composição harmoniosa e a determinação das proporções.

Para trabalhar com imagens do terreno, utilizam-se sobretudo imagens obtidas por equipamentos optoelectrónicos digitais e armazenadas em suportes electrónicos em formatos de dados específicos. No processo de análise, a tarefa de dividir todo o conjunto de pixéis coloridos (pixel, do inglês PICture's ELement - a unidade mais pequena de uma imagem digital em gráficos raster) de uma dada imagem do terreno em subconjuntos designados por clusters, de modo a que cada cluster seja constituído por cores semelhantes e as cores de diferentes clusters difiram significativamente, é resolvida [8].

Na aprendizagem automática, a resolução destes problemas é considerada aprendizagem automática não supervisionada e é designada por agrupamento de dados [12, 36].

O objetivo da análise de clusters é dividir os objectos de uma amostra em grupos relativamente homogéneos (homogéneos) de objectos semelhantes. Os objectos de um grupo são relativamente semelhantes em termos de caraterísticas e diferem dos objectos de outros grupos.

A análise de clusters não é um algoritmo específico, mas uma tarefa geral que precisa de ser resolvida utilizando diferentes algoritmos. Não existe um algoritmo de agrupamento objetivamente "correto". O algoritmo de agrupamento mais adequado deve ser escolhido experimentalmente, em função do conjunto de dados ou se não houver razões matemáticas para preferir um determinado algoritmo. Os métodos de agregação podem ser divididos em função do modo como os dados são processados, analisados, escalonados, do tempo de execução, etc. Diferentes métodos de agrupamento podem produzir soluções de agrupamento para os mesmos dados [8]. Ao agrupar uma imagem, os pixéis são normalmente considerados como amostras de agrupamento. Por conseguinte, à medida que o tamanho da imagem aumenta, o número de amostras de agregados aumenta inevitavelmente de forma drástica, o que conduz a um aumento significativo dos custos de computação.

De acordo com a forma como analisam os dados, os métodos dividem-se em aparentes (tradicionais) e difusos. Os algoritmos explícitos incluem aqueles que atribuem cada objeto de dados a um cluster específico. Os algoritmos de agrupamento difusos incluem aqueles em que cada objeto de dados pertence a vários agrupamentos ou não pertence a nenhum.

Os métodos existentes para a construção de modelos de agrupamento dividem-se em dois tipos principais, de acordo com os métodos de processamento de dados: hierárquicos e iterativos. Os algoritmos hierárquicos caracterizam-se por uma análise visual do dendrograma (uma representação esquemática das relações sob a forma de uma árvore) e pela determinação do número mais previsível de clusters com base nesse dendrograma [13]. No entanto, esta abordagem não está formalizada e é utilizada apenas como uma análise preliminar do resultado do particionamento. Além disso, a análise visual do dendrograma é complicada quando o número de objectos em consideração é grande e a estrutura de dados não é explícita. Nos algoritmos iterativos, o número de clusters não é normalmente conhecido de antemão, é selecionado de acordo com critérios subjectivos e serve como um dos parâmetros de entrada do algoritmo

[15]. A investigação efectuada em [14] não mostra uma forma universal de determinar o número de clusters. Cada critério utilizado e que apresenta bom desempenho em relação ao número de clusters funciona apenas dentro de certos limites especificados pela área temática e pelo algoritmo de clusterização. As especificidades da área de estudo são expressas nos parâmetros específicos do processo de clusterização e nas propriedades dos clusters, tais como a forma, o tamanho do cluster, a distância entre clusters adjacentes e as distâncias dentro de um cluster.

De acordo com o teorema de Kleinberg, nenhum algoritmo de agrupamento é simultaneamente invariante à escala, consistente e completo para um conjunto de dados de dois ou mais objectos. Encontrar uma solução para o problema do agrupamento é fundamentalmente impossível porque existem muitos critérios para avaliar a qualidade do particionamento e o número de agrupamentos é geralmente desconhecido à partida [17]. Isto sugere que é impossível criar um algoritmo de agrupamento universal que se adeqúe a todas as tarefas - os algoritmos têm de ser selecionados e personalizados para cada amostra de dados separadamente.

Tudo isto indica que a investigação realizada no estrangeiro sobre a criação de meios de camuflagem não é adequada para as Forças Armadas da Ucrânia, uma vez que não tem em conta as peculiaridades do terreno ucraniano. Nas últimas décadas, o avanço da tecnologia digital levou a um desenvolvimento sem precedentes de algoritmos para trabalhar com imagens digitais [37-41]. Nas últimas décadas, o avanço da tecnologia digital levou a um desenvolvimento sem precedentes de algoritmos para trabalhar com imagens digitais [42-46]. A cor, a textura e a forma são as caraterísticas visuais mais comuns destes objectos [47-54].

Os investigadores estrangeiros e os criadores de dispositivos de camuflagem utilizam uma variedade de algoritmos matemáticos para detetar estas caraterísticas. Os seguintes algoritmos de agrupamento têm sido amplamente utilizados: agrupamento K-means [9], agrupamento fuzzy C-means [10], agrupamento fast fuzzy C-means [11], etc.

Uma das desvantagens dos algoritmos de agregação acima referidos é a necessidade de especificar o número de agregados em que os dados de entrada devem ser divididos antes de iniciar o cálculo. O problema da determinação do número de clusters é uma das tarefas mais difíceis da análise de clusters [13]. O algoritmo para a agregação de cores utilizando os mapas auto-organizáveis de Kohonen é digno de atenção, uma vez que desenvolve a rede neural de Kohonen com aprendizagem não supervisionada [16]. A principal desvantagem desta abordagem é o aumento do tempo de computação com o aumento da dimensão da imagem a processar, sendo também necessário especificar uma dimensão fixa do mapa (número de clusters) como parâmetros de entrada.

A análise de artigos científicos mostra que muitos autores de trabalhos no domínio da camuflagem são cientistas da China. O seu sucesso neste domínio é também confirmado pelo facto interessante de, durante o concurso para a seleção de padrões de camuflagem para os uniformes das Forças Armadas dos EUA, o uniforme com o padrão das Forças Armadas chinesas ter sido considerado um dos melhores. No entanto, dado o antagonismo entre estes países, as Forças Armadas dos EUA não o puderam adotar.

O artigo tem como objetivo estudar métodos matemáticos para determinar as cores caraterísticas do terreno como componente do padrão de camuflagem, o que significa ocultar pessoas, objectos, armas e equipamento militar na gama ótica do espetro eletromagnético de ondas.

12.3. Métodos

Os combates no leste da Ucrânia estão a ocorrer numa ampla frente em diferentes zonas naturais. Por exemplo, a linha de contacto, que atravessa o território das regiões de Donetsk e Luhansk, está localizada na zona das estepes de gramíneas e festucas. As florestas e os arbustos cobrem cerca de 7% do território da região de Luhansk e 5,6% da região de Donetsk [22]. Predominam as florestas do tipo ravina, localizadas ao longo dos rios, nas encostas dos vales, ravinas e desfiladeiros, e são caracterizadas por uma diversidade significativa. Na cordilheira de Donetsk, nas florestas de pinheiros do vale de Siverskyi Donets, predominam as seguintes espécies: carvalho, bétula, freixo, etc. Portanto, vamos definir as cores de carácter para a erva, estepe de festuca, pinheiro e carvalho (Fig. 12.1).

Como já foi referido, as imagens armazenadas em suportes electrónicos em determinados formatos de dados são utilizadas para trabalhar com imagens do terreno. JPEG, TIFF e RAW são os principais formatos de armazenamento de imagens [18]. O mais comum é o formato JPEG (Joint Photographic Expert Group), representado nas câmaras digitais profissionais e amadoras. A tecnologia JPEG permite armazenar imagens, dependendo da qualidade de imagem pretendida, com uma redução significativa do tamanho do ficheiro. Outra caraterística deste formato é a capacidade de guardar informações sobre as definições da câmara e os programas de cena. A principal diferença entre o TIFF (Tagged Image File Format) e o JPEG é que este não comprime a imagem e não introduz distorções no resultado final, mas, como resultado, os ficheiros ocupam muito mais espaço.

Fig. 12.1. Fotografia da paisagem rural ucraniana a partir da Internet (de cima para baixo: floresta de carvalhos, floresta de pinheiros, estepe herbácea)

O formato de ficheiro RAW é um formato de dados que contém dados em bruto (ou minimamente processados) do sensor ótico do equipamento, o que evita a perda de informação. No entanto, para além das grandes dimensões dos ficheiros, este formato não tem uma especificação única e difere para cada equipamento, o que leva a dificuldades no seu processamento. Os modelos de cor representam a informação sobre a cor de cada pixel de uma imagem. Trata-se de modelos matemáticos abstractos que determinam com precisão a forma como os dados de cor são codificados. Normalmente, as cores são representadas como três ou quatro valores denominados coordenadas de cor.

Mais compreensível para os humanos é o modelo de cor HSV (também chamado HSB), baseado em três caraterísticas de cor: matiz, saturação e valor, também chamado brilho [19]. Outro modelo de cor padrão é o modelo de cor LAB (CIE 1976 L*a*b*), que utiliza os seguintes parâmetros: luminosidade, a relação entre o verde e o vermelho (a) e a relação entre o azul e o amarelo (b). Estes três parâmetros formam um espaço tridimensional cujos pontos correspondem a cores específicas.

Alguns investigadores utilizam o modelo de cor HSV para analisar a cor do terreno [20, 21]. No entanto, dado que o formato JPEG, com o método de codificação YCbCr, armazena informação no modelo de cor aditivo RGB (abreviado como Red, Green, Blue), e que a conversão de um modelo de cor para outro é possível através de uma transformação não linear, é aconselhável analisar as imagens no modelo de cor RGB. A imagem a cores do terreno é armazenada numa matriz tridimensional, em que cada camada corresponde a uma cor de acordo com o modelo de cor RGB.

Dado que os valores numéricos do modelo de cor RGB se encontram no intervalo constante de 0-255 para cada cor, é impraticável escalar e normalizar os dados de entrada. Isto foi confirmado pelos resultados idênticos do agrupamento dos dados de entrada que foram escalados utilizando as funções MinMaxScaler (o intervalo dos dados escalados será de 0 a 1) e StandardScaler (o valor médio é 0, a variância é 1) e não foram pré-processados.

As imagens foram analisadas durante a investigação através de métodos de análise de clusters implementados em Python utilizando as bibliotecas NumPy, Pandas, SciPy, Scikit-learn e fuzzy-c-means. As bibliotecas Pillow, Yellowbrick e Matplotlib foram utilizadas para apresentar os resultados dos cálculos. A biblioteca Scikit-learn (versão 1.2.1) fornece funcionalidades para a agregação utilizando uma variedade de métodos: hierárquico (aglomerativo), biclustering espetral, partição de centróides (k-means, MeanShift) baseada na densidade (DBSCAN, OPTICS); baseada na propagação de afinidades. A descrição matemática do algoritmo k-means [23] é a seguinte: o conjunto de dados de entrada $X = \{x_1, x_2, \dots, x_n\}, x_i \in R^d, i = 1, \dots, n$ deve ser dividido no número necessário de $k, k \in N, k \leq n$ clusters $S_1, S_2, \dots, S_k$em que $S_i \cap S_j = 0, i \neq j$ та $\bigcup_{j=1}^{k} S_j = X$ de forma a minimizar a soma das distâncias quadráticas de cada elemento do cluster ao seu centro. É assim que o algoritmo k-means efectua a pesquisa:

$$\arg\min_{S} \sum_{j=1}^{k} \sum_{x \in S_j} p(x, \mu_x)^2,$$

em que μ_j são os centros de agrupamento (centróides), $j = 1, \dots, k$, $p(x, \mu_j)$ é uma função da distância entre x та μ_j.

O funcionamento passo a passo do algoritmo é o seguinte:

Passo 1. Determinar o número de clusters k, nos quais os objectos de entrada devem ser divididos.

Passo 2. Selecionar os centros iniciais dos agrupamentos.

O conjunto de pontos é determinado $\mu_j, j = 1, \ldots, k$, considerados como centros de agrupamento iniciais $\mu_j^{(0)}, j = 1, \ldots, k$.

Passo 3. Os objectos são distribuídos pelos clusters, sendo a distância ao centro a mais próxima (a distância é medida na métrica Euclidiana).

Em cada passo $t, \forall_{x_i} \in X, i = 1, \ldots, n; x_i \in S_j \Leftrightarrow j = \arg\min_k p(x_i, \mu_j^{(t-1)})^2$

Passo 4. Os novos centros de cada agrupamento são determinados sob a forma de um elemento cujas caraterísticas são calculadas como a média aritmética das caraterísticas dos objectos incluídos nesse agrupamento.

$$\forall_j = 1, \ldots, k: \mu_j^{(t)} = \frac{1}{|S_j|} \sum_{x \in S_j} x.$$

Etapa 5. É verificada a condição de que os centros dos agregados se tornaram estáveis (ou seja, os mesmos objectos estarão em cada agregado em cada iteração). Caso contrário, os passos 3 e 4 (t=t+1) são repetidos até que a variância dentro de um agrupamento seja mínima e entre agrupamentos seja máxima

$$\exists i \in \overline{1, k}: \mu_j^{(t)} \neq \mu_j^{(t-1)}.$$

As desvantagens do algoritmo k-means são

- É necessário prever antecipadamente o número de clusters, no nosso caso, o número de cores do agente de camuflagem;
- O algoritmo é suscetível à escolha dos centros de agrupamento iniciais. A versão clássica utiliza uma seleção aleatória dos centros de agrupamento, o que conduz à instabilidade dos resultados.

Para os cálculos, utilizámos uma versão melhorada do algoritmo de agrupamento k-means++ [24]. A essência da melhoria consiste em encontrar valores iniciais mais óptimos para os centros dos agregados. O documento [26] apresenta uma taxonomia das abordagens para estimar o número necessário de clusters e observa que o seu número atinge várias dezenas. Várias abordagens formais facilitam a determinação do "melhor" número de clusters. A maioria implica a execução cíclica repetida do algoritmo de agregação com um número crescente de agregados e a representação gráfica dos valores calculados de métricas específicas.

12.4. Experiências, resultados e discussão

O método do cotovelo consiste em traçar a variância intra-cluster (a distância dos elementos do cluster ao seu centro), que diminui para 0 quando o número de clusters é igual ao número de todos os objectos da amostra. Numa fase intermédia, pode ver-se que a diminuição desta variância abranda - no gráfico, isto acontece num ponto chamado "cotovelo". Na Figura 12.2, pode ver-se que o gráfico está dobrado no agrupamento n.º 4, o que, no nosso caso, significa que existem quatro cores caraterísticas do terreno. É possível aumentar o número de cores, mas é necessário verificar a conveniência.

Calinski e Harabasz propuseram o seguinte critério [13, 27]:

$$F = \frac{trace(B)/(k-1)}{trace(W)/(n-k)}, \qquad (12.1)$$

em que B, W são a matriz das somas das distâncias quadráticas inter-cluster e intra-cluster; k é o número de clusters; n é o número de objectos de agrupamento. O valor máximo indicará o número mais provável de clusters (Fig. 12.3).

Os cálculos efectuados pelos seguintes métodos: coeficiente de silhueta (Fig. 4), pontuação de Davies-Bouldin, modelos de mistura gaussiana com critério de informação bayesiano (BIC) e Gap Statistics (Fig. 12.5) não revelaram quaisquer sinais que pudessem determinar explicitamente o número de clusters.

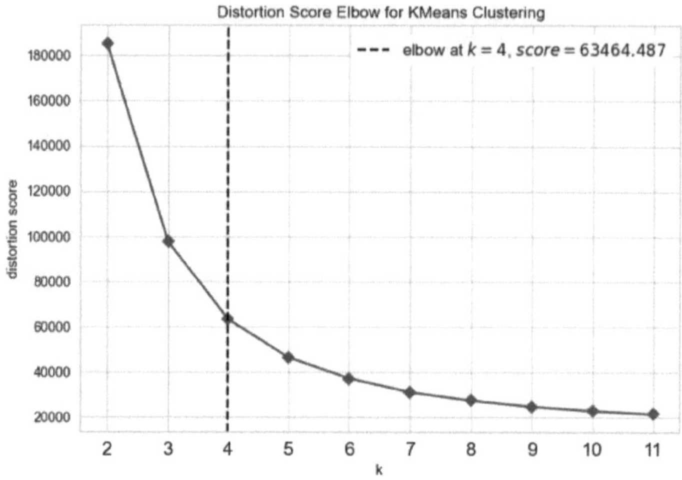

Fig. 12.2. Determinação dos grupos individuais pelo método do cotovelo

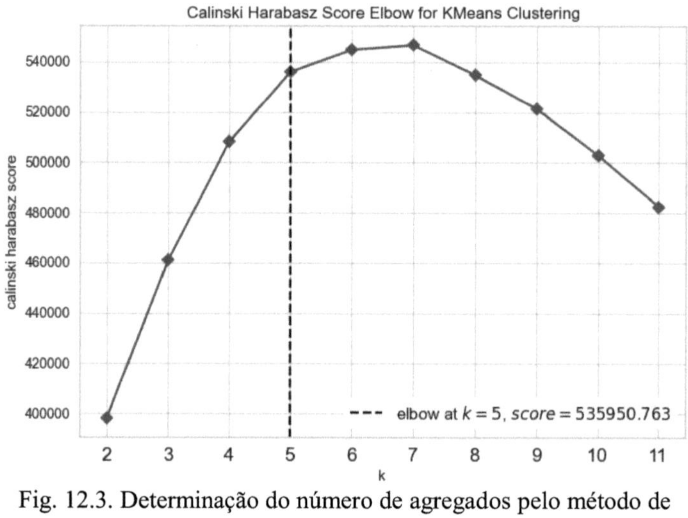

Fig. 12.3. Determinação do número de agregados pelo método de Calinski e Harabasz

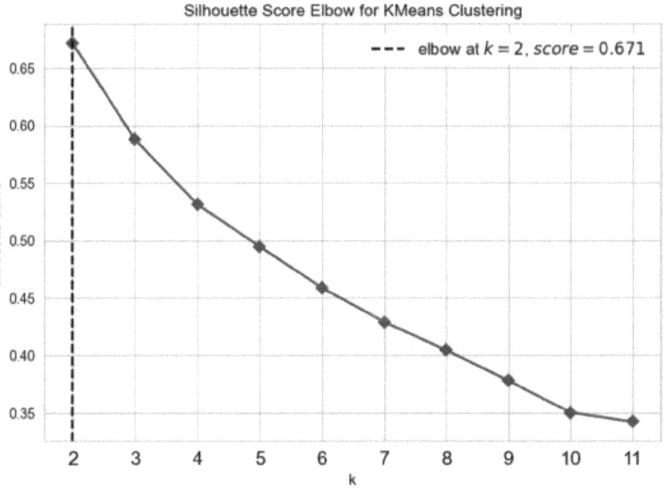

Fig. 12.4. Determinação do número de clusters pelo método do coeficiente de silhueta

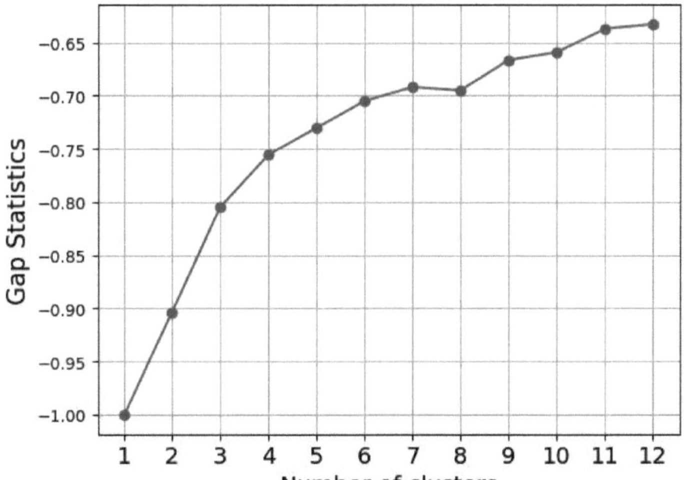

Fig. 12.5. Determinação do número de clusters pelo método Gap Statistics

A Figura 12.6 mostra os valores determinados pelo algoritmo de agrupamento k-means++ de 4 cores caraterísticas para os seguintes tipos de terreno: carvalhal, pinhal e estepe herbácea. O pressuposto de que o agrupamento difuso pode ser utilizado para analisar as cores das imagens decorre de possíveis valores anómalos de cor em imagens não incluídas em nenhum agrupamento. Esses valores anómalos incluem as cores vivas das flores, a cor do céu e das nuvens nos espaços entre as árvores, etc. A biblioteca fuzzy-c-means (versão 1.7.0) foi utilizada para implementar o algoritmo de agrupamento fuzzy c-means. Os resultados da determinação das cores caraterísticas de cada tipo de terreno são apresentados na Figura 12.7. A semelhança das cores obtidas pelos algoritmos k-means e c-means é comparada utilizando a fórmula de diferença de cores proposta pela Comissão Internacional de Iluminação (CIE - Commission Internationale de l'Eclairage). Um indicador da diferença entre duas cores é o Delta E (do alemão empfindung), que, de acordo com a norma CIEDE2000 [32], é determinado pela fórmula:

$$\Delta E_{00} = \sqrt{\left(\frac{\Delta L'}{S_L}\right)^2 + \left(\frac{\Delta C'}{S_C}\right)^2 + \left(\frac{\Delta H'}{S_H}\right)^2 + R_T \frac{\Delta C'}{S_C} \frac{\Delta H'}{S_H}},$$

em que R_T é a rotação do ângulo de tonalidade da cor; S_L é a compensação para a luz; S_C é a compensação da saturação da cor; S_H é a compensação da tonalidade (SH).

O Delta E é medido numa escala de 0 a 100, em que 0 significa nenhuma diferença de cor e 100 significa uma diferença total de cor. As gamas padrão de perceção do Delta E são as seguintes

- <= 1,0 - o olho humano não detecta qualquer diferença;
- 1-3 - percetível numa observação atenta;
- 3-10 - visível num relance;
- 11-49 - As cores são mais semelhantes do que opostas;
- 100 - as cores são opostas.

A fórmula acima mostra que a comparação de cores é efectuada no modelo de cores CIE LAB, pelo que é necessário converter a imagem no modelo de cores RGB para o modelo de cores CIE LAB. O software foi implementado utilizando a Colour Science Library (versão 0.4.2). Os dados de saída, que são os valores de cor das Figuras 12.6-12.7 ordenados pela percentagem da sua presença nas imagens, são apresentados nas Tabelas 12.1-12.2. Os resultados do cálculo da diferença de cor Delta E são apresentados na Tabela 12.3.

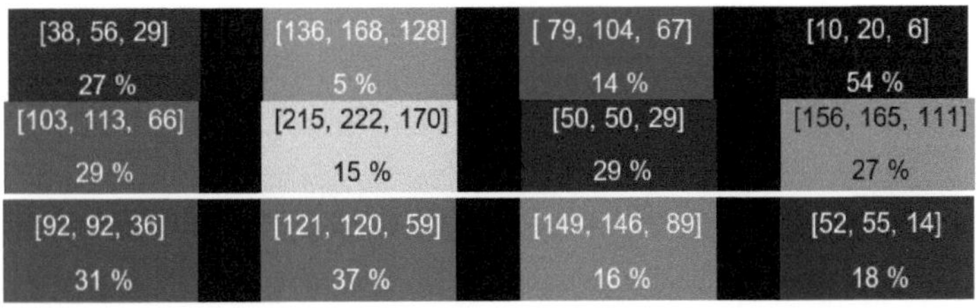

Fig. 2.6. Cores caraterísticas com os seus valores em formato RGB e percentagem na imagem, determinadas utilizando o algoritmo de agrupamento k-means++ (de cima para baixo: carvalhal, pinhal, estepe herbácea)

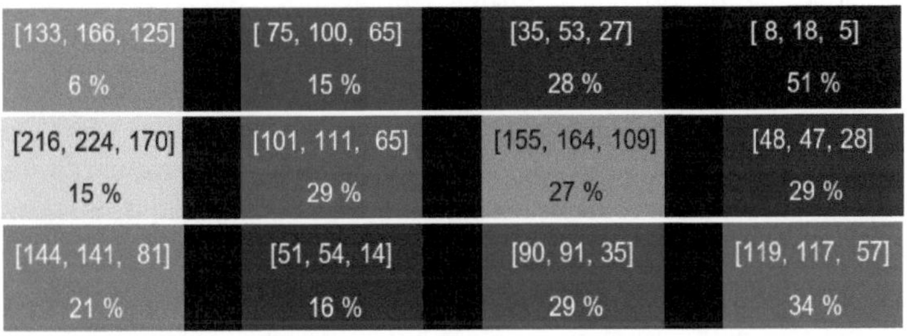

Fig. 12.7. Cores caraterísticas com os seus valores em formato RGB e percentagem na imagem, determinadas utilizando o algoritmo de agrupamento fuzzy c-means (de cima para baixo: carvalhal, pinhal, estepe herbácea)

Quadro 12.1. Valores de cor determinados utilizando o algoritmo de agrupamento k-means++

	Cor №1	Cor №2	Cor №3	Cor №4
Pinhal	(136, 168, 128)	(79, 104, 67)	(38, 56, 29)	(10, 20, 6)
Pinheiros	(215, 222, 170)	(156, 165, 111)	(103, 113, 66)	(50, 50, 29)
Estepe herbácea	(149, 146, 89)	(121, 120, 59)	(92, 92, 36)	(52, 55, 14)

Quadro 12.2. Valores de cor determinados utilizando o algoritmo de agrupamento fuzzy c-means

	Cor №1	Cor №2	Cor №3	Cor №4
Pinhal	(133, 166, 125)	(75, 100, 65)	(35, 53, 27)	(8, 18, 5)
Pinheiros	(216, 224, 170)	(155, 164, 109)	(101, 111, 65)	(48, 47, 28)
Estepe herbácea	(144, 141, 81)	(119, 117, 57)	(90, 91, 35)	(51, 54, 14)

Quadro 12.3. Valores das diferenças de cor determinados com os algoritmos k-means++ e fuzzy c-means

	Cor №1	Cor №2	Cor №3	Cor №4
Pinhal	0.75	1.28	1.45	2.96
Pinheiros	0.72	0.51	0.46	2.22
Estepe herbácea	1.89	0.81	0.69	0.52

Os cálculos e as comparações dos algoritmos k-means e c-means mostraram resultados quase idênticos: a diferença na distribuição do número de elementos nos clusters (a proporção de cores por imagem) foi observada dentro de 3%, na maioria das cores, o olho humano não se apercebe da diferença, apenas em algumas é percetível numa observação atenta, mas com o aumento dos clusters, os valores Delta E para todas as cores são inferiores a 1. Estes cálculos indicam que, ao escolher os algoritmos k-means ou c-means para agrupar as cores das imagens, é aconselhável escolher aquele cuja implementação do algoritmo seja mais simples. Os algoritmos de quantização de imagens também são utilizados para realçar as cores caraterísticas de uma imagem, cuja essência consiste em reduzir o número de cores utilizadas na imagem para o número necessário. Um destes algoritmos é a rede neural de Kohonen [31].

Neste trabalho, uma das variedades destas redes, os mapas auto-organizáveis de Kohonen, foi utilizada para determinar as cores. O modelo de software da rede de Kohonen foi implementado com base na biblioteca MiniSom (versão 2.3.0). A estrutura da rede tem apenas duas camadas: entrada e saída. O número de neurónios de entrada é igual ao número de pixels da imagem. O número necessário de cores do revestimento de máscara determina o número de neurónios de saída.

Os resultados da modelação são apresentados na Figura 12.8 (original - imagem original, resultado - imagem baseada nas cores obtidas, cores iniciais - cores selecionadas como coeficientes iniciais para treinar a rede neuronal, cores aprendidas - cores obtidas como resultado do treino da rede neuronal).

Como se pode ver visualmente nos resultados, as cores detectadas não correspondem à paleta de cores da imagem original. Para obter resultados mais fiáveis, é necessário pré-processar a imagem, removendo as cores que não correspondem à paleta do terreno. Por conseguinte, podemos concluir que o algoritmo do mapa auto-organizado de Kohonen não é adequado para resolver o nosso problema.

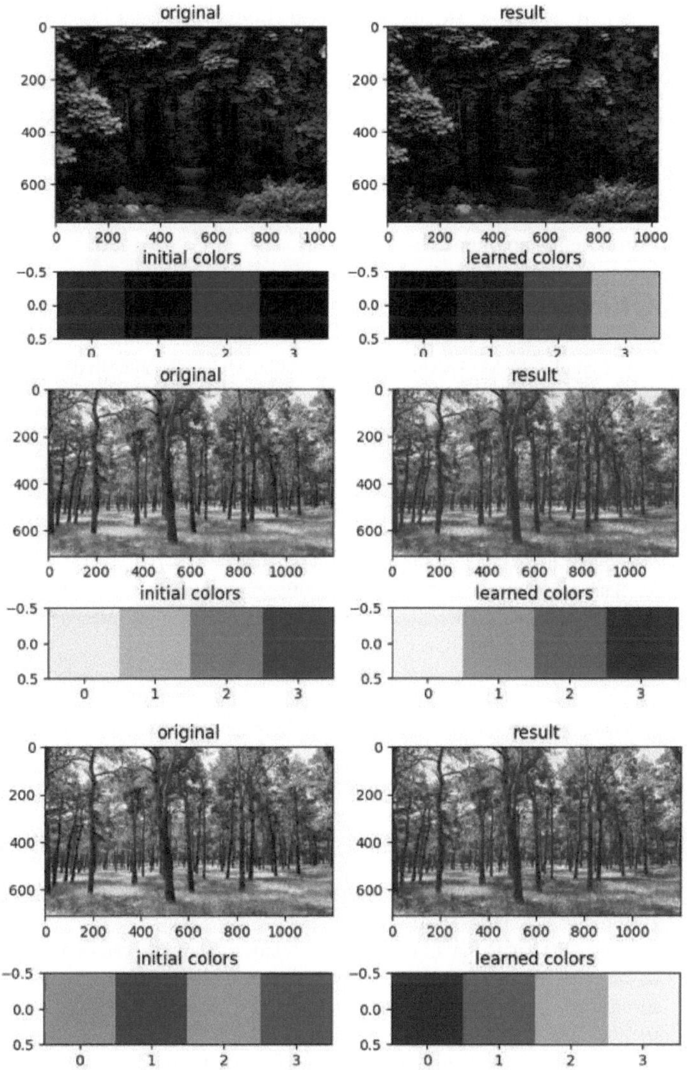

Figura 12.8: Cores obtidas com o algoritmo do mapa auto-organizável de Kohonen

12.5. Conclusões

Como resultado da investigação, foram analisados algoritmos matemáticos de agrupamento para determinar as cores caraterísticas do terreno. A necessidade de realizar estes estudos deve-se à falta de uma forma universal de determinar o número de clusters e baseou-se na investigação de outros cientistas [14, 17], que determinaram que, para cada área temática, apenas um algoritmo de agrupamento específico funciona mais eficazmente, o que deve ser determinado experimentalmente. De acordo com os resultados da investigação, o algoritmo ótimo para determinar as cores caraterísticas do terreno foi o algoritmo de agrupamento k-means++.

12.6. Referências

[1] S. A. Tsybulia, V. M. Aborin, Yu. A. Nastishin, Meios de imitação de objectos e equipamento militar como uma componente importante para melhorar a sobrevivência das tropas. A Segunda Guerra de Karabakh como uma guerra de nova geração, em Proceedings on the International scientific-practical conference. 21-22 de outubro, Escola de Guerra das Forças Armadas da República do Azerbaijão, 2021, pp. 74-76 .

[2] Padrões de Camuflagem HyperStealth. URL: htps://www.hyperstealth.com/camouflagepatterns.html.

[3] A Saab fornece sistemas de camuflagem à França, 2022. URL: https://www.saab.com/newsroom/press-releases/2022/saab-provides-camouflage-systems-to-france.

[4] T. O'Neill (camoufleur), 2022. URL: https://en.wikipedia.org/wiki/Timothy_O'Neill.

[5] O Pentágono é acusado de desperdiçar até 28 milhões de dólares em uniformes "inadequados" para soldados afegãos. URL: https://www.nbcnews.com/news/world/pentagon-accused-wasting-28m-inappropriate-afghan-soldier-uniforms-n775081 .

[6] T. O'Neill, Innovative camouflage measures for the United States Marine Corps (Medidas inovadoras de camuflagem para o Corpo de Fuzileiros Navais dos Estados Unidos). MARCORSYSCOM ao abrigo do acordo tecnológico Sverdrup número 0965-36-01-C1.

[7] X. Yang, WD Xu, Q. Jia, L. Li, WN Zhu, Pesquisa sobre extração e reprodução de manchas de deformação de camuflagem com base no modelo de rede adversária generativa, Tecnologia de Defesa, 2020. DOI: 10.1016/j.dt.2019.06.021.

[8] N. V. Karaeva, I. A. Varava, Otimização ecológica e económica da produção: métodos e meios de análise de agrupamentos: instruções metodológicas para a realização de trabalhos de laboratório [Ekoloho-ekonomichna optymizatsiya vyrobnytstva: metody ta zasoby klasternoho analizu: metodychni vkazivky do vykonannya laboratornykh robit]. Kyiv: NTUU "KPI", 2016.

[9] Feng Xuen, Shan Xu, Yue-Tong Luo, Wei Jia, Design de camuflagem digital por sobreposição recursiva de modelos de padrões. Neurocomputação 172 (2015) 262-270. DOI: 10.1016/j.neucom.2014.12.108.

[10] W. Xiao, Y. Zhao, X. Gao, C. Liao, S. Huang, L. Deng, Implementação do algoritmo de geração de imagem de camuflagem baseado em clustering Fuzzy

C-Means (FCM), IEEE Access 9 (2021) 120203-120209. DOI: 10.1109/ACCESS.2021.3108803.

[11] Zun-yang Liu, Feng Ding, Ying Xu, Xu Han, método de extração de cores dominantes de fundo com base no algoritmo de agrupamento rápido de c-means fuzzy de imagem colorida, Tecnologia de Defesa 17 (5) (2021) 1782-1790. DOI: 10.1016/j.dt.2020.10.002.

[12] A. A. Patel, Aprendizagem prática não supervisionada usando Python: como construir soluções de aprendizado de máquina aplicadas a partir de dados não rotulados. O'Reilly Media, 2019.

[13] I. Yatskiv, I. Gusarova, Methods for determining the number of clusters in classification without training, Transport and Telecommunication Journal 4 (1) (2003) 23-28.

[14] V. Frolov, S. Slipchenko, O. Prikhodko, Método para calcular o número de clusters para o algoritmo k-means. Economia. Ciência da Computação 47(1) (2020) 213-225. DOI: 10.18413/2687-0932-2020-47-1-213-225.

[15] Arbelaitz Olatz, Gurrutxaga Ibai, Muguerza Javier, Pérez Jesús M., Perona Iñigo, Um extenso estudo comparativo dos índices de validade de clusters, Pattern Recognition 46(1) (2013) 243-256. DOI: 10.1016/j.patcog.2012.07.021.

[16] P. Sarlin, S. Rönnqvist, Coloração de Clusters do Mapa Auto-Organizável: Uma perspetiva de visualização de informações, em Anais da 17ª Conferência Internacional sobre Visualização de Informações, Londres, 2013, pp. 532-538. DOI: 10.1109/IV.2013.72.

[17] J. Kleinberg, E. Tardos, Algorithm Design, 2006. Livros de autores brasileiros importantes também estão disponíveis, 2019.

[18] V. Volkov, Câmara digital. Sova, 2005.

[19] S. A. Douglas, A. E. Kirkpatrick, Model and representation: the effect of visual feedback on human performance in a color picker interface. ACM Transactions on Graphics 18(2) (1999) 96-127. DOI: 10.1145/318009.318011.

[20] P. Bian, el. al., Fuzzy c-means clustering based digital camouflage pattern design and its evaluation, in Proceedings on the 10th International conference on signal processing proceedings, Beijing, China. 2010, pp. 1017-1020. DOI: 10.1109/ICOSP.2010.5655856.

[21] Q. Jia, H., Xue S. Wang, C. Ma, Design e Efeito de Camuflagem do Padrão de Camuflagem Facial, em Actas da Conferência Internacional sobre Avanços em Engenharia Eléctrica e Aplicações Informáticas, Dalian, China. 2020, pp. 768-772. DOI: 10.1109/AEECA49918.2020.9213453.

[22] S. A. Tsybulia, I.V. Chernykh, Questões problemáticas do desenvolvimento de redes de camuflagem para as necessidades da Operação das Forças Conjuntas [Problemni pytannya rozroblennya maskuval'nykh sitok dlya potreb provedennya Operatsiyi Ob"yednanykh syl]. Criação e modernização do OVT em condições modernas: materiais da 20ª conferência científica e técnica, Chernihiv, 03-04 de setembro de 2020. Chernihiv, 2020, pp. 269-270.

[23] J. MacQueen, Some methods for classification and analysis of multivariate observations, Proc. of in Proceedings on the fifth Berkeley Symp. on Mathematical Statistics and Probability, 1(14) (1967) 281-297.

[24] D. Arthur, S. Vassilvitskii, k-means++: as vantagens de uma sementeira cuidadosa. Society for Industrial and Applied Mathematics Philadelphia, em

Actas do décimo oitavo simpósio anual ACM-SIAM sobre algoritmos discretos, PA, EUA, 2007, pp. 1027-1035. DOI: 10.5555/1283383.1283494.

[25] D. Selukov, V. Shilov, Encontrando o número ideal de clusters pelo "método do cotovelo". Tecnologias inovadoras: teoria, ferramentas, prática 1 (2016) 107-111.

[26] B.G. Mirkin, Cluster analysis methods for decision support: a review. Ed. casa da Escola Superior de Economia da Universidade Nacional de Investigação. 2011.

[27] R.B. Calinski, J. Harabasz, Um método de dendrite para análise de agrupamentos. Comm. in Statistics 3 (1974) 127.

[28] M.A. Hogervorst, A. Toet, P. Jacobs, Conceção e avaliação da camuflagem (urbana). Actas da SPIE. 2010. DOI: 10.1117/12.850423.

[29] Norma militar VST 01.106.001 - 2018 (01). Apoio de engenharia. Sistema de requisitos táticos e técnicos gerais para armas de engenharia. Requisitos técnicos para meios de camuflagem [Viys'kovyy standart VST 01.106.001 - 2018 (01). Inzhenerne zabezpechennya. Systema zahal'nykh taktyko-tekhnichnykh vymoh do inzhenernoho ozbroyennya. Tekhnichni vymohy do maskuval'nykh zasobiv]. Kyiv: Ministério da Defesa da Ucrânia, 2018.

[30] Chijiiwa Hideaki, Color harmony: a guide to creative color combinations. Vol. 1. Rockport Pub, 1987.

[31] T. Kohonen, Mapas auto-organizáveis: Abordagens de otimização. Artificial neural networks, North-Holland, 1991, pp. 981-990).

[32] ISO/CIE 11664-6:2022 | EN ISO/CIE 11664-6:2022 Colorimetria - Parte 6: Fórmula de diferença de cor CIEDE2000.

[33] Z. Al-Ameen, aprimoramento de contraste para imagens coloridas usando uma técnica de alongamento de contraste ajustável. Revista Internacional de Computação 17(2) (2018) 74-80.

[34] I. Paliy, A. Sachenko, V. Koval e Y. Kurylyak, Approach to Face Recognition Using Neural Networks, em Proceedings on the Intelligent Data Acquisition and Advanced Computing Systems: Technology and Applications, Sofia, Bulgária, 2005, pp. 112-115, doi: 10.1109/IDAACS.2005.282951.

[35] B.P. Rusyn, V.H. Ivanyuk, H. Lau, V.M. Dovhunyk, V.V. Kornii, Análise informática da composição de fases do material com base em imagens a cores de secções. Ciência dos Materiais 40(5) (2004) 662-667.

[36] L. Khrissi, N. El Akkad, H. Satori, K. Satori, Uma abordagem de agrupamento eficaz baseada num algoritmo de seno cosseno melhorado. Revista Internacional de Computação 21(2) (2022) 159-168. DOI: 10.47839/ijc.21.2.2584.

[37] O. Tymochko, V. Larin, M. Kolmykov, O. Timochko, V. Pavlenko, Investigação de métodos de filtragem de imagens em sistemas informáticos. Sistemas de Informação Avançados 5(1) (2021) 93-99. DOI: 10.20998/2522-9052.2021.1.13.

[38] O. Yakovleva, K. Nikolaieva, Pesquisa de normalização de imagem baseada em descritor e análise comparativa dos descritores SURF, SIFT, BRISK, ORB, KAZE, AKAZE. Sistemas de Informação Avançados 4(4) (2020) 89-101. DOI: 10.20998/2522-9052.2020.4.13.

[39] I. Ruban, el. al., Modelo de autenticação de imagens digitais. Sistemas de Informação Avançados 5(1) (2021) 113-117. DOI:10.20998/2522-9052.2021.1.16

[40] E. Sabziev, Determinação da localização de um veículo aéreo não tripulado com base em imagens de câmaras de vídeo. Sistemas de Informação Avançados 5(1) (2021) 136-139. DOI: 10.20998/2522-9052.2021.1.20.

[41] S. Tyshko, el. al., Método compensatório para medir a mudança de fase usando sinais de conversão bisemiperiódica em sistemas de inteligência de diagnóstico. CEUR-WS Proceedings 3312 (2022) 144-154.

[42] D. Mozgovoy, V. Hnatushenko, V. Vasyliev, Automated recognition of vegetation and water bodies on theterritory of megacities in satellite images of visible and IR bands, ISPRS Ann. Photogramm. Sensoriamento Remoto. Inf. Espacial. Sci. IV-3 (2018)167-172. DOI: 10.5194/isprs-annals-IV-3-167-2018.

[43] Y. Shedlovska, V. Hnatushenko, Deteção e remoção de sombras usando um modelo de formação de sombras, em Proceedings on the First International Conference on Data Stream Mining & Processing (DSMP), 2016. DOI: 10.1109/dsmp.2016.7583537.

[44] V. Kashtan, V. Hnatushenko, Y. Shedlovska, Tecnologia de processamento de imagens de deteção remota multiespectral, em Proceedings on the IEEE International Young Scientists Forum on Applied Physics and Engineering (YSF), 2017. DOI: 10.1109/ysf.2017.8126647.

[45] V. Gnatushenko, A utilização de métodos geométricos no processamento de imagens multiespectrais. Jornal de Automação e Ciências da Informação 35(12) (2003) 1-8. DOI: 10.1615/JAutomatInfScien.v35.i12.10.

[46] V. Gnatushenko, Utilização de métodos geométricos na análise de imagens multiespectrais. Problemy Upravleniya I Informatiki (Avtomatika) 6 (2003) 72-81.

[47] D. Mozgovoy, V. Hnatushenko, V. Vasyliev, Avaliação da precisão do reconhecimento automático de objetos usando imagens aéreas multiespectrais e rede neural, em Proceedings on the SPIE 10806, Décima Conferência Internacional sobre Processamento de Imagem Digital (ICDIP 2018), 9 de agosto de 2018, 108060H. DOI: 10.1117/12.2502905.

[48] D. Hordiiuk, V. Hnatushenko, Rede neural e métodos de filtro local de laplace aplicados a imagens de deteção remota de resolução muito elevada na deteção de danos urbanos, em Proceedings on the IEEE International Young Scientists Forum on Applied Physics and Engineering (YSF), 2017. DOI:10.1109/ysf.2017.8126648.

[49] Y. Shedlovska, V. Hnatushenko, V. Kashtan, Caraterísticas de imagens de satélite para a estimativa de similaridade de imagens, em Proceedings on the IEEE International Young Scientists Forum on Applied Physics and Engineering (YSF), 2017. DOI: 10.1109/ysf.2017.8126673.

[50] B. Rusyn, el. al., A correlation method for fingerprint image recognition using spectral features, in Proceedings on the International Conference on Modern Problems of Radio Engineering, Telecommunications and Computer Science, TCSET 2002, pp. 219-220.

[51] B. Rusyn, V. Korniy, O. Lutsyk, R. Kosarevych, Aprendizagem profunda para a segmentação de imagens de nuvens atmosféricas, em Actas da 11.ª

Conferência Internacional Científica e Prática sobre Eletrónica e Tecnologias da Informação, ELIT, 2019, pp. 188-191.

[52] B. Rusyn, A. Lutsyk, R. Kosarevych, Arquitetura modificada de compressão de imagem sem perdas baseada em FPGA para dispositivos on - board com CCD linear. Jornal de Automação e Ciências da Informação 51(2) (2019) 41-49.

[53] R. Kosarevych, el. al., Padrões de pontos aleatórios e sacos de palavras visuais para imagens de deteção remota. Jornal de Sensoriamento Remoto Aplicado 13(3) (2019), 034521.

[54] B. Rusyn, el. al., Reconstrução e análise quantitativa de superfícies metálicas com buracos com base num método melhorado de correspondência de imagens estéreo. Ciência dos Materiais 47 (2011) 255-263.

Capítulo 13. Análise de grandes volumes de dados para reconhecimento de imagens multiespectrais com base na aprendizagem profunda

O problema atual do reconhecimento de imagens multiespectrais é investigado. São utilizadas redes neuronais para a solução. O modelo da rede neural, o seu número de camadas, as funções activadoras, a otimização e o número de neurónios em cada camada foram selecionados com êxito. Utilizando estes parâmetros óptimos, obtém-se uma precisão de 97% para esta aplicação.

13.1. Introdução

Big Data em tecnologia da informação é um conjunto de conteúdos não estruturados e estruturados tão grande que os métodos tradicionais não podem ser aplicados. Trata-se de uma aceleração fenomenal da acumulação e complicação de dados. No mundo atual, o intercâmbio de grandes quantidades de informação, incluindo imagens, é comum. O reconhecimento atempado de imagens neste fluxo de conteúdos resolverá muitos problemas prementes em vários domínios da atividade humana. Os métodos e técnicas analíticos aplicáveis aos grandes volumes de dados destacados no relatório McKinsey são os métodos de extração de dados, o crowdsourcing, a fusão e integração de dados, a aprendizagem automática, as redes neuronais artificiais, a aprendizagem em conjunto, o reconhecimento de padrões, a análise preditiva, a modelização por simulação, a análise estatística e a visualização de dados analíticos. Existem muitos métodos de classificação de dados na aprendizagem automática, sendo os mais famosos a regressão logística, a floresta aleatória, o Bayes ingénuo, a máquina de vectores de apoio, os vizinhos mais próximos, o classificador de árvores de decisão e a rede neural artificial. O reconhecimento de imagens multiespectrais está diretamente relacionado com a aprendizagem automática, especialmente com as redes neuronais [1]. As redes neuronais são algoritmos semelhantes ao cérebro humano e concebidos para detetar padrões [2]. As redes neuronais são formadas na aprendizagem e são idênticas ao cérebro humano [3]. São constituídas por funções numa rede artificial denominada parâmetros, por vezes designados por neurónios, que permitem ao computador aprender e afinar-se através da análise de novos conteúdos como os grandes dados [4-6].

Cada parâmetro é uma função que produz dados depois de receber um ou mais inputs. Estas saídas são então transmitidas à camada seguinte de neurónios, que introduz o seu processo e produz resultados diferentes. Estes resultados são depois transmitidos à camada seguinte de neurónios até que cada camada de neurónios seja considerada. A última camada de neurónios não recebe qualquer entrada da camada anterior. Esta última camada de neurónios produz o resultado final [7-8]. Existem muitas implementações de software de redes neuronais como tecnologia de aprendizagem automática. A maioria destes programas centra-se na classificação de imagens. Estas imagens podem ser qualquer coisa, como um produto de consumo específico, um organismo vivo, uma caligrafia, etc. As possibilidades práticas de um modelo deste tipo são vastas e lucrativas.

13.2. Trabalhos relacionados

O processo abordado neste artigo científico é o desenvolvimento de software de reconhecimento de imagens militares. Este processo está diretamente relacionado com a visão por computador e não apenas com assuntos militares. A principal atividade do software será a classificação de imagens de acordo com os dados de entrada. O Departamento de Defesa dos EUA lançou em 2017 um programa de visão artificial denominado Algorithmic Warfare de um grupo interfuncional com o nome de código "Project Maven". A inteligência artificial identifica veículos, pessoas e automóveis e rastreia objectos de interesse para os analistas. O projeto Maven centra-se na visão computacional, um aspeto da aprendizagem automática e profunda que extrai de forma independente objectos específicos de imagens em movimento ou fixas [9]. Neste processo, são utilizadas redes neuronais biológicas. A aprendizagem automática profunda é definida como a aplicação dessas redes neuronais a tarefas de aprendizagem.

13.3. Materiais e métodos

A classificação utiliza um conjunto de dados de treino para obter as melhores condições de fronteira que podem ser utilizadas para definir cada classe-alvo. Depois de determinar as condições de fronteira, a tarefa seguinte é prever a classe-alvo. Os projectos baseados na aprendizagem profunda são diferentes dos projectos de software tradicionais. As diferenças residem nas tecnologias, nas competências necessárias para conceber a inteligência artificial e na investigação profunda. Para implementar a tarefa técnica na criação de inteligência artificial, deve ser utilizada uma linguagem de programação flexível, estável e com ferramentas disponíveis. A linguagem Python preenche todos estes critérios [10-13]. Python oferece um código conciso e fácil de ler. Algoritmos sofisticados e fluxos de trabalho universais estão por detrás da inteligência artificial e da aprendizagem profunda, mas a simplicidade do Python permite aos programadores escrever sistemas robustos. Como resultado, os programadores estão a fazer todos os esforços para resolver problemas de aprendizagem automática em vez de se concentrarem nas nuances técnicas da linguagem. Uma das principais razões pelas quais o Python é a melhor linguagem para a aprendizagem profunda é o acesso a muitas bibliotecas. A rede neural principal é um modelo construído com a biblioteca TensorFlow 2.0. O TensorFlow é uma interface para desenvolver algoritmos de aprendizagem profunda e implementá-los para os executar. O sistema flexível pode criar vários algoritmos, incluindo aprendizagem profunda e inferências para modelos de redes neurais profundas [14-24]. O Keras é o componente mais importante da biblioteca TensorFlow para o projeto [4, 25-26].

13.4. Experiências

Antes de começar a desenvolver software, é necessário construir a sua estrutura. Decidimos decompor o projeto para facilitar a utilização, os testes e a implementação de experiências e exemplos de aplicação em condições naturais. Isto é essencial porque podemos efetuar testes, experiências, etc., sem alterar o código principal do produto de software. A estrutura do produto de software é constituída por várias partes, nomeadamente o código do programa, os conjuntos de dados [27] e os ficheiros auxiliares. Os conjuntos de dados incluem um conjunto de dados de treino e um conjunto de dados de teste que são armazenados em formato CSV. A estrutura de dados consiste nos seguintes atributos:

- Os infravermelhos são radiações electromagnéticas com comprimentos de onda superiores aos da luz visível. Os comprimentos de onda dos cobertores vão desde o limite vermelho nominal do espetro visível de cerca de 700 nanómetros (frequência 430 THz) até 1 milímetro (300 GHz).

- O vermelho é a parte do espetro eletromagnético visível ao olho humano. Tem um comprimento de onda de 700 nm e 4,29 * 1014 Hz.
- O verde é a parte do espetro eletromagnético visível ao olho humano. Tem um comprimento de onda de 550 nm e 5,45 * 1014 Hz.
- O azul é a parte do espetro eletromagnético visível ao olho humano. Tem um comprimento de onda de 450 nm e 6,66 * 1014 Hz.

Contêm também 150 elementos de amostragem: o teste de treino contém 121 elementos (cerca de 80% do conjunto total de dados) e o teste de ensaio 29 (cerca de 20%). O código do programa inclui os seguintes módulos:

- Experiments.py - o módulo foi concebido para realizar experiências com o modelo. Em particular, é possível ver gráficos de processos, estatísticas e cronogramas de execução para diferentes parâmetros do modelo.
- Network.py - o módulo foi concebido para realizar as principais actividades da rede neural. A sua criação, treino e preservação são implementados neste módulo.
- Network_exp.py é um módulo de software concebido para experiências com uma rede neural com um número variável de neurónios na primeira camada oculta.
- Network1.py - o módulo foi concebido para apresentar uma matriz de discrepâncias.
- Project.py - implementa a interface do utilizador.
- Test.py foi concebido para testar um módulo guardado utilizando um conjunto de dados de teste.

Os ficheiros auxiliares incluem o seguinte:

- Good_model.h5 - o ficheiro destina-se a guardar o modelo final da rede neural.
- Rocket1.ico é um atalho para a implementação de software.

O código do programa é implementado apenas na linguagem de programação Python. Desenvolvemos uma versão mínima do produto de software. É possível introduzir a posição no plano de coordenadas e o vetor de quantidades para o seu reconhecimento posterior. Exemplo um: A entrada é o vetor de quantidades e coordenadas onde foi reconhecido um objeto aeronáutico. Os dados de origem apresentam um ponto no plano de coordenadas e a classe especificada à qual o objeto pertence. Os processos descritos e os resultados são apresentados na Fig. 13.1. A Fig. 13.2 mostra como a rede neural avalia o objeto.

O gráfico mostra que a probabilidade de o objeto pertencer à classe dos aviões é muitas vezes superior à das outras duas classes. O segundo exemplo tem dados de entrada semelhantes, nomeadamente quatro dígitos que variam de 0 a 1 e coordenadas. Os resultados do modelo e dos dados de entrada podem ser vistos na Fig. 13.3. Para mais informações sobre o segundo exemplo, ver a Fig. 13.44. Esta figura mostra a desvantagem de o modelo ter um pequeno erro no reconhecimento de aviões e mísseis. O valor do objeto pertence à classe dos aviões. Embora seja mais elevado do que os outros, a probabilidade de pertencer à classe dos mísseis é próxima do mesmo valor.

A matriz de correlação do conjunto de dados para o treino é apresentada na Fig. 13.5. De acordo com a matriz de correlação, é possível picar, mas as colunas contentam-se com os pousios. Existem sinais de "vermelho" e "infra-vermelho", o menor número de árvores em pousio, "azul" e "vermelho" / "infra-vermelho".

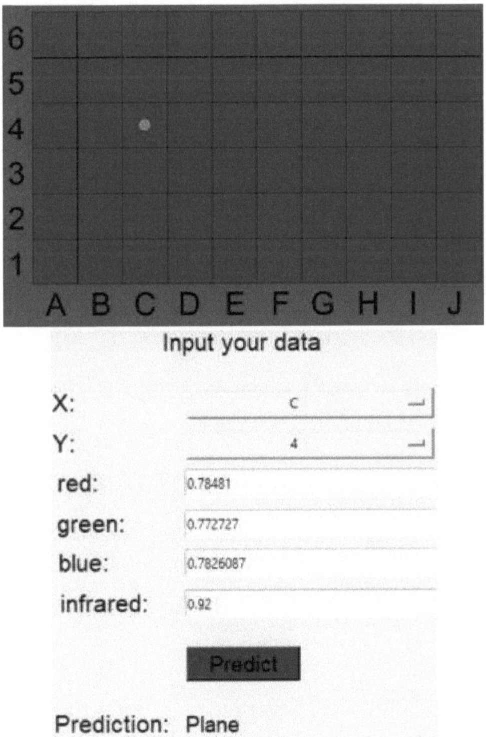

Fig. 13.1. Primeiro exemplo de I/O

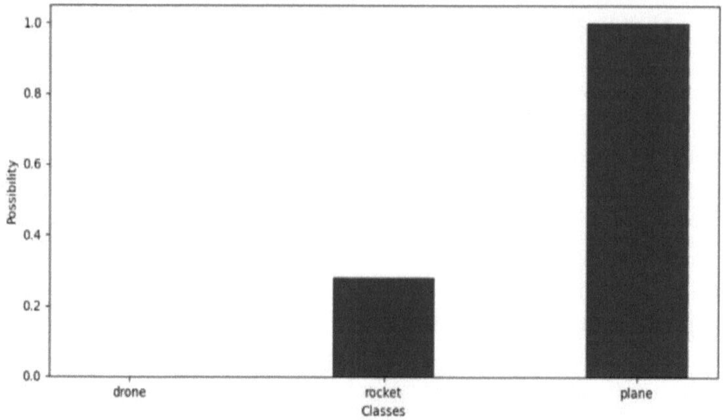

Fig. 13.2. Informações adicionais para o primeiro exemplo

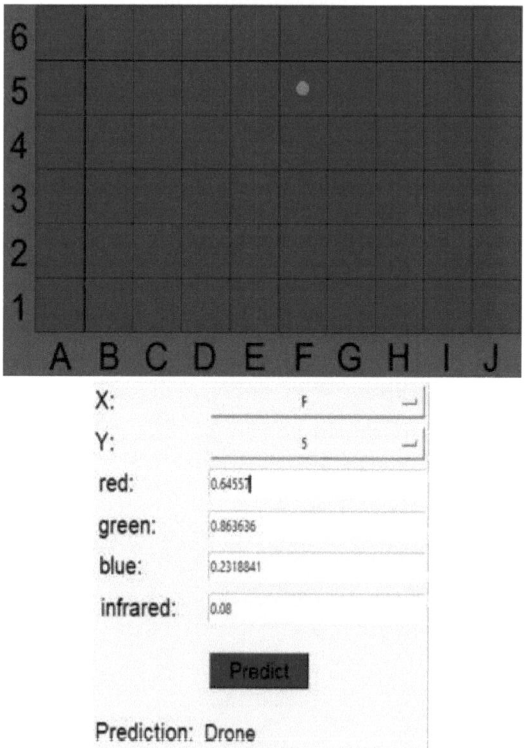

Fig. 13.3. Segundo exemplo de E/S

O primeiro estudo de precisão e perda está associado a uma rede neural de três camadas. O segundo é com uma rede de quatro camadas. Os resultados são apresentados nas Figuras 13.6-13.7. Nestas figuras, pode ver-se que a precisão final com cada época de aprendizagem nos modelos de três e quatro camadas é quase a mesma, pelo que se deve utilizar um modelo menos dispendioso em termos de hardware: um modelo de três camadas.

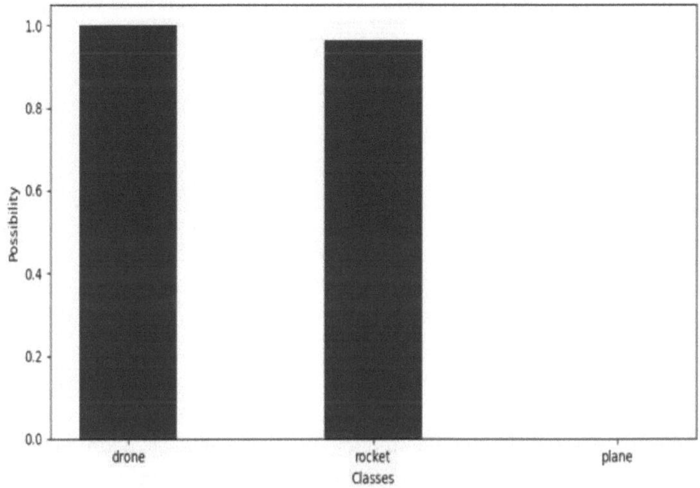

Fig. 13.4. Informações adicionais sobre o segundo exemplo

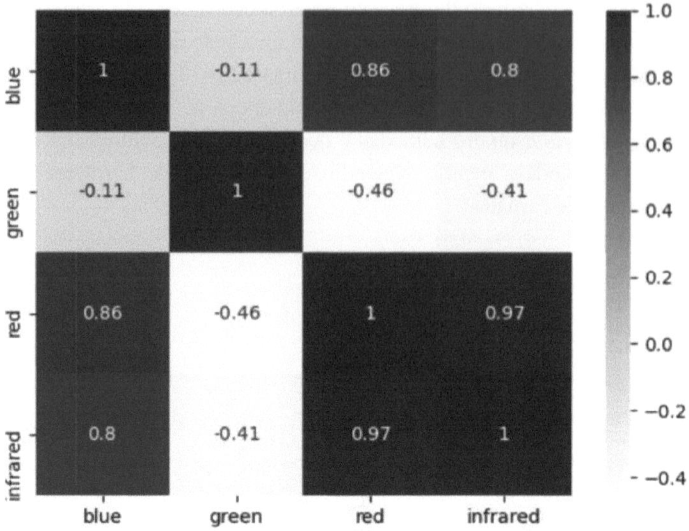

Fig. 13.6. Matriz de correlação com o conjunto de dados para treino

A diferença entre os modelos de 3 e 4 camadas é que o crescimento do modelo de 4 camadas é mais rápido para o mesmo número de épocas do que o do modelo de 3 camadas. De acordo com a afirmação selecionada no parágrafo anterior, deve ser utilizado no futuro um modelo de rede neural de 3 camadas. A primeira camada é alimentada com uma matriz com uma dimensão de 4 números de dupla precisão que variam entre 0 e 1. Na camada original, existem três neurónios fixos. Por conseguinte, o número de neurónios só deve ser alterado numa camada oculta. O intervalo de neurónios será de 4 (dimensão dos dados de entrada) a 60 (número máximo permitido dadas as limitações do hardware). O número de neurónios na primeira camada oculta é apresentado nas Fig. 13.8-13.9. De acordo com estes resultados, todos os neurónios no intervalo selecionado têm aproximadamente a mesma precisão, que varia entre 97,39% e 98,26%. No entanto, à medida que o número de neurónios aumenta, o parâmetro de perda diminui.

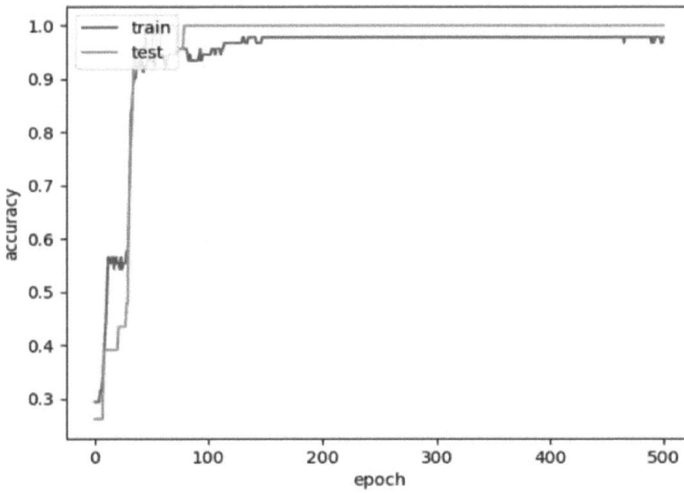

Fig. 13.7. Gráfico de exatidão para o modelo de 3 camadas

Uma vez que a precisão não se altera, e as perdas não afectam significativamente a eficácia da implementação do software, particularmente com o aumento do número de neurónios, começam a diminuir mais lentamente. A decisão final é escolher o número de neurónios para a camada oculta 17.

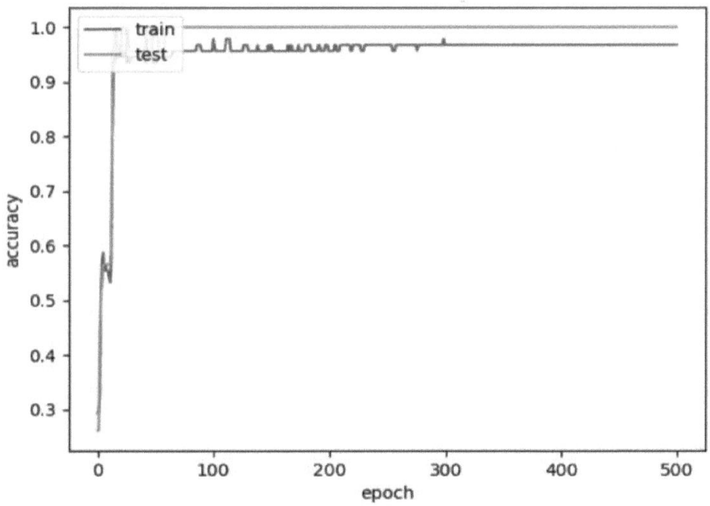

Fig. 13.8. Gráfico de exatidão para o modelo de 4 camadas

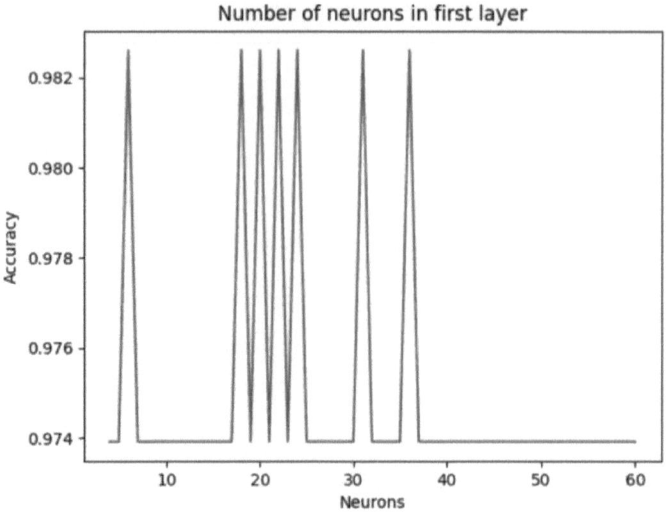

Fig. 13.9. Gráfico da precisão com o aumento de neurónios

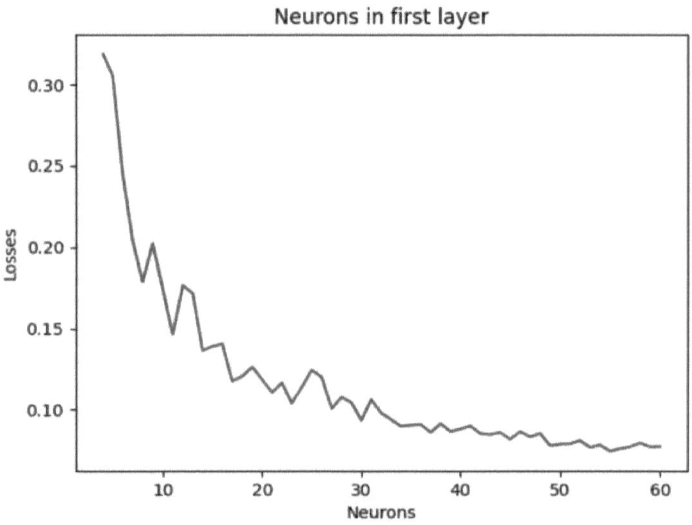

Figura 13.10. Gráfico das perdas com o aumento dos neurónios

13.5. Resultados

Depois de implementar com sucesso a versão inicial do nosso projeto, começámos a testar os dados iniciais, os processos e os parâmetros durante a execução do programa. Na Fig. 13.10, há um gráfico das alterações na imprecisão, com a precisão no conjunto de dados de teste, e nas perdas, com as perdas no conjunto de dados de teste. A cada época de treinamento do modelo de rede neural, a precisão aumenta e as perdas diminuem. Também se pode utilizar uma matriz de incompatibilidade para analisar a exatidão dos resultados reais. Ela é mostrada na Fig. 13.11. Com essa matriz, é possível saber mais sobre a precisão dos resultados. Em particular, podemos dizer que o modelo reconhece perfeitamente os drones, mas tem resultados menos positivos na identificação de mísseis e aeronaves.

13.6. Discussão

Para criar um excelente modelo de rede neuronal, especifique os parâmetros relevantes mais adequados para esta área de utilização. Depois, pode começar a trabalhar com qualquer modelo de três camadas. No nosso caso, os parâmetros iniciais foram os seguintes:

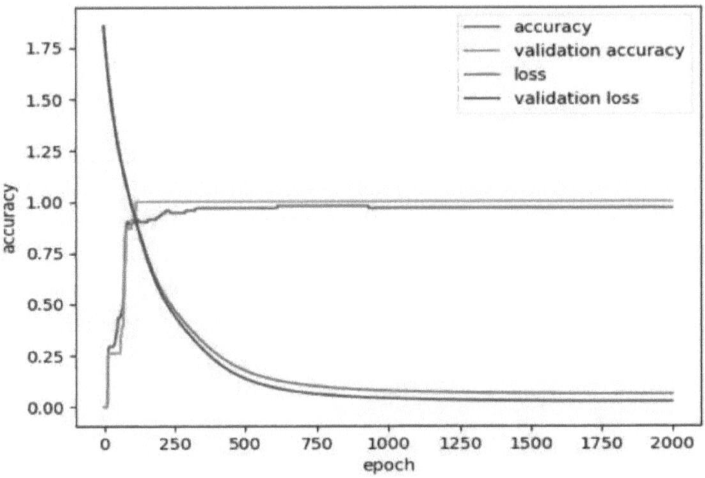

Fig. 13.11. Gráfico da exatidão e das perdas

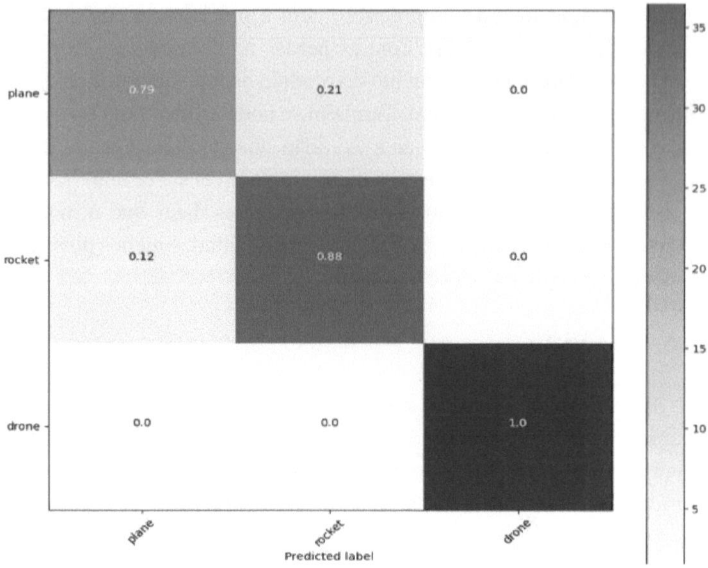

Fig. 13.12. Matriz de discrepâncias

- A camada de entrada é constituída por 4 neurónios.
- A camada oculta é constituída por 12 neurónios com uma função activadora de tangente hiperbólica.
- A camada de origem contém três neurónios e tem um ativador sigmoide.
- Os parâmetros adicionais também incluem a função de otimização do modelo, que determina o passo com que a rede aprende.

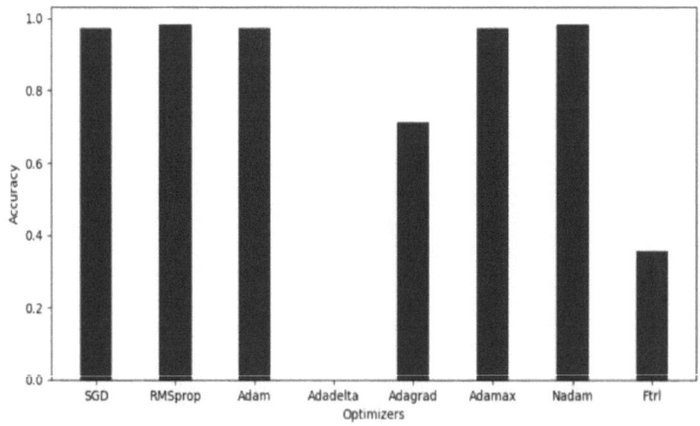

Fig. 13.13. Resultado do estudo do melhor optimizador

Primeiro, é necessário determinar que caraterísticas são adequadas para o critério de precisão da primeira camada oculta. Os resultados da experiência são apresentados nas Fig. 13.13-13.14. Assim, todas as funções activadoras selecionadas oferecem uma excelente precisão. Por conseguinte, devem ser calculadas por outro critério. Em particular, deve escolher a função tangente hiperbólica porque a Fig. 13.14 mostra o valor médio das perdas. É mais utilizada para o problema da classificação multiclasse. O seu centro está situado em zero.

Outras funções não são particularmente adequadas para o fim a que se destinam. Por exemplo, a função SELU não se destina à utilização de uma rede convolucional devido a determinadas deficiências, como os neurónios ReLU mortos.

Depois de determinar a melhor função de ativação para a primeira camada oculta, é necessário decidir qual a função de ativação para a camada de origem. O resultado do estudo é apresentado na Fig. 15-16. Se escolhermos com base em dados adicionais, é evidente que a função sigmoide tem uma vantagem em termos de precisão e perdas.

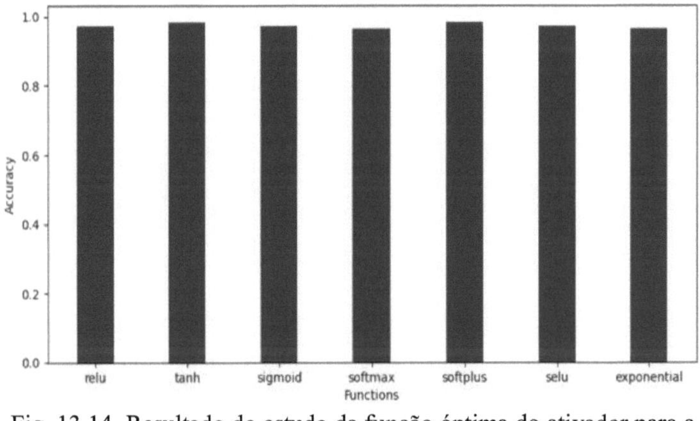

Fig. 13.14. Resultado do estudo da função óptima do ativador para a primeira camada oculta do modelo

```
4/4 [==============================] - 1s 1ms/step - loss: 0.1012 - accuracy: 0.9739
4/4 [==============================] - 0s 1ms/step - loss: 0.1080 - accuracy: 0.9826
4/4 [==============================] - 0s 1ms/step - loss: 0.3213 - accuracy: 0.9739
4/4 [==============================] - 0s 1ms/step - loss: 0.4575 - accuracy: 0.9652
4/4 [==============================] - 0s 1ms/step - loss: 0.1589 - accuracy: 0.9826
4/4 [==============================] - 0s 1ms/step - loss: 0.0884 - accuracy: 0.9739
4/4 [==============================] - 0s 1ms/step - loss: 0.0692 - accuracy: 0.9652
```

Fig. 13.15. Informações adicionais sobre a experiência para estudar a melhor função do ativador

O programador pode modificar a rede neuronal, interagir com a aplicação e efetuar a depuração. Os cenários ramificados e os fluxos alternativos são implementados através da emissão das mensagens adequadas no final da análise. Também é possível "confirmar o resultado", pelo que a rede neuronal itera a aprendizagem em função do objeto analisado. O diagrama de precedentes é apresentado na Fig. 17-18. Considerando a parte de software do sistema, o diagrama de precedentes terá o aspeto da Fig. 18-20. Em particular, o programador pode integrar a aplicação num outro sistema. O técnico pode receber dados do sistema ligado e apresentar informações mais detalhadas sobre um objeto específico com a ajuda de uma funcionalidade adicional de saída de dados. Em particular, se a sincronização for impossível ou falhar, o técnico pode introduzir os dados manualmente e obter o resultado.

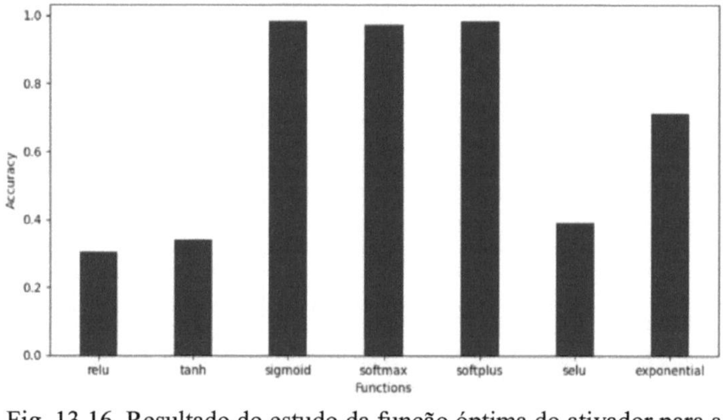

Fig. 13.16. Resultado do estudo da função óptima do ativador para a segunda camada oculta do modelo

```
4/4 [==============================] - 1s 3ms/step - loss: 1.0795 - accuracy: 0.3043
4/4 [==============================] - 0s 2ms/step - loss: 1.0986 - accuracy: 0.3391
4/4 [==============================] - 0s 2ms/step - loss: 0.1039 - accuracy: 0.9826
4/4 [==============================] - 0s 2ms/step - loss: 0.1017 - accuracy: 0.9739
4/4 [==============================] - 0s 0s/step - loss: 0.1369 - accuracy: 0.9826
4/4 [==============================] - 75s 25s/step - loss: 1.0986 - accuracy: 0.3913
4/4 [==============================] - 0s 1ms/step - loss: 0.2637 - accuracy: 0.7130
```

Fig. 13.17. Informações adicionais sobre a experiência para estudar a melhor função do ativador

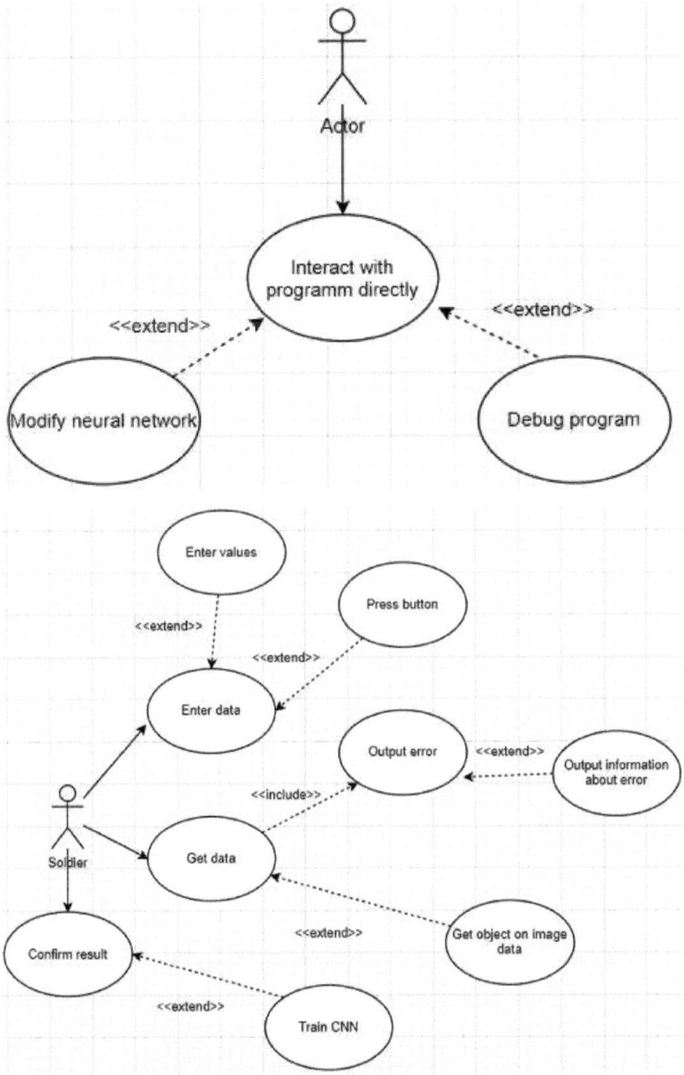

Fig. 13.18. Diagrama de precedentes: a) Programador, b) Soldado

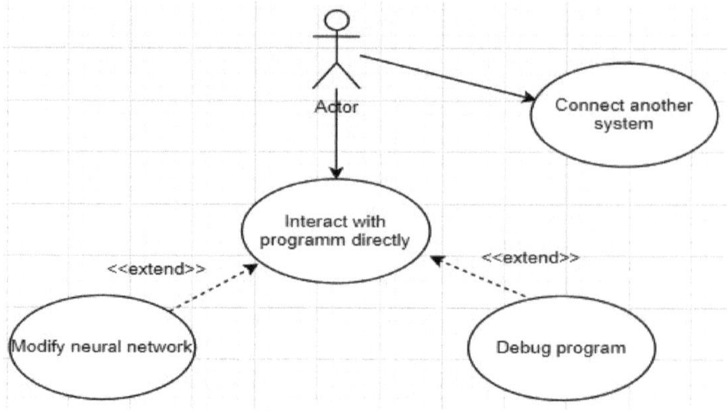

Fig. 13.19. Diagrama de utilização modificado para o programador

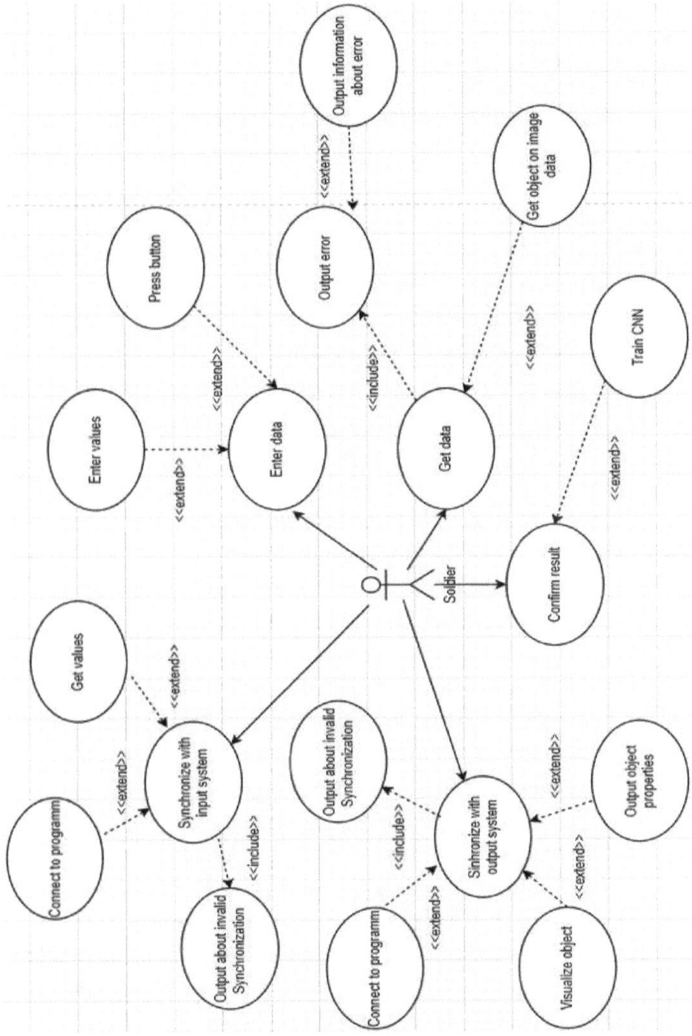

Fig. 13.20. Diagrama modificado de utilização para o Soldado

13.7. Tabela de precedentes modificada

O diagrama de classes, construído com base no gráfico de precedentes de acordo com a tarefa técnica, é apresentado na Fig. 21. Foram criadas classes adicionais "Trabalhador" e "Anexo" para facilitar a utilização. Na classe "Trabalhador", são inicializados os campos que estarão nas classes "Funcionário" e "Programador". Na classe

"Aplicação", serão implementadas as funções e os campos que reflectem o estado do software. As seguintes áreas estão encapsuladas na classe "Trabalhador":

- ID é um campo que apresenta o ID na base de dados.
- O empregado responsável é um campo de tipo de fita, a posição ou responsabilidade de uma pessoa.
- Salário - um campo inteiro que reflecte o salário.
- Experiência profissional - um campo inteiro que reflecte a experiência profissional.
- Nome do empregado é um campo do tipo faixa de opções que apresenta o nome do empregado.
- A classe "Soldado" interage com a classe "Anexo" e imita os campos da classe "Trabalhador". Em particular, na classe "Soldado", existem os seguintes campos:
- Patente - Um campo de fita que reflecte uma patente militar
- ID da unidade militar - Um campo inteiro que contém o ID da unidade militar na base de dados.
- A identificação do comandante é um campo inteiro que contém a identificação do chefe militar.

Os seguintes métodos também são implementados nesta classe:

- Introduzir dados - aceita uma matriz de dados inteiros. É apresentada uma matriz de entrada, que mostra a imagem em formato numérico.
- Obter resultado - de acordo com as acções da aplicação, obter o resultado da fita do programa, ou seja, a classe do objeto reconhecido.
- Confirmar o resultado - um método que interage com a aplicação e fornece o treino da rede neuronal.

A classe Developer também herda campos da classe Worker e interage com a classe Application. Não contém os seus campos de dados, mas inclui os seguintes métodos:

- Abrir o código principal do programa - o método é necessário para começar a configurar diretamente as propriedades da rede neuronal ou da aplicação.
- Alterar as definições da rede neuronal - o método foi concebido para alterar diretamente as propriedades da rede neuronal ou modificar os processos em que a rede neuronal funciona.

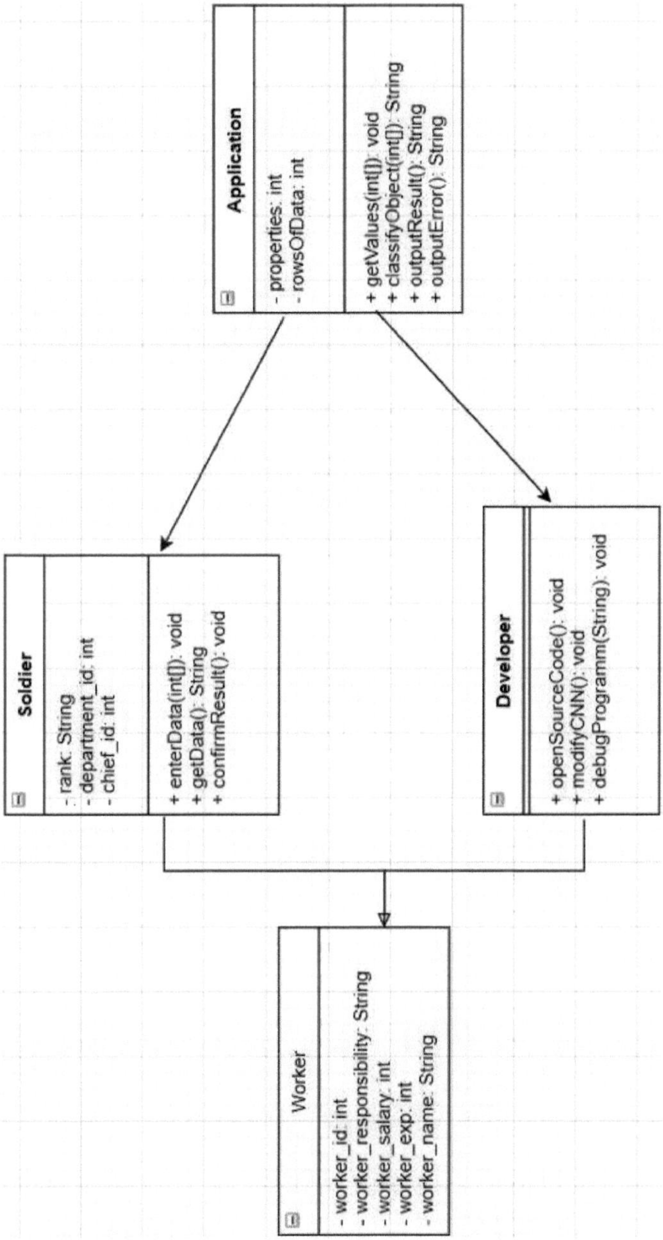
Application
- properties: int
- rowsOfData: int
+ getValues(int[]): void
+ classifyObject(int[]): String
+ outputResult(): String
+ outputError(): String
Soldier
- rank: String
- department_id: int
- chief_id: int
+ enterData(int[]): void
+ getData(): String
+ confirmResult(): void
Developer
+ openSourceCode(): void
+ modifyCNN(): void
+ debugProgramm(String): void
Worker
- worker_id: int
- worker_responsibility: String
- worker_salary: int
- worker_exp: int
- worker_name: String

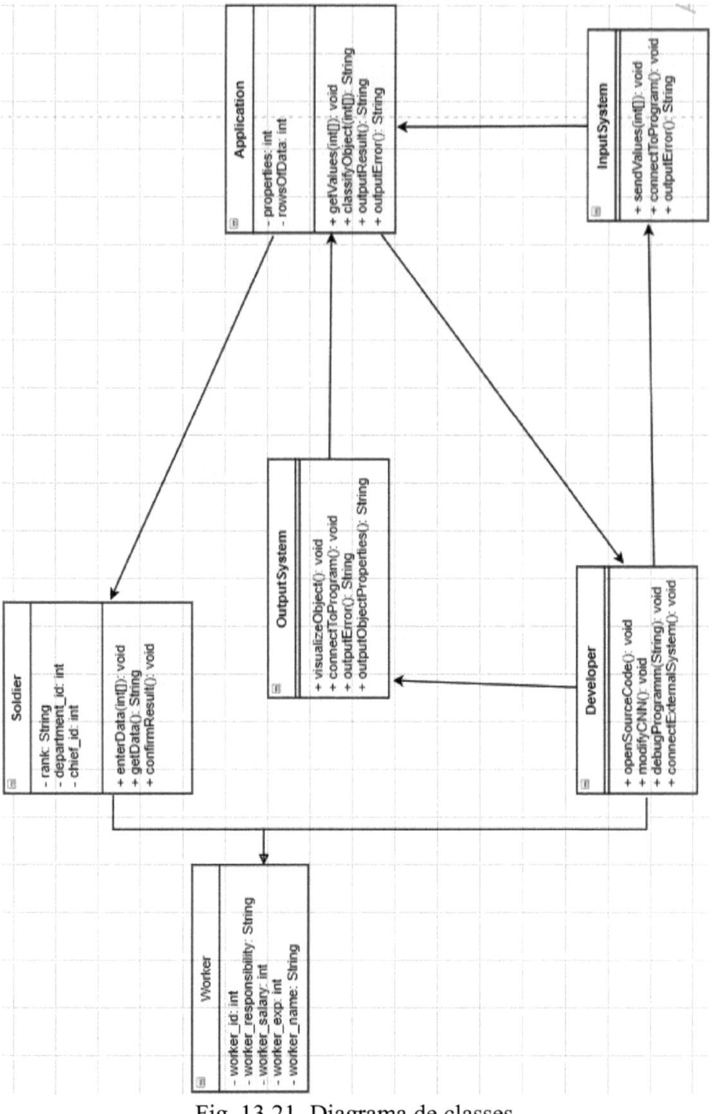

Fig. 13.21. Diagrama de classes

- Executar a depuração - Depurar a aplicação de acordo com a mensagem de erro.
- A classe "Apêndice" reflecte o estado da rede neuronal. Em particular, contém dados que caracterizam o modelo da

rede e os dados com os quais a rede foi estudada. Inclui também os seguintes métodos:

- Obter entrada - obter um conjunto de dados do utilizador que caracterizam a imagem.
- Classificar dados de entrada - classificar utilizando um modelo de rede neural.
- Resultados de saída - após uma classificação bem sucedida, apresentar os resultados em gráficos.
- Exibir mensagem de erro - se os dados de entrada não cumprirem os requisitos definidos na rede, exibir a mensagem de erro.

Suponha que modifica o projeto de acordo com a versão melhorada do gráfico precedente. Nesse caso, serão utilizadas mais duas classes para apresentar sistemas externos que fornecem entradas diretas e informações mais detalhadas. A classe Sistema de Entrada não contém campos de dados, mas inclui os seguintes métodos:

- Enviar uma matriz de números - envia uma variedade de números para o software de classificação de objectos.
- Ligar a uma aplicação - sincronizar com uma aplicação.
- Apresentar mensagem de erro - apresenta uma mensagem de erro.
- A classe Sistema de saída não contém campos de dados, mas inclui os seguintes métodos:
- Obter resultado do programa - envia uma matriz de números para o software de classificação de objectos.
- Ligar a uma aplicação - sincronizar com uma aplicação.
- Visualize os resultados - apresente a imagem, especifique a classe do objeto e selecione o objeto na imagem.
- Saída de propriedades adicionais do objeto - apresenta outras propriedades calculadas de acordo com a imagem e o resultado da classificação.
- Apresentar mensagem de erro - apresenta uma mensagem de erro.

Na Fig. 13.22, o diagrama de cooperação do cenário de sucesso e alternativo é apresentado de acordo com a tarefa técnica. Numa estratégia bem sucedida, o técnico começa por introduzir os dados no programa e, em seguida, o programa classifica e apresenta o nome da classe a que o objeto pertence. Após a conclusão bem sucedida, o técnico recebe e confirma o resultado da performance. Num cenário alternativo, ocorreu um erro de software durante o processamento dos dados de entrada. Neste cenário, um programador está ligado e efectua a depuração do programa. Se desenhar um diagrama de cooperação para uma versão melhorada do software, este será semelhante ao da Fig. 13.23. O técnico introduz dados, ou seja, imagens, num sistema de entrada externo. Em seguida, este sistema, após uma ligação bem sucedida à aplicação, envia uma série de números para o software concebido. A aplicação classifica então o objeto e envia estes dados para o sistema de saída. O sistema de saída visualiza a informação original e apresenta propriedades adicionais do objeto. Após a conclusão, o técnico recebe os resultados e a sua confirmação. A Fig. 13.24a apresenta um diagrama de sequência para um cenário de sucesso. O objeto soldado introduz dados no programa. Em seguida, o programa recebe o foco de controlo. Classifica o objeto e apresenta os dias. Depois, o soldado recebe os dados e confirma-os. Na Fig. 13.24b, é apresentado o diagrama do cenário alternativo. Mostra um objeto adicional - um programador de software. Neste cenário, o programa recebe os resultados do soldado e classifica-os. No entanto, ocorreu um erro durante o processo. O programa mostra esta mensagem. De seguida, o programador deve abrir o código do programa e validá-lo. Também vale a pena desenvolver um gráfico para futuras pesquisas na direção deste software. A Fig. 13.25 mostra um diagrama de sequência para um cenário de sucesso se os sistemas de E/S estiverem ligados ao programa. O soldado liga o sistema de introdução de dados e introduz os dados. Em seguida, o sistema de entrada transmite esses dados para o software desenvolvido. O programa classifica os dados de entrada e emite dados brutos de saída. Em seguida, liga-se ao sistema de saída e visualiza e apresenta informações adicionais sobre o objeto classificado. No final do cenário, o soldado pode obter os dados e confirmar os resultados. O procedimento da Fig. 13.26 começa com o soldado que introduz os dados no programa. Se o programa aceitar a entrada, o processo continua e o programa classifica o objeto com sucesso. Depois de apresentar os resultados, o soldado pode recebê-los e confirmá-los. Se ocorrer um erro durante a interação com o programa, este apresenta uma mensagem de erro. Em seguida, o desenvolvedor deve abrir o código principal do programa e realizar a validação. Na Fig. 13.27, ocorre um cenário semelhante, mas há outros processos de negócios para o sistema de entrada e saída de dados. O software desenvolvido está em um diretório e contém vários módulos. Em particular, os módulos incluem funções de E/S, um módulo que implementa a classe de rede neural e um ficheiro que contém os parâmetros do modelo de rede neural armazenado. O software requer a entrada de dados do ambiente externo, após o que a função de entrada os recebe e gera para classificação. O modelo de rede neural armazenado é utilizado durante a classificação. As funções de saída produzem o objeto classificado.

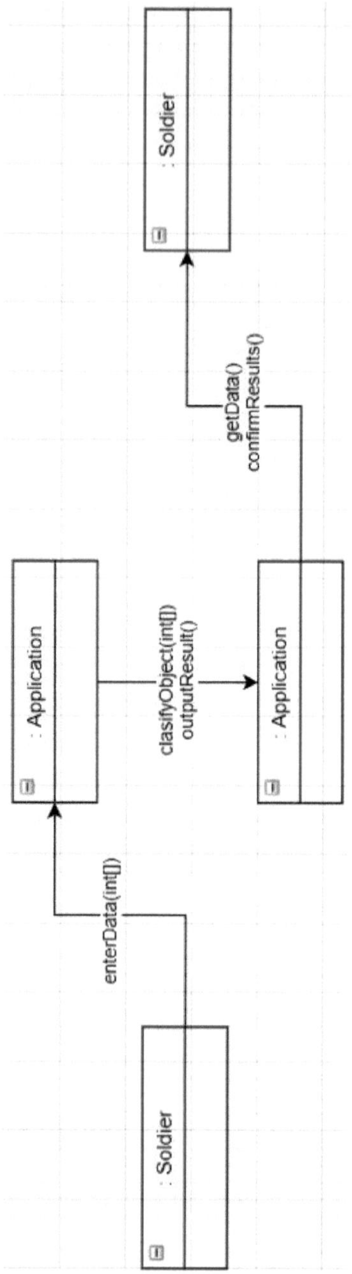
: Soldier
enterData(int[])
: Application
clasifyObject(int[])
outputResult()
: Application
getData()
confirmResults()
: Soldier

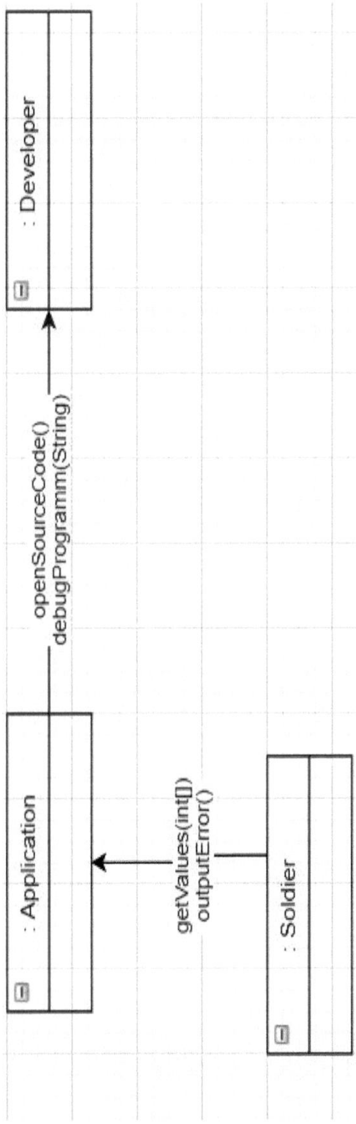

Fig. 13.22. Diagrama de cooperação

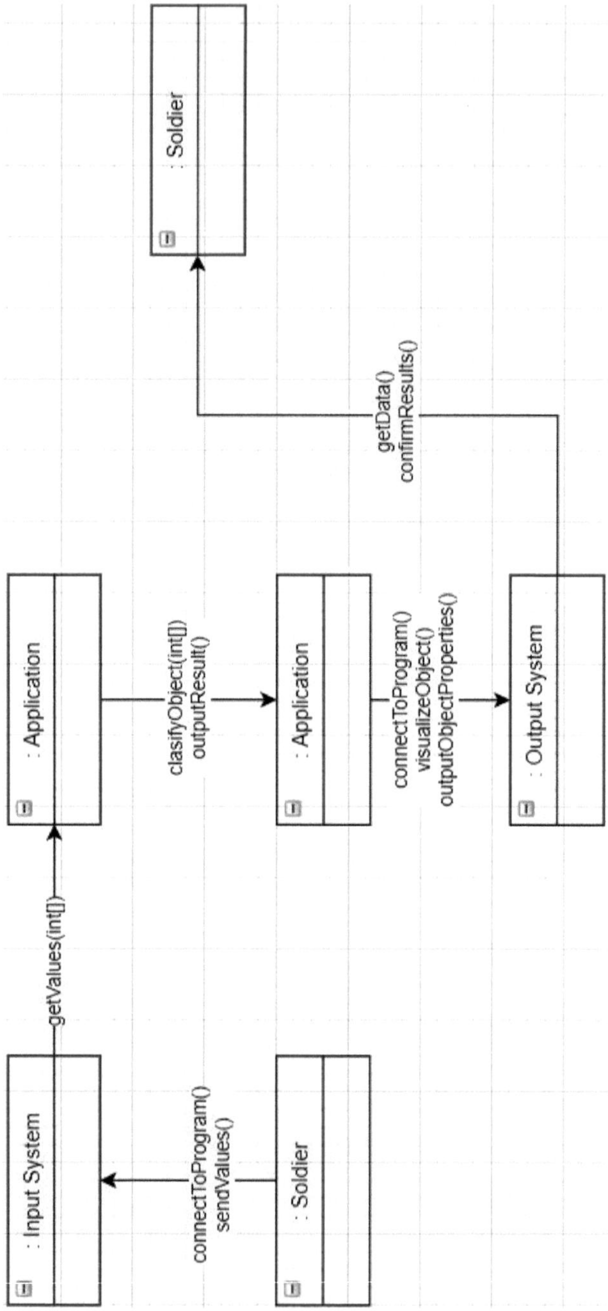

: Input System
: Soldier
connectToProgram()
sendValues()
getValues(int[])
: Application
clasifyObject(int[])
outputResult()
: Application
connectToProgram()
visualizeObject()
outputObjectProperties()
: Output System
getData()
confirmResults()
: Soldier

Fig. 13.23. Diagrama de cooperação do projeto melhorado

Para plotar os componentes para um cenário ampliado, é necessário utilizar sistemas de entrada e saída adicionais como componentes de diagrama. Neste caso, o utilizador introduz os dados no sistema de entrada, após o que os dados são transmitidos na forma adequada ao software para posterior classificação. Após a classificação, os dados originais são transmitidos como dados de origem brutos, que serão visualizados através do sistema de saída.

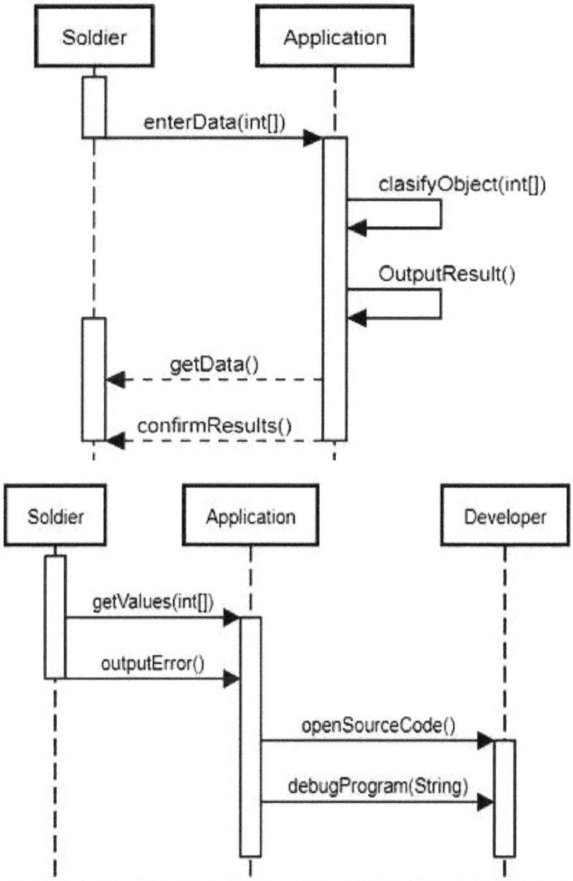

Fig. 13.24. Diagrama de sequência para um script bem sucedido

Diagrama de sequência para um cenário alternativo

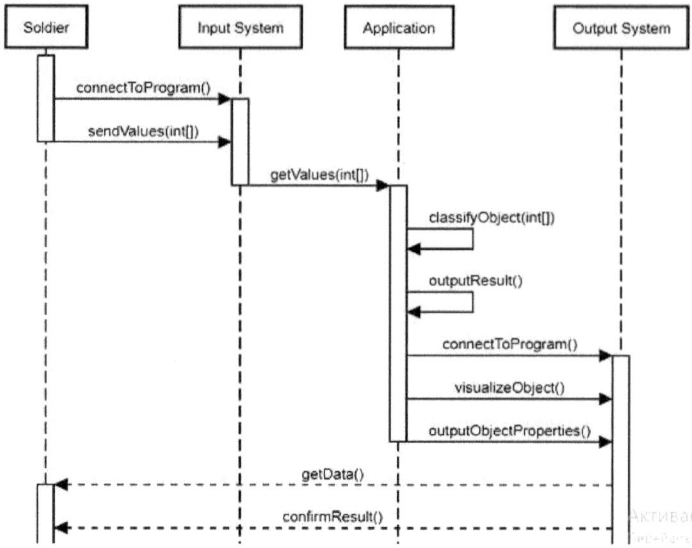

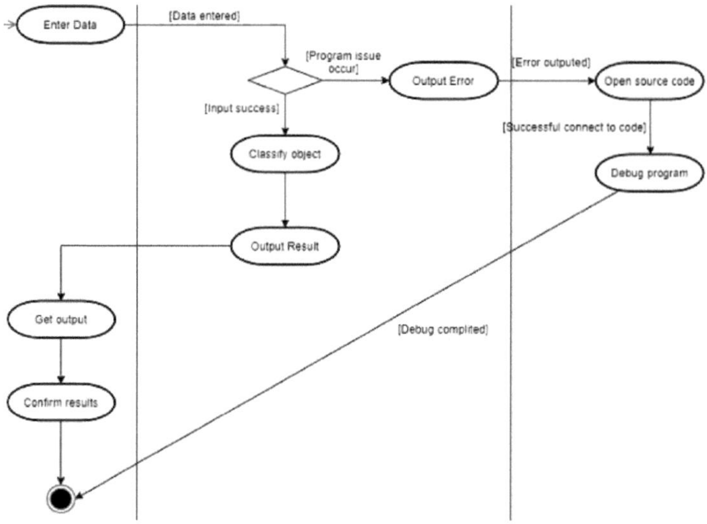

Fig. 13.25. Diagrama de actividades

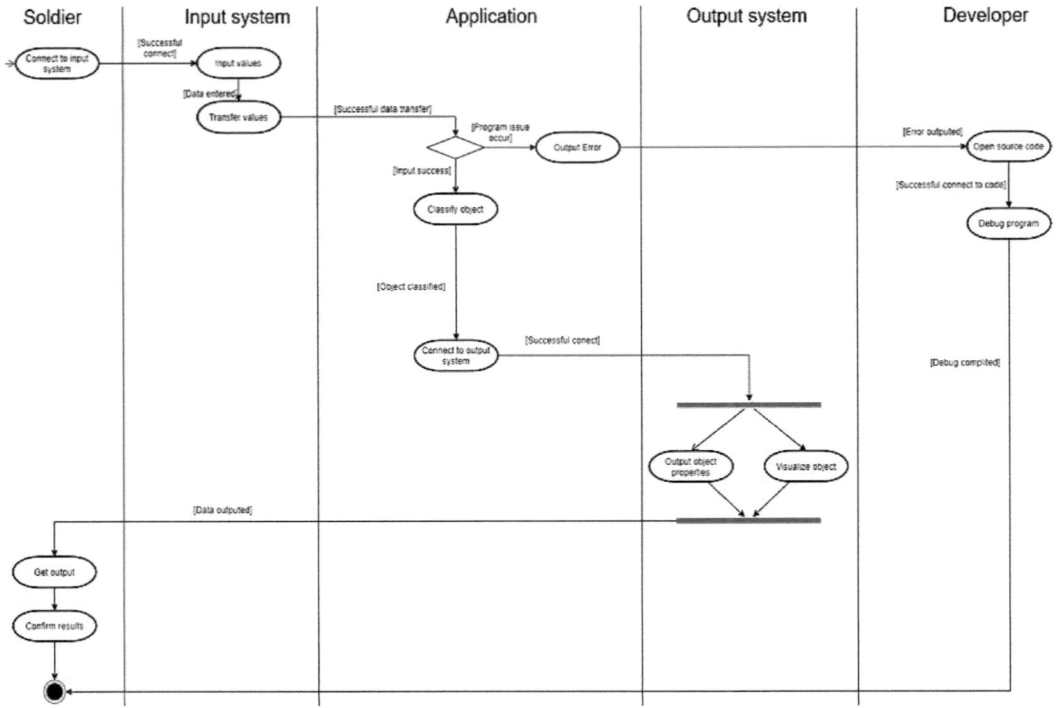
Soldier
Input system
Application
Output system
Developer
Connect to input system
[Successful connect]
Input values
[Data entered]
Transfer values
[Successful data transfer]
[Program issue occur]
Output Error
[Error outputed]
Open source code
[Successful connect to code]
Debug program
[Input success]
Classify object
[Object classified]
Connect to output system
[Successful conect]
[Debug compiled]
Output object properties
Visualize object
[Data outputed]
Get output
Confirm results

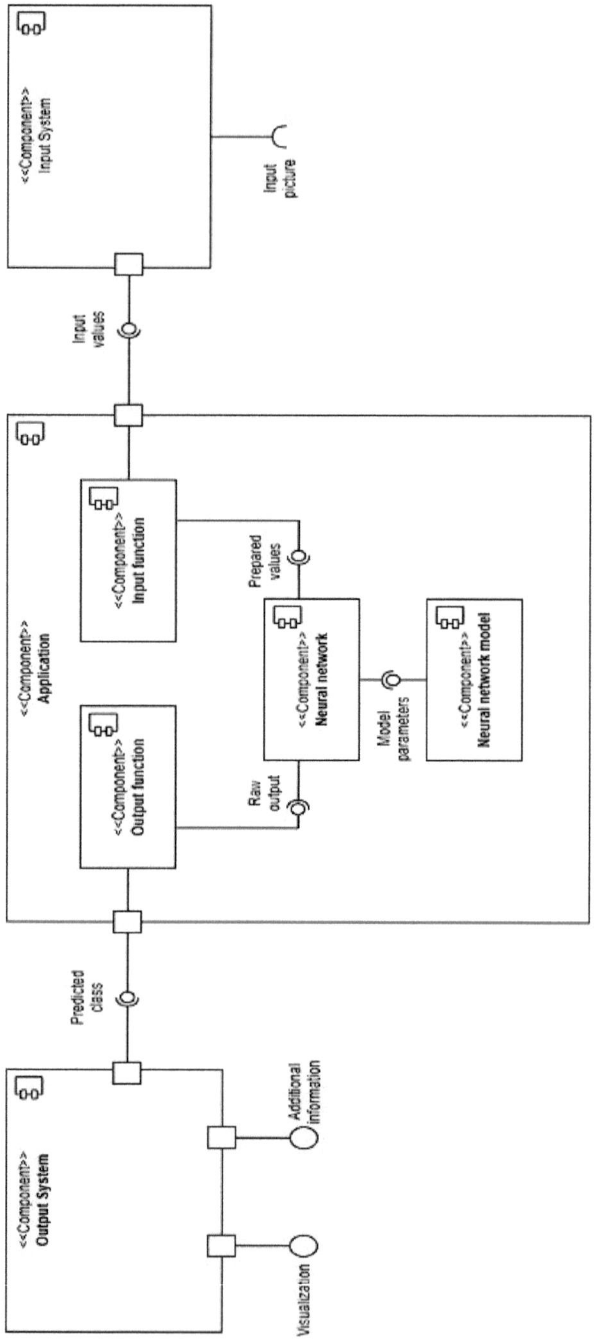

<<Component>>
Input System
Input picture
Input values
<<Component>>
Application
<<Component>>
Input function
<<Component>>
Output function
Prepared values
Raw output
<<Component>>
Neural network
Model parameters
<<Component>>
Neural network model
Predicted class
<<Component>>
Output System
Additional information
Visualization

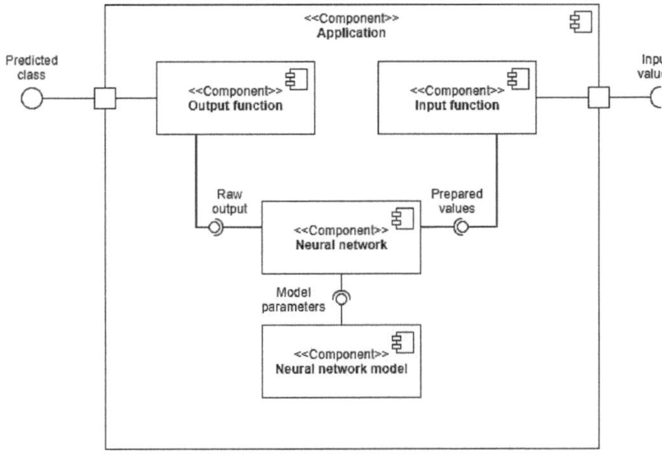

Fig. 13.26. Diagrama de componentes

Até agora, desenvolvemos com sucesso uma rede neural e uma interface de utilizador inicial. O seu estado inicial é mostrado na Fig. 13.27. A Fig. 13.28 mostra os seus componentes. Os principais elementos que formam a interface são um painel para introduzir informações e uma grelha de coordenadas.

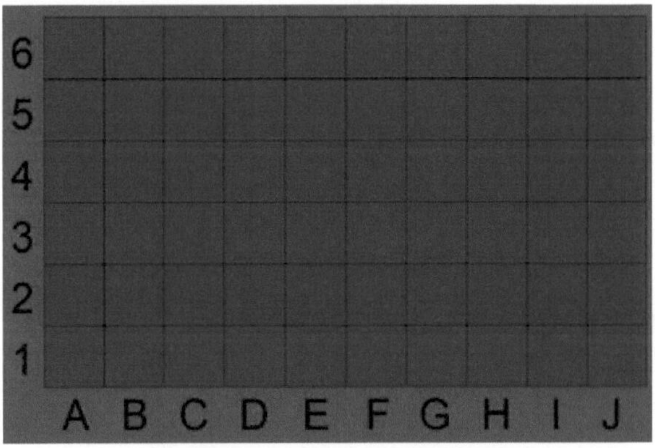

Fig. 13.27. Interface do utilizador

1. Menu pendente para definir as coordenadas horizontalmente.
2. Menu pendente para definir as coordenadas na vertical.
3. Campos para introdução de dados que caracterizam o objeto para posterior reconhecimento.
4. Botão para iniciar o processo de classificação.

5. Campo de saída do resultado.

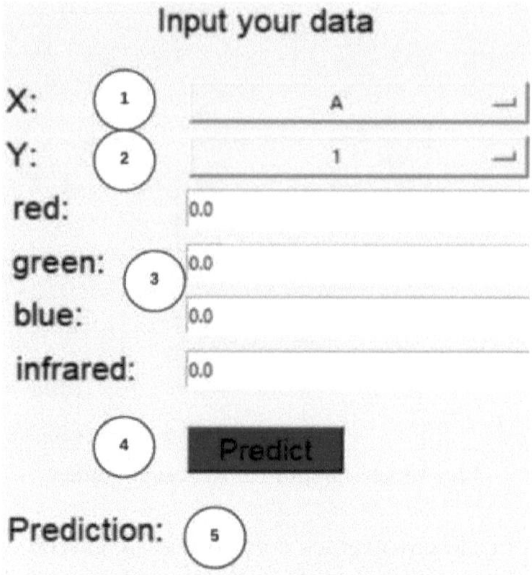

Fig. 13.28. Painel de introdução de dados

As Fig. 13.27-13.28 mostram os resultados reais na interface do utilizador. Em particular, foi realizado um exemplo de controlo. Parâmetros do exemplo de controlo: coordenadas na linha horizontal "E", coordenadas na linha vertical "3", parâmetro "vermelho" = 0,6455, "verde" = 0,8636, "azul" = 0,2318, "infravermelho" = 0,08. Elementos adicionais que são visualizados aquando da emissão dos resultados:

1. O ponto do objeto na grelha;
2. Parâmetros selecionados no painel de introdução de dados;
3. Classe de objeto prevista.

13.8. Conclusões

A relevância do tópico e os análogos que resolvem um problema semelhante são confirmados. São também apresentados exemplos de materiais e métodos relevantes para a resolução do problema. O modelo de rede neural, o seu número de camadas, as funções activadoras, a otimização e o número de neurónios em cada camada foram selecionados com sucesso. É alcançada uma precisão de 97% para esta aplicação utilizando estes parâmetros óptimos. MVP implementado. O utilizador pode introduzir os dados de entrada da imagem e definir as coordenadas do local onde foi feita a observação.

13.9. Referências

[1] C. Nicholson, "A Beginner's Guide to Neural Networks and Deep Learning", https://wiki.pathmind.com/neural-network

[2] O. Knocklein, "Classification Using Neural Networks", https://towardsdatascience.com/classification-using-neural-networks-b8e98f3a904f

[3] M. Abadi, A. Agarwal, P. Barham, "Aprendizagem automática em grande escala", http://download.tensorflow.org/paper/whitepaper2015.pdf

[4] Keras, https://keras.io/about/

[5] Cheryl Pellerin, "Project Maven to Deploy Computer Algorithms to War Zone by Year's End", https://www.defense.gov/Explore/News/Article/Article/1254719/project-maven-to-deploy-computer-algorithms-to-war-zone-by-years-end/

[6] S. C. Liew, "Electromagnetic Wavesm" Centre for Remote Imaging, Sensing and Processing, 2006.

[7] C. Starr, "Biology: Concepts and Applications", Thomson Brooks, 2005.

[8] G. Elert, "The Electromagnetic Spectrum, The Physics Hypertextbook," Hypertextbook.com, 2010.

[9] B. Chen, "7 funções de ativação populares que deve conhecer na aprendizagem profunda e como utilizá-las com o Keras e o TensorFlow 2, https://towardsdatascience.com/7-popular-activation-functions-you-should-know-in-deep-learning-and-how-to-use-them-with-keras-and-27b4d838dfe6

[10] Porque é que o Python é tão popular na aprendizagem automática e na IA? https://asperbrothers.com/blog/why-python-for-machine-learning/

[11] A. Beklemysheva, "Porquê utilizar Python para IA e aprendizagem automática?" https://steelkiwi.com/blog/python-for-ai-and-machine-learning/

[12] Porque é que Python é a linguagem mais popular utilizada na aprendizagem automática, https://medium.com/@UdacityINDIA/why-use-python-for-machine-learning-e4b0b4457a77

[13] O espetro visível, https://www.britannica.com/science/color/The-visible-spectrum

[14] B. Rusyn, V. Ostap, O. Ostap, "A correlation method for fingerprint image recognition using spectral features," International Conference on Modern Problems of Radio Engineering, Telecommunications and Computer Science, 2002, pp. 219-220.

[15] B. Rusyn, "Critérios de construção dos sistemas de caraterísticas óptimos no reconhecimento de imagens", Problemy Upravleniya I Informatiki, 1997, 36-40.

[16] V. Lytvyn, I. Peleshchak, R. Peleshchak, R. Holoshchuk, "Deteção de imagens de entrada multiespectrais utilizando redes neurais artificiais não lineares", Conferência Internacional sobre Tendências Avançadas em Radioelectrónica, Telecomunicações e Engenharia Informática, 2018, pp. 119-122.

[17] V. Lytvyn, et. al., "Encriptação de informações com base na síntese de uma rede neural e do algoritmo AES", Tecnologias avançadas de informação e comunicação, AICT, 2019, pp. 447-450.

[18] R. Peleshchak, et. al. "Modelo de tomada de decisão baseado em rede neural com conexões sinápticas diagonalizadas", Advances in Intelligent Systems and Computing, 2019, 853, pp. 321-329.

[19] I. Tsmots, M. Medykovskyy, O. Skorokhoda, "Síntese de componentes de hardware para redes neurais paralelas de grupo vertical", Ciências da Computação e Tecnologias da Informação, CSIT, 2015, pp. 1-4.

[20] V. Danylyk, et. al., "Detecting Items with the Biggest Weight Based on Neural Network and Machine Learning Methods", Communications in Computer and Information Science, 2020, 1158, pp. 383-396.

[21] A. Demchuk, et. al., "Sistema de distribuição de conteúdos comerciais baseado em redes neurais e aprendizagem automática", Actas do Workshop CEUR, 2019, 2516, pp. 40-57.

[22] M. Smaida, S. Yaroshchak, "Bagging of Convolutional Neural Networks for Diagnostic of Eye Diseases", Actas do workshop do CEUR, 2020, Vol-2604, pp. 715-729.

[23] I. Khortiuk, et. al., "Sistema de pontuação baseado em redes neuronais para identificação de fatores na perceção de imagens", atas do seminário do CEUR, 2020, Vol-2604, pp. 993-1003.

[24] V. Golovko, et. al., "Deteção de painéis solares fotovoltaicos baseada em redes neurais convolucionais em fotografias de satélite", Aquisição Inteligente de Dados e Sistemas de Computação Avançada, 2017, pp. 14-19.

[25] Keras, https://www.kaggle.com/residentmario/keras-optimizers

[26] Keras oprimizers ftrl, https://keras.io/api/optimizers/ftrl/

[27] Conjunto de dados, https://www.kaggle.com/uciml/iris

Capítulo 14. Agrupamento rápido de imagens a cores para sistemas de visão computacional e IA em tempo real

14.1. Introdução

O artigo descreve o desenvolvimento de um algoritmo de agrupamento de imagens a cores para um sistema de visão computacional e inteligência artificial (IA) em tempo real. Uma caraterística essencial do algoritmo é a utilização preliminar de muitos algoritmos rápidos de pré-processamento de imagens para otimizar a preparação de dados para um agrupamento eficiente no espaço de cores. O algoritmo de agregação proposto centra-se no processamento de agregados de forma arbitrária. O documento apresenta os resultados de experiências de processamento de imagens a cores monocromáticas e não monocromáticas. Estes resultados de agrupamento são apresentados como imagens e agrupamentos no ambiente Unity. São dadas recomendações para utilização prática, conclusões e ligações a repositórios de resultados de experiências. A análise dos resultados de muitas experiências mostra que o algoritmo de agrupamento adaptativo proposto pode ser utilizado eficazmente em sistemas potentes de visão por computador e de inteligência artificial e em sistemas incorporados de potência relativamente baixa, ajustando os parâmetros às especificidades do problema. As ferramentas inovadoras [1-3] e o desenvolvimento de tecnologias modernas para o reconhecimento de padrões [4, 5] centram-se cada vez mais na utilização de novos modelos e algoritmos de IA [6] (principalmente agrupamento, redes neuronais artificiais (NN) e classificação). Embora os modelos de pré-processamento [1, 6], as soluções nos domínios das TIC [7], da robótica com a utilização de sistemas integrados [8-10] e dos sistemas de segurança [11-13] sejam também de grande interesse em alguns aspectos.

Este grande interesse nos sistemas de inteligência artificial está associado à sua aplicação prática em sistemas de reconhecimento de padrões, que têm sucesso comercial. Utilizando a tecnologia de pesquisa baseada em imagens, esses sistemas e aplicações (comerciais centrados em dados) são utilizados com êxito na pesquisa de produtos em lojas em linha, em sistemas de identificação automóvel e biométrica, em sistemas de pagamento sem contacto em supermercados baseados na tecnologia de reconhecimento facial e em muitas outras aplicações.

Nos últimos anos, foram propostos muitos novos modelos e algoritmos de agrupamento. Ao mesmo tempo, nem todos satisfazem os requisitos modernos em termos de eficiência computacional, principalmente quando utilizados em sistemas incorporados. Qual é a razão para isso? A maioria dos algoritmos recalcula iterativamente a posição das observações globais dos centros do agrupamento. O problema é que o número de observações pode ser demasiado grande. Considerando o tamanho das imagens modernas (de 8 a 64 MP), o número de observações em aglomerados densos e na sua envolvente pode ser estimado em centenas de milhares [1].

Ao mesmo tempo, os algoritmos clássicos como o k-means, o deslocamento para a média e os seus análogos e modificações são relativamente eficientes na construção de agrupamentos esféricos devido à utilização da função de distância. No entanto, têm problemas com a construção de clusters de forma arbitrária.

Consequentemente, o agrupamento torna-se um estrangulamento nos algoritmos modernos de visão por computador. Por conseguinte, apesar de todas as vantagens do agrupamento, este é frequentemente abandonado devido à complexidade computacional inaceitável e/ou à inadequação do processamento de agrupamentos de forma arbitrária. Para resolver estes problemas, propomos neste trabalho um algoritmo rápido para a construção de clusters de forma arbitrária. A parametrização do algoritmo permite adaptá-lo eficazmente tanto a sistemas de servidores relativamente robustos como a sistemas integrados relativamente menos potentes. Salvo indicação em contrário, os dados de entrada são uma imagem a cores em formato RGB.

14.2. Trabalhos relacionados

Nas últimas décadas, o método de agrupamento k-means ganhou grande popularidade na análise de imagens, servindo como uma ferramenta eficaz e poderosa para o agrupamento de dados. O agrupamento de imagens a cores utilizando o método k-means é uma área de investigação ativa que atrai a atenção dos investigadores em visão computacional e processamento de imagens.

Nos seus trabalhos, os autores exploram a aplicação do algoritmo k-means em vários domínios da atividade humana, como a quantização de imagens a cores [14], a segmentação de imagens do céu [15] e a medicina [16]. Os autores introduzem um algoritmo de agrupamento para resolver o problema do enviesamento do tamanho dos agrupamentos, um problema comum em métodos convencionais como o K-means [17]. Embora o K-means equilibrado forneça clusters de tamanho igual, é lento. O algoritmo heurístico proposto oferece uma alternativa mais rápida e com menor enviesamento. Divide sucessivamente os clusters maiores e optimiza os centróides quando o número desejado é atingido, permitindo o ajustamento da tendência e do erro.

A estimativa exacta do número de materiais numa imagem hiperespectral é crucial para várias tarefas de processamento de imagens hiperespectrais, tais como a classificação e a separação. Num trabalho [18], os autores introduziram um algoritmo que utiliza princípios de agrupamento para estimar o número de materiais na imagem. Uma direção importante é o processamento de imagens de baixa qualidade com ruído ou perdas de pixéis.

No artigo [19], os autores propõem reduzir a complexidade computacional dos métodos de agrupamento de imagens espectrais através da introdução de um procedimento de subamostragem que reduz para metade o número de pixéis para classificação. Este procedimento preserva a estrutura espacial da imagem.

Uma das direcções promissoras no domínio da clusterização são os métodos baseados nos princípios da clusterização esparsa no subespaço, que agrupam assinaturas espectrais, assegurando a sua representação esparsa. Nos últimos anos, tem-se registado um número crescente de trabalhos [20-22] sobre clusterização espetral. Na pesquisa abordada por este artigo [20], os autores abordam a questão do agrupamento de imagens espectrais, visando identificar grupos e distribuições dentro de assinaturas espectrais sem a necessidade de um estágio prévio de treinamento. Os métodos baseados na clusterização de subespaços esparsos agrupam as assinaturas espectrais em diferentes subespaços, falando a representação menos densa de cada pixel e garantindo a sua afiliação à mesma classe. Apesar da sua elevada precisão, estes métodos deparam-se com o desafio de aumentar a complexidade computacional à medida que o número de pixéis cresce. Este trabalho propõe uma abordagem para reduzir para metade o número de pixéis para a classificação de imagens espectrais através de um procedimento de subamostragem que elimina cada segundo pixel adjacente, preservando a estrutura espacial da imagem.

Na agregação de imagens hiperespectrais (HSI), é possível extrair informações valiosas sobre a agregação para classificar objectos naturais, monitorizar o ambiente e outras tarefas. A agregação espetral é um dos métodos de agregação mais populares e tem sido aplicada com êxito na agregação de imagens hiperespectrais, atraindo uma atenção significativa. No entanto, a maioria destes métodos não tira partido da informação espacial em HSI, que poderia melhorar a correlação dos pixels e aumentar a precisão. Neste artigo [21], com base nas caraterísticas físicas da HSI, é proposta uma nova abordagem, designada por agrupamento de imagens hiperespectrais baseado na informação espacial e no agrupamento espetral (SISC). Ao combinar a janela espacial e os factores espectrais, o algoritmo utiliza a informação espacial-espetral conjunta, reconstrói o ponto central e revela a estrutura espacial local utilizando pontos espaciais próximos.

O domínio da imagiologia espetral compressiva (CSI) envolve a aquisição de projecções aleatórias de uma cena espetral. Convencionalmente, é necessária uma reconstrução computacionalmente dispendiosa da cena 3D subjacente antes de aplicar tarefas de pós-processamento, como o agrupamento. Os trabalhos anteriores centraram-se na adaptação das matrizes de deteção para melhorar a qualidade da reconstrução e os resultados subsequentes do pós-processamento. Em contrapartida, este documento [22] apresenta uma nova abordagem hierárquica adaptativa para criar uma matriz de deteção na câmara de um só pixel. A abordagem proposta permite o agrupamento de pixels diretamente no domínio comprimido. Em cada passo do modelo hierárquico, uma matriz de deteção é adaptada para facilitar a extração de caraterísticas de agrupamento diretamente a partir das medições comprimidas. O mapa de segmentação final é obtido através de votação por maioria a partir de resultados parciais de agrupamento em cada passo da hierarquia. As redes neuronais são uma ferramenta poderosa para extrair caraterísticas de alto nível das imagens, o que as torna promissoras no agrupamento de imagens. Várias arquitecturas de redes neuronais, incluindo redes neuronais convolucionais profundas (CNN), autoencoders e redes adversárias generativas (GAN), são ativamente exploradas para melhorar o processo de agrupamento e aumentar a precisão na identificação de padrões semelhantes. Os trabalhos [23-27] apresentam tendências e resultados vitais da aplicação de redes neuronais em tarefas de agregação de imagens, identificando simultaneamente desafios e perspectivas nesta área de investigação.

14.3. Pré-processamento de imagens

Tendo em conta a arquitetura e os algoritmos dos modernos sistemas de visão por computador e das redes neuronais, distingue-se geralmente a fase de pré-processamento da imagem. Esta fase tem por objetivo preparar a imagem para um processamento mais eficiente e rápido. Neste contexto, o primeiro passo da fase de pré-processamento consiste em reduzir a escala da imagem.

O fator de redução da escala e o filtro anti-aliasing são geralmente selecionados experimentalmente, de acordo com os requisitos de eficiência, tendo em conta as caraterísticas do equipamento do sistema de visão por computador. Os autores deste artigo realizaram uma série de experiências, tendo chegado às seguintes conclusões.

Quando a escala é reduzida uma vez, é utilizada uma janela quadrada cujo tamanho linear é um número inteiro superior a 1 (2, 3, ...). Se planear reduzir a escala iterativamente e trabalhar com a pirâmide de imagens, então o tamanho linear da janela, tal como quando se trabalha com SNS [1], deve ser um múltiplo de uma potência de um número inteiro superior a 1. Para alterar rápida e suavemente a escala sem perder detalhes significativos da cena, são normalmente consideradas potências de 2 (2, 4, 8, ...). Relativamente aos filtros de suavização, os autores testaram a diluição, o cálculo da média e uma série de filtros adaptativos [8]. Verificou-se que o desbaste é o melhor em termos de eficiência temporal. Normalmente, a sua qualidade é apenas ligeiramente inferior à dos outros filtros. Com uma qualidade de imagem de entrada elevada, o desbaste não é inferior em comparação com outros filtros. Por conseguinte, recomenda-se que o filtro de afinamento seja utilizado por defeito.

O seguinte filtro de média (1) é ótimo para a transmissão mais realista de pequenos detalhes se existirem recursos computacionais suficientes e quando se processam imagens pequenas. Além disso, nestas condições, este filtro é ótimo para a suavização do ruído em termos de tempo e de qualidade.

$$r = \frac{1}{W}\sum_{i=1}^{n} r_i \cdot w_i\,,\ \ W = \sum_{i=1}^{n} w_i, \quad (14.1)$$

em que r_i é o nível de brilho para o componente do modelo de cor na vizinhança (cada elemento é processado separadamente), e w_i são os coeficientes de peso [1, 8]. Na prática, o filtro médio é mais frequentemente utilizado com $w_i = 1$.

Os filtros adaptativos são, especialmente com janelas de grandes dimensões, inaceitavelmente suaves em pequenos detalhes, linhas e fragmentos de limites de objectos [1, 8]. São também caracterizados por uma estimativa de complexidade não linear (frequentemente quadrática). Por conseguinte, a sua utilização é inaceitável sem uma justificação especial.

Para reduzir a complexidade do agrupamento, para além de reduzir a escala, propõe-se otimizar a grelha de partição do espaço RGBH, em que *H*(*r*, *g*, *b*) é a frequência dos valores (*r*, *g*, *b*) no espaço RGB.

Ao preparar os dados para o agrupamento, uma imagem é digitalizada e é formada uma matriz *H*(*r*, *g*, *b*). As células desta matriz armazenam dados sobre a frequência de distribuição das cores (*r*, *g*, *b*) nos pixels da imagem. Em seguida, o agrupamento das áreas de cor no espaço RGB é efectuado utilizando esta matriz.

Para uma imagem a cores padrão (tipo 24 bits) no modelo RGB, $2^8 \cdot 2^8 \cdot 2^8 = 16\ 777\ 216$ cores possíveis são definidas. Para muitas aplicações, dada a natureza iterativa do agrupamento, o processamento de um número tão elevado de células não é aceitável em termos de complexidade computacional. É também desnecessário porque a análise dos resultados da experiência mostra que o conteúdo de muitas células não é informativo.

Numa situação destas, é aconselhável reduzir o número de células no espaço RGB. Para tal, aumentamos a grelha de partição do espaço RGB utilizando o fator $d = 2^n$ (Fig. 14.1). Numerosas experiências mostraram que os melhores resultados são obtidos nos passos 4 e 8. Na maioria das experiências, foi possível reduzir a complexidade do agrupamento em cerca de 64 (512) vezes sem diminuir a qualidade, utilizando células alargadas 4 · 4 · 4 (ou 8 · 8 · 8). Nestas condições, o espaço RGB é primeiro dividido em células alargadas com um passo $d$após o que a frequência é calculada para estas células através da adição das frequências das células unitárias (*r*, *g*, *b*).

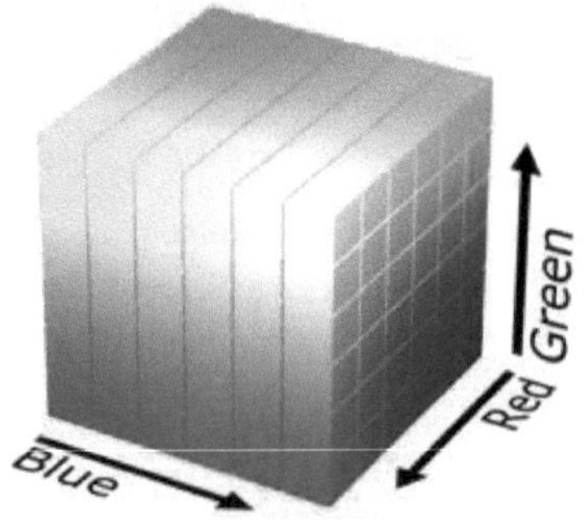

Fig. 14.9. Ampliação da grelha de partição do espaço RGB [28]

Para uma construção adequada de grupos de forma arbitrária, está planeado (isto será descrito abaixo) analisar as linhas de nível da função *H(r, g, b)*. A análise das distribuições típicas *H(r, g, b)* mostrou o seguinte. Quase todas as imagens têm um ou vários objectos dominantes. A frequência da região cromática do objeto dominante é, em regra, várias ordens de grandeza superior às frequências dos outros objectos na imagem. Visualmente, esta frequência assemelha-se a um pico separado no histograma. Nesta situação, considerar todas as linhas do nível de distribuição *H(r, g, b)* é redundante e desnecessariamente trabalhoso.

Propõe-se a quantização da frequência num número pré-determinado (optimizado na fase de formação) de níveis k para encontrar um equilíbrio entre complexidade computacional e qualidade. Para tal, é utilizada uma lei de quantização não linear (análoga à escala logarítmica) para neutralizar a influência dos objectos dominantes na imagem. Para este efeito, é proposta uma função flexível de formação dos limites dos k níveis de quantização de frequências:

$$b_j = \frac{Max}{k}(k-j)\cdot c^j, \quad (14.2)$$

em que b é o limite de quantização do nível j, $j = 0, \dots, k$; Max é a frequência máxima, c é o coeficiente de supressão da frequência de pico dos objectos dominantes (Fig. 14.2).

$$\mathrm{Max} := 10000 \qquad k := 20 \qquad j := 0..k$$

$$b10_j := \frac{\mathrm{Max}}{k}\cdot(k-j)\cdot 1^j \qquad b09_j := \frac{\mathrm{Max}}{k}\cdot(k-j)\cdot 0.9^j \qquad b08_j := \frac{\mathrm{Max}}{k}\cdot(k-j)\cdot 0.8^j$$

Após a determinação de todos os parâmetros dos modelos, o pré-processamento da imagem é efectuado de acordo com o seguinte algoritmo:

1) a imagem é redimensionada para o tamanho pretendido;

2) a imagem resultante é digitalizada:

- as frequências das células são encontradas na grelha alargada no espaço RGB;

- as frequências encontradas são quantizadas de acordo com (2). Depois disso, os níveis de quantização $j = 1, \dots, k$ são utilizados em vez de frequências.

14.4. Agrupamento de dados

O algoritmo de agrupamento é iterativo. As iterações externas do algoritmo são utilizadas para enumerar e considerar sequencialmente os níveis ($j = 1, \dots, k$) de quantização da frequência das células no cubo RGB. As iterações internas são utilizadas para construir agrupamentos no nível de quantização atual, tendo em conta os resultados do agrupamento nos níveis anteriores.

Assim, os níveis de quantificação são vistos de cima para baixo, começando pelos níveis mais significativos ($j = 1, \dots, k$).

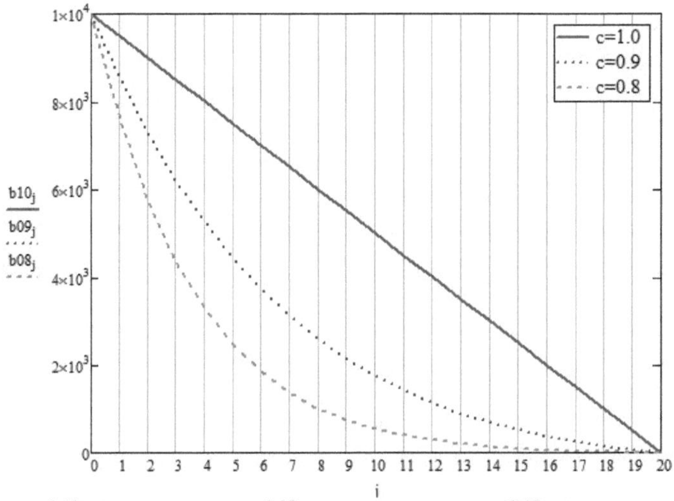

$b10_j =$	$b09_j =$	$b08_j =$
10000	10000	10000
9500	8550	7600
9000	7290	5760
8500	6196.5	4352
8000	5248.8	3276.8
7500	4428.675	2457.6
7000	3720.087	1835.008
6500	3108.93	1363.149
6000	2582.803	1006.633
5500	2130.813	738.198
5000	1743.392	536.871
4500	1412.148	386.547
4000	1129.718	274.878
3500	889.653	192.415
3000	686.304	131.941
2500	514.728	87.961
2000	370.604	56.295
1500	250.158	33.777
1000	150.095	18.014
500	67.543	7.206
0	0	0

Fig. 14.2. Listagem, onde: a) família de funções para quantização de frequências; b) limites dos níveis de quantização em forma numérica

Para o nível *j* os grupos de células adjacentes com uma frequência ao nível *j* são construídos utilizando o método das ondas. No espaço

RGB tridimensional, duas células distintas (r_ξ, g_ξ, b_ξ) e (r_η, g_η, b_η) são consideradas adjacentes se for satisfeita a seguinte condição

$$|r_\xi - r_\eta| \leq 1\ AND\ |g_\xi - g_\eta| \leq 1\ AND\ |b_\xi - b_\eta| \leq 1.$$

(14.3)

Estes clusters são numerados por ordem crescente. Os clusters construídos a partir de células do mesmo nível serão chamados simples. Os clusters adjacentes construídos no nível atual e num dos níveis anteriores, se existirem, são fundidos. Os clusters que têm células adjacentes são considerados adjacentes. Um cluster resultante da fusão de clusters é chamado de cluster composto. Tal como um cluster simples, recebe um novo número. Utilizamos a numeração contínua para numerar os clusters (Fig. 14.3 - Fig. 14.5).

Para que o método de agrupamento seja estável ao ruído e às sombras dos objectos (para que os agrupamentos não sejam falsamente combinados num único agrupamento), pelo menos o nível mais baixo $j = k$ não é considerado na construção dos clusters. Neste caso, podemos perder objectos de pequena dimensão. Neste caso, podemos perder objectos de pequenas dimensões, mas manteremos uma estrutura aninhada adequada de objectos grandes. A informação sobre eles em cada iteração é armazenada em três tabelas durante a construção de clusters. A primeira tabela (Cluster) armazena informações gerais sobre todos os clusters (Tabela 14.1, Tabela 14.4, Tabela 14.7).

Fig. 14.3. O resultado da primeira iteração ($j = 1$). Foram formados dois clusters simples com o mais alto nível de significância.

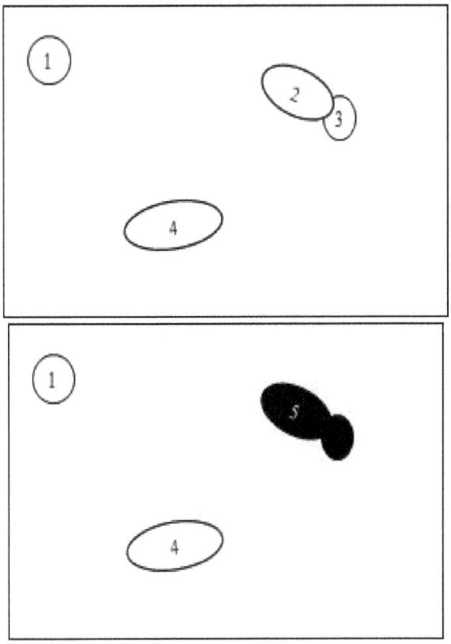

Fig. 14.4. O resultado da segunda iteração ($j = 2$). Foram formados dois clusters simples com os números 3 e 4. De seguida, formou-se um cluster composto com o número 5, combinando os clusters número 2 e 3

Essa tabela armazena o número do cluster (numeração contínua), o tipo de cluster (simples/composto), o número do nível ($j = 1, \dots, k$) no qual o cluster é construído e o número do cluster na tabela de clusters simples/compostos. A segunda tabela (S-Cluster) armazena informações sobre clusters simples (Tabela 14.2, Tabela 14.5, Tabela 14.8). Esta tabela armazena o número de um agrupamento simples no sistema de numeração contínua de agrupamentos simples, o número de um agrupamento simples na tabela Agrupamento e uma referência à matriz de coordenadas das células $\{ [r, g, b]_i \}_i$ a partir das quais o agregado simples é construído. A terceira tabela (C-Cluster) armazena informação sobre clusters compostos (Tabela 14.3, Tabela 14.6, Tabela 14.9). Esta tabela armazena o número do cluster composto no sistema contínuo de numeração de clusters compostos, o número do cluster composto na tabela Cluster e a tupla de clusters a partir da qual o cluster composto é construído.

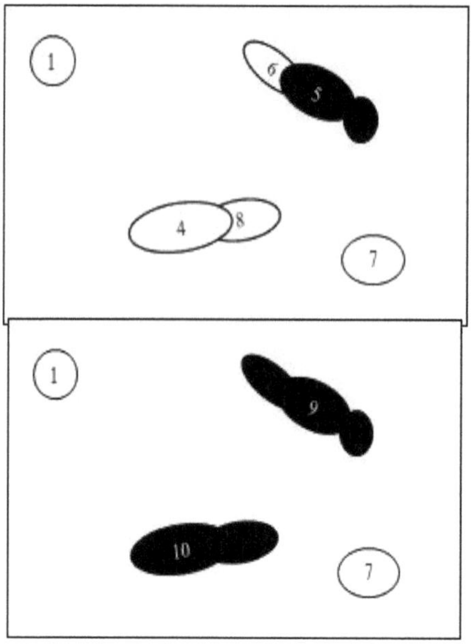

Fig. 14.5. O resultado da terceira iteração (j = 3). Foram formados três grupos simples com os números 6, 7 e 8. Depois disso, formaram-se dois grupos compostos com os números 9 e 10

Quadro 14.4. Cluster (Após a 1ª Iteração)

Número de cluster	Tipo de cluster	Nível Número	Número de cluster na tabela de cluster S- / C
1	S	1	1
2	S	1	2

Tabela 14.2. Aglomerado S (Após a 1ª Iteração)

Número do cluster S	Número do cluster S na tabela de clusters	Referência da matriz de células S-Cluster
1	1	SC[1]
2	2	SC[2]

Tabela 14.3. Cluster (Após a 2ª Iteração)

Número de cluster	Tipo de cluster	Nível Número	Número de cluster na tabela de cluster S- / C
1	S	1	1
2	S	1	2
3	S	2	3
4	S	2	4
5	C	2	1

Tabela 14.4. Aglomerado S (Após a 2ª Iteração)

Número do cluster S	Número do cluster S na tabela de clusters	Referência da matriz de células S-Cluster
1	1	SC[1]
2	2	SC[2]
3	3	SC[3]
4	4	SC[4]

Tabela 14.5. Aglomerado C (Após a 2ª Iteração)

Número do cluster C	C-Número do cluster na tabela de clusters	C-Cluster Tuple of Clusters
1	5	(2,3)

Tabela 14.6. Cluster (Após a 3ª Iteração)

Número de cluster	Tipo de cluster	Nível Número	Número de cluster na tabela de cluster S- / C
1	S	1	1
2	S	1	2
3	S	2	3
4	S	2	4
5	C	2	1
6	S	3	5
7	S	3	6
8	S	3	7
9	C	3	2
10	C	3	3

Tabela 14.7. Aglomerado S (Após a 3ª Iteração)

Número do cluster S	Número do cluster S na tabela de clusters	Referência da matriz de células S-Cluster
1	1	SC[1]
2	2	SC[2]
3	3	SC[3]
4	4	SC[4]
5	6	SC[5]
6	7	SC[6]
7	8	SC[7]

Tabela 14.8. C-Cluster (Após a 3ª Iteração)

Número do cluster C	C-Número do cluster na tabela de clusters	C-Cluster Tuple of Clusters
1	5	(2,3)
2	9	(5,6)
3	10	(4,8)

A utilização das estruturas de dados propostas permite organizar e utilizar eficazmente um modelo relacional-hierárquico para armazenar e processar informação sobre os clusters, considerando o seu conteúdo aninhado. Adicionalmente, é possível armazenar a tabela Níveis (Tabela 14.10) com o número do primeiro registo de cada nível de clusterização ($j = 1, \ldots, k$) na tabela Cluster por conveniência.

Tabela 14.9. Níveis (Após a 3ª Iteração)

Nível Número	Primeiro na tabela de clusters
1	1
2	3
3	6

14.5. Experiência

Durante a experiência, foram utilizadas duas imagens de automóveis (Fig. 14.6). As dimensões de cada imagem eram de 1 megapixel.

Fig. 14.6: Imagens de automóveis para experiências [29, 30]; objectos dominantes - céu, superfície da estrada, automóvel

Foram implementadas duas fases para delinear regiões homogéneas durante a experiência. Na primeira fase, o pré-processamento da imagem foi efectuado utilizando o método descrito na secção 3.1. Para reduzir a complexidade do agrupamento, foi optimizada a grelha de partição do espaço de cor RGBH, em que *H(r, g, b)* representa a frequência dos valores (r, g, b) no espaço de cor RGB.

Para a segunda fase da experiência, foram formados cinco conjuntos de dados durante o pré-processamento, cada um representando uma matriz unidimensional de frequências de cor na imagem processada na paleta RGB:

- Paleta RGB não optimizada - 16.777.216 cores possíveis (2^8·2^8·2^8).
- Utilizando uma célula 2x2x2, a frequência de cores consecutivas e vizinhas na célula 2x2x2 é somada em 2.097.152 cores possíveis.
- Utilizando uma célula 4x4x4, a frequência das cores consecutivas e vizinhas na célula 4x4x4 é somada numa - 262.144 cores possíveis.
- Utilizando uma célula 8x8x8, a frequência de cores consecutivas e vizinhas na célula 8x8x8 é somada numa - 32.768 cores possíveis.
- Utilizando uma célula 16x16x16, a frequência de cores consecutivas e vizinhas na célula 16x16x16 é somada numa - 4.096 cores possíveis.

O algoritmo da experiência foi implementado em C# na plataforma .NET Framework. A visualização da segunda fase, especificamente a clusterização, foi efectuada utilizando o motor Unity 3D [31]. A segunda fase, o processo de agrupamento, foi implementada utilizando o método descrito na Secção 3.2, com base no conjunto de dados de frequências de cores preparado durante o pré-processamento. O tempo de execução da fase de clusterização foi medido para cada conjunto de dados. O motor Unity 3D foi utilizado para visualizar o processo de agrupamento.

14.6. Resultados

Utilizaremos o pacote Unity e a representação clássica de imagens para visualizar e avaliar a qualidade dos resultados da agregação. Como mostra a análise dos resultados experimentais, as baixas estimativas da complexidade do agrupamento são totalmente confirmadas. O tempo de um agrupamento single-threaded não optimizado de uma imagem de 1 MP (processador - Intel Core i5 6600k 3,7 GHz, RAM - 16 Gb DDR4) para células 4x4x4 praticamente significativas é de aproximadamente 0,25 segundos, e para células 8x8x8 é de aproximadamente 0,0225 segundos. Em termos de qualidade, a situação é a seguinte. Numa primeira aproximação, todos os objectos da imagem podem ser divididos em duas categorias principais: monocromáticos e não monocromáticos.

A qualidade do agrupamento de objectos monocromáticos pode ser considerada bastante aceitável. Quanto aos objectos não monocromáticos, obtemos muitos tons desfocados para um objeto com uma frequência baixa em vez de um único tom com uma frequência alta.

Os clusters correspondentes são construídos e combinados nos níveis inferiores. Nas piores condições, são combinados no nível mais baixo. Ao mesmo tempo, são também combinados com clusters adjacentes de outros objectos. Como resultado, as cores de vários objectos formam um único agrupamento. Vamos considerar a situação com exemplos. Como dados iniciais, consideremos os automóveis apresentados na Fig. 6 (parâmetros de agrupamento: número de níveis $k = 20$, coeficiente de supressão $c = 0.75$, tamanho da célula $8 \cdot 8 \cdot 8$). Comecemos por analisar os "bons" dados para o carro comparativamente monocromático da Fig. 6.a. Como esperado, os objectos dominantes com uma frequência elevada foram os primeiros a destacar-se relativamente bem. No início, um céu monocromático foi agrupado pelo 9º nível (Fig. 14.7.a). De seguida, um grupo com tons de preto destacou-se no 13º nível (Fig. 7.b). Depois disso, o grupo correspondente à parte unicolor do carro foi construído no 15º nível (Fig. 14.7.c). Depois disso, no nível 15, as cores insaturadas (localizadas perto do eixo da escala de cinzentos) começaram a combinar-se (Fig. 14.8). Porque é que isso acontece? Para compreender as razões, vejamos o que acontece no espaço de cor nos níveis 13 (em cima à esquerda) a 20 (em baixo à direita) sem os níveis 18 e 19 utilizando o Unity (Fig. 14.9). A partir do nível 14, os clusters fundem-se gradualmente no espaço de cor, especialmente perto do eixo da escala de cinzentos. Isto deve-se à construção de conjuntos com cores correspondentes a objectos diferentes.

Fig. 14.7. O agrupamento de fragmentos monocromáticos da cena da Fig. 6.a.

Fig. 14.8. O resultado da combinação de fragmentos não saturados da cena da Fig. 14.6.a. (Nível 15).

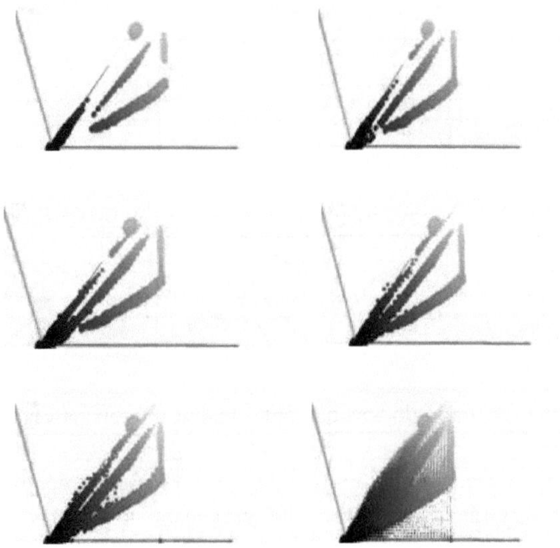

Fig. 14.9. A visualização do resultado em Unity (distribuição das frequências de cor dos pixels na paleta RGB (0-256) para a imagem analisada, com valores de cor nos eixos (vermelho, verde, azul))

Consideremos os dados "maus" nas mesmas condições iniciais. Consideremos um carro não monocromático (devido a uma iluminação irregular) na Fig. 14.6.b. Relativamente aos objectos dominantes, os objectos azuis, cinzentos e pretos agrupam-se relativamente bem no 10º nível (Fig. 14.10.a-c). O fragmento colorido do carro só aparece no 11º nível (Fig. 14.10.d). No mesmo nível, a fusão dos grupos começa significativamente na região das cores insaturadas (Fig. 14.10.e). É ainda mais visível no 12º nível (Fig. 14.10.f).

Fig. 14.10. O resultado do agrupamento de automóveis na Fig. 14.6.b.

A parte colorida do automóvel destaca-se mais ou menos apenas no 14º nível e funde-se imediatamente num grupo com outros objectos (Fig. 14.11). A parte colorida do carro destaca-se mais ou menos apenas no 14º nível e funde-se imediatamente num grupo com outros objectos

(Fig. 14.11). É devido à distribuição substancial das cores da parte vermelho-violeta do automóvel e à inseparabilidade desta nuvem no cubo RGB das cores adjacentes (Fig. 14.12).

Todos os resultados de agrupamento (Fig. 14.9 e Fig. 14.12) mostram um efeito interessante. As cores saturadas dos objectos, qualquer que seja a sua distribuição no cubo RGB, estão localizadas de forma bastante compacta no plano ao longo do componente H do modelo HSV. Além disso, estes dados 3D podem ser processados e filtrados.

Fig. 14.11. O resultado do agrupamento de automóveis da Fig. 14.6.b.

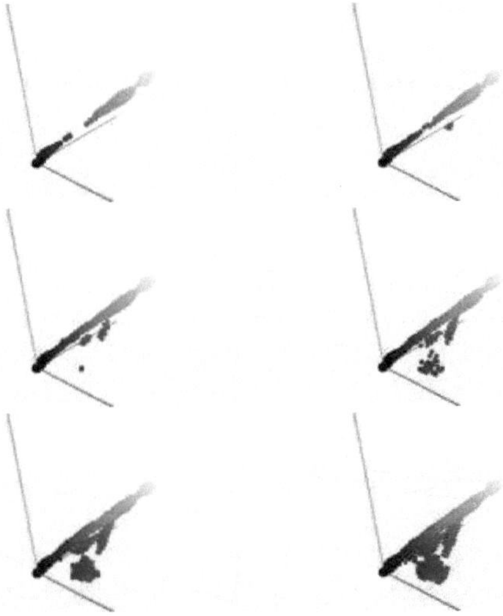

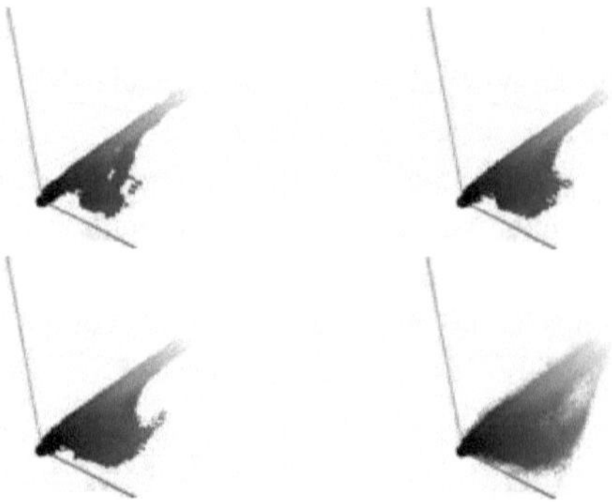

Figura 14.12: Visualização do resultado em Unity (distribuição das frequências de cor dos pixels na paleta RGB (0-256) para a imagem analisada, com valores de cor nos eixos (vermelho, verde, azul)) (níveis 10 - 18, 20).

Além disso, a saturação S do objeto também muda ligeiramente para dados "bons" (carro laranja na Fig. 14.9). Por este motivo, a forma do agrupamento do objeto repete a secção triangular formada pelo semi-plano de cor e pelas arestas do cubo RGB. Os resultados de agrupamento das imagens consideradas em todos os níveis podem ser consultados aqui [32].

14.7. Discussões

Os resultados das experiências indicam a elevada eficiência do método proposto para a agregação de imagens a cores. O agrupamento demonstra a capacidade de extrair eficazmente regiões de cor, tornando-o promissor em sistemas de visão computacional e de inteligência artificial em tempo real.

Um dos principais méritos do sistema desenvolvido é a sua elevada velocidade de processamento em tempo real. Como mostra a tabela, a fusão de frequências de cores adjacentes em células 4x4x4 e 8x8x8 durante a fase de pré-processamento produz atrasos temporais mínimos no agrupamento, mantendo uma qualidade satisfatória. Esta caraterística torna o sistema eficaz e rápido em condições que exigem um processamento rápido dos dados.

Tabela 14.11. Resultados de agrupamento

Tamanho da célula	Número de cores	Tempo, segundos	Eficiência de agrupamento
1x1x1	16 777 216	120-180	Excelente

2x2x2	2 097 152	10	Excelente
4x4x4	262144	0,25	Excelente
8x8x8	32768	0,0225	Bom
16x16x16	4096	<0,01	Mau

A avaliação da qualidade do agrupamento confirma uma precisão e fiabilidade suficientemente elevadas na delimitação de várias regiões de cor nas imagens. O desempenho do algoritmo conduz a grupos claros e distinguíveis, afirmando a sua aplicabilidade num vasto espetro de dados visuais. Para além disso, o sistema demonstrou ser robusto a variações nas condições, tais como alterações na iluminação, na resolução da imagem e no ruído. A análise comparativa com outros métodos destaca uma vantagem vital do sistema desenvolvido: ao contrário do método k-means, não necessita de um número pré-determinado de grupos. O método k-means pressupõe que o número de clusters é conhecido de antemão, o que pode ser uma limitação em cenários do mundo real em que o número de clusters pode ser variável e desconhecido.

O sistema desenvolvido demonstra a determinação automática do número ótimo de agrupamentos com base nas caraterísticas intrínsecas dos dados. Aumenta significativamente a flexibilidade e a aplicabilidade do método quando o número de clusters delineados numa imagem não é pré-determinado. Esta abordagem é preciosa em condições de tempo real, em que é necessária uma adaptação instantânea às condições variáveis e à dinâmica dos dados. A determinação automática do número de clusters reduz a necessidade de reconfiguração, tornando o método mais conveniente e versátil para vários cenários de utilização. O método de agrupamento desenvolvido tem muitas aplicações práticas, incluindo o processamento de dados em fluxo contínuo em tempo real, o reconhecimento automático de objectos em imagens e a otimização de processos de visão computacional em inteligência artificial. As possíveis direcções para investigação futura incluem o aperfeiçoamento do método para lidar com diferentes tipos de imagens, a expansão da funcionalidade para cenários multitarefa e a realização de investigações aprofundadas sobre o impacto dos parâmetros nos resultados do agrupamento.

14.8. Conclusões

O documento propõe um algoritmo de agrupamento rápido baseado na utilização consistente do pré-processamento e do agrupamento dos pixéis da imagem no espaço RGB. Na fase de pré-processamento (a), a escala é primeiro reduzida e (opcionalmente) a imagem é suavizada, (b) as frequências de cor agregadas são encontradas na grelha ampliada do espaço RGB, (c) é efectuada a quantização adaptativa das frequências das células dessa grelha em RGBH.

O algoritmo de pré-processamento proposto permite preparar rapidamente os dados e reduzir o número de células espaciais enumeradas em várias ordens de grandeza aquando da construção de agrupamentos em RGBH. Por conseguinte, a complexidade da agregação de dados em RGBH é reduzida. Obtemos as seguintes conclusões com base na média dos dados experimentais (o escalonamento não é tido em conta como procedimento padrão): 1) a amostragem da grelha é, na maioria das vezes, efectuada com um fator de 4 (ou 8), pelo que o número de células no espaço RGBH é reduzido 64 (ou 512) vezes; 2) o número de níveis de quantização varia normalmente entre 16 e 32, enquanto a frequência de algumas células pode atingir 10 000 ou mais. Nesta situação, as gradações de frequência diminuem de 100 a 1000 vezes. Como resultado, o algoritmo proposto permite agrupar dados quase instantaneamente. Foi utilizado o seguinte sistema informático para as experiências: CPU - Intel Core i5 6600k 3,7 GHz, RAM - 16 Gb DDR4. O software foi executado localmente numa única thread. São processadas imagens a cores com um tamanho de 1 MP e o número de níveis é $k = 20$. Nestas condições, o tempo de agrupamento é: a) para células 1x1x1 - vários minutos, o resultado não é muito estável (não tem sentido prático); b) para células 2x2x2 - cerca de 10 segundos; c) para células 4x4x4 - cerca de 0,25 segundos; d) para células 8x8x8 - cerca de 0,0225 segundos. A elevada eficiência do algoritmo proposto (tendo em conta a possibilidade de processamento paralelo dos dados) permite a sua utilização para o agrupamento e segmentação mesmo em sistemas embebidos de potência relativamente baixa.

Devido à parametrização abrangente, os algoritmos de pré-processamento podem ser ajustados às caraterísticas do problema que está a ser resolvido.

O algoritmo de clustering proposto permite a construção adequada de clusters de forma arbitrária para objectos relativamente monocromáticos, considerando a posição das linhas de nível. Permite também a criação de uma hierarquia de agrupamentos (correspondente às linhas de nível), o que é essencial para separar objectos próximos em termos de cor na imagem durante o processamento subsequente. Infelizmente, os objectos não sólidos (normalmente iluminados de forma irregular) podem não ser processados adequadamente, uma vez que as suas cores são altamente difusas e tornam-se adjacentes às cores de outros objectos.

14.9. Referências

[1] Rafael C. Gonzalez, Richard E. Woods Digital Image Processing, 4ª edição Pearson/Prentice Hall, 2018. - 1168p.P. S. abril, R. Plant, The patent holder's dilemma: Buy, sell, or troll?, Communications of the ACM 50 (2007) 36-44. doi:10.1145/1188913.1188915.

[2] I. Ruban, et. al., O aumento da eficácia do cálculo da deteção de objetos aéreos combinando radares de vigilância no sistema coerente // Revista Internacional de Tendências Emergentes em Pesquisa de Engenharia. - Vol. 8. (№ 4), 2020. - P. 1295-1301.

[3] V. Lishchenko, V. Chaliy, H. Khudov e A. Zvonko. Propostas para melhorar a informatividade da vigilância aérea em sistemas de radar MIMO baseados em radares bidimensionais // Intern. Scient.-Pract. Conf. Problemas de Infocomunicações. Ciência e Tecnologia (PIC S&T), 9-12 de outubro de 2018, Kharkiv. - P. 153-156.

[4] S. Orozco-Arias et al., "SENMAP: Uma arquitetura de rede neural convolucional para curadoria de bibliotecas LTR-RT de genomas de plantas", 2021 IEEE 2º Congresso Internacional de Engenharia Biomédica e Bioengenharia (CI-IB&BI), Bogotá DC, Colômbia, 2021, pp. 1-4, doi: 10.1109/CI-IBBI54220.2021.9626130.

[5] Lishchenko V., Khudov H., Tiutiunnyk V., Kuprii V., Zots F. e Misiyuk G. O método de aumentar o alcance de deteção de veículos aéreos não tripulados em sistemas multiradar baseados em radares de vigilância // IEEE 39ª Conferência Internacional de Eletrónica e Nanotecnologia (ELNANO), 16-18 de abril de 2019, Kiev, Ucrânia. - P. 559-562.

[6] C. Mejia-Escobar, M. Cazorla e E. Martinez-Martin, "Improving Facial Expression Recognition Through Data Preparation and Merging", em IEEE Access, vol. 11, pp. 71339-71360, 2023, doi: 10.1109/ACCESS.2023.3293728.

[7] B. Zhao, J. R. Sveinsson, M. O. Ulfarsson e J. Chanussot, "Algoritmos de redução de dimensionalidade de misturas (semi) supervisionadas de analisadores de fatores e misturas profundas de analisadores de fatores para classificação de imagens hiperespectrais", IGARSS 2019 - Simpósio Internacional de Geociências e Sensoriamento Remoto IEEE 2019, Yokohama, Japão, 2019, pp. 887-890, doi: 10.1109/IGARSS.2019.8898932.

[8] Ruban I., et. al. Provisão de Sobrevivência de Sistema Móvel Reconfigurável na Exposição à Radiação Electromagnética de Alta Potência // Artigos Selecionados da XVII Conferência Internacional Científica e Prática sobre Tecnologias de Informação e Segurança (ITS 2017). - Processamento do Workshop CEUR. - Kyiv, Ucrânia, 2017. - P. 105-111.

[9] Serkov A., Kravets V., Yakovenko I., Churyumov G., Tokariev V., Nannan W. Sinais de banda ultralarga em sistemas de controlo de veículos aéreos não tripulados // Conferência Internacional do IEEE sobre "Sistemas, serviços e tecnologias fiáveis", (DESSERT'2019). - 2019, Leeds, Reino Unido, 5-7 de junho. - P. 26-29.

[10] Tkachov V., Tokariev V., Dukh Y., Volotka V. Método de recolha de dados em redes de sensores sem fios utilizando a rede Flying Ad Hoc // Conferência Internacional Científico-Prática do IEEE "Problemas de Infocomunicações, Ciência e Tecnologia", (PIC S&T). - 2018, Kharkiv, Ucrânia, 9-12 de outubro. - P. 197-201.

[11] Yevdokymenko M. Investigation of Tensor Approach for Providing Multimedia Quality in Infocommunication Networks // Ceur Workshop Proceedings of the International Workshop on Cyber Hygiene (CybHyg-2019) co-located with 1st International Conference on Cyber Hygiene and Conflict Management in Global Information Networks (CyberConf 2019). - 2019. - Vol. 2654. - P. 227-239.

[12] Yevdokymenko M., Mohamed E., Onwuakpa P. Ethical hacking and penetration testing using raspberry PI // 2017 4th International Scientific-Practical Conference Problems of Infocommunications. Ciência e Tecnologia (PIC S&T), Kharkiv, 2017. - P. 179-181.

[13] Kuzminykh I., Carlsson A., Yevdokymenko M., Sokolov V. Investigação do tempo de vida do dispositivo IoT com transmissão segura de dados // In: Galinina O., Andreev S., Balandin S., Koucheryavy Y. (eds) Internet of Things, Smart Spaces, and Next Generation Networks and Systems. NEW2AN 2019, ruSMART 2019. Notas de aula em Ciência da Computação, Springer, Cham. Vol. 11660. - P. 16-27.

[14] H. Palus e M. Frackiewicz, "Deterministic vs. Random Initializations for K-Means Color Image Quantization", 2019 15th International Conference on Signal-Image Technology & Internet-Based Systems (SITIS), Sorrento, Itália, 2019, pp. 50-55, doi: 10.1109/SITIS.2019.00020.

[15] S. Dinc, R. Russell e L. A. C. Parra, "Cloud Region Segmentation from All Sky Images using Double K-Means Clustering," 2022 IEEE International Symposium on Multimedia (ISM), Itália, 2022, pp. 261-262, doi: 10.1109/ISM55400.2022.00058.

[16] F. Lopez-Tiro, H. Peregrina-Barreto, J. Rangel-Magdaleno e J. C. Ramirez-San-Juan, "Localization of blood vessels in in-vitro LSCI images with K-means," 2021 IEEE International Instrumentation and Measurement Technology Conference (I2MTC), Glasgow, Reino Unido, 2021, pp. 1-5, doi: 10.1109/I2MTC50364.2021.9460100.

[17] A. Ito, "Successive Binary Partition K-means Method for Clustering with Less Cluster Size Bias", 2022 7th International Conference on Signal and Image Processing (ICSIP), Suzhou, China, 2022, pp. 772-776, doi: 10.1109/ICSIP55141.2022.9886452.

[18] J. Prades, A. Salazar, G. Safont e L. Vergara, "Experimental Study of Hierarchical Clustering for Unmixing of Hyperspectral Images," 2021 IEEE International Conference on Aerospace Electronics and Remote Sensing Technology (ICARES), Bali, Indonésia, 2021, pp. 1-5, doi: 10.1109/ICARES53960.2021.9665201.

[19] J. Bacca, K. Sanchez e H. Arguello, "Sparse Subspace Clustering for Hyperspectral Images with Missing Pixels", 2019 XXII Simpósio de Imagem, Processamento de Sinais e Visão Artificial (STSIVA), Bucaramanga, Colômbia, 2019, pp. 1-5, doi: 10.1109/STSIVA.2019.8730242.

[20] Y. Wei, C. Niu, H. Wang e D. Liu, "O agrupamento de imagens hiperespectrais com base em informações espaciais e agrupamento espetral", 2019 IEEE 4th International Conference on Signal and Image Processing (ICSIP), Wuxi, China, 2019, pp. 127-131, doi: 10.1109/SIPROCESS.2019.8868487.

[21] C. Hinojosa, J. Bacca, E. Vargas, S. Castillo e H. Arguello, "Projeto de matriz de deteção de câmera de pixel único para agrupamento espetral comprimido hierárquico", 2019 IEEE 29th International Workshop on Machine Learning for Signal Processing (MLSP), Pittsburgh, PA, EUA, 2019, pp. 1-6, doi: 10.1109/MLSP.2019.8918856.

[22] J. Lopez, C. Hinojosa e H. Arguello, "Fast Subspace Clustering Algorithm with Efficient Similarity-Constrained Sampling for Hyperspectral Images", 2021 IEEE 31st International Workshop on Machine Learning for Signal Processing (MLSP), Gold Coast, Austrália, 2021, pp. 1-6, doi: 10.1109/MLSP52302.2021.9596507.

[23] K. Smelyakov, A. Chupryna, O. Bohomolov e I. Ruban, "The Neural Network Technologies Effectiveness for Face Detection," 2020 IEEE Third International Conference on Data Stream Mining & Processing (DSMP), 2020, pp. 201-205, doi: 10.1109/DSMP47368.2020.9204049.

[24] K. Smelyakov, A. Chupryna, O. Bohomolov e N. Hunko, "The Neural Network Models Effectiveness for Face Detection and Face Recognition," 2021 IEEE Open Conference of Electrical, Electronic and Information Sciences (eStream), 2021, pp. 1-7, doi: 10.1109/eStream53087.2021.9431476.

[25] K. Smelyakov, M. Shupyliuk, V. Martovytskyi, D. Tovchyrechko e O. Ponomarenko, "Efficiency of image convolution", 2019 IEEE 8th International Conference on Advanced Optoelectronics and Lasers (CAOL), 2019, pp. 578-583, doi: 10.1109/CAOL46282.2019.9019450.

[26] M. Tonin e R. L. de Queiroz, "On Quantization of Image Classification Neural Networks for Compression Without Retraining," 2022 IEEE International Conference on Image Processing (ICIP), Bordéus, França, 2022, pp. 916-920, doi: 10.1109/ICIP46576.2022.9897466.

[27] Kyrychenko, I., et. al. "Selection of Artificial Neural Networks for Disease Prediction", 2023 7th International Conference on Computational Linguistics and Intelligent Systems (COLINS-2023), 2023. - CEUR-WS, 2023, ISSN 16130073. - Volume 3387, PP. 236-248.

[28] Colour Space: https://cdn.firespring.com/images/36580bd4-0617-45db-9623-941537eab10d.png

[29] Imagem do automóvel: https://www.autocentre.ua/wp-content/uploads/2018/05/Die-Besten-bis-5000-Euro-TueV-Report-2018-1200x800-17fa1ff16f0bfc7a.jpg

[30] Imagem do automóvel: https://auto.ironhorse.ru/wp-content/uploads/2018/06/Q8-side.jpg

[31] https://unity.com

[32] https://drive.google.com/drive/folders/1MHdinKBlqIGuwz0Irtm4zYV10Ca-XLAK

Capítulo 15. Robustez da deteção de vivacidade de impressões digitais baseada em redes neurais convolucionais

Com o avanço dos sistemas digitais, os métodos de autenticação biométrica, especialmente o reconhecimento de impressões digitais, tornaram-se uma componente integral de vários protocolos de segurança. No entanto, estes sistemas continuam a ser susceptíveis a ataques de falsificação, em que as impressões digitais falsificadas podem ser utilizadas de forma maliciosa. Esta investigação tem como objetivo abordar o desafio da deteção da vitalidade das impressões digitais, tirando partido das capacidades das Redes Neuronais Convolucionais (CNN).

Utilizando o conjunto de dados SocoFing, concebemos e implementámos um modelo baseado em CNN, destacando a sua arquitetura que inclui várias camadas convolucionais, de pooling e densas. Adam optimizou o modelo e avaliou-o utilizando métricas como a precisão, a taxa de falsa aceitação (FAR) e a taxa de falsa rejeição (FRR). Os nossos resultados oferecem perspectivas promissoras sobre a robustez das CNNs na deteção de impressões digitais genuínas e falsas. Além disso, este estudo discute os desafios enfrentados durante a implementação, as implicações para as aplicações no mundo real e os potenciais caminhos para investigação futura em segurança biométrica.

15.1. Introdução

Os métodos de identificação biométrica [1] proporcionam uma proteção fiável. A autenticação biométrica do utilizador é um método que identifica um utilizador e verifica a sua identidade com base na medição dos seus traços fisiológicos únicos ou caraterísticas comportamentais. Os biométricos fisiológicos são a impressão digital, o reconhecimento facial, a leitura da íris, a geometria da mão e a leitura da retina. A biometria comportamental consiste no reconhecimento da voz, da marcha, da leitura das teclas e da assinatura. As impressões digitais e as impressões das mãos são os métodos biométricos mais utilizados atualmente. Muitos computadores portáteis estão equipados com scanners de impressões digitais, estando também disponíveis leitores de impressões digitais em unidades USB. A autenticação biométrica é amplamente utilizada e tem uma excelente fiabilidade:

poupa o utilizador à difícil tarefa de recuperar as palavras-passe; os dados biométricos são únicos e simples; é difícil reproduzir as caraterísticas biométricas; as caraterísticas biométricas não se perdem; a leitura das impressões digitais [2] é pequena e barata; a leitura dos olhos é precisa na identificação do utilizador.

15.1.1. Antecedentes

Com a dependência cada vez maior da autenticação biométrica nos sistemas de segurança [3], a importância do reconhecimento das impressões digitais aumentou drasticamente. Os sistemas baseados em impressões digitais estão implantados numa miríade de aplicações que vão dos smartphones aos controlos de imigração nos aeroportos. No entanto, como todos os sistemas de segurança, os sistemas de reconhecimento de impressões digitais [4] não são imunes a tentativas maliciosas de os contornar. Uma dessas tentativas é a apresentação de impressões digitais falsas ou falsificadas, o que torna necessário criar mecanismos eficazes de deteção da vivacidade.

A deteção da vivacidade garante [5] que os dados biométricos apresentados provêm de uma pessoa viva e não de um artefacto ou de uma réplica. Com os avanços tecnológicos, os atacantes tornaram-se hábeis na criação de impressões digitais falsas de alta qualidade, desafiando os mecanismos tradicionais de deteção de vivacidade.

15.1.2. Declaração do problema

Embora existam numerosas técnicas e metodologias para a deteção da vivacidade das impressões digitais [6], são necessários métodos robustos e fiáveis que possam resistir ao teste do tempo e à evolução tecnológica. Com a ascensão da aprendizagem profunda, as redes neurais convolucionais [7] (CNN) têm-se revelado muito promissoras em várias tarefas de visão computacional. Esta investigação explora a robustez das CNN na deteção da vivacidade das impressões digitais.

15.1.3. Objectivos do estudo

Os principais objectivos deste estudo são:

- Conceber e treinar um modelo CNN para a deteção da vivacidade das impressões digitais [8].

- Para avaliar o desempenho do modelo utilizando métricas padrão como a exatidão, a taxa de falsa aceitação (FAR) e a taxa de falsa rejeição (FRR) [9].
- Fornecer informações sobre a robustez do modelo face a diferentes tipos e qualidade de tentativas de falsificação.
- Comparar o desempenho da CNN com outros modelos de aprendizagem automática e de aprendizagem profunda, avaliando a eficácia global das CNN nesta aplicação.
- Além disso, o estudo permitirá identificar potenciais melhorias e orientações para a investigação futura.

15.2. Metodologia

15.2.1. Descrição do conjunto de dados Socofing

A investigação baseia-se no conjunto de dados Socofing [10] no Kaggle. O Socofing é um conjunto de dados de impressões digitais abrangente, concebido para ajudar na investigação da deteção da vivacidade das impressões digitais. Contém uma mistura de impressões digitais genuínas e falsificadas, o que o torna ideal para a nossa análise.

Fig. 15.1. Exemplos do conjunto de dados SocoFing

Sobre o Socofing: O conjunto de dados Socofing foi criado pelo BiDA-Lab (Laboratório Biométrico da América) na Universidad de las Fuerzas Armadas ESPE no Equador. O seu objetivo é fornecer uma referência robusta para os algoritmos que permitem discernir entre impressões digitais genuínas e falsas.

- Tamanho e volume: O conjunto de dados inclui numerosas imagens de impressões digitais, com uma distribuição variada entre impressões digitais genuínas e falsas [10].
- Resolução: Cada imagem do conjunto de dados varia em termos de resolução, capturando impressões digitais com pormenores intrincados.
- Fonte: As imagens de impressões digitais no conjunto de dados Socofing foram obtidas a partir de vários dispositivos e representam dados diversificados para imitar cenários do mundo real.
- Pré-processamento: Antes de introduzir os dados nos modelos, cada imagem foi submetida a vários passos de pré-processamento, incluindo normalização, redimensionamento e aumento, para aumentar a capacidade de generalização do modelo.

Os exemplos do conjunto de dados SocoFing são apresentados na Fig. 1.15: Impressões digitais reais na primeira linha, impressões digitais ligeiramente modificadas na segunda linha e impressões digitais muito modificadas na terceira linha

15.2.2. Rede neural convolucional

O modelo primário explorado nesta investigação é uma CNN, conhecida pelas suas capacidades de tratamento de dados de imagem. A arquitetura é composta por:

1. Camada de entrada:
   - Objetivo: Aceita os valores brutos de pixéis da imagem como entrada.
   - Forma: Corresponde à forma de train_images[0], a resolução das imagens de impressões digitais utilizadas para o treino. Se estiver a utilizar imagens RGB, será (altura, largura, 3) e, no caso da escala de cinzentos, será (altura, largura, 1).

2. Camada convolucional (Conv2D):
    - Objetivo: Examinar a imagem de entrada com filtros/kernels, ajudando o modelo a aprender padrões locais.
    - Número de filtros: 32
    - Tamanho do filtro: 3x3
    - Função de ativação: ReLU (Rectified Linear Unit), que introduz a não linearidade no modelo, permitindo-lhe aprender com o erro e efetuar ajustamentos, o que é essencial para a compreensão de padrões complexos.
3. Camada máxima de agrupamento (MaxPooling2D):
    - Objetivo: Reduzir a amostragem das dimensões espaciais do volume de saída. Reduz a complexidade computacional, permitindo que a rede se concentre nos padrões/caraterísticas mais relevantes.
    - Tamanho da piscina: 2x2
4. Camada convolucional (Conv2D):
    - Objetivo: Outra operação de convolução para extrair caraterísticas de nível superior.
    - Número de filtros: 64
    - Tamanho do filtro: 3x3
    - Função de ativação: ReLU
5. Camada máxima de agrupamento (MaxPooling2D):
    - Objetivo: Mais uma vez, reduzir a amostragem das dimensões espaciais.
    - Tamanho da piscina: 2x2
6. Camada de aplanamento (aplanar):
    - Objetivo: Tal como o seu nome sugere, esta camada aplana a saída das camadas anteriores num único vetor longo.
    - É necessário porque as camadas totalmente ligadas (camadas densas) esperam um vetor de entrada 1D.
7. Camada totalmente conectada (densa):
    - Objetivo: Interpreta as caraterísticas e os padrões aprendidos pelas camadas anteriores.
    - Unidades (Neurónios): 128
    - Função de ativação: ReLU
8. Camada de saída (densa):
    - Objetivo: produzir uma distribuição de probabilidades sobre as classes (Genuína e Falsa, no seu caso).

- As unidades (Neurónios) são 2, correspondendo às duas classes: Genuíno e Falso.
- Função de ativação: Softmax. Esta função de ativação devolve a distribuição de probabilidades sobre as classes, o que significa que cada neurónio produzirá um valor entre 0 e 1, representando a probabilidade de a imagem de entrada pertencer à respectiva classe.

15.2.3. Compilação de modelos

Optimizador: O optimizador Adam é um algoritmo de otimização de taxa de aprendizagem adaptativa [11] que demonstrou ser capaz de lidar com gradientes esparsos em problemas ruidosos. Combina as vantagens de duas outras extensões da descida de gradiente estocástica: AdaGrad e RMSProp.

Função de perda: Entropia cruzada categórica esparsaEsta função de perda é usada para problemas de classificação multiclasse em que os rótulos são inteiros (em oposição a vectores codificados de uma só vez). Ela calcula a perda de entropia cruzada entre os rótulos reais e os rótulos previstos.

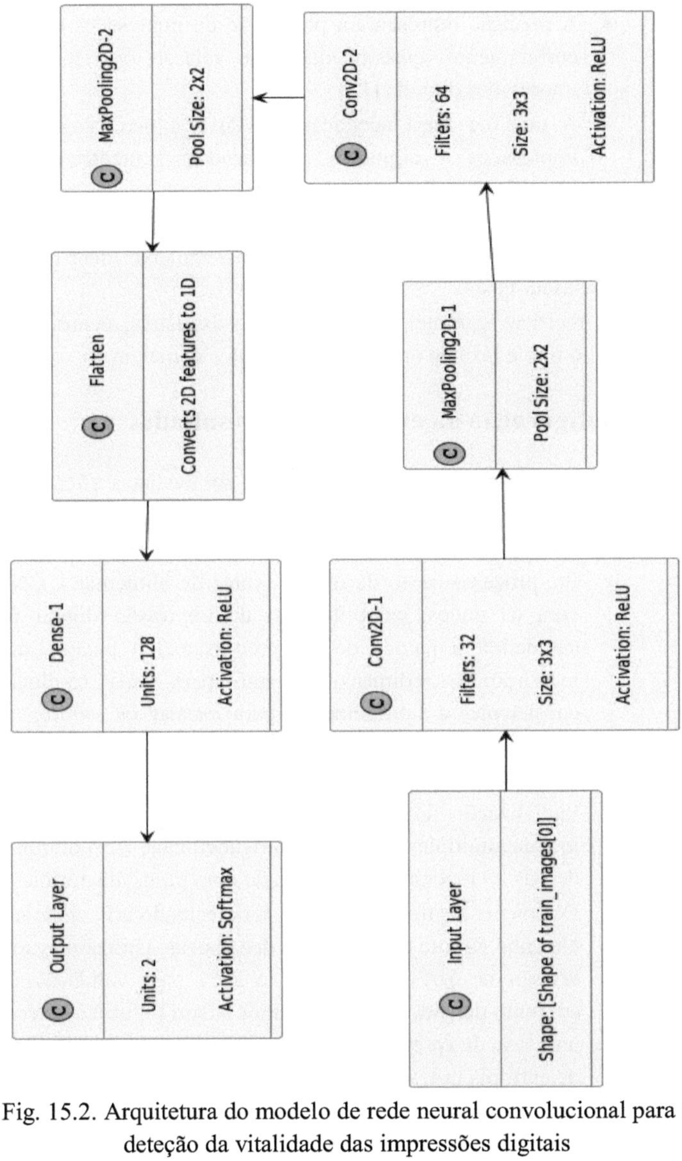

Fig. 15.2. Arquitetura do modelo de rede neural convolucional para a deteção da vitalidade das impressões digitais

15.2.4. Métricas de avaliação

Foram utilizadas as seguintes métricas para medir o desempenho dos modelos:

- A precisão representa a proporção de impressões digitais corretamente classificadas em relação ao total de impressões digitais [12].
- A taxa de falsa aceitação (FAR) é a percentagem de impressões digitais falsificadas incorretamente identificadas como genuínas.
- A taxa de falsa rejeição (FRR) é a percentagem de impressões digitais genuínas incorretamente identificadas como falsas.

Estas métricas garantem uma avaliação exaustiva, centrada na exatidão e no tipo e taxa de erros que os modelos cometem.

15.3. Configuração da experiência e resultados

Para esta investigação, o nosso objetivo foi avaliar a eficácia de uma rede neural convolucional (CNN) na distinção entre impressões digitais genuínas e falsas, utilizando o conjunto de dados Socofing.

- Pré-processamento de dados. Antes de alimentar a CNN com os dados, cada imagem de impressão digital foi submetida a passos de pré-processamento padrão, que incluíram o redimensionamento para uma resolução consistente, a normalização para escalar os valores de píxeis entre 0 e 1 e o aumento de dados (como rotações e inversões aleatórias) para melhorar a robustez do modelo.
- Inicialização do modelo. A arquitetura CNN escolhida incluía múltiplas camadas convolucionais, de pooling e densas. O modelo foi inicializado com pesos aleatórios.
- Definições de treino. O treino foi efectuado utilizando um tamanho de lote de 2764 para dez épocas. Utilizámos uma divisão de 80% para treino e 20% para validação do conjunto de dados. O optimizador Adam foi utilizado com uma taxa de aprendizagem de 0,001 e uma função de perda de entropia cruzada categórica.

15.3.1. Resultados da CNN , curvas de treino e validação

Monitorizámos a perda e a precisão do treino e da validação ao longo do processo de treino. A convergência das curvas de treino e validação indicou um sobreajuste mínimo e o modelo generaliza bem para dados não vistos.

Tabela 15.1. Métricas de exatidão de treino e validação do modelo para cada época

Época	Perda	Exatidão	Perda de validação	Exatidão da validação
1	0.1742	0.9260	0.1342	0.9378
2	0.0751	0.9694	0.0650	0.9761
3	0.0482	0.9813	0.0634	0.9755
4	0.0348	0.9866	0.0375	0.9860
5	0.0260	0.9905	0.0267	0.9910
6	0.0189	0.9931	0.0350	0.9869
7	0.0162	0.9940	0.0246	0.9919
8	0.0131	0.9952	0.0252	0.9935
9	0.0116	0.9958	0.0321	0.9923
10	0.0116	0.9959	0.0368	0.9896

15.3.2. Métricas de desempenho

Após a conclusão do processo de formação, o modelo foi avaliado num conjunto de dados de teste para medir o seu desempenho:

- Precisão: 98,964%
- Taxa de falsa aceitação (FAR): 0,215%
- Taxa de falsa rejeição (FRR): 7.251%

O modelo apresentou uma elevada taxa de precisão, indicando a sua proficiência na distinção entre impressões digitais genuínas e falsas. No entanto, a FRR sugere a necessidade de mais optimizações, uma vez que as impressões digitais genuínas foram ocasionalmente mal classificadas.

15.3.3. Análise da matriz de confusão

A partir da avaliação do conjunto de dados de teste, a matriz de confusão foi:

- Verdadeiros positivos (TP): 2392
- Falsos positivos (FP): 42
- Verdadeiros negativos (TN): 19487
- Falsos negativos (FN): 187

Embora o modelo tenha apresentado uma elevada taxa de verdadeiros positivos e negativos, indicando classificações corretas, houve casos de falsos positivos e falsos negativos, salientando áreas para um potencial aperfeiçoamento do modelo.

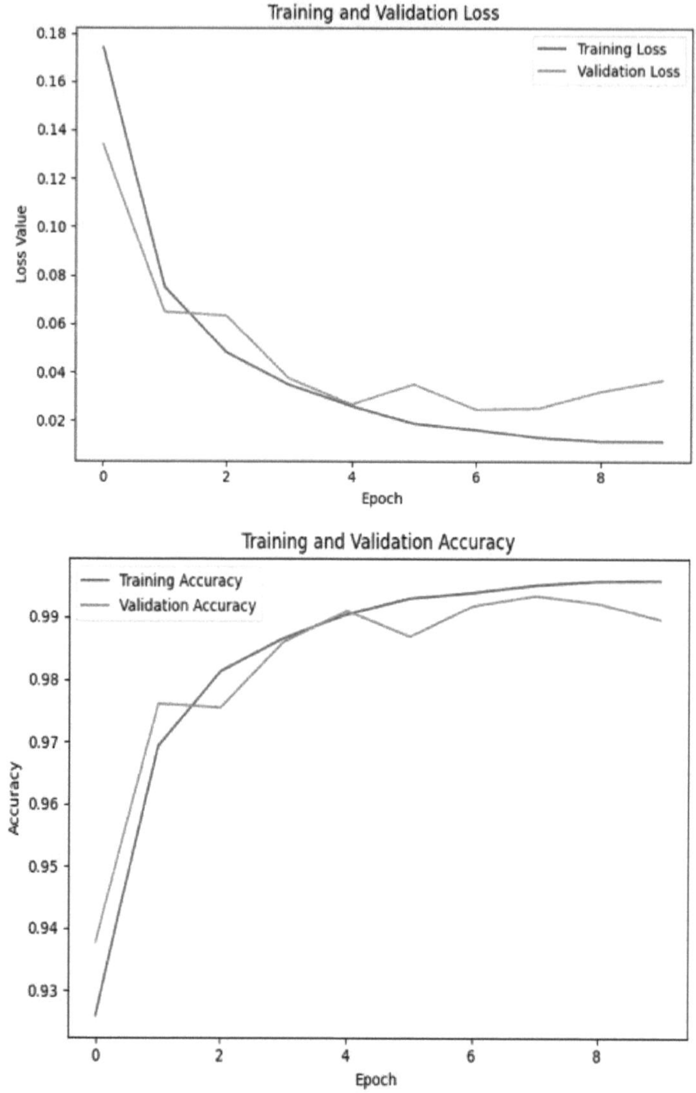

Fig. 15.3. Curvas de exatidão do treino e da validação

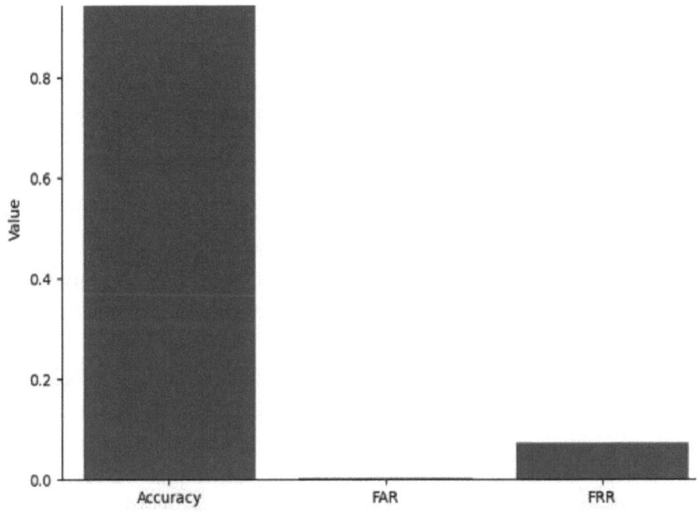

Fig. 15.4. Métricas de desempenho do modelo de deteção de vivacidade, mostrando a precisão, a taxa de falsa aceitação (FAR) e a taxa de falsa rejeição (FRR).

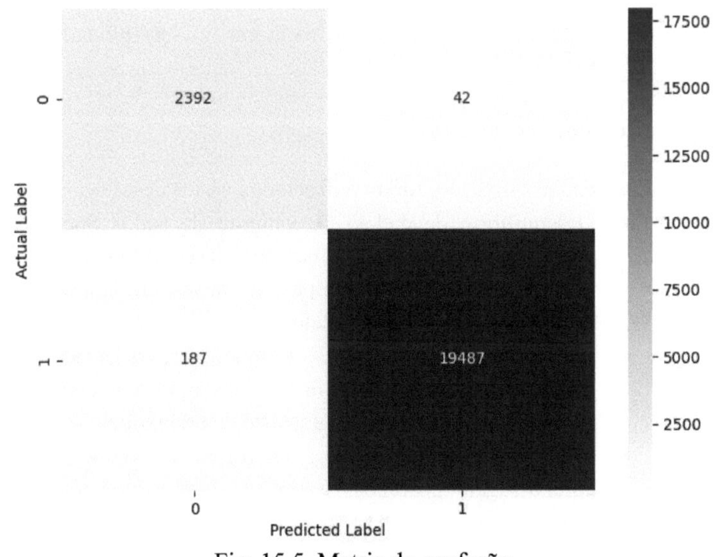

Fig. 15.5. Matriz de confusão

15.3.4. Análise e implicações da deteção da vivacidade das impressões digitais com base na CNN

O desempenho da CNN no conjunto de dados Socofing proporcionou várias informações valiosas:

- Elevada precisão. A CNN demonstrou uma capacidade sólida para distinguir impressões digitais genuínas de impressões digitais falsificadas com uma exatidão próxima dos 99%. Isto sublinha o potencial do modelo como uma ferramenta robusta para a deteção da vivacidade das impressões digitais.
- Potencial de otimização. Apesar da impressionante precisão, a taxa de falsa rejeição (FRR) de 7,251% destaca uma área que requer atenção. Em cenários práticos, os utilizadores genuínos podem enfrentar desafios na autenticação devido a tais erros de classificação.
- Observações sobre a matriz de confusão. O baixo número de falsos positivos sugere que o modelo raramente identifica erradamente uma falsificação como uma impressão digital genuína. No entanto, os falsos negativos indicam que é possível melhorar a sensibilidade do modelo.

15.3.5. Desafios encontrados

Durante a investigação, foram enfrentados vários desafios:

- Desequilíbrio de dados: O conjunto de dados Socofing pode conter uma distribuição desequilibrada entre impressões digitais genuínas e falsas, o que pode influenciar o treino do modelo.
- Variabilidade dos dados: A qualidade, orientação e caraterísticas variáveis das impressões digitais no conjunto de dados podem desafiar a consistência do modelo.
- Restrições computacionais: O treino de modelos de aprendizagem profunda requer recursos computacionais significativos, o que pode limitar a extensão da afinação de hiperparâmetros e a experimentação.

15.3.6. Implicações para a aplicação prática

De um ponto de vista prático, os resultados do modelo enfatizam a sua utilidade em sistemas de segurança que requerem autenticação por impressão digital [13]. No entanto, há que fazer algumas considerações:

- Experiência do utilizador. Uma FRR elevada pode levar à frustração do utilizador devido a tentativas genuínas falhadas [14].
- Adaptabilidade. Qualquer implementação deve permitir actualizações regulares do modelo, tendo em conta a evolução contínua das técnicas de falsificação.

15.4. Conclusão e trabalhos futuros

A investigação explorou a eficácia do modelo baseado na CNN na deteção da vivacidade das impressões digitais utilizando o conjunto de dados Socofing. Revelou uma capacidade louvável, com uma precisão próxima dos 99%. No entanto, métricas específicas revelaram caminhos para otimização. Para além da variedade teórica de possíveis métodos biométricos utilizados na prática [15], existem poucos. Hoje em dia, todas as tecnologias biométricas são probabilísticas [16], e este facto é frequentemente a base da crítica biométrica. É difícil não concordar que as tecnologias biométricas são medidas de segurança fiáveis e convenientes que têm sido amplamente utilizadas até agora [17]. Apesar dos intensos esforços desenvolvidos nos últimos anos para desenvolver e melhorar os métodos de identificação dos utilizadores para controlar o acesso aos recursos dos sistemas de informação, a fiabilidade e a estabilidade dos sistemas existentes são insuficientes para as necessidades modernas [18]. A principal vantagem da tecnologia biométrica é a sua elevada fiabilidade. Toda a gente sabe que, na natureza, não existem duas pessoas com a mesma impressão digital [19].

15.5. Referências

[1] Iwuoha, V. C., & Doevenspeck, M. (2023). Dilemas da "nacionalidade biométrica": controlo das migrações, tecnologia de identificação biométrica e mobilização política dos migrantes na África Ocidental. Território, Política, Governação, 1-26.

[2] Marani, M., Soltani, M., Bahadori, M., Soleimani, M., & Moshayedi, A. (2023). O papel da biometria no sector bancário: Uma revisão. Transacções Aprovadas pela EAI sobre IA e Robótica, 2(1).

[3] El-afifi, M. I., & El Kelany, M. M. (2023). Tendências na autenticação biométrica: A review. Jornal Nilo de Comunicação e Ciência da Computação.
[4] Helmy, M., El-Rabaie, E. S. M., El-Dokany, I., & Abd El-Samie, F. E. (2023). Um novo sistema de reconhecimento biométrico cancelável baseado na técnica do cubo de Rubik para aplicações de cibersegurança. Optik, 285, 170475.
[5] Das, S., De Ghosh, I., & Chattopadhyay, A. (2023). A liveness detection system for sclera biometric applications (Um sistema de deteção de vivacidade para aplicações biométricas da esclera). International Journal of Biometrics, 15(6), 645-664.
[6] Micheletto, M., Orrù, G., Casula, R., Yambay, D., Marcialis, G. L., & Schuckers, S. (2023). Revisão da série de concursos de deteção de vivacidade de impressões digitais (LivDet): de 2009 a 2021. Manual de Anti-Spoofing Biométrico: Apresentação Deteção de ataques e avaliação de vulnerabilidades, 57-76.
[7] Krichen, M. (2023). Redes neurais convolucionais: A survey. Computadores, 12(8), 151.
[8] Micheletto, M., Orrù, G., Casula, R., Yambay, D., Marcialis, G. L., & Schuckers, S. (2023). Revisão da série de concursos de deteção de vivacidade de impressões digitais (LivDet): de 2009 a 2021. Manual de Anti-Spoofing Biométrico: Apresentação Deteção de ataques e avaliação de vulnerabilidades, 57-76.
[9] Chicco, D., & Jurman, G. (2023). O coeficiente de correlação de Matthews (MCC) deve substituir o ROC AUC como a métrica padrão para avaliar a classificação binária. BioData Mining, 16(1), 1-23.
[10] Y. I. Shehu, A. Ruiz-Garcia, V. Palade e A. James, "Sokoto coventry fingerprint dataset", arXiv: 1807.10609, 2018.
[11] Sun, H., Shen, L., Zhong, Q., Ding, L., Chen, S., Sun, J., ... & Tao, D. (2023). Adasam: Impulsionando a minimização com consciência de nitidez com taxa de aprendizagem adaptativa e momento para treinar redes neurais profundas. arXiv preprint arXiv: 2303.00565.
[12] Logoyda, M., Nazarkevych, M., Voznyi, Y., Dmytruk, S., & Smotr, O. (2019). Identificação de imagens biométricas usando elementos latentes. Actas do Workshop CEUR. EID: 2-s2.0-85074659529
[13] Dronyuk I, Nazarkevych M, Poplavska Z. Generalização de filtros de Gabor baseada em funções ateb para segurança da informação. Conferência Internacional sobre Interações Homem-Máquina 2017 Out 3 (pp. 195-206). Springer, Cham
[14] Nazarkevych, M., Dmytruk, S., Hrytsyk, V., Vozna, O., Kuza, A., Shevchuk, O., ... & Sheketa, V. (2021). Avaliação da eficácia de diferentes métodos de esqueletização de imagens em sistemas de segurança biométrica. Jornal Internacional de Sensores Comunicações Sem Fio e Controle, 11(5), 542-552. DOI : 10.2174/2210327910666201210151809
[15] Sheketa, V., Romanyshyn, Y., Vovk, R., Pikh, V., Pasyeka, M.. Métodos formais para a resolução de problemas tecnológicos nas rotinas de infocomunicações de tomada de decisões inteligentes para controlo de perfuração. Em 2019 IEEE International Scientific-Practical Conference Problems of Infocommunications, Science and Technology. PIC S&T, 2019, pp. 29-34.
[16] Sheketa, V., Zorin, V., Chupakhina, S., Kyrsta, N., Pasyeka, M., Pasieka, N. Método empírico de avaliação dos valores numéricos das métricas no processo

de determinação da qualidade do software médico. Na Conferência Internacional de 2020 sobre Ciências e Aplicações de Auxílio à Decisão DASA, 2020, pp. 22-26.

[17] Shakhovska, N., Boyko, N., Pukach, P. O modelo de informação dos armazéns de dados na nuvem. Na Conferência sobre Ciência da Computação e Tecnologias da Informação, 2018, pp. 182-191.

[18] Boyko, N., Tkachuk, N. Processamento de diferentes tipos de dados médicos usando Hadoop e Java MapReduce. Em IDDM, 2020, pp. 405-414.

[19] Tsmots, I., Teslyuk, V., Teslyuk, T., Lukashchuk, Y. O método e o modelo de simulação da seleção da base de elementos para a síntese do sistema de proteção e transmissão de dados. International Journal of Sensors Wireless Communications and Control, 11(5), 2021, p.518-530.

Capítulo 16. Automatização dos testes de sistemas de informação distribuídos em ambiente de nuvem

16.1. Introdução

No mundo atual, cada vez mais serviços, produtos e empresas estão a implementar e a desenvolver sistemas de informação distribuídos para funcionarem num ambiente de nuvem. Ao mesmo tempo, o desenvolvimento destes sistemas ocorre localmente e os testes são normalmente efectuados num ambiente único, que pode não corresponder ao ambiente de trabalho final em termos de um conjunto de parâmetros: o estado da base de dados, o ambiente de execução, a potência do sistema, etc. Além disso, os testes num ambiente personalizado atrasam o processo de feedback de que a equipa de desenvolvimento necessita para corrigir problemas e defeitos.

16.2. Trabalhos relacionados

Nenhum conjunto estabelecido de tecnologias, práticas ou normas seria utilizado em todos os projectos da indústria. Em vez disso, cada novo projeto escolhe abordagens e práticas de forma independente ou com base nas práticas do departamento ou da empresa. Embora esta situação permita uma abordagem razoavelmente flexível ao processo de teste e controlo de qualidade, a variabilidade das práticas e dos processos faz com que não seja invulgar que as equipas que trabalham em diferentes partes do mesmo sistema utilizem várias abordagens, práticas e conjuntos de ferramentas.

16.3. Definição do problema

Tendo em conta os resultados da análise, compare as abordagens existentes em matéria de testes e proponha a abordagem ideal que acelere o feedback da equipa, reduza o tempo de desenvolvimento e aumente a qualidade final do sistema de informação.

16.4. Material de base

Para resolver este problema da melhor forma, vale a pena aprofundar os tipos de processos de desenvolvimento de sistemas de informação distribuídos, sistemas de controlo de código e integração contínua. Um projeto típico é desenvolvido utilizando uma metodologia específica - Waterfall, RUP, Scrum, Kanban, etc. A escolha dos métodos e do processo de gestão do projeto depende normalmente das necessidades de um determinado sistema. Ainda assim, seria justo dizer que, atualmente, o Scrum e o Kanban são as duas metodologias mais difundidas para o desenvolvimento de sistemas de informação distribuídos na nuvem. Um processo típico de desenvolvimento e teste na indústria é o seguinte:

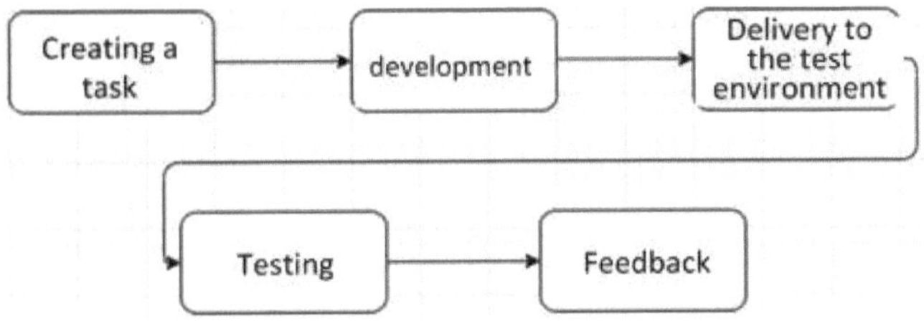

Fig. 16.1. Processo de ensaio típico

Um sistema de empacotamento típico é a contentorização (por exemplo, Docker), e uma entrega típica é a implantação de uma imagem de contentor (imagem docker) utilizando um sistema de gestão de contentores, por exemplo, Kubernetes. Também vale a pena analisar o processo de implementação de alterações na base de código e o processo de integração contínua:

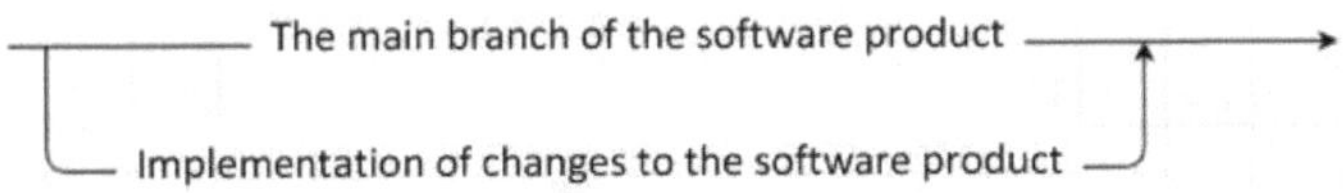

Fig. 16.2. Usando ramificações de código para implementar mudanças

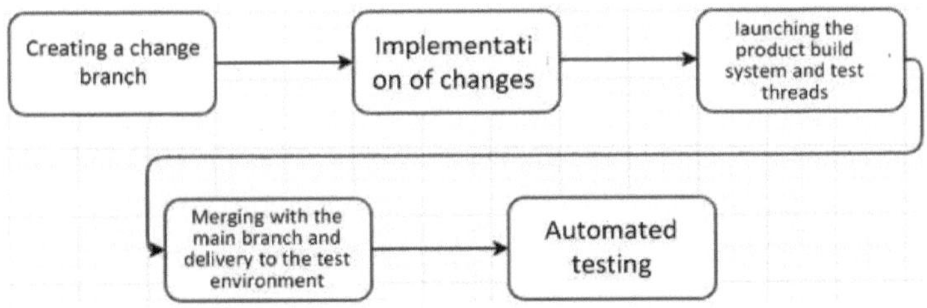

Fig. 16.1. Um processo típico de implementação da integração contínua

Depois de analisar os processos de utilização de ramos de código e integração contínua, torna-se claro que, ao avançar com a etapa de testes automatizados, é possível obter poupanças significativas no tempo e nos custos de desenvolvimento (Fig. 16.4). Assim, a implementação do ambiente de teste durante a construção do projeto e a execução de testes automáticos permite reduzir significativamente o tempo necessário para o feedback e evitar a fusão de alterações defeituosas com o ramo principal do produto. A implementação prática requer um sistema de integração contínua que cumpra os seguintes requisitos: suporte para a criação de scripts a partir de vários ramos em simultâneo (pipeline multi-ramos) e utilização de docker-compose/kubernetes para implementar um ambiente de teste. Um exemplo de um sistema de integração contínua é o Jenkins, mas existem muitas alternativas (GitHub, GitLab, AWS CodePipeline, etc.)

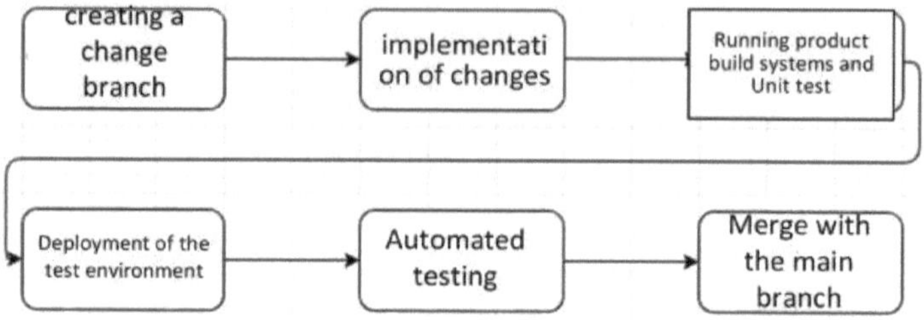

Fig. 16.4. Processo optimizado de integração contínua e implementação de alterações

16.5. Conclusões

Tendo analisado os problemas dos processos de desenvolvimento de sistemas de informação distribuídos, o processo de teste automatizado foi optimizado através da transferência da fase de teste para um ambiente temporário, que é implementado pelo sistema de integração contínua. Esta abordagem reduz significativamente o tempo de feedback (deteção de defeitos) e protege o ramo de código principal da fusão com uma base de código não testada. É também de salientar que a implementação desta otimização permite abandonar um ambiente de teste único e obter poupanças nos recursos de desenvolvimento e no tempo de entrega das alterações ao ambiente real.

16.6. Referências

[1] Documentação Jenkins: https://www.jenkins.io/doc/book/
[2] Documentação Docker: https://docs.docker.com/
[3] Documentação Kubernetes: https://kubernetes.io/docs/home/

[4] Berner, S., Weber, R., & Keller, R. K. (2005, maio). Observações e lições aprendidas com os testes automatizados. Em Proceedings of the 27th international conference on Software engineering (pp. 571-579).

[5] Kniberg, H., & Skarin, M. (2010). Kanban e Scrum - tirando o máximo partido de ambos. Lulu. com.

[6] Mouat, A. (2015). Usando docker: desenvolvendo e implantando software com contêineres. " O'Reilly Media, Inc.".

[7] Luksa, M. (2017). Kubernetes em ação. Simon e Schuster.

Capítulo 17. Desenvolvimento de um método de diagnóstico para a medição das caraterísticas das armas com base na análise espetral para a determinação do desvio de fase dos sinais

17.1. Introdução

Foi efectuada a análise dos métodos conhecidos que têm tido ampla aplicação na tecnologia de medição, concebidos para controlar as caraterísticas técnicas e operacionais associadas à medição do desvio de fase durante o desenvolvimento, fabrico e operação de armas e equipamento militar (OMT). Com base nesta análise, foi determinado que os sistemas de medição concebidos para determinar o desvio de fase de dois sinais harmónicos têm dois canais de transmissão de informação. Os princípios conhecidos de implementação de sistemas de medição levam ao facto de que um impacto significativo na precisão da solução do problema de medição proposto é introduzido pela componente de erros causados pela assimetria de fase dos canais de transmissão de sinais, bem como pelo ruído interno e externo. Como abordagem alternativa para a resolução do problema de medição da determinação do deslocamento de fase de dois sinais harmónicos, que permitirá reduzir significativamente a componente de erro provocada pela assimetria de fase dos canais de transmissão de informação, propõe-se a utilização do sinal obtido pela soma dos sinais harmónicos após a realização de uma transformação de dois semiespaços seguida da sua análise espetral. Para implementar a abordagem acima mencionada, foi definida uma tarefa de medição para determinar o deslocamento de fase de dois sinais harmónicos, utilizando a análise espetral do sinal obtido pela soma dos sinais harmónicos após a realização da sua transformação de dois semiespaços. Determinam-se os pressupostos necessários para sintetizar as relações analíticas que estabelecem a relação entre os espectros de fase e as amplitudes (potências) do sinal obtido pela soma dos sinais harmónicos depois de realizar a sua transformação em dois semíperos e o deslocamento de fase de dois sinais harmónicos. São propostas relações analíticas para estabelecer a relação entre as caraterísticas acima mencionadas. Demonstra-se que os valores do espetro de fases e amplitudes calculados utilizando as expressões e relações propostas para o cálculo dos coeficientes da série de Fourier não diferem em mais de 0,1%. A aplicação da abordagem proposta no sistema de inteligência artificial para diagnosticar e determinar o estado das armas modernas e do equipamento militar permitir-nos-á reduzir os requisitos do equipamento de medição sem reduzir a precisão das medições.

Atualmente, as Forças de Defesa da Ucrânia utilizam ativamente vários tipos de armas e equipamento militar. Um componente essencial para resolver a tarefa de defesa efectiva do Estado é assegurar o estado de funcionamento do sistema de defesa antiaérea, que faz parte das unidades e unidades das forças de defesa, bem como a sua modernização, bem como o desenvolvimento dos mais recentes tipos de armas. A avaliação do estado técnico da amostra de OVT, ou a decisão sobre a admissão ao fornecimento das armas mais recentes às Forças Armadas, é efectuada com base em testes, analisando as suas caraterísticas técnicas para verificar a conformidade com os documentos regulamentares e técnicos (tarefa técnica, condições técnicas, instruções de funcionamento, conjuntos de documentação de reparação). Os defeitos são uma operação tecnológica essencial durante os trabalhos de reparação de capital do OVT. Como se sabe, esta operação tecnológica tem por objetivo determinar a possibilidade de utilizar componentes da composição da amostra sujeita a restauro. No caso dos componentes mecânicos, são medidos vários parâmetros, nomeadamente as dimensões geométricas e as propriedades físicas e químicas do material. Para reduzir o tempo e aumentar a precisão das medições, prevendo o estado da TOC, é necessário utilizar sistemas de diagnóstico inteligentes [16]. A utilização de inteligência artificial nesses sistemas para o processamento dos resultados das medições e a previsão (simulação) do estado futuro dos OBT é uma componente integral do desenvolvimento deste domínio. A medição das caraterísticas das armas ligeiras, das armas de artilharia e de mísseis-artilharia e do equipamento militar com rodas e lagartas baseia-se em métodos de controlo não destrutivos. Os métodos de controlo não destrutivo incluem a radiografia, a deteção de falhas por ultra-sons e a investigação por ressonância magnética. Os sistemas de medição que implementam os métodos de medição especificados utilizam amplamente a faseometria [1, 2, 17]. Além disso, os métodos de medição de fase são vulgarmente utilizados no radar e na radionavegação, na engenharia aeronáutica e espacial, na geodesia, na engenharia mecânica, nas comunicações e em muitos outros domínios. A transformação da medição de fase de vários processos físicos na mudança de fase de sinais harmónicos assegura elevadas caraterísticas metrológicas. Por conseguinte, a fasimetria, como método de transformação e medição, ultrapassou há muito a utilização tradicional em engenharia de rádio, navegação e comunicação e é utilizada com sucesso em física experimental, radiofísica, medicina experimental, campos modernos da ciência e tecnologia quando se efectuam medições de precisão [3..5, 13..15, 17..20]. Com base no exposto, em [2, 5], é definida uma lista de parâmetros OVT, que devem ser convertidos numa mudança de fase quando medidos durante o fabrico e o ensaio de amostras. Estes parâmetros podem incluir a condutividade eléctrica e magnética, a permeabilidade, as dimensões geométricas, os parâmetros de movimento, o microdeslocamento, a capacidade, a indutância do elemento, o nível do líquido, o consumo de líquido ou gás, o ângulo de rotação, a velocidade de rotação, a tensão e a corrente eléctrica, a temperatura, a distância, o ângulo e o tempo de atraso. Assim, é relevante a realização de investigação científica para encontrar novos princípios para determinar a mudança de fase, o que reduzirá o custo da realização de trabalhos sobre o controlo das caraterísticas das armas mais recentes e modernizadas nas fases de desenvolvimento e produção.

17.2. Trabalhos relacionados

Para sinais harmónicos, conceitos como fase, fase inicial, deslocamento de fase e tempo de atraso são utilizados na tecnologia de medição. A classificação mais completa dos métodos de medição de desvios de fase de sinais harmónicos é dada nos trabalhos [2, 5, 6, 13, 14, 15]. De acordo com o princípio de medição, os métodos de fasimetria são divididos em métodos compensatórios e métodos de conversão da mudança de fase noutros valores - tensão, intervalo de tempo e parâmetros geométricos de imagens oscilográficas dos sinais investigados. Estes métodos diferem uns dos outros em termos de implementação técnica, complexidade e precisão. Os métodos de compensação [2, 5, 6, 13, 14] baseiam-se no processo de equilibrar (compensar) o desvio de fase $\Delta\varphi\in[0,2\pi]$ entre os sinais harmónicos medidos, ou seja, reduzir o desvio de fase a zero através do ajuste da fase de um dos sinais utilizando um deslocador de fase ajustável (medidas de desvio de fase). Este método garante a obtenção de uma elevada exatidão de medição, próxima da exatidão de um desfasador de fase. Os métodos de medição baseados na transformação do deslocamento de fase noutros sinais [2, 5, 6, 13, 14, 15] permitem determinar o valor do deslocamento de fase dos sinais após a sua transformação noutros valores intermédios que são convenientes para a medição. Estes valores intermédios incluem a tensão, a corrente, o deslocamento do feixe de electrões do osciloscópio e os valores temporais.

As desvantagens dos métodos conhecidos incluem [2, 5, 6]:

- Um impacto significativo na exatidão da medição do desvio de fase da componente de erro, que é causado pela assimetria de fase dos canais de transmissão do sinal;
- A presença de dois canais para efetuar a conversão analógico-digital dos sinais de entrada leva à necessidade de sincronização mútua da frequência dos geradores de relógio para cada um dos canais;
- Impacto significativo na exatidão da medição do ruído externo e interno;
- Carácter não linear da escala.

Uma das formas eficazes e generalizadas de reduzir o impacto do ruído externo e interno na qualidade da resolução de problemas de análise e processamento de sinais de várias naturezas é a utilização da análise espetral.

Como é sabido, um sinal periódico de qualquer forma pode ser decomposto em sinais harmónicos cujas frequências são múltiplos da frequência (período) do sinal analisado. Um método de pesquisa semelhante é chamado de análise espetral, cuja base matemática é a série de Fourier [8]. As séries de Fourier de sinais periódicos arbitrários podem conter termos infinitamente grandes. Uma das vantagens da transformada de Fourier é que, ao limitar a série de Fourier a qualquer número finito dos seus termos, ela fornece o melhor erro quadrático médio de aproximação à função original (para um dado número de termos). A conveniência de utilizar a representação em frequência dos sinais reside no facto de as funções harmónicas serem funções próprias de operações de transferência, integração, diferenciação e outras operações lineares invariantes em coordenadas. Passam através de sistemas lineares sem alterar a forma e a frequência dos harmónicos. Apenas a fase inicial e a amplitude das oscilações se alteram. No caso geral, ao expandir para uma série de Fourier de um sinal periódico com um período T_Sé possível utilizar um intervalo $\left[-{}^{T_c}/_2, {}^{T_c}/_2\right]$.

Se denotarmos a frequência angular por ω_c então, como $\omega_c = \frac{2\pi}{T_c}$, então para a função $f(t)$ no intervalo $\left[-{}^{T_c}/_2, {}^{T_c}/_2\right]$a série de Fourier tem a forma :

$$f(t) = \frac{a_0}{2} + \sum_{k=1}^{n} \{a_k \cos \omega_c kt + b_k \sin \omega_c kt\}. \qquad (17.1)$$

Expressões para determinar os coeficientes da série de Fourier a_k, b_k têm a forma:

$$a_k = \frac{2}{T_c} \int_{-\frac{T_c}{2}}^{\frac{T_c}{2}} f(t) \cos \omega_c ktdt, \quad (k = 0,1,2,\ldots,n) \qquad (17.2)$$

$$b_k = \frac{2}{T_c} \int_{-\frac{T_c}{2}}^{\frac{T_c}{2}} f(t) \sin \omega_c ktdt \quad (k = 1,2,\ldots,n). \qquad (17.3)$$

A série (1) representa a decomposição do sinal periódico f(t) na soma de funções harmónicas elementares reais (cosseno e seno) com coeficientes de ponderação, cuja soma geométrica dos valores (ou seja, os valores de a_k e b_k não são mais do que as amplitudes reais das oscilações harmónicas correspondentes com frequências $k\omega_c$. O conjunto dos valores das amplitudes destes harmónicos forma um espetro de sinal unilateral fisicamente real (apenas para frequências positivas). $k\omega_c$ espetro do sinal.

O objetivo do trabalho. Propor a base científica e técnica do princípio alternativo de determinação do desvio de fase, cuja base matemática permite considerar relações analíticas que estabelecem a relação entre o desvio de fase de dois sinais harmónicos e as caraterísticas espectrais do sinal obtido ao somá-los depois de efetuar uma transformação de dois semiperíodos, o que permitirá reduzir significativamente a componente de erro, devido à assimetria de fase dos canais de transmissão do sinal e à influência do ruído externo e interno durante a monitorização das caraterísticas (parâmetros) do OVT.

17.3. Métodos e modelos

A determinação do desvio de fase é de grande interesse para a fasometria. O deslocamento de fase [9] refere-se ao módulo da diferença entre as fases iniciais de dois sinais harmónicos da mesma frequência. Em regra, a medição das mudanças de fase dos sinais baseia-se no modelo de um sinal harmónico, que é especificado sem alterações nos seus parâmetros ao longo de um intervalo de tempo infinito. Este modelo é ideal e, na prática, é utilizado um modelo com uma janela de tempo finita. Ou seja, as medições são realizadas num intervalo de tempo finito. Em seguida, com base no exposto, vamos formular o problema de determinar a mudança de fase utilizando a análise espetral do sinal obtido devido à soma de dois sinais harmónicos após a realização da sua transformação de dois meios períodos. Vamos considerar os dados iniciais necessários para resolver o problema de medição especificado.

Sejam dois sinais harmónicos $u_1(t)$ e $u_2(t)$que têm um deslocamento de fase em relação ao outro igual a $\Delta\varphi$, no intervalo de 0 a 2π. Com base no facto de as medições de desvios de fase se referirem a medições relativas, o registo matemático das variações dos sinais $u_1(t)$e $u_2(t)$pode ser representado na forma:

$$u_1(t) = U_{m1} cos(2\pi f t), \qquad (17.4)$$
$$u_2(t) = U_{m2} cos(2\pi f t + \Delta\varphi),$$

em que U_{m1} é a amplitude do sinal $u_1(t)$; U_{m2} é a amplitude do sinal $u_2(t)$; $f = {}^1/_{\mathrm{T}}$ é a frequência do sinal; T é o período do sinal.

O módulo é extraído dos sinais $u_1(t)$ e $u_2(t)$e, como resultado, obtém-se

$$u_1^{/}(t) = |u_1(t)| = |U_{m1} cos(2\pi f t)|, \qquad (17.5)$$
$$u_2^{/}(t) = |u_2(t)| = |U_{m2} cos(2\pi f t + \Delta\varphi)|,$$

Após a soma dos sinais $u_1^{/}(t)$ e $u_2^{/}(t)$obtemos:

$$u_\Sigma^{/} = \begin{cases} U_{1min} + \dfrac{U_{1min} - U_{2min}}{t_{1.2}} t + \left(U_{1max}^{/} - \dfrac{U_{1min} + U_{2min}}{2}\right) si \\ \\ U_{2min} + \dfrac{U_{2min} - U_{1min}}{t_{2.3}} t + \left(U_{2max}^{/} - \dfrac{U_{2min} + U_{1min}}{2}\right) \end{cases} \qquad (17.6)$$

onde: U_{1min} e U_{2min} são pontos de paragem da função no intervalo de 0 to $\frac{\mathrm{T}}{2}$;

$U_{1max}' = (U_{m1} + U_{m2}) cos\frac{\Delta\varphi}{2}$ é o máximo local no intervalo de tempo $t_{1.2} = \frac{1}{2f} - \frac{\Delta\varphi}{2\pi f}$;

$U_{2max}' = (U_{m1} + U_{m2}) sin\frac{\Delta\varphi}{2}$ é o máximo local no intervalo de tempo $t_{2.1} = \frac{\Delta\varphi}{2\pi f}$.

A síntese dos diagramas temporais que descrevem a ordem de formação do sinal $u_{\Sigma}^{/}$ (t) utilizando as relações (4) e (5) será efectuada em ambiente Matlab utilizando a aplicação Simulink. Para isso, sintetizamos o esquema mostrado na Fig. 17.1. Neste esquema, a síntese do sinal $u_1(t)$ é realizada pelo gerador de sinais harmónicos "Sine Wave", e o sinal $u_2(t)$ pelo gerador "Sine Wave 1". A partir da saída do "Sine Wave", o sinal entra no bloco "Abs" e no osciloscópio marcado com "Scope", que é projetado para formar o diagrama de tempo do sinal. $u_1(t)$ do sinal. De acordo com a saída de "Sine Wave 1", o sinal entra no bloco "Abs 1" e no osciloscópio marcado com "Scope 2", que é projetado para formar o diagrama de tempo do sinal. $u_2(t)$ sinal. Na saída do bloco "Abs", forma-se um sinal $u_1^{/}(t)$ que é alimentado à primeira entrada do dispositivo de soma "Add" e do "Scope 1". O "Scope 1" forma um diagrama de tempo do sinal $u_1^{/}(t)$.

Da mesma forma, na saída do bloco "Abs 1", forma-se um sinal $u_2^{/}(t)$ que é introduzido na segunda entrada do somador "Add" e "Scope 3", que forma um diagrama temporal do sinal $u_2^{/}(t)$. Na saída do bloco "Add", receberemos o sinal $u_{\Sigma}^{/}$ (t). O sinal u_{Σ}^{-} (t) é alimentado ao "Scope 4", que formará o diagrama de tempo do sinal

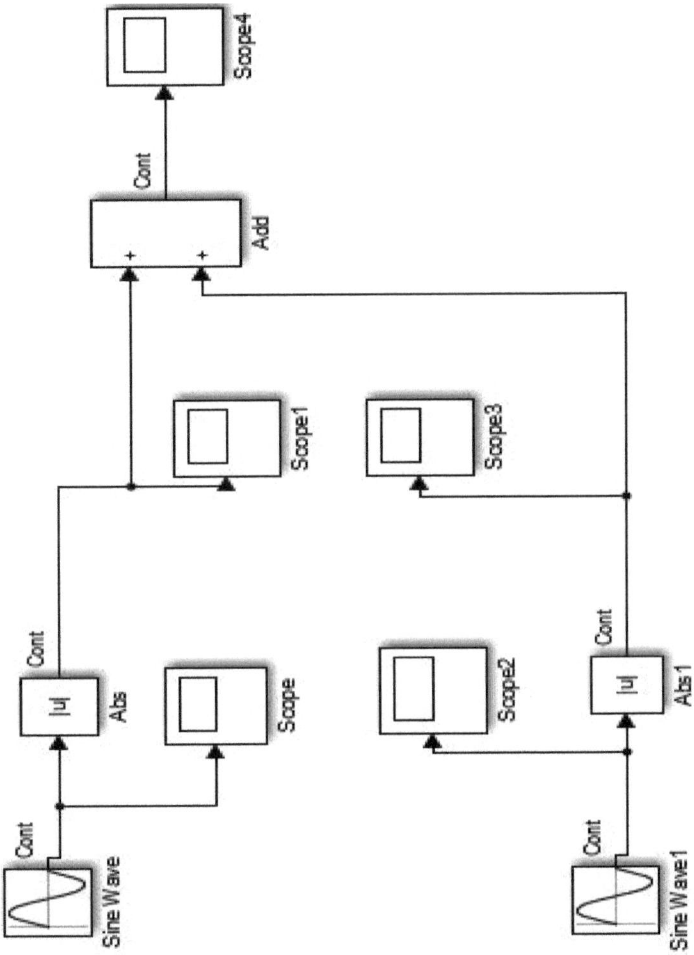

Fig. 17.10. Diagrama estrutural da transformação de sinais num sinal

17.4. Experiências, resultados e discussão

A Fig. 17.2 mostra os diagramas temporais dos sinais $u_1(t)$ e $u_2(t)$, and $u_1^{/}(t)$ and $u_2^{/}(t)$ and $u_\Sigma^{/}(t)$ no valor $\Delta\varphi = 0$bem como o separador de definições do gerador "Sine Wave" " e "Sine Wave1". De acordo com os separadores de configuração, os geradores "Sine Wave" geram um sinal sinusoidal com uma amplitude igual a 1, e "Sine Wave1" com uma amplitude igual a 0,8. Outras definições dos separadores são as seguintes: a componente constante dos sinais é 0, a frequência do sinal é 1 rad/s, a fase inicial dos sinais é 0 rads, e o tempo de quantização é mínimo para este dispositivo, ou seja, 0 no separador. O diagrama de tempo mostrado em "Scope" e "Scope 2" confirma totalmente as definições no separador. Os diagramas de tempo para o sinal $u_{\Sigma}^{/}$ (t) sinal é apresentado no separador "Scope 4". A análise deste diagrama de tempo mostra que o sinal $u_{\Sigma}^{/}$ (t) tem um período igual a π s, o valor máximo é igual a 1,8 e o valor mínimo é igual a 0. Depois de efetuar a transformação de dois períodos e meio, os resultados correspondem à soma de dois sinais harmónicos.

A Fig. 17.3 mostra os diagramas temporais dos sinais $u_1(t)$ e $u_2(t)$, $u_1^{/}(t)$ e $u_2^{/}(t)$ e $u_{\Sigma}^{/}(t)$, com o valor de $\Delta\varphi = 0{,}9$ radbem como os separadores de configuração do gerador "Onda sinusoidal" e "Onda sinusoidal1". De acordo com os separadores de configuração, o gerador "Sine Wave" gera um sinal sinusoidal com uma amplitude igual a 1, a componente constante do sinal é 0, a frequência do sinal é 1 rad/s, a fase inicial do sinal é 0 rad, o tempo de quantização é mínimo para este dispositivo, ou seja, 0 no separador. De acordo com os separadores de configuração, o gerador "Sine Wave1" gera um sinal sinusoidal com uma amplitude igual a 0,8, a componente constante do sinal é 0, a frequência do sinal é um rad/s, a fase inicial do sinal é 0,9 rad, o tempo de quantização é mínimo para este dispositivo, ou seja, 0 no separador. Os diagramas de tempo para os sinais $u_1^{/}(t)$ and $u_2^{/}(t)$ são mostrados nos separadores "Scope 1" e "Scope 3". A análise dos dados dos diagramas temporais mostra que estes têm um período igual a π s, os valores máximos de $u_1^{/}(t)$ são iguais a 1, e $u_2^{/}(t)$ é igual a 0,8, também o sinal $u_2^{/}(t)$ sinal precede o $u_1^{/}(t)$ cerca de 0,9. Os diagramas de tempo para o sinal $u_{\Sigma}^{/}$ (t) sinal é apresentado no separador "Âmbito 4". A análise deste diagrama de tempo mostra que o sinal $u_{\Sigma}^{/}$ (t) tem um período igual a π s. No intervalo de tempo de 0 a (π-0,9) s, o valor máximo é aproximadamente 1,65, e o valor mínimo é aproximadamente 0,78. No intervalo de $(\pi - 0{,}9)$ a π, o valor máximo é aproximadamente 0,8 e o mínimo é 0,6.

A Fig. 17.4 mostra os diagramas temporais dos sinais $u_1(t)$ e $u_2(t)$, $u_1^{/}(t)$ e $u_2^{/}(t)$, e $u_{\Sigma}^{/}(t)$ com o valor de $\Delta\varphi = 1.2$ рад, bem como o separador para configurar o gerador "Onda sinusoidal" e "Onda sinusoidal1". De acordo com os separadores de configuração, o gerador "Sine Wave" gera um sinal sinusoidal com uma amplitude igual a 1, a componente constante do sinal é 0, a frequência do sinal é 1 rad/s, a fase inicial do sinal é 0 rad, o tempo de quantização é mínimo para este dispositivo, ou seja, 0 no separador.

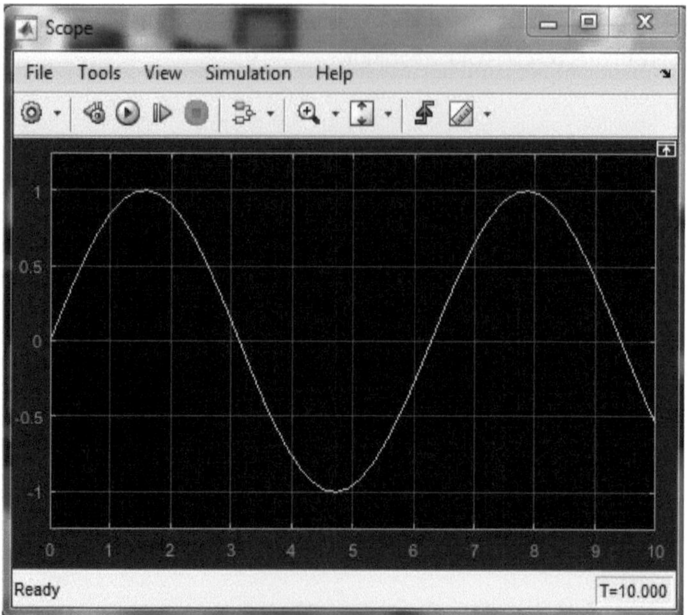
Scope
File Tools View Simulation Help
1
0.5
0
-0.5
-1
0 1 2 3 4 5 6 7 8 9 10
Ready
T=10.000

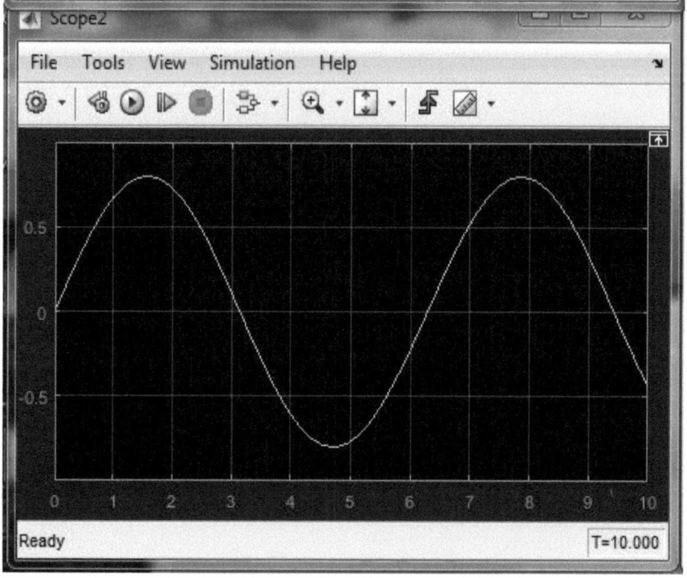
Scope2
File Tools View Simulation Help
0.5
0
-0.5
0 1 2 3 4 5 6 7 8 9 10
Ready
T=10.000

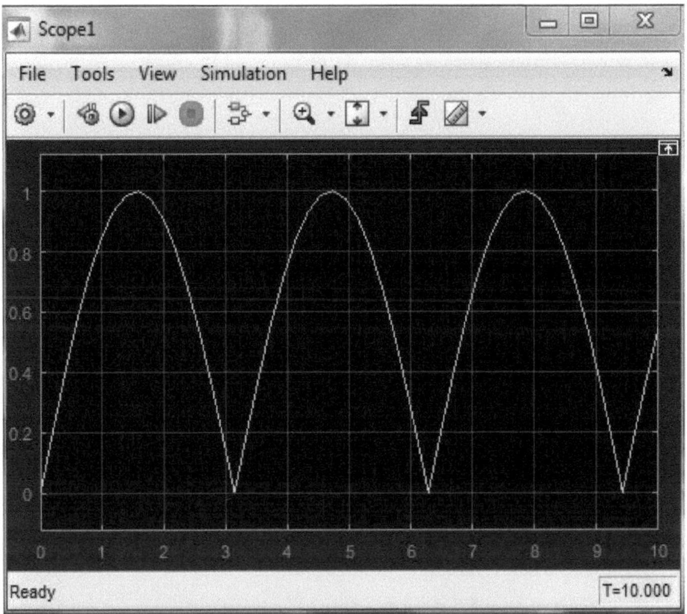
Scope1
File Tools View Simulation Help
Ready
T=10.000

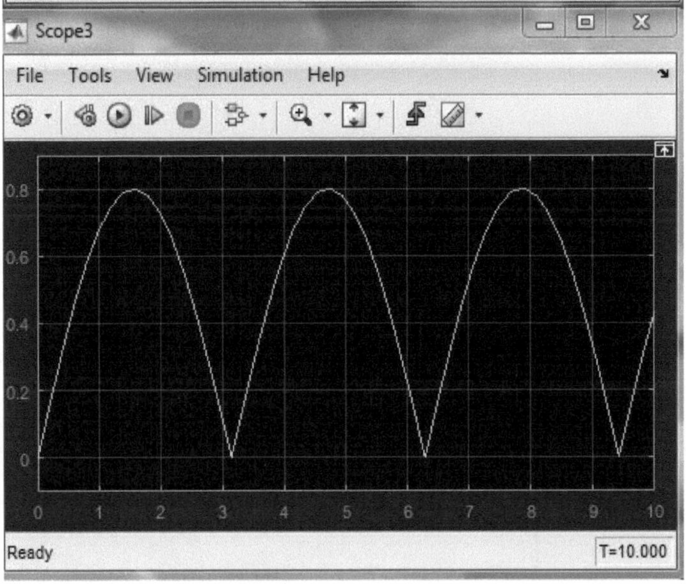
Scope3
File Tools View Simulation Help
Ready
T=10.000

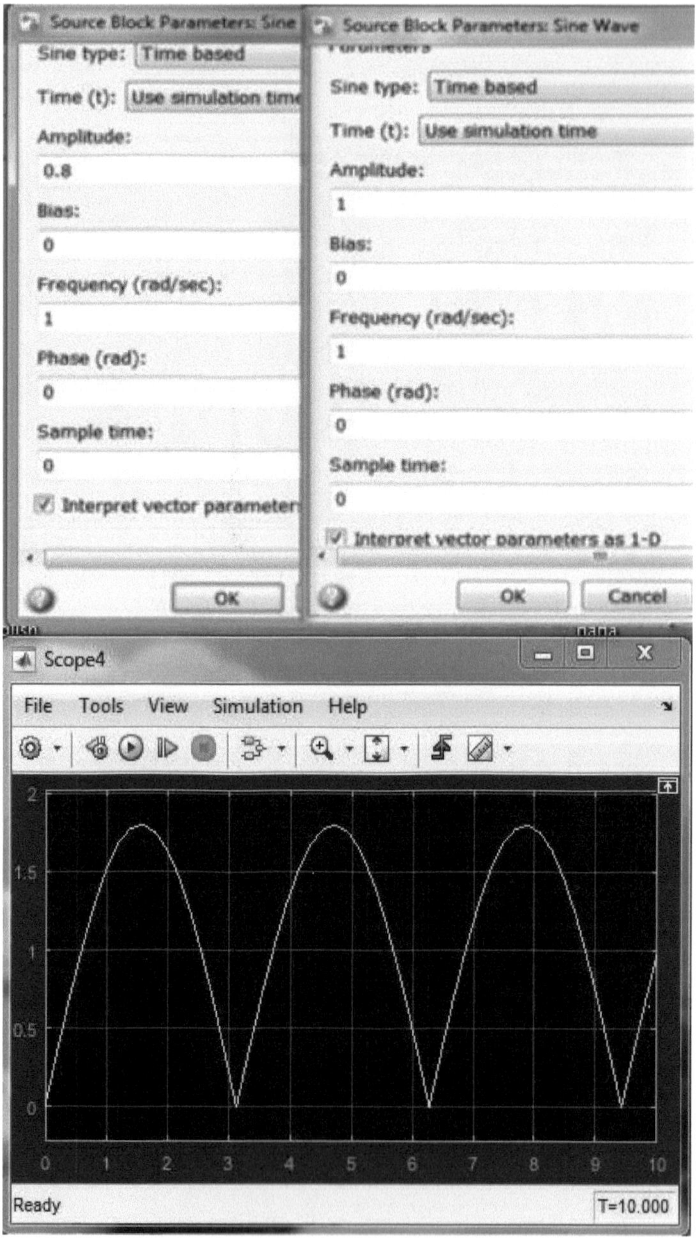

Fig. 17.11. Diagramas temporais dos sinais $u_1(t)$ e $u_2(t)$,, $u_1^/(t)$ e $u_2^/(t)$, e $u_{\Sigma}^/(t)$ com o valor de $\Delta\varphi = 0$

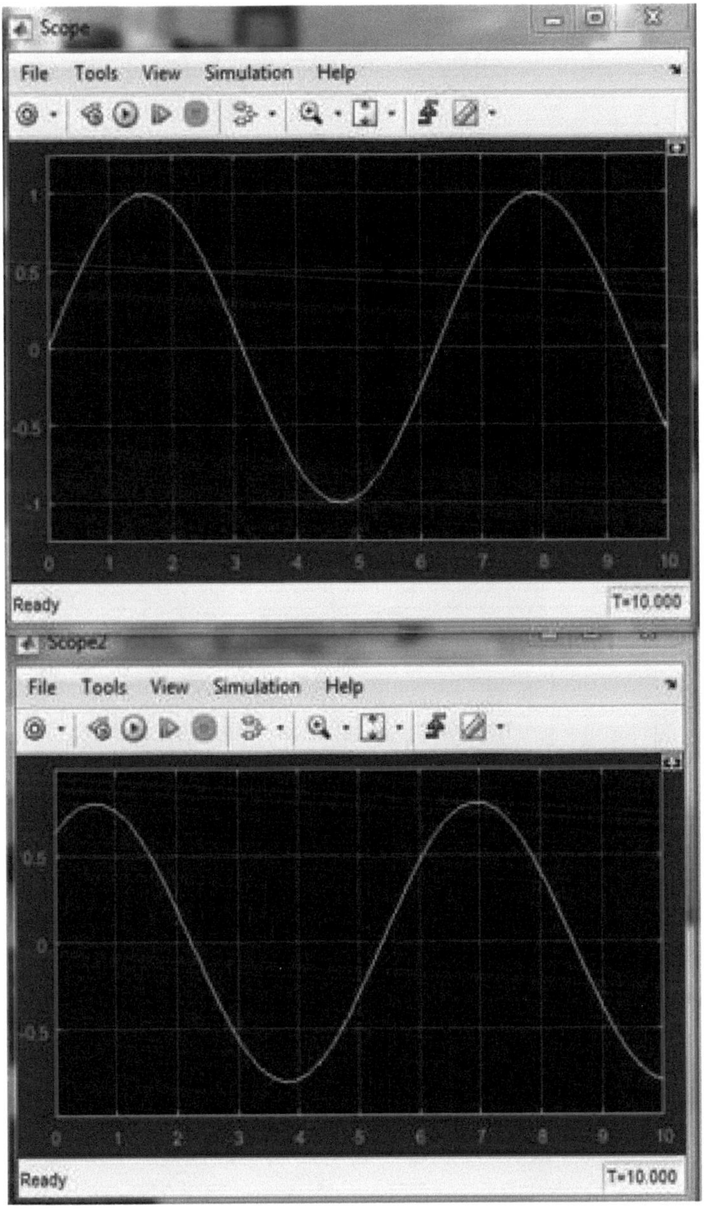
Scope
File Tools View Simulation Help
1
0.5
0
-0.5
-1
0 1 2 3 4 5 6 7 8 9 10
Ready
T=10.000
Scope2
File Tools View Simulation Help
0.5
0
-0.5
0 1 2 3 4 5 6 7 8 9 10
Ready
T=10.000

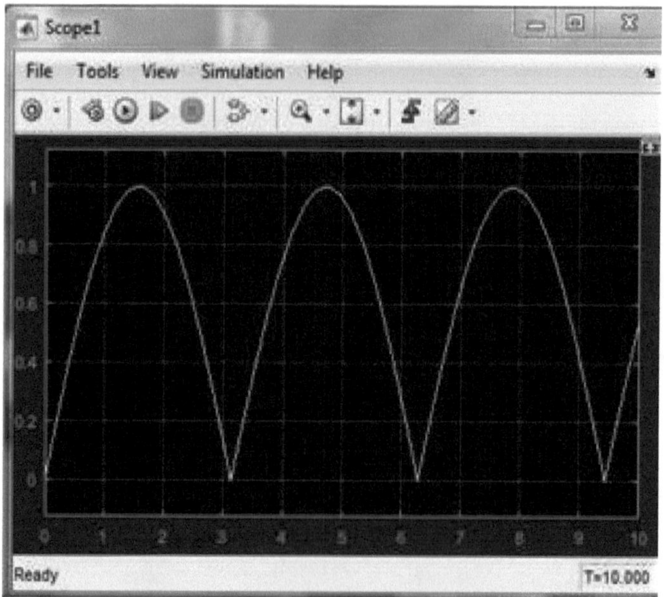
Scope1
File Tools View Simulation Help
1
0.8
0.6
0.4
0.2
0
0 1 2 3 4 5 6 7 8 9 10
Ready
T=10.000

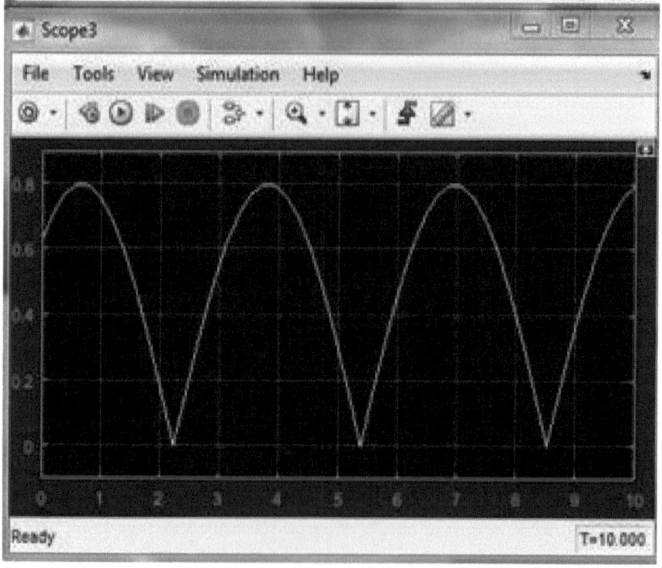
Scope3
File Tools View Simulation Help
0.8
0.6
0.4
0.2
0
0 1 2 3 4 5 6 7 8 9 10
Ready
T=10.000

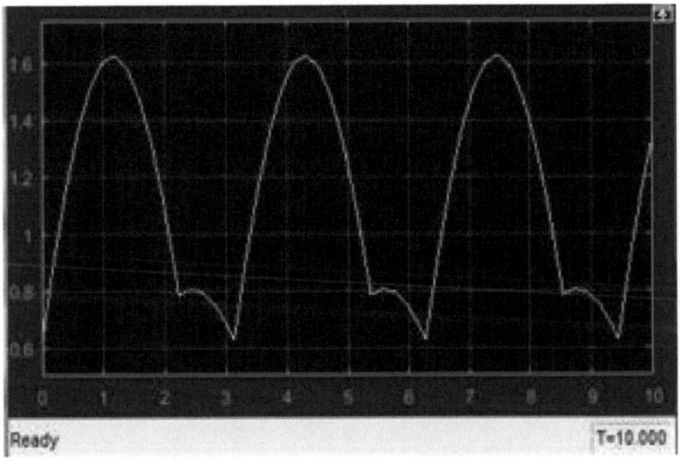

Fig. 17.12. Diagramas temporais dos sinais $u_1(t)$ e $u_2(t)$,, $u_1^/(t)$ e $u_2^/(t)$, e $u_\Sigma^/(t)$ com o valor de $\Delta\varphi = 0.9$ rad

De acordo com os separadores de configuração, o gerador "Sine Wave1" gera um sinal sinusoidal com uma amplitude igual a 0,8, a componente constante do sinal é 0, a frequência do sinal é um rad/s, a fase inicial do sinal é 1,2 rad, o tempo de quantização é mínimo para este dispositivo, ou seja, 0 no separador. Os diagramas de tempo para os sinais $u_1^/(t)$ e $u_2^/(t)$ são mostrados nos separadores "Âmbito 1" e "Âmbito 3". A análise dos dados dos diagramas de tempo mostra que estes têm um período igual a π s, os valores máximos de $u_1^/(t)$ são iguais a 1, e $u_2^/(t)$ é igual a 0,8, também o sinal $u_2^/(t)$sinal precede o sinal $u_1^/(t)$ cerca de 1,2 rad. Os diagramas de tempo para o sinal $\bar{u_\Sigma}$ (t) sinal é mostrado no separador "Scope 4". A análise deste diagrama de tempo mostra que o sinal $u_\Sigma^/$ (t) tem um período igual a π s. No intervalo de tempo de 0 a $(\pi - 1.2)$ s, o valor máximo é aproximadamente 1,5 e o mínimo é 0,95. No intervalo de $(\pi - 1.2)$ a π, o valor máximo é aproximadamente 1,05 e o valor mínimo é 0,75.

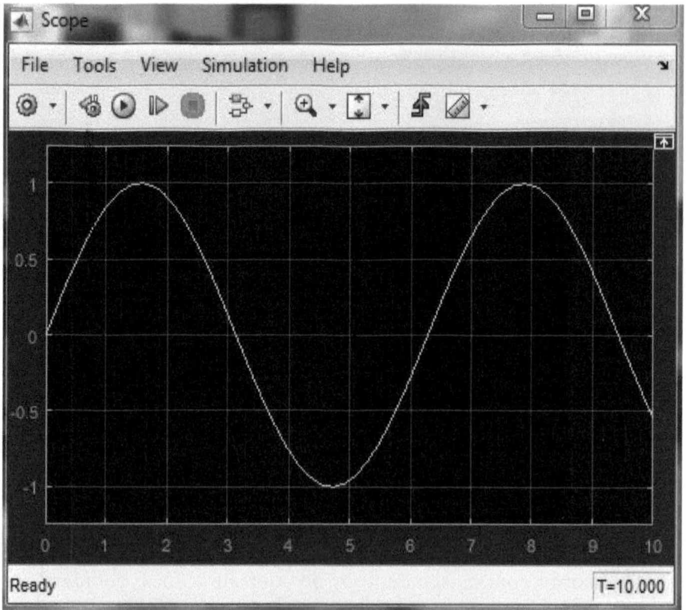
Scope
File
Tools
View
Simulation
Help
1
0.5
0
-0.5
-1
0
1
2
3
4
5
6
7
8
9
10
Ready
T=10.000

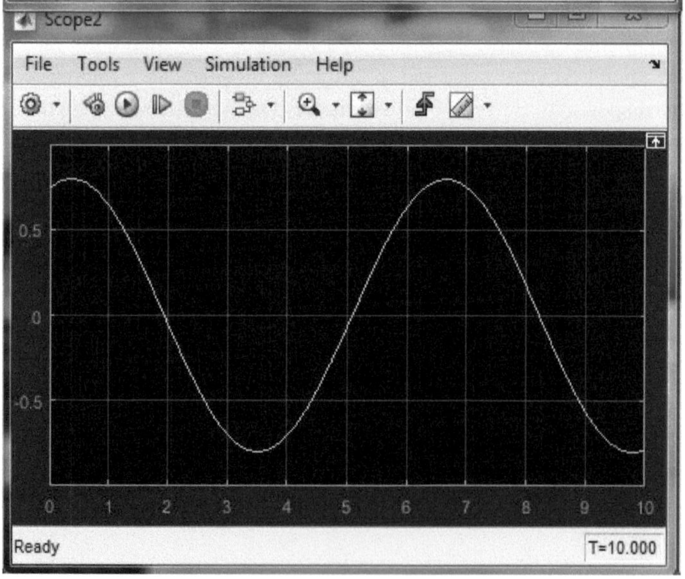
Scope2
File
Tools
View
Simulation
Help
0.5
0
-0.5
0
1
2
3
4
5
6
7
8
9
10
Ready
T=10.000

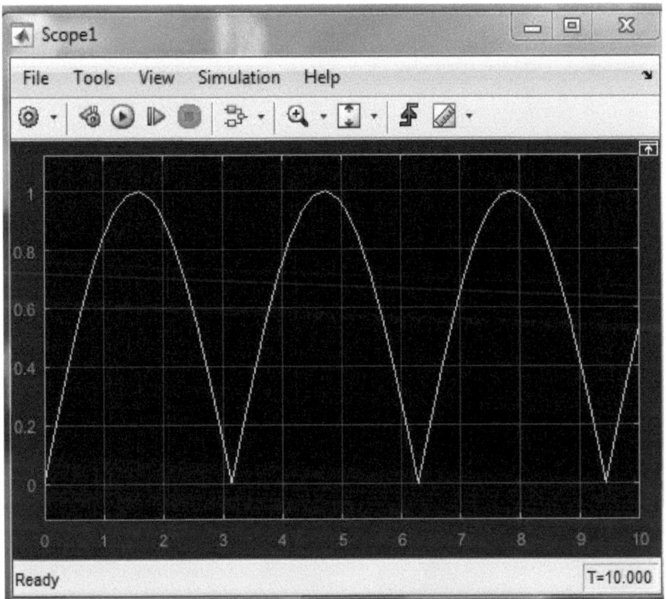
Scope1
File Tools View Simulation Help
1
0.8
0.6
0.4
0.2
0
0 1 2 3 4 5 6 7 8 9 10
Ready
T=10.000

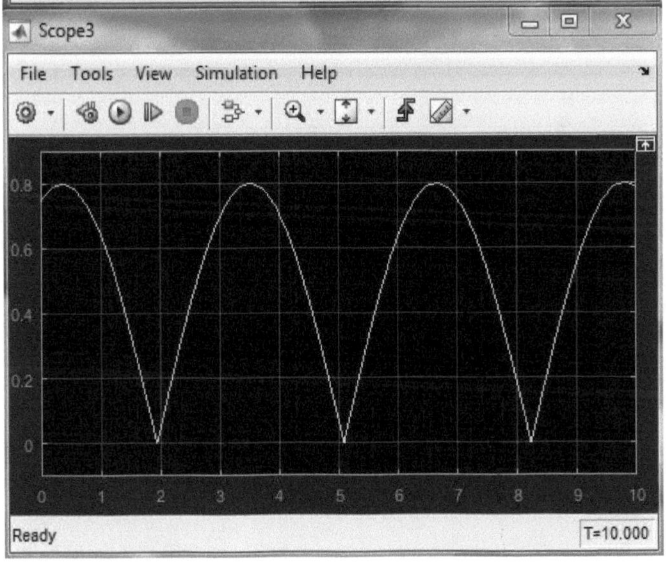
Scope3
File Tools View Simulation Help
0.8
0.6
0.4
0.2
0
0 1 2 3 4 5 6 7 8 9 10
Ready
T=10.000

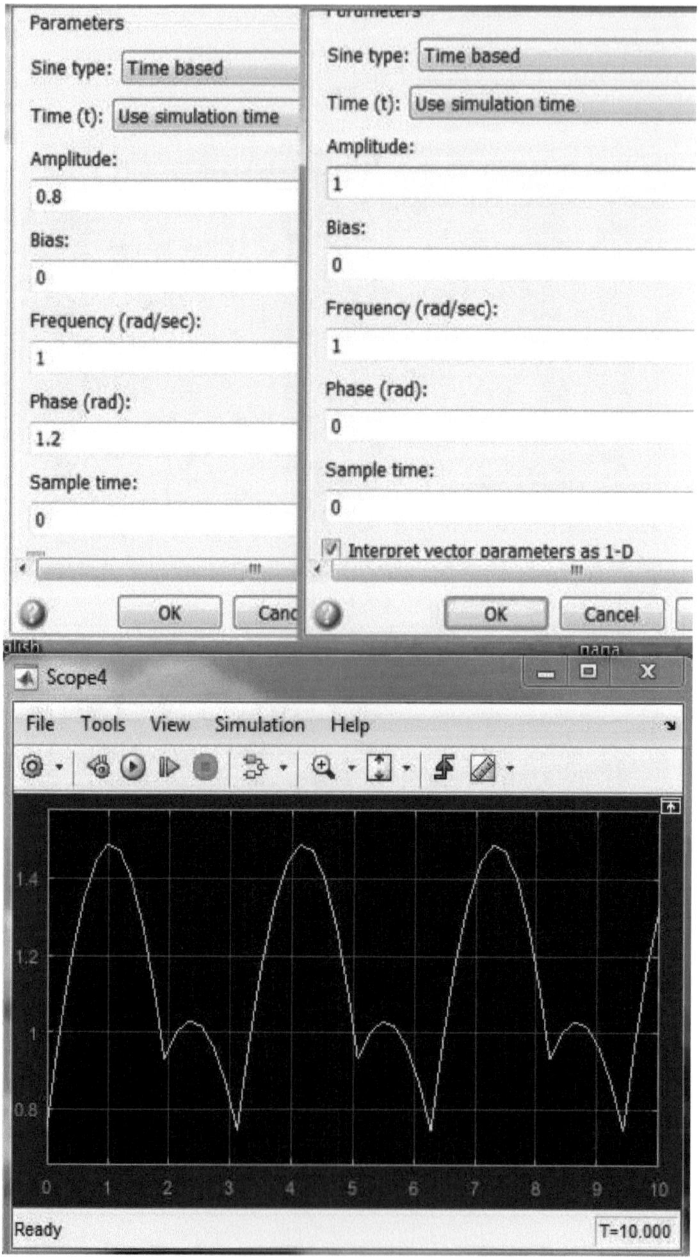

Fig. 17.13. Diagramas temporais dos sinais $u_1(t)$ e $u_2(t)$, $u_1^{/}(t)$ e $u_2^{/}(t)$e , e $u_{\Sigma}^{/}(t)$ a $\Delta\varphi$=1,2 rad

A partir da Fig. 17.4, pode-se ver, e também é mostrado em [10, 11] que $u_{\Sigma}^{/}$ (t) dependendo do valor de Δφ dos sinais de entrada $u_1(t)$ e $u_2(t)$:

- é um sinal periódico com um período de $T' = \frac{1}{2f} == \frac{T}{2}$;;

- tem dois máximos locais U_{1max} e U_{2max}que correspondem aos momentos de t_{1max}, t_{2max} e duas interrupções U_{1min}e U_{2min}que correspondem aos momentos do tempo t_1, t_2, respetivamente;

- uma mudança no valor do ângulo de deslocamento de fase $\Delta\varphi$ conduz a uma alteração nos valores de U_{1max}, U_{2max}, U_{1min} final U_{2min} e dos parâmetros temporais t_{1max}, t_{2max} fim t_2.

Uma alteração nos valores das caraterísticas do sinal acima referidas $u_{\Sigma}^{/}$ (t) leva a uma mudança na sua forma, que por sua vez levará a uma mudança nos valores dos coeficientes a_k e b_k da série de Fourier, dependendo da alteração da magnitude do desvio de fase $\Delta\varphi$.

Conceitos como amplitude, potência e espetro de fase são utilizados quando se efectua uma análise espetral. Conceitos como espetro de amplitude, potência e fase são utilizados na análise espetral. De acordo com [12], o espetro de amplitudes é entendido como o conjunto dos valores absolutos dos coeficientes C_k $(k = 0,1,2,\dots,n)$que são determinados a partir dos valores conhecidos de a_ke b_k pela relação:

$$|C_k| = \frac{\sqrt{a_k^2 + b_k^2}}{2}. \tag{17.7}$$

O valor $|C_k|$ indica o valor da amplitude do k-ésimo sinal harmónico quando expandido numa série de Fourier. O espetro de potência é entendido como um conjunto de argumentos dos valores $|C_k|^2$.

O espetro de fases é o conjunto de argumentos $\angle C_k$ $(k = 0,1,2,\dots,n)$que são determinados pelos valores conhecidos de a_k e b_k pelo rácio:

$$\angle C_k = arctg\,\frac{b_k}{a_k}. \tag{8}$$

O valor de $\angle C_k$ indica o valor da fase inicial do sinal da *k-ésima* harmónica quando expandido numa série de Fourier. Em seguida, com base no exposto, formularemos a tarefa de determinar a mudança de fase usando a decomposição da série de Fourier, como uma síntese de relações analíticas que descrevem a relação entre a mudança no espetro de amplitudes (potência) e o espetro das fases do sinal $u_{\Sigma}^{/}$ (t) em função da variação de $\Delta\varphi$.

Síntese das relações que determinam a relação entre o valor de $\Delta\varphi$ e as caraterísticas do espetro de amplitudes (potência) e do espetro de fases do sinal $u_{\Sigma}^{/}$ (t) utilizando as seguintes hipóteses. Como se pode ver em (4), o sinal $u_{\Sigma}^{/}$ (t) é formado pela soma de dois sinais $u_1^{/}(t)$ e $u_2^{/}(t)$. Os sinais formam estes sinais $u_1(t)$ e $u_2(t)$enquanto a amplitude de U_{m1} difere da amplitude de U_{m2} por v vezes, e têm um desvio de fase $\Delta\varphi$.

Então pode afirmar-se que o sinal $u_1(t)$ precede o sinal $u_2(t)$por um certo intervalo de tempo τ, ou seja $u_2(t) = \nu u_1(t-\tau)$. De acordo com os valores conhecidos de $\Delta\varphi$ e T, o intervalo de tempo τ é determinado pelo rácio:

$$\tau = \frac{\Delta\varphi}{2\pi}\mathrm{T}. \tag{17.9}$$

Como mostrado em [12], o deslocamento do sinal no domínio do tempo por algum intervalo τ leva a uma mudança no espetro de fase, mas o espetro das amplitudes do sinal permanece inalterado.

Tendo em conta as expressões (7) e (8), desde que $U_{m1.k}$ e $U_{m2.k}$ sejam os valores de amplitude dos k -harmónicos dos sinais $u_1^{/}(t)$ e $u_2^{/}(t)$respetivamente, e $\varphi_{1.\kappa}$ e $\varphi_{2.\kappa}$ valores das fases iniciais dos k -ésima harmónica dos sinais $u_1^{/}(t)$ e $u_2^{/}(t)$respetivamente, a série de Fourier para o sinal $u_{\Sigma}^{/}$ (t) terá aparência:

$$\begin{aligned} u_{\Sigma}^{/}(t) = {} & U_{m1.0} + \textstyle\sum_{k=1}^{n}[U_{m1.k}\, sin(2\omega kt + \\ & \varphi_{1.k})] + U_{m2.0} + \\ & + \sum_{k=1}^{n}[U_{m2.k}\, sin(2\omega kt + \varphi_{2.k})] = \\ & = (U_{m1.0} + U_{m2.0}) \\ & + [U_{m1.1}\, sin(2\omega t + \varphi_{1.1}) \\ & + U_{m2.1}\, sin(2\omega t + \varphi_{2.1})] + \\ & + [U_{m1.2}\, sin(4\omega t + \varphi_{1.2}) + U_{m2.2}\, sin(4\omega t \\ & + \varphi_{2.2})] + \cdots + \\ & + [U_{m1.n}\, sin(2n\omega t + \varphi_{1.n}) + U_{m2.n}\, sin(2n\omega t \\ & + \varphi_{2.n})] \end{aligned} \tag{17.10}$$

Sintetizar relações analíticas para determinar os valores da amplitude $U_{m\Sigma 1}^{/}$e da fase inicial $\varphi_{m\Sigma 1}^{/}$do primeiro harmónico do sinal

$u'_{\Sigma}(t)$ vamos construir o diagrama vetorial dos primeiros harmónicos dos sinais $u'_1(t)$ e $\bar{u}_2(t)$ na presença de um deslocamento de fase igual a $\Delta\varphi$ dos sinais $u_1(t)$ e $u_2(t)$ desde que a fase inicial do sinal $u_1(t)$ seja zero, tendo em conta as seguintes observações e hipóteses:

- sabe-se que a frequência do primeiro harmónico do sinal é igual à frequência do sinal;
- É demonstrado em [10, 11] e pode ser visto nas Figs. 2...4 que $u'_1(t)$, $u'_2(t)$ e $u'_{\Sigma}(t)$ têm um período que é duas vezes mais curto do que $u_1(t)$ e $u_2(t)$;
- pode afirmar-se que $u_2(t) = \nu u_1(t-\tau)$ e $u'_2(t) = \nu u'_1(t-\tau)$ ou seja, o intervalo de tempo do deslocamento τ entre os sinais $u'_1(t)$ e $u'_2(t)$ e o intervalo de tempo do deslocamento τ entre os sinais $u_1(t)$ e $u_2(t)$ é o mesmo;
- Com base na relação (9) e nas observações anteriores, verifica-se que o valor do desvio de fase dos primeiros harmónicos dos sinais $u'_1(t)$ e $u'_2(t)$ será igual a $2\Delta\varphi$ se houver um deslocamento de fase igual a $\Delta\varphi$ dos sinais $u_1(t)$ e $u_2(t)$.

O diagrama vetorial acima é apresentado na Fig. 17.5. A partir da Fig. 17.5. Pode ver-se que para o cálculo dos valores das caraterísticas do vetor da primeira harmónica do sinal $u'_{\Sigma}(t)$ de acordo com os vectores dos primeiros harmónicos dos sinais $u'_1(t)$ e $u'_2(t)$ foi utilizado o método do paralelogramo.

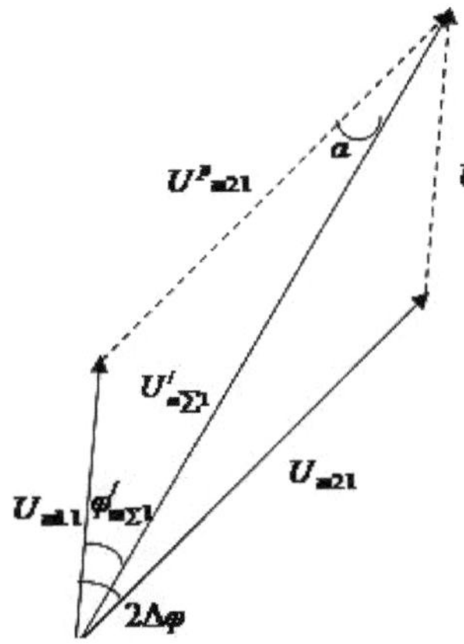

Fig. 17.14. Diagrama vetorial para determinar o valor da fase inicial $\varphi'_{m\Sigma 1}$ do primeiro harmónico do sinal $u'_{\Sigma}(t)$

Assim, o valor da amplitude $U'_{m\sum 1}$da primeira harmónica do sinal u'_{Σ} (t) de acordo com os valores conhecidos das amplitudes dos primeiros harmónicos $U_{m1.1}$ e $U_{m2.1} = U^3{}_{m2.1}$dos sinais $u'_1(t)$ e $u'_2(t)$ na presença de um desvio de fase igual a $\Delta\varphi$ dos sinais $u_1(t)$ e $u_2(t)$ é determinado pelo rácio:

$$U'_{m\sum 1} = \sqrt{U^2{}_{m1.1} + U^2{}_{m2.1} + 2U_{m1.1}U_{m2.1}\cos 2\,\Delta\varphi} \tag{17.11}$$

Então, o valor da amplitude $U'_{m\sum k}$da k-ésima harmónica do sinal u'_{Σ} (t) de acordo com os valores conhecidos das amplitudes $U_{m1.k}$e $U_{m2.k}$das k-ésimas harmónicas dos sinais $u'_1(t)$ e $u'_2(t)$ com um valor de deslocamento de fase igual a $\Delta\varphi$ dos sinais $u_1(t)$ e $u_2(t)$ é calculado utilizando o rácio:

$$U'_{m\sum k} = \sqrt{U^2{}_{m1.k} + U^2{}_{m2.k} + 2U_{m1.k}U_{m2.k}\cos 2\,k\Delta\varphi}. \tag{17.12}$$

$(k = 0,1,2,\ldots,n)$

A síntese das relações analíticas para o cálculo dos valores de $U_{m1.k}$será efectuada pela ordem seguinte. Vamos determinar o espetro de amplitudes para o sinal $u'_1(t)$ sob a condição $U_{m1} = 1$. As relações para o cálculo dos coeficientes da série de Fourier $a_{1.k}$ и $b_{1.k}$do sinal $u'_1(t)$ são as seguintes:

$$a_{1.k} = \frac{2}{T'}\int_{-\frac{T'}{2}}^{\frac{T'}{2}} |\cos(\omega t)|\cos(2\omega kt)dt. \tag{17.13}$$

$(k = 0,1,2,\ldots,n)$

$$b_{1.k} = \frac{2}{T'}\int_{-\frac{T'}{2}}^{\frac{T'}{2}} |\cos(\omega t)|\sin(2\omega kt)dt, \ (k = 1,2,\ldots,n) \tag{17.14}$$

Com base nos valores conhecidos de $a_{1.k}$ e $b_{1.k}$o valor de $U_{m1(1).k}$ é calculado pelo rácio:

$$U_{m1(1).k} = \frac{\sqrt{a_{1.k}^2 + b_{1.k}^2}}{2}. \tag{17.15}$$

Os valores de $U_{m1(1).k}$ foram calculados utilizando o pacote matemático universal MathCAD. Os resultados são apresentados na Fig. 6. Utilizando a propriedade da linearidade da série de Fourier, a relação para determinar o valor da amplitude $U'_{m\sum k}$ k-ésima harmónica do sinal u'_{Σ} (t) com base nos valores conhecidos das amplitudes U_{m1}

e U_{m2} com o valor do desvio de fase dos sinais iniciais $u_1(t)$ e $u_2(t)$que é igual a $\Delta\varphi$é calculado utilizando a relação:

$$U'_{m\sum k} = U_{m1(1).k}\sqrt{U^2{}_{m1.} + U^2{}_{m2.} + 2U_{m1.}U_{m2.}\cos 2\,k\Delta\varphi}, \quad (k = 0,1,2,\ldots,n) \qquad (17.16)$$

Sintetizar relações analíticas para determinar os valores da fase inicial $\varphi'_{m\sum 1}$do primeiro harmónico do sinal u'_{Σ} (t)utilizaremos o teorema dos senos para o triângulo formado pelos lados $U_{m1.1}$, $U^{\mathrm{p}}{}_{m2.1}$ e $U'_{m\sum 1}$ no diagrama vetorial dos primeiros harmónicos dos sinais $u'_1(t)$ e $u'_2(t)$ na presença de um deslocamento de fase igual a $\Delta\varphi$ dos sinais $u_1(t)$ e $u_2(t)$escrevemos

$$\frac{U_{m1.1}}{\sin(\alpha)} = \frac{U^p{}_{m1.1}}{\sin\left(\varphi'_{m\sum 1}\right)}$$

Resolvendo esta equação em relação a $\varphi'_{m\sum 1}$com base no facto de que

$$U_{m1.1} = U_{m1(1).1}U_{m1},$$
$$U^p_{m2.1} = U_{m2.1} = U_{m1(1).1}U_{m2},$$
$$\alpha = 2\Delta\varphi - \varphi'_{m\sum 1}.$$

Obtemos que o valor da fase inicial $\varphi'_{m\sum 1}$do primeiro harmónico do sinal u'_{Σ} (t)em função do valor de Δφ é determinado pela seguinte relação, desde que a fase inicial do sinal u_1 (t) seja zero

$$\varphi'_{m\sum 1} = arcctg\left[\cos e\, c(2\Delta\varphi) \cdot \left(\frac{U_{m1}}{U_{m2}} + \cos(2\Delta\varphi)\right)\right] \qquad (17.17)$$

$U_{m1(1).k} =$

	0
0	0.637
1	0.212
2	0.042
3	0.018
4	0.01
5	$6.431 \cdot 10^{-3}$
6	$4.452 \cdot 10^{-3}$
7	$3.265 \cdot 10^{-3}$
8	$2.497 \cdot 10^{-3}$
9	$1.971 \cdot 10^{-3}$

Fig. 17.15. O valor de $U_{m1(1).k}$ para $U_{m1} = 1$B

Tendo em conta (9), para a k-ésima harmónica, a fase inicial $\varphi'_{m\Sigma k}$ no intervalo $[-\pi/_2, \pi/_2]$ do sinal $u'_{\Sigma}\ (t)$será igual a:

$$\varphi'_{m\Sigma k} = arcctg\left[cos\,e\,c(2k\Delta\varphi)\cdot\left(\frac{U_{m1}}{U_{m2}} + cos(2k\Delta\varphi)\right)\right], (k = 0,1,2,\ldots,n) \quad (17.18)$$

Consideremos a possibilidade de utilizar as relações obtidas para a síntese do espetro de amplitudes e fases do sinal $u'_{\Sigma}\ (t)$. Para o efeito, comparemos o espetro de amplitudes e fases do sinal $u'_{\Sigma}\ (t)$ obtido usando as relações (17) e (18) e as expressões seguintes:

$$a_k = \frac{2}{T'}\int_{-\frac{T'}{2}}^{\frac{T'}{2}}[|U_{m1}\,cos(\omega t)| + |U_{m2}\,cos(\omega t + \Delta\varphi)|]\,cos\,2\,\omega ktdt, (k = 0,1,2,\ldots,n) \quad (17.19)$$

$$b_k = \frac{2}{T'}\int_{-\frac{T'}{2}}^{\frac{T'}{2}}[|U_{m1}\,cos(\omega t)| + |U_{m2}\,cos(\omega t + \Delta\varphi)|]\,sin\,2\,\omega ktdt, (k = 1,2,\ldots,n) \quad (17.20)$$

$$U_{m.k} = \frac{\sqrt{a_{1.k}^2 + b_{1.k}^2}}{2}, \quad (17.21)$$

$$\angle C_k = arctg\frac{b_k}{a_k}. \quad (17.22)$$

Como indicador da aproximação do espetro de amplitudes, usamos a diferença entre o valor de $\boldsymbol{U}'_{m\sum k}$ obtido com a relação (16) e o valor de $\boldsymbol{U}_{m.k}$ calculado através das relações (19 ... 21).

Os cálculos foram efectuados no pacote matemático MathCAD, e os resultados da comparação para alguns valores de $\Delta\varphi$, U_{m1} e U_{m2} são apresentados na Fig. 17.7.

Estes resultados mostram que o desvio relativo do espetro de amplitude obtido utilizando (17) difere dos valores do espetro de amplitude obtido utilizando (19 ... 21) menos de 0,1%.

Como indicador da aproximação do espetro de fase, utilizamos a diferença entre o valor de $\varphi'_{m\sum k}$ obtido usando a relação (18) e o valor de $\angle \boldsymbol{C}_k$ no intervalo [-π/2,π/2] calculado utilizando a relação (19, 20, 22).

Os resultados da comparação para alguns valores de Δφ são apresentados na Fig. 8. Estes resultados mostram que o desvio relativo do espetro de fase obtido com (19) difere dos valores do espetro de fase obtidos com (19, 20, 22) em menos de 0,1%.

$\Delta\phi := 0.1$ $\quad\Delta\phi := 0.5$ $\quad\Delta\phi := 0.9$

$\Delta(n) =$ $\quad Um1 := 0.6$ $\quad Um2 := 0.5$

n	$\Delta\phi := 0.1$	$\Delta\phi := 0.5$	$\Delta\phi := 0.9$
0	$-3.094\cdot10^{-6}$	$2.336\cdot10^{-6}$	$-2.998\cdot10^{-6}$
1	$2.824\cdot10^{-6}$	$-3.933\cdot10^{-5}$	$-1.939\cdot10^{-7}$
2	$-1.356\cdot10^{-6}$	$4.928\cdot10^{-7}$	$1.051\cdot10^{-7}$
3	$-2.866\cdot10^{-6}$	$-1.181\cdot10^{-6}$	$2.078\cdot10^{-7}$
4	$6.416\cdot10^{-7}$	$1.787\cdot10^{-7}$	$2.109\cdot10^{-7}$
5	$-1.098\cdot10^{-5}$	$-4.644\cdot10^{-5}$	$3.526\cdot10^{-8}$
6	$-1.414\cdot10^{-5}$	$-7.347\cdot10^{-7}$	$3.793\cdot10^{-6}$
7	$-7.073\cdot10^{-7}$	$-6.875\cdot10^{-7}$	$2.22\cdot10^{-7}$
8	$9.643\cdot10^{-8}$	$2.184\cdot10^{-8}$	$-2.663\cdot10^{-9}$
9	$-1.788\cdot10^{-7}$	$-8.304\cdot10^{-7}$	$2.186\cdot10^{-7}$

$\Delta(n) =$ $\quad Um1 := 0.8$ $\quad Um2 := 0.6$

n	$\Delta\phi := 0.1$	$\Delta\phi := 0.5$	$\Delta\phi := 0.9$
0	$-3.713\cdot10^{-6}$	$2.803\cdot10^{-6}$	$-3.597\cdot10^{-6}$
1	$3.414\cdot10^{-6}$	$-4.782\cdot10^{-5}$	$-2.427\cdot10^{-7}$
2	$-1.537\cdot10^{-6}$	$6.659\cdot10^{-7}$	$1.183\cdot10^{-7}$
3	$-3.243\cdot10^{-6}$	$-8.923\cdot10^{-7}$	$2.459\cdot10^{-7}$
4	$-8.655\cdot10^{-6}$	$1.156\cdot10^{-6}$	$2.497\cdot10^{-7}$
5	$-1.276\cdot10^{-5}$	$-6.936\cdot10^{-7}$	$1.212\cdot10^{-8}$
6	$-1.156\cdot10^{-5}$	$-8.426\cdot10^{-7}$	$4.822\cdot10^{-6}$
7	$-2.57\cdot10^{-7}$	$-2.402\cdot10^{-6}$	$2.753\cdot10^{-7}$
8	$1.242\cdot10^{-7}$	$4.431\cdot10^{-8}$	$-2.988\cdot10^{-8}$
9	$-2.235\cdot10^{-7}$	$-8.075\cdot10^{-7}$	$1.758\cdot10^{-7}$

$\Delta(n) =$ $\quad Um1 := 1.1$ $\quad Um2 := 0.6$

n	$\Delta\phi := 0.1$	$\Delta\phi := 0.5$	$\Delta\phi := 0.9$
0	$2.066\cdot10^{-5}$	$2.803\cdot10^{-6}$	$-3.597\cdot10^{-6}$
1	$3.486\cdot10^{-6}$	$-1.504\cdot10^{-6}$	$-2.654\cdot10^{-7}$
2	$-1.272\cdot10^{-6}$	$8.45\cdot10^{-7}$	$9.235\cdot10^{-8}$
3	$-2.67\cdot10^{-6}$	$-2.672\cdot10^{-7}$	$2.351\cdot10^{-7}$
4	$-7.756\cdot10^{-6}$	$1.003\cdot10^{-6}$	$2.389\cdot10^{-7}$
5	$-1.152\cdot10^{-5}$	$-7.09\cdot10^{-7}$	$-4.542\cdot10^{-8}$
6	$-1.494\cdot10^{-5}$	$-7.287\cdot10^{-7}$	$5.47\cdot10^{-6}$
7	$7.223\cdot10^{-7}$	$-2.386\cdot10^{-6}$	$2.706\cdot10^{-7}$
8	$1.461\cdot10^{-7}$	$9.369\cdot10^{-8}$	$-1.023\cdot10^{-7}$
9	$-2.433\cdot10^{-7}$	$-3.79\cdot10^{-7}$	$-1.377\cdot10^{-8}$

Fig. 17.16. A diferença entre o valor das quantidades $U^{/}_{m\sum k}$ e $U_{m.k}$

$\Delta\phi := 0.9$	$\Delta\phi := 0.1$	$\Delta\phi := 0.5$
$-6.528\cdot10^{-7}$	$1.409\cdot10^{-5}$	$-5.432\cdot10^{-7}$
$-3.837\cdot10^{-5}$	$6.934\cdot10^{-5}$	$4\cdot10^{-6}$
$-9.847\cdot10^{-6}$	$2.359\cdot10^{-4}$	$4.832\cdot10^{-4}$
$-1.317\cdot10^{-5}$	$1.087\cdot10^{-3}$	$3.019\cdot10^{-5}$
$-2.824\cdot10^{-5}$	$1.777\cdot10^{-3}$	$1.921\cdot10^{-5}$
$9.007\cdot10^{-4}$	$6.016\cdot10^{-6}$	$7.922\cdot10^{-4}$
$2.81\cdot10^{-5}$	$9.999\cdot10^{-6}$	$1.798\cdot10^{-5}$
$6.479\cdot10^{-7}$	$5.639\cdot10^{-5}$	$7.213\cdot10^{-5}$
$4.713\cdot10^{-4}$	$2.392\cdot10^{-5}$	$1.427\cdot10^{-3}$
$-2.361\cdot10^{-4}$	$3.536\cdot10^{-5}$	$2.391\cdot10^{-4}$

Fig. 17.17. A diferença entre os valores de φ_κ e $\angle C_k$

17.5. Conclusões

Foi efectuada uma análise dos princípios conhecidos de medição de desvios de fase. O estudo mostrou que uma contribuição significativa para o erro final de medição de desvios de fase é feita pela componente causada pela assimetria de fase dos canais de transmissão do sinal e pela influência do ruído externo e interno. Uma abordagem alternativa para a determinação do desvio de fase é a utilização de um sinal obtido a partir da soma de sinais harmónicos, após a realização da sua transformação em dois semiespaços, seguida de análise espetral. São propostas relações analíticas para estabelecer a relação entre o deslocamento de fase e as caraterísticas do espetro de amplitudes e fases do sinal considerado. A adequação das relações analíticas propostas foi verificada. Como resultado da verificação, estabeleceu-se que a discrepância relativa entre as caraterísticas do espetro obtidas utilizando as relações propostas e as relações para o cálculo dos coeficientes da série de Fourier não excede 0,1%. Estas relações analíticas podem ser consideradas como uma base matemática para a síntese de métodos de determinação do desvio de fase de dois sinais harmónicos através da análise espetral do sinal obtido devido à sua adição após a realização da sua transformação de dois meios-ciclos. A investigação futura deve ser orientada para o desenvolvimento de sistemas de diagnóstico inteligentes, que serão construídos com base em algoritmos de inteligência artificial, o que, por sua vez, reduzirá o tempo e aumentará a exatidão das medições e da previsão do estado dos TOC modernos.

17.6. Referências

[1] Kryukov O.M., Melnikov R.S., Muzychuk V.A. O método de diagnóstico da condição técnica de furos e munições com base na identificação das caraterísticas dos elementos balísticos do tiro. Coleção de trabalhos científicos da Academia Nacional.2018. Вип. 2 (32). C. 5-11 DOI: https://doi.org/10.33405/2409-7470/2018/2/32/155166.

[2] Yu. V. Kuts, L. M. Shcherbak. Statistical phasometry. Universidade Técnica Estatal de Ternopil, 2009. - 384 c.

[3] Lavrut O.O., Lavrut T.V., Klymovych K.O., Zdorenko Yu.M.. As mais recentes tecnologias e meios de comunicação nas Forças Armadas da Ucrânia: o caminho da transformação e as perspectivas de desenvolvimento Ciência e tecnologia da Força Aérea das Forças Armadas da Ucrânia. 2019 - Edição 1 (34). - C. 91-101 DOI: https://doi.org/: 10.30748/nitps.2019.34.13.

[4] Lavrut O.O., Klymovych K.O., Tarasyuk M.L., Antonyuk O.L. Status e perspectivas do uso de tecnologias modernas e meios de comunicação de rádio nas Forças Armadas da Ucrânia Sistemas de armas e equipamentos militares: uma revista científica. 2017.- Issue1(49).- C. 42-49.

[5] L Bohdal, L. Kukiełka, S. Legutko, R. Patyk, A. M. Radchenko Modelagem e pesquisa experimental de corte por cisalhamento da folha de liga de alumínio AA6111-T4. // Materiais. - 2020. - Vol. 13, Iss. 14. - Artigo Id: 3175. DOI: 10.3390/ma13143175.

[6] Bonavolontà F., D'Apuzzo, M., Liccardo, A. e Mieleb, G. Medições de harmónicas e inter-harmónicas através de uma abordagem de amostragem comprimida. Measurement. 2016. Vol. 77. P. 1-15. DOI: org/10.1016/j.measurement. 2015.08.022.

[7] Skolnik M.I. Radar Handbook. Terceira edição. The McGraw-Hill Companies, 2008. 1352.

[8] Sun G., Wu L., Kuang Z., Ma Z., Liu J. Controlo de seguimento prático do motor linear através do modo deslizante de ordem fraccionada. Automatica, 2018, vol. 94, pp. 221-235. doi: https://doi.org/10.1016/j.automatica.2018.02.011

[9] Wang Y., Wang C., Tao Y. Aquisição rápida de frequência e bloqueio de fase de osciladores de anel não planares. Appl. Sci. 2017. Vol. 7. P. 10-32. DOI: https://doi.org/10.3390/app7101032

[10] Kihong S. On the Selection of Sensor Locations for the Fictitious FRF based Fault Detection Method (Sobre a seleção das localizações dos sensores para o método de deteção de falhas baseado em FRF fictícia). Jornal Internacional de Tendências Emergentes em Pesquisa de Engenharia. 2019. Vol. 7. Is. 7. P. 569-575. DOI: https://org/10.30534/ijeter/2019/277112019.

[11] Bonavolontà F., D'Apuzzo, M., Liccardo, A. e Mieleb, G., Medições de harmónicas e inter-harmónicas através de uma abordagem de amostragem comprimida. Measurement. 2016. Vol. 77, pp. 1-15. doi: org/10.1016/j.measurement. 2015.08.022

[12] Kuts Yu, Protasov A., Lycenco Y. Dugin O. Bliznuk O. Uchanin V. Utilização de um transdutor multidiferencial para a inspeção de objectos por correntes parasitas pulsantes. IEEE Primeira Conferência da Ucrânia sobre engenharia eléctrica e informática (Ukrcon). Actas da Conferência. 29 de maio

a 2 de junho de 2017. Kyiv, Ucrânia. P.826 - 829.DOI: 1109/UKRCON.2017.8100361

[13] Tyshko S. A., Smolyar V. G., Zabula O. E. Análise da possibilidade de utilizar a conversão de dois meios períodos para medir o desvio de fase de sinais harmónicos com igual amplitude Coleção de trabalhos científicos da Universidade de Kharkiv da Força Aérea. 2013. - 2 (30). - C. 42 - 44

[14] Gubin S. V., Tyshko S. O., Zabula O. E., Chernychenko Yu. M. Método oscilográfico de medição de mudança de fase baseado na transformação de dois semi-periódicos. Sistemas radioelectrónicos e informáticos 2019. Vol. 4(2019). C 47 - 54 DOI: https://doi.org/: 10.32620/reks.2019.4.05

[15] Kihong S. On the Selection of Sensor Locations for the Fictitious FRF based Fault Detection Method (Sobre a seleção das localizações dos sensores para o método de deteção de falhas baseado em FRF fictícia). Jornal Internacional de Tendências Emergentes em Pesquisa de Engenharia. 2019 Vol. 7, Is. 7, pp. 569-575. DOI:.https:// org/10.30534/ijeter/2019/277112019.

[16] Oleg Klymovych, Volodymyr Hrabchak, Oleksandr Lavrut, Tetiana Lavrut, Vasyl Lytvyn e Victoria Vysotska The Diagnostics Methods for Modern Communication Tools in the Armed Forces of Ukraine Based on Neural Network Approach [Métodos de diagnóstico para ferramentas de comunicação modernas nas Forças Armadas da Ucrânia com base numa abordagem de redes neuronais]. Actas do 2.º Workshop Internacional sobre Tecnologias Modernas de Aprendizagem Automática e Ciência de Dados (MoMLeT+DS 2020). Volume I: Conferência Principal Lviv-Shatsk, Ucrânia, 2-3 de junho de 2020.- P. 198-208.- [Recurso eletrónico].- Modo de acesso: http://ceur-ws.org/Vol-2631/paper15.pdf

[17] Sergey Tyshko, Oleksandr Lavrut, Victoria Vysotska, Oksana Markiv, Oleh Zabula, Yurii Chernichenko e Tetiana Lavrut. Método Compensatório para Medir a Mudança de Fase Utilizando Sinais de Conversão Bisemiperiódica em Sistemas de Inteligência de Diagnóstico. Actas do 4.º Workshop Internacional sobre Tecnologias Modernas de Aprendizagem Automática e Ciência de Dados (MoMLeT+DS 2022). Volume I: Conferência principal Lviv-Shatsk, Ucrânia, 25 de novembro de 2022.- P. 144-154.- URL: https://ceur-ws.org/Vol-3312/paper12.pdf

[18] Nazarkevych, M., Yavourivskiy, B., & Klyuynyk, I. (2015, fevereiro). Edição de imagens raster e classificação digital com software. A Experiência de Conceção e Aplicação de Sistemas CAD em Microeletrónica (pp. 439-441). IEEE.

[19] Nazarkevych, M., Kynash, Y., Oliarnyk, R., Klyujnyk, I., & Nazarkevych, H. (2017, maio). Aplicação aperfeiçoada do algoritmo de rastreamento de ondas. Em 2017 IEEE Primeira Conferência da Ucrânia sobre Engenharia Elétrica e de Computadores (UKRCON) (pp. 1011-1014). IEEE.

[20] Medykovskyy, M., Lipinski, P., Troyan, O., & Nazarkevych, M. (2015, setembro). Métodos de proteção de documento formado a partir de elemento latente localizado por fractais. Em 2015 Xth International Scientific and Technical Conference" Computer Sciences and Information Technologies"(CSIT) (pp. 70-72). IEEE.

Conclusões

Esta investigação é dedicada ao desenvolvimento de tecnologias de informação para o reconhecimento de objectos em movimento utilizando tecnologias de aprendizagem automática na vigilância por vídeo. Nas sequências de vídeo, quando os objectos se movem em tempo real, uma tarefa importante é reconhecer e identificar objectos em movimento, prevendo a direção do movimento e fixando a sua posição. A qualidade do reconhecimento melhorará com os métodos de aprendizagem automática e o conjunto de dados de objectos. As melhores caraterísticas do reconhecimento de objectos são alcançadas através da implementação de métodos de expansão de área, agrupamento, extração de contornos e técnicas que utilizam histogramas.

Analisamos o algoritmo de reconhecimento de objectos YOLOv8 e as suas diferenças em relação a outros algoritmos de aprendizagem automática. Foi também criada, investigada e testada uma aplicação Web para o reconhecimento de objectos num fluxo de vídeo. Foi fornecida uma panorâmica clara das ferramentas de desenvolvimento para uma aplicação Web que utiliza o YOLOv8. Foram estudados o ambiente de programação PyCharm, a estrutura Flask e as suas vantagens em relação a outras estruturas. Foi também explorado o Ultralytics, que ajuda a desenvolver e testar aplicações Web para transmissão de vídeo. Como resultado do trabalho realizado, foi alcançada uma elevada compreensão do algoritmo YOLOv8 e das suas caraterísticas e capacidades na deteção de objectos no fluxo de vídeo. A aplicação Web desenvolvida não é apenas uma aplicação prática deste algoritmo, mas pode também servir de base para futuros desenvolvimentos e melhorias.

O nosso projeto de investigação englobou várias fases-chave destinadas a criar e aperfeiçoar um modelo de reconhecimento de tanques utilizando YOLO (You Only Look Once). Gerámos o nosso conjunto de dados, que consiste em diversas imagens de tanques provenientes de várias fontes. Este conjunto de dados forneceu material crucial para o treino e reconhecimento de diferentes modelos de tanques. Treinámos com sucesso o modelo YOLO para reconhecer tanques utilizando o conjunto de dados criado. A metodologia de treino envolveu anotação e treino sistemático para alcançar uma elevada precisão. Avaliámos a eficácia do modelo em vários suportes, incluindo fotografias e vídeos. O modelo demonstrou um elevado nível de reconhecimento de tanques em tempo real e em imagens. Os resultados dos testes revelaram uma precisão e eficiência impressionantes no reconhecimento de tanques em diferentes condições e perspectivas. Após análise, o próximo passo pode envolver o aperfeiçoamento do modelo para o reconhecimento de tanques em condições de pouca luz, como à noite, sem iluminação térmica, ou durante condições climatéricas adversas, como a queda de neve. Em conclusão, o modelo desenvolvido tem um potencial significativo em aplicações militares e domínios de segurança. Outras melhorias poderiam torná-lo ainda mais eficaz em condições reais.

Em suma, o modelo treinado demonstrou um desempenho impressionante. Reconhece rapidamente os objectos, o que é particularmente importante em cenários de combate ativo. A precisão de reconhecimento de 86% sublinha a fiabilidade do modelo. No entanto, é importante notar que foram observados desafios no reconhecimento de objectos em condições naturais desfavoráveis. Este facto realça a necessidade de um maior aperfeiçoamento e planeamos abordar ativamente este aspeto para melhorar a eficácia global do modelo. Propõe-se um algoritmo de segmentação de cor rápido para desenvolver um algoritmo que satisfaça as restrições de tempo de execução. O método utiliza a diferença de cor entre os canais R, G e B em vez de extrair a alteração de intensidade e misturar posteriormente as áreas resultantes. Este estudo foi efectuado pela primeira vez.

O nosso estudo mostra melhorias significativas na velocidade e precisão do treino de modelos em comparação com os métodos existentes. As abordagens tradicionais ao treino de modelos estão frequentemente limitadas à utilização de uma única GPU de cada vez, o que pode levar a longos períodos de treino e a uma capacidade limitada do modelo para se adaptar a novos dados. A utilização de configurações de GPU multi-threaded e a otimização do tamanho do lote utilizando MI abrem novas oportunidades para melhorar estes processos. Os resultados da nossa investigação têm implicações significativas para aplicações práticas no domínio da cibersegurança. A aplicação de definições de GPU multi-threaded e de métodos de formação optimizados por MI pode ajudar os programadores de cibersegurança a criar modelos mais precisos e valiosos para a deteção de ciberameaças em tempo real, melhorando a segurança global das redes de telecomunicações. Os dados experimentais apoiam a eficácia da nossa abordagem, demonstrando que a aplicação de técnicas computacionais avançadas e de métodos de otimização pode melhorar significativamente os processos de formação de modelos de aprendizagem automática para a cibersegurança. Esta abordagem constitui um forte argumento a favor de mais investigação e da aplicação prática destas técnicas na indústria, a fim de melhorar a capacidade de detetar e combater as ciberameaças. A utilização de configurações de GPU multithread melhora significativamente a velocidade de formação e a precisão do modelo em comparação com as configurações de GPU única, o que os nossos resultados experimentais confirmam.

Foi implementado um sistema de informação para o seguimento e reconhecimento de objectos em movimento. O sistema está dividido em três módulos principais: reconhecimento facial, seguimento de pessoas e gravação dos resultados do reconhecimento. É descrita a utilização de tecnologias modernas e de algoritmos de aprendizagem automática no trabalho, nomeadamente o YOLOv7 para o seguimento de pessoas e a biblioteca Face Recognition para o reconhecimento facial. O sistema de informação concebido permite-lhe implementar rápida e livremente a tecnologia moderna de localização e reconhecimento nas empresas sem conhecimentos técnicos. Foram estudados a estrutura, a funcionalidade e os processos do sistema de informação. Com a ajuda da árvore de objectivos, foi determinada a funcionalidade do sistema, necessária para atingir o objetivo. A decomposição dos processos permitiu examinar os aspectos-chave de cada sistema e revelar a sequência de passos e fluxos de dados necessários para a sua implementação. A construção do diagrama hierárquico de processos permitiu visualizar qualitativamente as relações entre todos os processos e subprocessos do sistema, demonstrando a seqüência lógica de sua execução. O diagrama ER definiu a estrutura da base de dados que foi utilizada para armazenar informação sobre os indivíduos. A análise do sistema lançou as bases para a conceção e o desenvolvimento do sistema de informação para o seguimento e reconhecimento de pessoas. Permitiu determinar os principais requisitos funcionais, a estrutura do sistema e as relações entre os seus componentes. Foi utilizada a linguagem Python juntamente com as bibliotecas YoloV7 e Face Recognition. A escolha foi determinada pela eficácia das opções apresentadas e pela conformidade com os nossos requisitos. Foi criado um manual do utilizador que permite compreender as principais caraterísticas do sistema e as condições necessárias para a sua utilização. Foram formuladas as especificações recomendadas e todos os aspectos do sistema foram descritos em pormenor. Foi demonstrado o seu funcionamento e analisado um exemplo de controlo, onde verificámos todas as funções do sistema e o seu desempenho.

Foi desenvolvido um método para captar o rosto de uma pessoa num fluxo de vídeo. São considerados os métodos desenvolvidos para a captação do fluxo de vídeo. Os métodos de seguimento são utilizados na vigilância por vídeo. São considerados os métodos de captura do fluxo de vídeo, de extração de fotogramas de imagem e de reconhecimento facial. O método de comparação flexível em gráficos, o método dos componentes principais, o método Viola-Jones, os padrões binários locais e os modelos de Markov ocultos, que são utilizados para o reconhecimento facial, são considerados. Foi estudada a biblioteca em Python DeepFace. Foram realizadas experiências de reconhecimento facial. Foram reconhecidos rostos fotografados no género selfie, retrato e fotografia documental. Verificou-se que os melhores métodos de reconhecimento se encontram no género da fotografia. Os resultados de reconhecimento são um pouco piores para selfies. Os piores são os da fotografia digital. O reconhecimento foi baseado na biblioteca de deteção de faces MediaPipe. O tempo de reconhecimento foi de 10 a 22 mc.

O resultado do estudo foi o estudo do algoritmo de reconhecimento. Foram realizadas experiências de captura de objectos. Os fotogramas de captura de objectos foram registados em ficheiros. Está planeado identificar estas imagens de acordo com o facto de o rosto pertencer a uma determinada pessoa. A biblioteca MediaPipe teve o melhor desempenho. Foi criada e treinada uma rede neural para reconhecimento de objectos num fluxo de vídeo. Foi realizada uma experiência em que a eficiência do sistema desenvolvido foi comparada com os indicadores de métodos de reconhecimento alternativos conhecidos. A precisão do reconhecimento aumenta quando se utiliza o método proposto. O sistema de reconhecimento desenvolvido é mais resistente ao ruído local: para imagens sujeitas a desfocagem e oclusão, a precisão do reconhecimento do sistema desenvolvido diminui. Os resultados da investigação são de interesse prático na conceção de sistemas de gestão e processamento de informação em visão computacional e reconhecimento de imagem para as tarefas em que é necessário determinar os parâmetros espaciais dos objectos representados. Para utilizar o sistema para monitorização em tempo real, é necessário analisar e conceber um sistema baseado em computação distribuída para análise paralela de fotogramas, porque os resultados das experiências locais mostram dificuldades com muitos fotogramas por segundo. A ativação de detectores a vários níveis requer recursos informáticos significativos.

É proposto um sistema de reconhecimento de rostos humanos para identificar rostos numa sequência de vídeo. São analisadas as vantagens e desvantagens do sistema. Foram efectuadas experiências de reconhecimento de fotografias selfie, retratos e fotografias documentais. Mostrámos que as melhores taxas de reconhecimento são nas fotografias de retratos. Foi estudado que o ângulo da câmara e a viragem da pessoa para a câmara afectam a captura do rosto. Estes resultados podem ser aplicados a sequências de vídeo e a sistemas de videovigilância. Após a operação de captura do rosto, guardamos a imagem. De seguida, determinamos os olhos de acordo com o método de Sherlock e Monroe. Se a identificação for bem sucedida, a pessoa obtém acesso ao sistema.

Esta investigação teve como objetivo analisar os métodos existentes de avaliação da nitidez de imagens e sugerir melhorias para o caso de utilização da avaliação da nitidez de fotografias de pessoas. O resultado final é uma solução automatizada de seleção de fotografias que classifica as imagens de nítidas e utilizáveis a desfocadas e inutilizáveis. A comparação dos métodos FFT e Variância de Laplaciano para a avaliação da nitidez de imagens mostrou que a sua precisão é afetada pela cena da fotografia, pela composição e pelas definições da câmara, levando a uma classificação incorrecta de fotografias com fundo detalhado como desfocadas. Um algoritmo melhorado que aproveita a deteção de objectos para a avaliação da nitidez da imagem mostrou melhorias significativas, eliminando enviesamentos e produzindo resultados mais precisos. Utiliza metadados de fotografias para simplificar os processos, principalmente através da inclusão de coordenadas de rostos detectados, melhorando a eficiência do desempenho. O método minimiza a entrada de dados do utilizador, exigindo apenas o estilo de fotografia e um valor ISO máximo aceitável opcional para ajustar a preferência pessoal. Os testes finais confirmaram a eficácia do algoritmo, particularmente com o método FFT para os seus resultados lineares. No entanto, o método Laplaciano, mais rápido, pode ser escolhido para grandes conjuntos de dados em que a velocidade é mais importante do que a precisão. Os resultados da investigação e das experiências foram utilizados para implementar um protótipo de um sistema de automatização para ordenar fotografias por nitidez do motivo, deteção de movimentos indesejados na imagem e desfocagem do motivo.

A investigação investigou trabalhos semelhantes e analisou métodos para resolver problemas de classificação. As redes neuronais foram a nossa escolha. Depois de determinar as técnicas e os materiais, iniciámos as experiências recolhendo dados sobre imagens multiespectrais de alguns objectos e analisando-os. A etapa seguinte do trabalho de investigação consistiu em criar e treinar uma rede neuronal com os dados recolhidos. Ao escrever o código da rede, fizemos experiências com os seus parâmetros: alterámos a arquitetura do modelo, as funções de ativação e os optimizadores, bem como o número de épocas de aprendizagem. Com a ajuda destas experiências, foi possível escolher os parâmetros mais óptimos para a rede neural criada. O resultado é uma rede neural que atinge 97% de precisão quando trabalha com dados de teste. Em seguida, analisámos os métodos para melhorar os resultados e criámos uma interface de utilizador para prever os resultados utilizando a rede neural desenvolvida.

Como resultado da investigação, foram analisados algoritmos matemáticos de agrupamento para determinar as cores caraterísticas do terreno. A necessidade de realizar estes estudos deve-se à inexistência de uma forma universal de determinar o número de agrupamentos e baseou-se na investigação de outros cientistas, que determinaram que, para cada área temática, apenas um algoritmo de agrupamento específico funciona de forma mais eficaz, o que deve ser determinado experimentalmente. De acordo com os resultados da investigação, o algoritmo ótimo para determinar as cores caraterísticas do terreno foi o algoritmo de agrupamento k-means++.

A relevância do tópico e os análogos que resolvem um problema semelhante são confirmados. São também apresentados exemplos de materiais e métodos relevantes para a resolução do problema. O modelo de rede neural, o seu número de camadas, as funções activadoras, a otimização e o número de neurónios em cada camada foram selecionados com sucesso. Com estes parâmetros óptimos, obtém-se uma precisão de 97% para esta aplicação. MVP implementado. O utilizador pode introduzir os dados de entrada da imagem e definir as coordenadas do local onde foi feita a observação.

O documento propõe um algoritmo de agrupamento rápido baseado na utilização consistente do pré-processamento e do agrupamento dos pixéis da imagem no espaço RGB. Na fase de pré-processamento (a), a escala é primeiro reduzida e (opcionalmente) a imagem é suavizada, (b) as frequências de cor agregadas são encontradas na grelha espacial RGB ampliada, (c) é efectuada a quantização adaptativa das frequências das células dessa grelha em RGBH. O algoritmo de pré-processamento proposto permite preparar rapidamente os dados e reduzir o número de células espaciais enumeradas em várias ordens de grandeza aquando da construção de agrupamentos em RGBH. Por conseguinte, a complexidade da agregação de dados em RGBH é reduzida. Obtemos as seguintes conclusões com base na média dos dados experimentais (o escalonamento não é tido em conta como procedimento padrão): 1) a amostragem da grelha é, na maioria das vezes, efectuada com um fator de 4 (ou 8), pelo que o número de células no espaço RGBH é reduzido 64 (ou 512) vezes; 2) o número de níveis de quantização varia normalmente entre 16 e 32, enquanto a frequência de algumas células pode atingir 10 000 ou mais. Nesta situação, as gradações de frequência diminuem de 100 a 1000 vezes. Como resultado, o algoritmo proposto permite agrupar dados quase instantaneamente. Foi utilizado o seguinte sistema informático para as experiências: CPU - Intel Core i5 6600k 3,7 GHz, RAM - 16 Gb DDR4. O software foi executado localmente numa única thread. São processadas imagens a cores com um tamanho de 1 MP e o número de níveis é $k = 20$. Nestas condições, o tempo de agrupamento é: a) para células 1x1x1 - vários minutos, o resultado não é muito estável (não tem sentido prático); b) para células 2x2x2 - cerca de 10 segundos; c) para células 4x4x4 - cerca de 0,25 segundos; d) para células 8x8x8 - cerca de 0,0225 segundos. A elevada eficiência do algoritmo proposto (considerando a possibilidade de processamento paralelo de dados) torna possível a sua utilização para agrupamento e segmentação mesmo em sistemas embebidos de potência relativamente baixa. Devido à parametrização abrangente, os algoritmos de pré-processamento podem ser ajustados às caraterísticas do problema que está a ser resolvido. O algoritmo de clustering proposto permite a construção adequada de clusters de forma arbitrária para objectos relativamente monocromáticos, considerando a posição das linhas de nível. Permite também a criação de uma hierarquia de agrupamentos (correspondente às linhas de nível), essencial para separar objectos próximos na cor da imagem durante o processamento subsequente. Infelizmente, os objectos não sólidos (normalmente iluminados de forma irregular) podem não ser processados adequadamente, uma vez que as suas cores são altamente difusas e tornam-se adjacentes às cores de outros objectos.

A investigação explorou a eficácia do modelo baseado na CNN na deteção da vivacidade das impressões digitais utilizando o conjunto de dados Socofing. Revelou uma capacidade louvável, com uma precisão próxima dos 99%. No entanto, métricas específicas revelaram caminhos para otimização. Para além da variedade teórica de métodos biométricos possíveis utilizados na prática, existem poucos. Atualmente, todas as tecnologias biométricas são probabilísticas, o que constitui frequentemente a base da crítica biométrica. É difícil não concordar que as tecnologias biométricas são medidas de segurança fiáveis e convenientes que têm sido amplamente utilizadas até agora. Apesar dos intensos esforços desenvolvidos nos últimos anos para desenvolver e melhorar os métodos de identificação dos utilizadores para controlar o acesso aos recursos dos sistemas de informação, a fiabilidade e a estabilidade dos sistemas existentes são insuficientes para as necessidades modernas. A principal vantagem da tecnologia biométrica é a sua elevada fiabilidade. Toda a gente sabe que, na natureza, não existem duas pessoas com a mesma impressão digital.

Tendo analisado os problemas dos processos de desenvolvimento de sistemas de informação distribuídos, o processo de teste automatizado foi optimizado através da transferência da fase de teste para um ambiente temporário, que é implementado pelo sistema de integração contínua. Esta abordagem reduz significativamente o tempo de feedback (deteção de defeitos) e protege o ramo de código principal da fusão com uma base de código não testada. É também de salientar que a implementação desta otimização permite abandonar um ambiente de teste único e obter poupanças nos recursos de desenvolvimento e no tempo de entrega das alterações ao ambiente real.

Foi efectuada uma análise dos princípios conhecidos de medição de desvios de fase. O estudo mostrou que uma contribuição significativa para o erro final de medição de desvios de fase é feita pela componente causada pela assimetria de fase dos canais de transmissão do sinal e pela influência do ruído externo e interno. Uma abordagem alternativa para a determinação do desvio de fase é a utilização de um sinal obtido a partir da soma de sinais harmónicos, após a realização da sua transformação em dois semiespaços, seguida de análise espetral. São propostas relações analíticas para estabelecer a relação entre o deslocamento de fase e as caraterísticas do espetro de amplitudes e fases do sinal considerado. A adequação das relações analíticas propostas foi verificada. Como resultado da verificação, estabeleceu-se que a discrepância relativa entre as caraterísticas do espetro obtidas utilizando as relações propostas e as relações para o cálculo dos coeficientes da série de Fourier não excede 0,1%. Estas relações analíticas podem ser consideradas como uma base matemática para a síntese de métodos de determinação do desvio de fase de dois sinais harmónicos através da análise espetral do sinal obtido devido à sua adição após a realização da sua transformação de dois meios-ciclos. A investigação futura deve ser orientada para o desenvolvimento de sistemas de diagnóstico inteligentes, que serão construídos com base em algoritmos de inteligência artificial, o que, por sua vez, reduzirá o tempo e aumentará a exatidão das medições e da previsão do estado dos TOC modernos.

Referências

[1] Lytvyn, V., Vysotska, V., Mykhailyshyn, V., Rzheuskyi, A., Semianchuk, S. Desenvolvimento de um sistema de análise de dados de fluxos de vídeo // Advances in Intelligent Systems and Computing, 1020, 315-331. (2020)

[2] Kateryna Tymoshenko, Victoria Vysotska. Algoritmo de reconhecimento de texto em ucraniano no modo de vídeo // CEUR Workshop Proceedings. - 2020. - Actas da 4ª conferência internacional sobre linguística computacional e sistemas inteligentes (COLINS 2020), Lviv, Ucrânia, 23-24 de abril de 2020: Workshop. - P. 81-89. - ISSN 2523-4013. - http://colins.in.ua/wp-content/uploads/2020/06/preface_colins_volume2_2020_part6.pdf

[3] Volodymyr Motyka, Yaroslav Stepaniak, Mariia Nasalska, Victoria Vysotska, People's Emotions Analysis while Watching YouTube Videos, CEUR Workshop Proceedings, Vol-3403, 2023, 500-525.

[4] Sartiukova A., Peleshchak R., Peleshchak I., Vysotska V. The multiclass classification of objects based on multispectral images recognition // Computer science and information technologies: proceedings of IEEE 16th International conference on computer science and information technologies (Lviv, Ukraine, 22-25 September, 2021). - 2021. - C. 52-60.

[5] Voloshyn S., Peleshchak R., Peleshchak I., Vysotska V. Big Data analysis for multispectral images recognition based on deep learning // Computer science and information technologies: proceedings of IEEE 16th International conference on computer science and information technologies (Lviv, Ukraine, 22-25 September, 2021). - 2021. - C. 160-170.

[6] Peleshchak I., Peleshchak R., Vysotska V., Tchynetskyi S. A neural network development for multispectral images recognition // Computer science and information technologies: proceedings of IEEE 16th International conference (Lviv, Ukraine, 22-25 September, 2021). - 2021. - C. 278-284.

[7] Aksonov D., Vysotska V. Desenvolvimento de um bot para o Telegram baseado em funções de conversão de texto em voz e reconhecimento de texto a partir de imagens // Computational Linguistics and Intelligent Systems. Actas. - 2022. - Actas da 6.ª conferência internacional "Linguística computacional e sistemas inteligentes" COLINS 2022 (Gliwice, Polónia, 12-13 de maio de 2022). Vol. II: workshop. - P. 95-119.

[8] Uhryn D., Ushenko Y., Korolenko V., Lytvyn V., Vysotska V., Hu Z. Programação do sistema de um modelo de identificação de doenças baseado em imagens médicas [Електронний ресурс] // Proceedings of SPIE. - 2024. - Vol. 12938: 16.ª conferência internacional sobre ótica de correlação COR 2023, Chernivtsi, Ucrânia, 18-21 de setembro de 2023.

[9] Vysotska V., Sharonova N., Chupryna A., Shirokopetleva M., Dolhanenko O., Smelyakov S. Investigação de métodos para avaliação da nitidez de imagens em fotografias de pessoas // CEUR Workshop Proceedings. - 2024. - Vol. 3664: Actas da 8ª conferência internacional sobre linguística computacional e sistemas inteligentes. Vol. I: Workshop de aprendizagem automática, Lviv, Ucrânia, 12-13 de abril de 2024. - P. 255-272.

[10] Vysotska V., Sharonova N., Smelyakov K., Vakulik E., Filipov O., Kotelnykov R. Fast color images clustering for real-time computer vision and

AI system // CEUR Workshop Proceedings. - 2024. - Vol. 3664: Actas da 8ª Conferência Internacional sobre Linguística Computacional e Sistemas Inteligentes. Vol. I: Workshop de aprendizagem automática, Lviv, Ucrânia, 12-13 de abril de 2024. - P. 161-177.

[11] Tymoshenko Kateryna, Vysotska Victoria, Kovtun Oksana, Holoshchuk Roman, Holoshchuk Svitlana. Reconhecimento de texto e voz ucranianos em tempo real // Actas do Workshop CEUR. - 2021. - Vol. 2870: Actas da 5.ª conferência internacional sobre linguística computacional e sistemas inteligentes (COLINS 2021). Vol. I: conferência principal. Kharkiv, Ucrânia, 22-23 de abril de 2021. - P. 357-387.

[12] S. Tsybulia, O. Lavrut, V. Lytvyn, T. Lavrut, M. Nazarkevych, V. Vysotska, Análise de métodos de agrupamento para a determinação das caraterísticas das cores do terreno, Actas do Workshop CEUR, Vol-3387, 2023, pp. 103-116.

[13] Lytvyn V., Vysotska V., Mykhailyshyn V., Peleshchak I., Peleshchak R. e Kohut I. Sistema inteligente de uma casa inteligente // 2019 3rd International Conference on Advanced Information and Communications Technologies (AICT), Lviv, Ucrânia, 2019, pp. 282-287.- https://ieeexplore.ieee.org/document/8847748

[14] Lytvyn V., et al. Desenvolvimento de um sistema doméstico inteligente // Advances in Intelligent Systems and Computing (AISC). - 2020. - Vol. 1080. Artigos selecionados da conferência internacional sobre ciência da computação e tecnologias da informação, CSIT 2019, 17-20 de setembro de 2019, Lviv, Ucrânia. - P. 804-830.

[15] Sistema de monitorização por drone DROMOS da dinâmica ambiental urbana/ D. Peleshko, T. Rak, J. R. Noennig, V. Lytvyn, V. Vysotska // Actas do Workshop CEUR. 2020. Vol. 2565: Actas do primeiro workshop internacional de gestão de projectos de TI (ITPM 2020), Slavsko, Região de Lviv, Ucrânia, 18-20 de fevereiro de 2020. Vol. 1. P. 178-193.

[16] Desenvolvimento de um sistema de fluxos de tráfego para uma cidade inteligente / I. Krislata, A. Katrenko, V. Lytvyn, V. Vysotska, Y. Burov // Actas do Workshop CEUR. 2020. Vol. 2565: Actas do primeiro workshop internacional de gestão de projectos de TI (ITPM 2020), Slavsko, Região de Lviv, Ucrânia, 18-20 de fevereiro de 2020. Vol. 1. P. 280-294.

[17] Taras Batiuk, Victoria Vysotska, Vasyl Lytvyn: Sistema inteligente de socialização por interesses pessoais com base em tecnologias de SEO e métodos de aprendizagem automática. Em: Linguística Computacional e Sistemas Inteligentes, COLINS, atas do workshop do CEUR, Vol-2604, 1237-1250. (2020).

[18] Batiuk Taras, Vysotska Victoria, Holoschuk Roman, Holoshchuk Svitlana. Sistema inteligente para a socialização de indivíduos com interesses partilhados com base em tecnologias de PNL, aprendizagem automática e SEO // CEUR Workshop Proceedings. - 2022. - Vol. 3171: Linguística computacional e sistemas inteligentes 2022: Actas da 6.ª conferência internacional sobre linguística computacional e sistemas inteligentes (COLINS 2022). Vol. 1: Conferência principal, Gliwice, Polónia, 12-13 de maio de 2022. - P. 572-631.

[19] Liu, J., Xie, G., Wang, J., Li, S., Wang, C., Zheng, F., & Jin, Y. (2024). Deteção profunda de anomalias em imagens industriais: A survey. Machine Intelligence Research, 21(1), 104-135.

[20] Kruger-Marais, E. (2024). Legendagem para a aquisição de línguas: Eye tracking as predictor of attention allocation in education. Revista Internacional de Estudos Linguísticos, 18(2).

[21] Li, P., et al. (2024). Rede eficiente de atenção temporal longa e curta para segmentação não supervisionada de objectos de vídeo. Pattern Recognition, 146, 110078.

[22] Kawamura, E., Kannan, K., Lombaerts, T., Stepanyan, V., Dolph, C., & Ippolito, C. A. (2024). Rastreador de visão baseado em solo para mobilidade aérea avançada e mobilidade aérea urbana. No Fórum AIAA SciTech 2024 (p. 2010).

[23] Yin, Z., Ni, Y., Li, L., Wang, T., Wu, J., Li, Z., & Tan, D. (2024). Modelação numérica e investigação experimental de um vórtice de afundamento bifásico e das suas caraterísticas de vibração fluido-sólido. Journal of Zhejiang University-SCIENCE A, 25(1), 47-62.

[24] Wolf, T., Fridovich-Keil, D., & Jones, B. A. (2024). Planejamento de trajetória baseado em informações mútuas para rastreamento de objetos espaciais Cislunar usando convexificação sucessiva. No Fórum AIAA SCITECH 2024 (p. 0626).

[25] Zhang, H., Zheng, D., Zhang, Y., Cao, J., Lin, W., & Ling, W. K. (2024). Avaliação da qualidade para visualizações sintetizadas por DIBR com base na transformada Wavelet e na similaridade de magnitude de gradiente. IEEE Transactions on Multimedia.

[26] Qin, Q., & Chen, Y. (2024). Uma revisão da segmentação de vasos da retina para análise de imagens de fundo de olho. Engineering Applications of Artificial Intelligence, 128, 107454.

[27] Li, M., Cui, Q., Wang, X., Zhang, Y., & Xiang, Y. Ftpe-Bc: Fast Thumbnail-Preserving Image Encryption Using Block-Churning. Disponível em SSRN 4698446.

[28] Clayton-Chubb, D., Kemp, W. W., Majeed, A., Lubel, J. S., Woods, R. L., Tran, C., ... & Roberts, S. K. (2024). A doença hepática esteatósica associada à disfunção metabólica em adultos mais velhos está associada à fragilidade e desvantagem social. Liver International, 44(1), 39-51.

[29] Mira, E. S., Sapri, A. M. S., Aljehanı, R. F., Jambı, B. S., Bashir, T., El-Kenawy, E. S. M., & Saber, M. (2024). Diagnóstico precoce do câncer oral usando processamento de imagem e inteligência artificial. Fusion: Practice and Applications, 14(1), 293-308.

[30] Qiao, L., Liu, K., Xue, Y., Tang, W., & Salehnia, T. (2024). Um método de segmentação de imagem de limiar multinível usando algoritmos híbridos de Otimização Aritmética e Harris Hawks Optimizer. Expert Systems with Applications, 241, 122316.

[31] Wang, Z., Deng, Y., Zhang, Y., Tang, X., Zhou, P., Li, P., ... & Zhang, M. (2024). Géis de emulsão homogéneos e de textura macia mediados por proteínas fibrosas de soro de leite para idosos: Melhoria da bioacessibilidade da curcumina. Química Alimentar, 437, 137850.

[32] Gao, J., & Huang, Y. (2024). FP-Net: rede de perceção de frequência com treino adversarial para localização de manipulação de imagem. Ferramentas e aplicações multimédia, 1-19.

[33] Su, Y., Tan, W., Dong, Y., Xu, W., Huang, P., Zhang, J., & Zhang, D. (2024). Melhorando a deteção de objetos ocultos em imagens ativas de ondas milimétricas usando a transformada wavelet. Signal Processing, 216, 109303.

[34] Bhandari, J., & Russo, D. (2024). Garantias de optimalidade global para métodos de gradiente de política. Pesquisa Operacional.

[35] Qian, K., & Duan, H. C. (2024). Plataforma de contagem ótica de larvas de camarão usando k-means mascarados e um filtro de janela lateral. Applied Optics, 63(6), A7-A15.

[36] Lee, S., et al. (2024). Método de análise de imagem fiável baseado em histograma de intensidade para imunoensaio de fluorescência com base em esferas. BioChip Journal, 1-9.

[37] Redmon, J., Divvala, S., Girshick, R., & Farhadi, A. (2016). Só se olha uma vez: Deteção de objectos unificada e em tempo real. Nos Anais da conferência do IEEE sobre visão computacional e reconhecimento de padrões (pp. 779-788).

[38] Zhang, T., et al. (2015, setembro). O projeto e a implementação de um sistema de vigilância por vídeo sem fio. Em Proceedings of the 21st Annual International Conference on Mobile Computing and Networking (pp. 426-438).

[39] Nazarkevych, M., Logoyda, M., Troyan, O., Vozniy, Y., & Shpak, Z. (2019, setembro). O filtro ateb-gabor para impressão digital. Em Conferência sobre Ciência da Computação e Tecnologias da Informação (pp. 247-255). Cham: Springer International Publishing.

[40] Nazarkevych, M., et al. (2016, setembro). Proteção de dados baseada em criptografia usando funções Ateb. In 2016 XIth International Scientific and Technical Conference Computer Sciences and Information Technologies (CSIT) (pp. 30-32). IEEE.

[41] Medykovskyy, M., Lipinski, P., Troyan, O., & Nazarkevych, M. (2015, setembro). Métodos de proteção de documento formado a partir de elemento latente localizado por fractais. Em 2015 Xth International Scientific and Technical Conference" Computer Sciences and Information Technologies"(CSIT) (pp. 70-72). IEEE.

[42] Sheketa, V., Romanyshyn, Y., Vovk, R., Pikh, V., & Pasyeka, M. (2019, outubro). Métodos formais para a resolução de problemas tecnológicos nas rotinas de infocomunicação da tomada de decisões inteligentes para controlo de perfuração. Em 2019 IEEE International Scientific-Practical Conference Problems of Infocommunications, Science and Technology (PIC S&T) (pp. 29-34). IEEE.

[43] Sheketa, V., Zorin, V., Chupakhina, S., Kyrsta, N., Pasyeka, M., & Pasieka, N. (2020, novembro). Método empírico de avaliação dos valores numéricos das métricas no processo de determinação da qualidade do software médico. Em 2020 Conferência Internacional sobre Ciências e Aplicações de Auxílio à Decisão (DASA) (pp. 22-26). IEEE.

[44] Boyko, N., & Tkachuk, N. (2020, novembro). Processamento de diferentes tipos de dados médicos usando Hadoop e Java MapReduce. Em IDDM (pp. 405-414).

[45] Boyko, N., Kuba, M., Mochurad, L., & Montenegro, S. (2019). Distribuição Fractal de Dados Médicos em Rede Neural. Em IDDM (pp. 307-318).

[46] Tsmots, I., et al. (2021). O método e o modelo de simulação da seleção da base de elementos para a síntese do sistema de proteção e transmissão de dados.

Revista internacional de sensores, comunicações sem fios e controlo, 11(5), 518-530.
[47] Li, Z., et al. (2021). Uma pesquisa de redes neurais convolucionais: análise, aplicações e perspectivas. Transacções IEEE sobre redes neurais e sistemas de aprendizagem.
[48] Qiao, Y., et al. (2024, janeiro). Reconhecimento automático de fenómenos estáticos em imagens retocadas: uma nova abordagem. In The 1st International scientific and practical conference "Advanced technologies for the implementation of new ideas" (09-12 de janeiro de 2024) Bruxelas, Bélgica. Grupo Internacional de Ciência. 2024. 349 p. (p. 287).
[49] Wang, Z., et al. (2024). E-YOLO: Reconhecimento de vacas em cio com base no modelo YOLOv8n melhorado. Expert Systems with Applications, 238, 122212.
[50] Zhang, Y., et al. (2024). DsP-YOLO: Uma rede sem âncoras com DsPAN para a deteção de pequenos objectos de defeitos multiescala. Expert Systems with Applications, 241, 122669.
[51] Patel, M., Liu, X. C., Yang, K., Tassone, C., Escott, B., & Thometz, J. (2024). Métricas de contorno traseiro 3D na previsão da progressão da escoliose idiopática: Análise de Coorte Retrospetiva, Relatório de Série de Casos e Prova de Conceito. Crianças, 11(2), 159.
[52] Wang, Q., et al. (2024). Transformer-Based Multiple-Object Tracking via Anchor-Based-Query and Template Matching. Sensors (Basileia, Suíça), 24(1).
[53] Lu, H., & Nie, J. (2024). Registo grosseiro de nuvens de pontos com base na deteção de extremos locais profundos e descrição atenta. Multimedia Systems, 30(1), 23.
[54] Shekhar, S., & Thakur, N. (2024). Estrutura de aprendizagem profunda para previsão de retinopatia diabética: Uma abordagem inovadora. Jornal Internacional de Pesquisa Inovadora em Ciência e Tecnologia da Computação, 12(1), 17-20.
[55] Utkarsh, U., Churavy, V., Ma, Y., Besard, T., Srisuma, P., Gymnich, T., ... & Rackauckas, C. (2024). Tradução automatizada e resolução acelerada de equações diferenciais em várias plataformas de GPU. Métodos computacionais em mecânica aplicada e engenharia, 419, 116591.
[56] Feng, P., Zhao, R., Yang, F., Peng, S., Pan, H., & Shuai, C. (2024). Mistura de PLLA / TPU com memória de forma magnética responsiva reforçada com estrutura co-contínua fabricada por impressão 4D. Virtual and Physical Prototyping, 19(1), e2290186.
[57] Malik, J., Belongie, S., Leung, T., & Shi, J. (2001). Análise de contorno e textura para segmentação de imagens. Revista internacional de visão computacional, 43, 7-27.
[58] Hashemi, N. S., Aghdam, R. B., Ghiasi, A. S. B., & Fatemi, P. (2016). Avanços e aplicações de correspondência de modelos na análise de imagens. arXiv preprint arXiv: 1610.07231.
[59] Cox, G. S. (1995). Template matching and measures of match in image proce-ssing. Universidade da Cidade do Cabo, África do Sul.
[60] Lowe, D. G. (2004). Caraterísticas distintivas da imagem a partir de pontos-chave invariantes à escala. Revista internacional de visão computacional, 60, 91-110.

[61] Mukherjee, D., et al. (2015). Um estudo experimental comparativo de detectores e descritores de caraterísticas de imagem. Visão mecânica e aplicações, 26, 443-466.

[62] Liu, L., Fu, L., Zhang, Y., Ni, W., Wu, B., Li, Y., ... & Shen, Q. (2024). CLFR-Det: Detetor de refinamento de caraterísticas de nível cruzado para deteção de navios minúsculos em imagens SAR. Knowledge-Based Systems, 284, 111284.

[63] Liu, Q., Ye, H., Wang, S., & Xu, Z. (2024). YOLOv8-CB: Algoritmo de deteção de peões densos baseado na câmara do veículo. Eletrónica, 13(1), 236.

[64] Pan, F., Jeon, S., Wang, B., Mckenna, F., & Yu, S. X. (2024). Extração de atributos de construção zero-shot de modelos de visão e linguagem em grande escala. Em Proceedings of the IEEE/CVF Winter Conference on Applications of Computer Vision (pp. 8647-8656).

[65] Li, H., Wang, C., & Liu, Y. (2024). YOLO-FDD: rede eficiente de deteção de defeitos de fixadores de pele de aeronaves. Processamento de sinais, imagens e vídeo, 1-15.

[66] Koga, S., Hamamoto, K., Lu, H., & Nakatoh, Y. (2024). Otimizando o reconhecimento de padrões de manuseio e colocação de amostras de alimentos com YOLO: técnicas avançadas na deteção de objetos robóticos. Robótica Cognitiva.

[67] Wang, Y., et al. (2024). GT-YOLO: Deteção de Navios por Infravermelhos em Terra Próxima com Base em Imagens de Infravermelhos. Journal of Marine Science and Engineering, 12(2), 213.

[68] Gupta, K., & Asthana, A. (2024). Reduzindo os efeitos colaterais das oscilações no treinamento de redes YOLO quantizadas. In Proceedings of the IEEE/CVF Winter Conference on Applications of Computer Vision (pp. 2452-2461).

[69] Giudici, P., Centurelli, M., & Turchetta, S. (2024). Medição de risco de Inteligência Artificial. Expert Systems with Applications, 235, 121220.

[70] Shinde, S., et al. (2024). Abordagem de inteligência artificial para a previsão de ataques terroristas através da aprendizagem automática. Multidisciplinary Science Journal, 6(1), 2024011-2024011.

[71] Nazarkevych, M., et al. (2021). Avaliação da eficácia de diferentes métodos de esqueletização de imagens em sistemas de segurança biométrica. International Journal of Sensors Wireless Communications and Control, 11(5), 542-552.

[72] Nazarkevych, M., Logoyda, M., Troyan, O., Vozniy, Y., & Shpak, Z. (2019, setembro). O filtro Ateb-Gabor para impressão digital. Na Conferência Internacional sobre Ciência da Computação e Tecnologia da Informação, pp. 247-255. Springer, Cham. DOI: 10.1007/978-3-030-33695-0_18

[73] Nazarkevych, M., Oliarnyk, R., Troyan, O., & Nazarkevych, H. (2016, setembro). Proteção de dados baseada em encriptação usando Ateb-functions. In 2016 XIth International Scientific and Technical Conference Computer Sciences and Information Technologies (CSIT) (pp. 30-32). IEEE.

[74] Medykovskyy, M., Lipinski, P., Troyan, O., & Nazarkevych, M. (2015, setembro). Métodos de proteção de documento formado a partir de elemento latente localizado por fractais. Em 2015 Xth International Scientific and

Technical Conference" Computer Sciences and Information Technologies"(CSIT) (pp. 70-72). IEEE.

[75] Sheketa, V., Romanyshyn, Y., Vovk, R., Pikh, V., & Pasyeka, M. (2019, outubro). Métodos formais para a resolução de problemas tecnológicos nas rotinas de infocomunicação da tomada de decisões inteligentes para controlo de perfuração. Em 2019 IEEE International Scientific-Practical Conference Problems of Infocommunications, Science and Technology (PIC S&T) (pp. 29-34). IEEE.

[76] Sheketa, V., Zorin, V., Chupakhina, S., Kyrsta, N., Pasyeka, M., & Pasieka, N. (2020, novembro). Método empírico de avaliação dos valores numéricos das métricas no processo de determinação da qualidade do software médico. Em 2020 Conferência Internacional sobre Ciências e Aplicações de Auxílio à Decisão (DASA) (pp. 22-26). IEEE.

[77] Boyko, N., & Tkachuk, N. (2020, novembro). Processamento de diferentes tipos de dados médicos usando Hadoop e Java MapReduce. Em IDDM (pp. 405-414).

[78] Boyko, N., Kuba, M., Mochurad, L., & Montenegro, S. (2019). Distribuição Fractal de Dados Médicos em Rede Neural. Em IDDM (pp. 307-318).

[79] Tsmots, I., Teslyuk, V., Teslyuk, T., & Lukashchuk, Y. (2021). O método e o modelo de simulação da seleção da base de elementos para a síntese do sistema de proteção e transmissão de dados. International Journal of Sensors Wireless Communications and Control, 11(5), 518-530.

[80] Kacena, M. A., Plotkin, L. I., & Fehrenbacher, J. C. (2024). A utilização de inteligência artificial na redação de artigos de revisão científica. Current Osteoporosis Reports, 1-7.

[81] Jiang, P., Ergu, D., Liu, F., Cai, Y., & Ma, B. (2022). Uma revisão dos desenvolvimentos do algoritmo Yolo. Procedia Computer Science, 199, 1066-1073.

[82] Michael C. Horowitz, Lauren Kahn, Casey Mahoney O futuro das aplicações militares da inteligência artificial: Um papel para as medidas de criação de confiança, 2020. P. 528-543. ISSN 0030-4387. https://doi.org/10.1016/j.orbis.2020.08.003.

[83] Chevalier P. Sobre a especificação dos requisitos de DRI para um alvo padrão da NATO. OPTICS. 2016. - P. 1-14.

[84] Fan, L.; Chen, X.; Wan, Y.; Dai, Y. Análise comparativa de métodos de deteção de tanques de armazenamento de sensoriamento remoto baseados em aprendizado profundo. Sensoriamento Remoto. 2023, 15, 2460. https://doi.org/10.3390/rs15092460

[85] Janakiramiaha, B & Gadupudi, Kalyani & A, Karuna & V, Narasimha & Krishna, Marlapalli. (2021). Deteção de objetos militares na defesa usando redes de cápsulas multinível. 10.21203/rs.3.rs-330732/v1.

[86] Bakırman, Tolga & Sertel, Elif (2023). HRPlanes: Conjunto de dados de avião de alta resolução para aprendizado profundo. 8. 212-223. 10.26833/ijeg.1107890.

[87] Liu, H.; Yu, Y.; Liu, S.; Wang, W. Um modelo de deteção de objeto militar de imagem de reconhecimento de UAV e visualização de recursos. Appl. Sci. 2022, 12, 12236. https://doi.org/10.3390/app122312236

[88] Буряк, С. П. (2023). Perspectivas de desenvolvimento dos tanques principais T-64, T-72, T-80 das forças armadas da Ucrânia.

[89] Nazarkevych, M., Dmytruk, S., Hrytsyk, V., Vozna, O., Kuza, A., Shevchuk, O., ... & Sheketa, V. (2021). Avaliação da eficácia de diferentes métodos de esqueletização de imagens em sistemas de segurança biométrica. Jornal Internacional de Sensores Comunicações Sem Fio e Controle, 11(5), 542-552. DOI : 10.2174/2210327910666201210151809

[90] Walle, B. V., & de Lange, S. L. (2024). Compreendendo o cenário do Think Tank do Partido Político: A Categorization of Their Functions and Audiences. Government and Opposition, 1-21.

[91] Savino, A. V. (1995). Initial Hazard Categorization for the Hanford Site Tank Farms (No. WHC-SD--WM-HC-016). Westinghouse Hanford Co.

[92] Han, X., Zhang, Z., Ding, N., Gu, Y., Liu, X., Huo, Y., ... & Zhu, J. (2021). Modelos pré-treinados: Passado, presente e futuro. AI Open, 2, 225-250.

[93] Nazarkevych, M., et al. (2017, setembro). Uma filtragem de imagens usando o método Ateb-Gabor. Em 2017, 12ª Conferência Científica e Técnica Internacional sobre Ciências da Computação e Tecnologias da Informação (CSIT) (Vol. 1, pp. 208-211). IEEE.

[94] Phillips, P. J., et al. (2018). Precisão do reconhecimento facial de examinadores forenses, super-reconhecedores e algoritmos de reconhecimento facial. Actas da Academia Nacional das Ciências, 115(24), 6171-6176.

[95] Yu, C. M., & Lin, Y. H. (2020). Análise experimental de um controle de reconhecimento visual para um veículo subaquático autônomo em um tanque de reboque. Ciências Aplicadas, 10(7), 2480.

[96] Fan, Y., Yin, J., & Yang, J. (2024). Deteção e reconhecimento de tanques de petróleo através de sinal monogénico. Sensoriamento Remoto, 16(4), 676.

[97] Ahsan M, Nygard KE, G.R.C.M.R.N.C.J.: Cybersecurity threats and their mitigation approaches using machine learning - a review. Journal of Cybersecurity and Privacy pp. 527-555 (2022). https://doi.org/10.3390/jcp2030027

[98] Rawindaran N, Jayal A, P.E.: Adoção da cibersegurança através da aprendizagem automática nas pequenas e médias empresas dos países desenvolvidos. Computadores (2021). https://doi.org/10.3390/computers10110150

[99] Sarker, I.H., K.A.B.S.: Ciência dos dados de cibersegurança: uma visão geral da perspetiva da aprendizagem automática. Journal of Big Data (2020). https://doi.org/10.1186/s40537-020-00318-5

[100] Z. N. Rashid, et al. Computação em nuvem distribuída e computação paralela distribuída: Uma revisão. Conferência Internacional sobre Ciência e Engenharia Avançadas (ICOASE) 1127, 167-172 (2018). https://doi.org/10.1109/ICOASE.2018.8548937

[101] Medykovsky, M., Droniuk, I., Nazarkevich, M., & Fedevych, O. (2013). Modelando a pertubação do tráfego com base em funções ateb. Em Redes de Computadores: 20ª Conferência Internacional, CN 2013, Lwówek Śląski, Polónia, 17-21 de junho de 2013. Proceedings 20 (pp. 38-44). Springer Berlin Heidelberg.

[102] Nazarkevych, M., et al. (2016, agosto). O método de criptografia baseado em funções Ateb. Em 2016 IEEE Primeira Conferência Internacional sobre Mineração e Processamento de Fluxo de Dados (DSMP) (pp. 129-133). IEEE.

[103] Wang, M., Yang, T., Flechas, M. A., Harris, P., Hawks, B., Holzman, B., Knoepfel, K., Krupa, J., Pedro, K., & Tran, N. (2021). Inferência de aprendizado de máquina acelerada por GPU como um serviço para computação em experimentos de neutrinos. Fronteiras em Big Data, 3, 604083. https://doi.org/10.3389/fdata.2020.604083

[104] Kozik, R., Choraś, M., Ficco, M., & Palmieri, F. (2018). Uma abordagem de aprendizado de máquina distribuída escalável para deteção de ataques em ambientes de computação de borda. Jornal de Computação Paralela e Distribuída. https://doi.org/10.1016/j.jpdc.2018.03.006

[105] Bharadiya, J. (2023). Aprendizagem automática em cibersegurança: Techniques and Challenges. Jornal Europeu de Tecnologia, 7(2), 1 - 14. https://doi.org/10.47672/ejt.1486

[106] Dasgupta D, Akhtar Z, Sen S. Machine learning in cybersecurity: a comprehensive survey. O Jornal de Modelação e Simulação de Defesa. 2022;19(1):57-106. doi:10.1177/1548512920951275

[107] Handa, A., Sharma, A., & Shukla, S.K. (2019). Aprendizado de máquina em segurança cibernética: Uma revisão. WIREs Data Mining e Descoberta de Conhecimento. https://doi.org/10.1002/widm.1306

[108] Diro, A.A., & Chilamkurti, N. (2018). Esquema de deteção de ataques distribuídos utilizando uma abordagem de aprendizagem profunda para a Internet das Coisas. Sistemas informáticos de geração futura. https://doi.org/10.1016/j.future.2017.08.043

[109] Giovanni Apruzzese, Pavel Laskov, Edgardo Montes de Oca, Wissam Mallouli, Luis Brdalo Rapa, Athanasios Vasileios Grammatopoulos e Fabio Di Franco. 2023. O papel da aprendizagem automática na cibersegurança. Digital Threats 4, 1, Artigo 8 (março de 2023), 38 páginas. https://doi.org/10.1145/3545574

[110] A. Aljuhani, "Machine Learning Approaches for Combating Distributed Denial of Service Attacks in Modern Networking Environments", em IEEE Access, vol. 9, pp. 42236-42264, 2021, doi: 10.1109/ACCESS.2021.3062909.

[111] A. Sivanathan, H. Habibi Gharakheili e V. Sivaraman, "Managing IoT Cyber-Security Using Programmable Telemetry and Machine Learning", em IEEE Transactions on Network and Service Management, vol. 17, n.º 1, pp. 60-74, março de 2020, doi: 10.1109/TNSM.2020.2971213.

[112] Zhu, H., Zheng, W., Zheng, Z., & Nevatia, R. (2024). Sharc: reconhecimento da forma e da aparência para identificação de pessoas na natureza. In Proceedings of the IEEE/CVF Winter Conference on Applications of Computer Vision (pp. 6290-6300).

[113] Zhu, H., Budhwant, P., Zheng, Z., & Nevatia, R. (2024). SEAS: Supervisão alinhada com ShapE para reidentificação de pessoas. Em Proceedings of the IEEE/CVF Conference on Computer Vision and Pattern Recognition (pp. 164-174).

[114] Saad, R.S.M., Moussa, M.M., Abdel-Kader, N.S. et al. Deep video-based person re-identification (Deep Vid-ReID): comprehensive survey. EURASIP J.

Adv. Signal Process. 2024, 63 (2024). https://doi.org/10.1186/s13634-024-01139-x

[115] Dong, N., et al. (2024). Integração e propagação de informações de múltiplas visualizações para reidentificação de pessoas ocluídas. Information Fusion, 104, 102201.

[116] Nguyen, V. D., Mirza, S., Zakeri, A., Gupta, A., Khaldi, K., Aloui, R., ... & Merchant, F. (2024). Lidando com mudanças de domínio na reidentificação de pessoas: Uma pesquisa e análise. Em Proceedings of the IEEE/CVF Conference on Computer Vision and Pattern Recognition (pp. 4149-4159).

[117] M. Nazarkevych, et al. Desenvolvimento de um método de correspondência de padrões de impressão digital usando k-means Електроніка та інформаційні технології. 2022. Випуск 19. C. 58-65 Eletrónica e tecnologias da informação. 2022. Edição 19. P. 58-65. http://dx.doi.org/10.30970/eli.19.5

[118] Назаркевич М., Возний Я., Назаркевич Г. Розроблення методу машинного навчання при біометричному захисті із новими методами фільтрації. Електронне фахове наукове видання" Кібербезпека: освіта, наука, техніка"- 2021. - №. 3(11). - С. 16-30. https://csecurity.kubg.edu.ua/index.php/journal/article/view/230

[119] Грицик В., Назаркевич М., Дишко А. Порівняльний аналіз методів визначення зображення, отриманих від датчиків видимого спектру. Електронне фахове наукове видання" Кібербезпека: освіта, наука, техніка"- 2021. - №. 4(8). - С. 149-164. https://www.csecurity.kubg.edu.ua/index.php/journal/article/view/164/158

[120] Python, W. (2021). Python. Lançamentos Python para Windows, 24.

[121] Diwan, T., Anirudh, G., & Tembhurne, J. V. (2023). Object detection using YOLO: Challenges, architectural successors, datasets and applications. multimedia Tools and Applications, 82(6), 9243-9275.

[122] Du, J. (2018, abril). Compreensão da deteção de objetos com base na família CNN e YOLO. Em Jornal de Física: Série de conferências (Vol. 1004, p. 012029). Publicação IOP.

[123] Shafiee, M. J., et al. (2017). Fast YOLO: Um sistema rápido que você só olha uma vez para deteção de objetos incorporados em tempo real em vídeo. arXiv preprint arXiv: 1709.05943.

[124] Zhang, Z., Lu, X., Cao, G., Yang, Y., Jiao, L., & Liu, F. (2021). ViT-YOLO: YOLO baseado em transformador para deteção de objetos. Em Proceedings da conferência internacional IEEE / CVF sobre visão computacional (pp. 2799-2808).

[125] S. Li, Y. Li, Y. Li, M. Li e X. Xu, "YOLO-FIRI: YOLOv5 melhorado para a deteção de objectos em imagens de infravermelhos", em IEEE Access, vol. 9, pp. 141861-141875, 2021, doi: 10.1109/ACCESS.2021.3120870.

[126] Yilmaz, A., Javed, O., & Shah, M. (2006). Object tracking: A survey. Acm computing surveys (CSUR), 38(4), 13-es.

[127] T. S. Huang, "Computer Vision: Evolution and Promise", 1996 Escola de Computação do CERN, pp.21-25

[128] Pang, Z., Li, Z., & Wang, N. (2023, fevereiro). Simpletrack: Compreendendo e repensando o rastreamento de vários objetos 3d. Em Workshops de Visão Computacional-ECCV 2022: Tel Aviv, Israel, 23-27 de

outubro de 2022, Proceedings, Parte I (pp. 680-696). Cham: Springer Nature Switzerland.

[129] Delibaşoğlu, İ. (2023). Método de deteção de objetos em movimento com rastreamento de regiões de movimento na subtração de fundo. Processamento de sinal, imagem e vídeo, 1-9.

[130] Yu, X. (2023). Avaliação da eficiência do treino de jogadores de ténis de mesa com base na tecnologia de processamento de vídeo por computador. Optik, 273, 170404.

[131] Nixon, L. (2023, janeiro). Como é que os destinos se relacionam uns com os outros? Um estudo de marca visual de destino no Instagram. Em Tecnologias de Informação e Comunicação no Turismo 2023: Anais da Conferência de eTurismo ENTER 2023, de 18 a 20 de janeiro de 2023 (pp. 204-216). Cham: Springer Nature Switzerland.

[132] Xiao, C., & Luo, Z. (2023). Melhorando o rastreamento de múltiplos pedestres em cenas lotadas com associação hierárquica. Entropy, 25(2), 380.

[133] Garcia Sierra, J. F., Fernandez Martinez, M. N., Lopez Cadenas, C., Diez Laiz, R., Rodriguez Lago, J. M., & Sahagun Prieto, A. M. (2023). Experiência de ensino presencial e online sobre animais experimentais e métodos alternativos com estudantes de enfermagem: um estudo de investigação. BMC enfermagem, 22(1), 1-10.

[134] Lee, M. F. R., & Chen, Y. C. (2023). Deteção e rastreamento de objetos baseados em inteligência artificial para um pequeno robô subaquático. Processes, 11(2), 312.

[135] Boyd, A., Tinsley, P., Bowyer, K. W., & Czajka, A. (2023). CYBORG: Misturar a saliência humana na perda melhora a deteção de rosto sintético baseado em aprendizado profundo. Em Proceedings of the IEEE/CVF Winter Conference on Applications of Computer Vision (pp. 6108-6117).

[136] Hassan, B. A., & Dawood, F. A. A. (2023). Deteção de imagens faciais com base no algoritmo de Viola-Jones para reconhecimento de género. International Journal of Nonlinear Analysis and Applications, 14(1), 1593-1599.

[137] Hartman, E., Sukurdeep, Y., Klassen, E., Charon, N., & Bauer, M. (2023). Análise de forma elástica de superfícies com métricas de Sobolev de segunda ordem: uma estrutura numérica abrangente. Revista Internacional de Visão Computacional, 1-27.

[138] Rica, E., Álvarez, S., & Serratosa, F. (2023, janeiro). Aprendendo distâncias entre nós e arestas do gráfico. Em Reconhecimento de padrões estruturais, sintáticos e estatísticos: Joint IAPR International Workshops, S+ SSPR 2022, Montreal, QC, Canadá, 26-27 de agosto de 2022, Proceedings (pp. 103-112). Cham: Springer International Publishing.

[139] Qi, X., Wu, C., Shi, Y., Qi, H., Duan, K., & Wang, X. (2023). Um método de reconhecimento facial de rede neural convolucional baseado em BiLSTM e mecanismo de atenção. Inteligência Computacional e Neurociência, 2023.

[140] Yasuda, Y., Carlini, E. M., Estanqueiro, A., Eriksen, P. B., Flynn, D., Herre, L. F., ... & Vrana, T. K. (2023). Gráfico de flexibilidade 2.0: Uma ferramenta visual acessível para avaliar recursos de flexibilidade em sistemas de energia. Renewable and Sustainable Energy Reviews, 174, 113116.

[141] Ramadan, G. A. D., Mahmoud, H., Ookawara, S., & Hassan, H. (2023). Impacto do tipo de PCM no desempenho da fotocélula usando o sistema de

resfriamento de tubo de calor-PCM: Um estudo numérico. Journal of Energy Systems, 7(1), 67-88.
[142] Sut, S. K., et al. (2023). Classes automatizadas de doenças da glândula adrenal usando a técnica de padrão binário local simétrico central baseado em patch com imagens de TC. Journal of Digital Imaging, 1-14.
[143] Glennie, R., Adam, T., Leos-Barajas, V., Michelot, T., Photopoulou, T., & McClintock, B. T. (2023). Modelos de Markov ocultos: Pitfalls and opportunities in ecology. Methods in Ecology and Evolution, 14(1), 43-56.
[144] Bansal, N., Aljrees, T., Yadav, D. P., Singh, K. U., Kumar, A., Verma, G. K., & Singh, T. (2023). Inteligência computacional avançada em tempo real para deteção de vídeo falso profundo. Ciências Aplicadas, 13(5), 3095.
[145] Deori, B., & Thounaojam, D. M. (2014). Uma pesquisa sobre rastreamento de objetos em movimento em vídeo. Revista Internacional sobre Teoria da Informação (IJIT), 3(3), 31-46.
[146] Medykovskyy, M., Lipinski, P., Troyan, O., & Nazarkevych, M. (2015, setembro). Métodos de proteção de documento formado a partir de elemento latente localizado por fractais. Em 2015 Xth International Scientific and Technical Conference" Computer Sciences and Information Technologies"(CSIT) (pp. 70-72). IEEE.
[147] Logoyda, M., Nazarkevych, M., Voznyi, Y., Dmytruk, S., & Smotr, O. (2019). Identificação de imagens biométricas usando elementos latentes. Actas do Workshop CEUR. EID: 2-s2.0-85074659529
[148] Nazarkevych, M., Yavourivskiy, B., & Klyuynyk, I. (2015, fevereiro). Edição de imagens raster e classificação digital com software. A Experiência de Conceção e Aplicação de Sistemas CAD em Microeletrónica (pp. 439-441). IEEE.
[149] Hrytsyk, V., Grondzal, A., & Bilenkyj, A. (2015, setembro). Realidade aumentada para pessoas com deficiência. Em 2015 Xth International Scientific and Technical Conference" Computer Sciences and Information Technologies"(CSIT) (pp. 188-191). IEEE.
[150] Moriggl, P., Asprion, P. M., Schneider, B., & Scherb, C. (2023, janeiro). Touching Space: Tecnologia de Ledger Distribuído para Certificados de Rastreamento e Rastreamento. Em Proceedings da 56ª Conferência Internacional do Havaí sobre Ciências do Sistema.
[151] Mashxura, M., & Siddiqov, I. M. Z. (2023). Efeitos da sala de aula invertida no ensino de computação gráfica. Eurasian Research Bulletin, 16, 119-123.
[152] Najmi, A. H., Alhalafawy, W. S., & Zaki, M. Z. T. (2023). Desenvolvendo um Ambiente Sustentável Baseado em Realidade Aumentada para Educar Adolescentes sobre os Perigos do Vício em Jogos Eletrônicos. Sustentabilidade, 15(4), 3185.
[153] Hyodo, R., Saito, S., Nakano, T., Akabane, M., Kasuga, R., & Ogawa, T. (2023). Sistema de vigilância por vídeo incorporando processo de tomada de decisão especializada: A Case Study on Detecting Calving Signs in Cattle. arXiv preprint arXiv:2301.03926.
[154] Lu, W., Sun, W., Min, X., Zhang, Z., Wang, T., Zhu, W., ... & Zhai, G. (2023, janeiro). Avaliação da qualidade da imagem de vigilância cega por meio de rede neural profunda combinada com a saliência visual. Em Inteligência Artificial: Segunda Conferência Internacional da CAAI, CICAI 2022, Pequim,

China, 27-28 de agosto de 2022, Artigos Selecionados Revisados, Parte II (pp. 136-146). Cham: Springer Nature Switzerland.

[155] Yu, S., Zhu, J., & Lv, C. (2023). Um algoritmo de morcego de recozimento quântico para localização de nós em redes de sensores sem fio. Sensors, 23(2), 782.

[156] Glennie, R., Adam, T., Leos-Barajas, V., Michelot, T., Photopoulou, T., & McClintock, B. T. (2023). Modelos de Markov ocultos: Pitfalls and opportunities in ecology. Methods in Ecology and Evolution, 14(1), 43-56.

[157] Maćkiewicz, A., & Ratajczak, W. (1993). Análise de componentes principais (PCA). Computers & Geosciences, 19(3), 303-342.

[158] Adlersberg, S., & Cuperman, V. (1987, abril). Quantização vetorial no domínio da transformação para sinais de fala. Em ICASSP'87. Conferência Internacional do IEEE sobre Acústica, Fala e Processamento de Sinais (Vol. 12, pp. 1938-1941). IEEE.

[159] Boyd, A., Tinsley, P., Bowyer, K. W., & Czajka, A. (2023). CYBORG: Misturar a saliência humana na perda melhora a deteção de rosto sintético baseado em aprendizado profundo. Em Proceedings of the IEEE/CVF Winter Conference on Applications of Computer Vision (pp. 6108-6117).

[160] Kurani, A., Doshi, P., Vakharia, A., & Shah, M. (2023). A comprehensive comparative study of artificial neural network (ANN) and support vetor machines (SVM) on stock forecasting. Annals of Data Science, 10(1), 183-208.

[161] Tanantong, T., & Yongwattana, P. (2023). Uma estrutura de rede neural convolucional para classificar conteúdos de vídeo em linha inadequados. IAES International Journal of Artificial Intelligence, 12(1), 124.

[162] Wen, P., Ye, Z. S., Li, Y., Chen, S., & Zhao, S. (2023). Modelos de fusão para prognóstico e gerenciamento de saúde de baterias de íon-lítio com base em redes neurais informadas por física. arXiv preprint arXiv: 2301.00776.

[163] Zhang, J., & Li, D. (2023). Pesquisa sobre algoritmo de rastreamento de caminho de máquinas agrícolas verdes para o desenvolvimento sustentável. Tecnologias e Avaliações de Energia Sustentável, 55, 102917.

[164] Azimi, F., Raue, F., Hees, J., & Dengel, A. (2023, fevereiro). Repensando a segmentação de objetos de vídeo baseada em RNN. Em Teoria e Aplicações de Visão Computacional, Imagem e Computação Gráfica: 16ª Conferência Internacional Conjunta, VISIGRAPP 2021, Evento Virtual, 8 a 10 de fevereiro de 2021, Artigos Selecionados Revisados (pp. 348-365). Cham: Springer International Publishing.

[165] Teece, D. J. (2023). Big Tech e gestão estratégica: How Management Scholars Can Inform Competition Policy. Academy of Management Perspectives, 37(1), 1-15.

[166] Shaikh, S., Prodduturu, S. S., Naikh, R., Shrirao, A., & Birajdar, A. KINEMATIC POSE TRACKING FOR WORKOUT APP USING COMPUTER VISION.

[167] Medykovskyy, M., Lipinski, P., Troyan, O., & Nazarkevych, M. (2015, setembro). Métodos de proteção de documento formado a partir de elemento latente localizado por fractais. Em 2015 Xth International Scientific and Technical Conference" Computer Sciences and Information Technologies"(CSIT) (pp. 70-72). IEEE.

[168] Logoyda, M., Nazarkevych, M., Voznyi, Y., Dmytruk, S., & Smotr, O. (2019). Identificação de imagens biométricas usando elementos latentes. Actas do Workshop CEUR. EID: 2-s2.0-85074659529

[169] Nazarkevych, M., Logoyda, M., Troyan, O., Vozniy, Y., & Shpak, Z. (2019, setembro). O filtro ateb-gabor para impressão digital. Na Conferência sobre Ciência da Computação e Tecnologias da Informação (pp. 247-255). Springer, Cham.

[170] Hrytsyk, V., Grondzal, A., & Bilenkyj, A. (2015, setembro). Realidade aumentada para pessoas com deficiência. Em 2015 Xth International Scientific and Technical Conference" Computer Sciences and Information Technologies"(CSIT) (pp. 188-191). IEEE.

[171] Usmonov, M. (2023). Problemas de formação de um estilo especial de pensamento analítico e construção de algoritmos para a resolução de problemas lógicos.1(1), 39-56.

[172] Tatar, A. B. (2023). Sistema de identificação biométrica utilizando sinais EEG. Neural Computing and Applications, 35(1), 1009-1023.

[173] Jyothi, P., Reddy, D. K., & Kumar, P. N. (2023). Uma abordagem de classificação híbrida para o sistema de reconhecimento de íris para segurança de aplicações industriais. Journal of Scientific & Industrial Research, 82(1), 151-157.

[174] Specker, A., Cormier, M., & Beyerer, J. (2023). UPAR: Reconhecimento unificado de atributos de pedestres e recuperação de pessoas. Em Proceedings of the IEEE/CVF Winter Conference on Applications of Computer Vision (pp. 981-990).

[175] Bratu, I. (2023). Uma primeira análise crítica da abordagem europeia aos danos causados pela inteligência artificial possibilitada pelos sistemas globais de navegação por satélite. Uma ponte para lado nenhum ou uma nuvem com um forro de prata? Revista Internacional de Direito, Computadores e Tecnologia, 1-19.

[176] Jin, P., Tang, Y., Li, D., Wang, Y., Ran, P., Zhou, C., ... & Yang, Y. (2023). Realizando corrente escura quase zero e detetor de raios-X de perovskita de relação sinal-ruído ultra-alta e matriz de imagem por estratégia de desvio de corrente escura. Nature Communications, 14(1), 626.

[177] M. Dyvak, O. Kozak, A. Pukas, "Modelo de intervalo para identificação de nervos laríngeos", Przegląd Elektrotechniczny, vol. 86, n.º 1, pp. 139-140, 2010.

[178] Mobilio, G. (2023). O teu rosto não é novo para mim - Regulamentar o poder de vigilância das tecnologias de reconhecimento facial. Internet Policy Review, 12(1).

[179] He, X., et al. (2005). Face recognition using laplacianfaces. IEEE transactions on pattern analysis and machine intelligence, 27(3), 328-340.

[180] Jain, A. K., & Li, S. Z. (2011). Handbook of face recognition (Vol. 1). Nova Iorque: springer.

[181] Parkhi, O. M., Vedaldi, A., & Zisserman, A. (2015). Reconhecimento facial profundo.

[182] Ding, Y. R., Cai, Y. J., Sun, P. D., & Chen, B. (2014). O uso de redes neurais combinadas e algoritmos genéticos para a previsão da qualidade da água do rio. Journal of applied research and technology, 12(3), 493-499.

[183] Brunelli, R. (2009). Template matching techniques in computer vision: theory and practice [Técnicas de correspondência de modelos em visão computacional: teoria e prática]. John Wiley & Sons.

[184] Setjo, C. H., & Achmad, B. (2017, agosto). Deteção humana de imagem térmica usando classificador Haar-cascata. Em 2017 7º Seminário Internacional Anual de Engenharia (InAES) (pp. 1-6). IEEE.

[185] Ansari, A. H. (2011). Geração e armazenamento de uma grande base de dados de impressões digitais sintéticas. Tese de Mestrado, Jul.

[186] Wu, N., & Zhou, J. (2004, outubro). Algoritmo baseado em modelos para deteção de pontos singulares em imagens de impressões digitais. Em 2004, Conferência Internacional sobre Processamento de Imagens, 2004. ICIP'04. (Vol. 2, pp. 885-888). IEEE.

[187] Nazarkevych, M., Logoyda, M., Troyan, O., Vozniy, Y., Shpak, Z. The Ateb-Gabor Filter for Fingerprinting. Na Conferência Internacional sobre Ciência da Computação e Tecnologia da Informação, pp. 247-255. Springer, Cham. DOI: 10.1007/978-3-030-33695-0_18.

[188] Nazarkevych, M., et al. (2016, setembro). Proteção de dados baseada em encriptação usando Ateb-functions. In 2016 XIth International Scientific and Technical Conference Computer Sciences and Information Technologies (CSIT), pp. 30-32).

[189] N. Porplytsya, M. Dyvak, I. Spivak e I. Voytyuk, "Mathematical and algorithmic foundations for implementation of the method for structure identification of interval difference operator based on functioning of bee colony," The Experience of Designing and Application of CAD Systems in Microelectronics, Lviv, Ucrânia, 2015, pp. 196-199, doi: 10.1109/CADSM.2015.7230834.

[190] Lytvyn, Vasyl, Victoria Vysotska, Petro Pukach, Zinovii Nytrebych, Ihor Demkiv, Andriy Senyk, Oksana Malanchuk, Svitlana Sachenko, Roman Kovalchuk e Nadiia Huzyk. 2018. "Analysis of the Developed Quantitative Method for Automatic Attribution of Scientific and Technical Text Content Written in Ukrainian" [Análise do Método Quantitativo Desenvolvido para Atribuição Automática de Conteúdo de Texto Científico e Técnico Escrito em Ucraniano]. Jornal da Europa de Leste de Tecnologias Empresariais 6 (2 (96):19-31. https://doi.org/10.15587/1729-4061.2018.149596.

[191] N. Wadhwa, Profundidade de campo sintética com um telemóvel de câmara única, ACM Transactions on Graphics 37.4 (2018) 64. doi:10.1145/3197517.3201329.

[192] M.-J. Chen, A. C. Bovik, Avaliação da desfocagem de imagens sem referência utilizando gradiente multiescala, J Image Video Proc. 2011, 3 (2011). doi:10.1186/1687-5281-2011-3.

[193] H. R. Sheikh, Image information and visual quality, IEEE Transactions on Image Processing. 15.2 (2006): 430-444. doi: 10.1109/tip.2005.859378.

[194] W. Zhang, K. Ma, J. Yan, D. Deng e Z. Wang, Avaliação cega da qualidade da imagem usando uma rede neural convolucional bilinear profunda, Transações IEEE em circuitos e sistemas para tecnologia de vídeo 30.1 (2020) 36-47, 2020. doi:10.1109/TCSVT.2018.2886771

[195] S. Chattopadhyay, Avaliação da nitidez da imagem com base na coerência de fase local. NeuroQuantology 5.20 (2022). doi: 0.48047/nq.2022.20.5.nq22800.

[196] R. Hassen, Z. Wang e M. M. A. Salama, Avaliação da nitidez da imagem com base na coerência de fase local, em IEEE Transactions on Image Processing, 22.7 (2013), pp. 2798-2810, doi:10.1109/TIP.2013.2251643.

[197] Z. Liu, H. Hong, Z. Gan, J. Wang, Y. Chen, Um método aprimorado para avaliar a nitidez da imagem com base em informações de borda, Ciências Aplicadas 12.13 (2022): 6712. doi: 10.3390 / app12136712

[198] Y. Zhang et al., Método de avaliação da nitidez da imagem baseado na caraterística de gradiente normal, em Procedimentos do 3.º Simpósio Internacional de Robótica e Tecnologia de Fabrico Inteligente (ISRIMT), Changzhou, China, 2021, pp. 308-314, doi:10.1109/ISRIMT53730.2021.9596808.

[199] Yan, X.Y., Lei, J., Zhao, Z.: Algoritmo de avaliação da nitidez de imagens ponderadas por vizinhança de gradiente multidirecional. Math. Problems Engin. 7864024 (2020). doi: 10.1155/2020/7864024

[200] M. Zhu, L. Yu, Z.Wang, Z. Ke, C. Zhi, Revisão: Uma pesquisa sobre avaliação objetiva da nitidez da imagem, Ciências Aplicadas 13.4 (2023): 2652. doi:10.3390/app13042652.

[201] S. Bielievtsov, et al. Tecnologia de rede para transmissão de informação visual, Artigos selecionados da XVIII Conferência Internacional Científica e Prática "Tecnologias de Informação e Segurança" (ITS 2018), Kiev, Ucrânia, 27 de novembro de 2018. Nos Anais do Workshop CEUR, Vol-2318, 2018, pp. 160-175.

[202] K. Smelyakov, A. Chupryna, D. Sandrkin e M. Kolisnyk, Motor de pesquisa por imagem para Big Data Warehouse, em: Proceedings of the 2020 IEEE Open Conference of Electrical, Electronic and Information Sciences (eStream), Vilnius, Lituânia, 2020, pp. 1-4, doi:10.1109/eStream50540.2020.9108782.

[203] K. Smelyakov, D. Karachevtsev, D. Kulemza, Y. Samoilenko, O. Patlan e A. Chupryna, Eficácia dos algoritmos de pré-processamento para aplicações de processamento de linguagem natural, em: Actas da Conferência Internacional IEEE 2020 sobre Problemas de Infocomunicações. Ciência e Tecnologia (PIC S&T), Kharkiv, Ucrânia, 2020, pp. 187-191, doi:10.1109/PICST51311.2020.9467919.

[204] Jiye Qian, Hengjun Zhao, Jin Fu, Wei Song, Jide Qian, Q. Xiao. "Avaliação da nitidez da imagem sem referência por meio de quocientes de diferença". Journal of Electronic Imaging, 28.1 (2019). doi: 10.1117/1.JEI.28.1.013032.

[205] Z. Duan, G. Li e G. Fan, Um método eficaz de avaliação da nitidez para imagens rasas de profundidade de campo, em Procedimentos da Conferência Internacional IEEE sobre Processamento de Imagem (ICIP)'21, Anchorage, AK, EUA, 2021, pp. 1449-1453, doi:10.1109/ICIP42928.2021.9506498

[206] L. Her e X. Yang, Investigação do algoritmo de avaliação da nitidez da imagem para focagem automática, em Procedimentos da 4ª Conferência Internacional IEEE de 2019 sobre Imagem, Visão e Computação (ICIVC), Xiamen, China, 2019, pp. 93-98, doi: 10.1109/ICIVC47709.2019.8980980.

[207] I. Kyrychenko, G. Tereshchenko, G. Proniuk, N. Geseleva, Método de agrupamento de predicados e sua aplicação no sistema de inteligência artificial,

em: Actas da 7.ª Conferência Internacional sobre Linguística Computacional e Sistemas Inteligentes (COLINS-2023), 3396 (2023), pp. 395 - 406.

[208] Z. Han, Y. Liu, R. Xie, G. Zhai, Avaliação da qualidade da imagem para fotos com zoom realista. Sensors 2023 (2023) 4724. doi:10.3390/s23104724.

[209] T. Sieberth. "Deteção automática de imagens desfocadas em conjuntos de imagens de UAV". ISPRS Journal of Photogrammetry and Remote Sensing. 122 (2016). doi: 10.1016/j.isprsjprs.2016.09.010.

[210] E. Fry. "Preenchendo a lacuna entre o desempenho da imagem e as medidas de qualidade da imagem". Electronic Imaging. 12 (2018). doi: 10.2352/issn.2470-1173.2018.12.iqsp-231.

[211] S. Triantaphillidou. "Sensibilidade ao contraste em imagens naturais". Processamento de Sinais: Comunicação de imagem. 75 (2019): 67. doi: 10.1016/j.image.2019.03.002.

[212] O. van Zwanenberg, S. Triantaphillidou, R. Jenkin e A. Psarrou, Técnicas de deteção de bordas para quantificar o desempenho do sistema de imagem espacial e a qualidade da imagem, em: Actas da Conferência IEEE/CVF de 2019 sobre Workshops de Visão por Computador e Reconhecimento de Padrões (CVPRW), Long Beach, CA, EUA, 2019 pp. 1871-1879. doi: 10.1109/cvprw.2019.00238.

[213] P. Marziliano, Percetual blur and ringing metrics: application to JPEG2000, Signal Processing: Comunicação de Imagem. 19.2 (2004): 167. doi: 10.1016/j.image.2003.08.003.

[214] Z. Wang, Avaliação da qualidade da imagem: Da Visibilidade do Erro à Estrutural, IEEE Transactions on Image Processing 13.4 (2004): 601. doi:10.1109/tip.2003.819861.

[215] M. Nuutinen, A framework for measuring sharpness in natural images captured by digital cameras based on reference image and local areas, EURASIP Journal on Image and Video Processing (2012). doi: 10.1186/1687-5281-2012-8.

[216] W. Yang, Método de avaliação da qualidade da imagem com base na região de interesse, Journal of Computer Applications 28.5 (2008): 1310–1312. doi:10.3724/sp.j.1087.2008.01310.

[217] R. Qi, R. -S. Jia, Q. -C. Mao, H. -M. Sun e L. -Q. Zuo, Método de deteção de rosto baseado em redes convolucionais em cascata, IEEE Access. 7 (2019): pp. 110740-110748. doi:10.1109/access.2019.2934563.

[218] H.Eugen. Medição da distância de vídeo com base no foco, em: Actas da Conferência e Exposição Internacional de 2020 sobre Engenharia Eléctrica e de Energia (EPE), Iasi, Roménia, 2020, pp. 65. doi:10.1109/epe50722.2020.9305593.

[219] S. Pertuz, D. Puig, M. A. Garcia, Análise de operadores de medida de foco para shape-from-focus, Pattern Recognition 46.5 (2013): 1415-1432. doi: 10.1016/j.patcog.2012.11.011.

[220] Z. Xu, L. Wang, J. Wang, Um método para medição de distância de objetos em movimento em uma imagem monocular, em: Proceedings of the 3rd International Conference on Signal and Image Processing (ICSIP), Shenzhen, China, 2018, pp. 245-249, doi:10.1109/SIPROCESS.2018.8600495.

[221] A. Sergiyenko, P. Serhiienko, M. Orlova, Extração de caraterísticas locais em imagens, Informação, computação e sistemas inteligentes 2 (2021). doi: 10.20535/2708-4930.2.2021.244191.
[222] Z. Huo, Y. Zhang, H. Liu, J. Wang, X. Liu, J. Zhang. Detetor de caraterísticas locais covariantes aprimorado, Pattern Recognition Letters 135 (2020). doi: 10.1016 / j.patrec.2020.03.027.
[223] Assistente de Radiologia Cognitiva, https://www.research.ibm.com/haifa/dept/imt/mia.shtml
[224] A. Frisk, "What is Project Maven? O projeto de IA do Pentágono que os funcionários da Google querem excluir", https://globalnews.ca/news/4125382/google-pentagon-ai-project-maven/.
[225] E. Black, "Machine Learning A-Z," 2019.
[226] A. Géron, "Aprendizagem automática prática com Scikit-Learn, Keras e TensorFlow: conceitos, ferramentas e técnicas para criar sistemas inteligentes", 2019.
[227] S. Samudrala, "Machine Intelligence: Demystifying Machine Learning, Neural Networks and Deep Learning", 2019.
[228] E. Alpaydin, "Introduction to Machine Learning", MIT, 2020.
[229] J. Martinez, "TensorFlow 2.0 Computer Vision Cookbook", 2021.
[230] B. Rusyn, V. Ostap, O. Ostap, "A correlation method for fingerprint image recognition using spectral features," International Conference on Modern Problems of Radio Engineering, Telecommunications and Computer Science, 2002, pp. 219-220.
[231] B.P. Rusyn, "Critérios de construção dos sistemas de caraterísticas óptimas no reconhecimento de imagens", Problemy Upravleniya I Informatiki (Avtomatika), 1997, (2), pp. 36-40.
[232] V. Lytvyn, I. Peleshchak, R. Peleshchak, R. Holoshchuk, "Deteção de imagens de entrada multiespectrais utilizando redes neurais artificiais não lineares", Conferência Internacional sobre Tendências Avançadas em Radioelectrónica, Telecomunicações e Engenharia Informática, 2018, pp. 119-122.
[233] R. Yurynets, Z. Yurynets, D. Dosyn, Y. Kis, "Tecnologia de avaliação de risco de crédito com a utilização do modelo de regressão logística", Atas do Workshop CEUR, 2019, Vol-2362, 153-162.
[234] G. Pan, Z. Xin, S. Shi, D. Jin, "Classificação de arritmia baseada na transformação wavelet e florestas aleatórias", Ferramentas e aplicações multimédia, 2018, 77(17), pp. 21905-21922.
[235] I. Bodnar, et al. "Forecasting the Risk of Cervical Cancer in Women in the Human Capital Development Context Using Machine Learning", Actas do Workshop CEUR, 2020, Vol-2631, pp. 491-501.
[236] V. Lytvynenko, M. Voronenko, O. Kovalchuk, U. Zhunissova, L. Lytvynenko, "Aplicação de métodos bayesianos para o diagnóstico diferencial da doença pulmonar obstrutiva crónica", Actas do Workshop CEUR, 2021, Vol-2917, pp. 851-862.
[237] V. Lytvynenko, et. al., "A utilização de métodos bayesianos na tarefa de localizar a distribuição de substâncias estupefacientes", Conferência sobre Ciências Informáticas e Tecnologias da Informação, 2019, pp. 60-63.

[238] A. Krysovatyy, H. Lipyanina-Goncharenko, S. Sachenko, O. Desyatnyuk, "Deteção de crimes económicos utilizando a classificação da máquina de vetor de suporte": Actas do Workshop CEUR, 2021, Vol-2917, pp. 830-840.

[239] L.Chyrun, et al. "Análise intelectual da árvore de tomada de decisões em sistemas de informação de observação de rastreio de doentes imunológicos", Actas do Workshop CEUR, 2019, 2362, pp. 281-296.

[240] H. Lipyanina, et al. "Modelo de segmentação baseado na árvore de decisão da interação do cliente com a página comercial", Workshop CEUR, Actas, 2020, pp. 1001-1012.

[241] B.E. Kapustii, B.P. Rusyn, V.A. Tayanov, "Estimation of the influence of information class coverage on generalised ability of the k-nearest-neighbors classifier," Automatic Control and Computer Sciences, 2008, 42(6), pp. 283-287.

[242] V. Lytvyn, I. Peleshchak, R. Peleshchak, V. Vysotska, "Encriptação de informação baseada na síntese de uma rede neural e do algoritmo AES", Conferência Internacional sobre Tecnologias Avançadas de Informação e Comunicação, AICT, 2019, pp. 447-450.

[243] A. Demchuk, B. Rusyn, L. Pohreliuk, A. Gozhyj, I. Kalinina, L. Chyrun, N. Antonyuk, "Sistema de distribuição de conteúdos comerciais baseado em redes neuronais e aprendizagem automática", Actas do Workshop CEUR, 2019, 2516, pp. 40-57.

[244] V. Lytvyn, I. Peleshchak, R. Peleshchak, "A compressão das imagens de entrada na rede neural que utiliza o método de diagonalização das matrizes de conexões de peso sináptico", Conferência sobre Tecnologias Avançadas de Informação e Comunicação, 2017, pp. 66-70.

[245] M.O. Medykovskyi, I.G. Tsmots, O.V. Skorokhoda, "Tecnologia de filtragem de redes neurais de espetro para melhorar a precisão da previsão de processos dinâmicos em economia", Atual Problems of Economics, 2014, 162(12), pp. 410-416.

[246] O. Ivanov, L. Koretska, V. Lytvynenko, "Intelligent modeling of unified communications systems using artificial neural networks", Actas do Workshop CEUR, 2020, 2623, pp. 77-84

[247] V. Demchenko, et al. "Modelação e previsão da concentração de pesticidas organoclorados no corpo da criança com base na sua acumulação no corpo da mãe", Actas do Workshop CEUR, 2020, Vol-2631, pp. 419-432.

[248] A. Safonyk, M. Mishchanchuk, V. Lytvynenko, "Sistema de informação inteligente para a determinação de ferro em coagulantes com base numa rede neural", CEUR Workshop Proceedings, 2021, 2853, pp. 142-150.

[249] Conjunto de dados, https://www.kaggle.com/search?q=Images+Reconhecimento, https://www.kaggle.com/uciml/iris

[250] S. A. Tsybulia, V. M. Aborin, Yu. A. Nastishin, Meios de imitação de objectos e equipamento militar como uma componente importante para melhorar a sobrevivência das tropas. A Segunda Guerra de Karabakh como uma guerra de nova geração, em Proceedings on the International scientific-practical conference. 21-22 de outubro, Escola de Guerra das Forças Armadas da República do Azerbaijão, 2021, pp. 74-76.

[251] Padrões de Camuflagem HyperStealth. URL: htps://www.hyperstealth.com/camouflagepatterns.html.

[252] A Saab fornece sistemas de camuflagem à França, 2022. URL: https://www.saab.com/newsroom/press-releases/2022/saab-provides-camouflage-systems-to-france.

[253] T. O'Neill (camoufleur), 2022. URL: https://en.wikipedia.org/wiki/Timothy_O'Neill.

[254] O Pentágono é acusado de desperdiçar até 28 milhões de dólares em uniformes "inadequados" para soldados afegãos. URL: https://www.nbcnews.com/news/world/pentagon-accused-wasting-28m-inappropriate-afghan-soldier-uniforms-n775081.

[255] T. O'Neill, Innovative camouflage measures for the United States Marine Corps (Medidas inovadoras de camuflagem para o Corpo de Fuzileiros Navais dos Estados Unidos). MARCORSYSCOM ao abrigo do acordo tecnológico Sverdrup número 0965-36-01-C1.

[256] X. Yang, WD Xu, Q. Jia, L. Li, WN Zhu, Pesquisa sobre extração e reprodução de manchas de deformação de camuflagem com base no modelo de rede adversária generativa, Tecnologia de Defesa, 2020. DOI: 10.1016/j.dt.2019.06.021.

[257] N. V. Karaeva, et al. Ecological and economic optimization of production: methods and means of cluster analysis: methodical instructions for performing laboratory work [Ekoloho-ekonomichna optymizatsiya vyrobnytstva: metody ta zasoby klasternoho analizu: metodychni vkazivky do vykonannya laboratornykh robit]. Kyiv: NTUU "KPI", 2016.

[258] Feng Xuen, et al. Conceção de camuflagem digital por sobreposição recursiva de modelos de padrões. Neurocomputação 172 (2015) 262-270. DOI: 10.1016/j.neucom.2014.12.108.

[259] W. Xiao, Y. Zhao, X. Gao, C. Liao, S. Huang, L. Deng, Implementação do algoritmo de geração de imagem de camuflagem baseado em clustering Fuzzy C-Means (FCM), IEEE Access 9 (2021) 120203-120209. DOI: 10.1109/ACCESS.2021.3108803.

[260] Zun-yang Liu, Feng Ding, Ying Xu, Xu Han, método de extração de cores dominantes de fundo com base no algoritmo de agrupamento rápido de c-means fuzzy de imagem colorida, Tecnologia de Defesa 17 (5) (2021) 1782-1790. DOI: 10.1016/j.dt.2020.10.002.

[261] A. A. Patel, Aprendizagem prática não supervisionada usando Python: como construir soluções de aprendizado de máquina aplicadas a partir de dados não rotulados. O'Reilly Media, 2019.

[262] I. Yatskiv, I. Gusarova, Methods for determining the number of clusters in classification without training, Transport and Telecommunication Journal 4 (1) (2003) 23-28.

[263] V. Frolov, S. Slipchenko, O. Prikhodko, Método para calcular o número de clusters para o algoritmo k-means. Economia. Ciência da Computação 47(1) (2020) 213-225. DOI: 10.18413/2687-0932-2020-47-1-213-225.

[264] Arbelaitz Olatz, Gurrutxaga Ibai, Muguerza Javier, Pérez Jesús M., Perona Iñigo, Um extenso estudo comparativo dos índices de validade de clusters, Pattern Recognition 46(1) (2013) 243-256. DOI: 10.1016/j.patcog.2012.07.021.

[265] P. Sarlin, S. Rönnqvist, Coloração de Clusters do Mapa Auto-Organizável: Uma perspetiva de visualização de informações, em Anais da 17ª Conferência Internacional sobre Visualização de Informações, Londres, 2013, pp. 532-538. DOI: 10.1109/IV.2013.72.

[266] J. Kleinberg, E. Tardos, Algorithm Design, 2006. Livros de autores brasileiros importantes também estão disponíveis, 2019.

[267] V. Volkov, Câmara digital. Sova, 2005.

[268] S. A. Douglas, A. E. Kirkpatrick, Model and representation: the effect of visual feedback on human performance in a color picker interface. ACM Transactions on Graphics 18(2) (1999) 96-127. DOI: 10.1145/318009.318011.

[269] P. Bian, Y. Jin, N. Zhang, Fuzzy c-means clustering based digital camouflage pattern design and its evaluation, in Proceedings on the 10th International conference on signal processing proceedings, Beijing, China. 2010, pp. 1017-1020. DOI: 10.1109/ICOSP.2010.5655856.

[270] Q. Jia, H., Xue S. Wang, C. Ma, Design e Efeito de Camuflagem do Padrão de Camuflagem Facial, em Actas da Conferência Internacional sobre Avanços em Engenharia Eléctrica e Aplicações Informáticas, Dalian, China. 2020, pp. 768-772. DOI: 10.1109/AEECA49918.2020.9213453.

[271] S. A. Tsybulia, I.V. Chernykh, Questões problemáticas do desenvolvimento de redes de camuflagem para as necessidades da Operação das Forças Conjuntas [Problemni pytannya rozroblennya maskuval'nykh sitok dlya potreb provedennya Operatsiyi Ob"yednanykh syl]. Criação e modernização do OVT em condições modernas: materiais da 20ª conferência científica e técnica, Chernihiv, 03-04 de setembro de 2020 / DNDIVSOVT. Chernihiv, 2020, pp. 269-270.

[272] J. MacQueen, Some methods for classification and analysis of multivariate observations, Proc. of in Proceedings on the fifth Berkeley Symp. on Mathematical Statistics and Probability, 1(14) (1967) 281-297.

[273] D. Arthur, S. Vassilvitskii, k-means++: as vantagens de uma sementeira cuidadosa. Society for Industrial and Applied Mathematics Philadelphia, em Actas do décimo oitavo simpósio anual ACM-SIAM sobre algoritmos discretos, PA, EUA, 2007, pp. 1027-1035. DOI: 10.5555/1283383.1283494.

[274] D. Selukov, V. Shilov, Encontrando o número ideal de clusters pelo "método do cotovelo". Tecnologias inovadoras: teoria, ferramentas, prática 1 (2016) 107-111.

[275] B.G. Mirkin, Cluster analysis methods for decision support: a review. Ed. casa da Escola Superior de Economia da Universidade Nacional de Investigação. 2011.

[276] R.B. Calinski, J. Harabasz, Um método de dendrite para análise de agrupamentos. Comm. in Statistics 3 (1974) 127.

[277] M.A. Hogervorst, A. Toet, P. Jacobs, Conceção e avaliação da camuflagem (urbana). Actas da SPIE. 2010. DOI: 10.1117/12.850423.

[278] Norma militar VST 01.106.001 - 2018 (01). Apoio de engenharia. Sistema de requisitos táticos e técnicos gerais para armas de engenharia. Requisitos técnicos para meios de camuflagem [Viys'kovyy standart VST 01.106.001 - 2018 (01). Inzhenerne zabezpechennya. Systema zahal'nykh taktyko-tekhnichnykh vymoh do inzhenernoho ozbroyennya. Tekhnichni vymohy do maskuval'nykh zasobiv]. Kyiv: Ministério da Defesa da Ucrânia, 2018.

[279] Chijiiwa Hideaki, Color harmony: a guide to creative color combinations. Vol. 1. Rockport Pub, 1987.

[280] T. Kohonen, Mapas auto-organizáveis: Abordagens de otimização. Artificial neural networks, North-Holland, 1991, pp. 981-990).

[281] ISO/CIE 11664-6:2022 | EN ISO/CIE 11664-6:2022 Colorimetria - Parte 6: Fórmula de diferença de cor CIEDE2000.

[282] Z. Al-Ameen, aprimoramento de contraste para imagens coloridas usando uma técnica de alongamento de contraste ajustável. Revista Internacional de Computação 17(2) (2018) 74-80.

[283] I. Paliy, A. Sachenko, V. Koval e Y. Kurylyak, Approach to Face Recognition Using Neural Networks, em Proceedings on the Intelligent Data Acquisition and Advanced Computing Systems: Technology and Applications, Sofia, Bulgária, 2005, pp. 112-115, doi: 10.1109/IDAACS.2005.282951.

[284] B.P. Rusyn, V.H. Ivanyuk, H. Lau, V.M. Dovhunyk, V.V. Kornii, Análise informática da composição de fases do material com base em imagens a cores de secções. Ciência dos Materiais 40(5) (2004) 662-667.

[285] L. Khrissi, N. El Akkad, H. Satori, K. Satori, Uma abordagem de agrupamento eficaz baseada num algoritmo de seno cosseno melhorado. Revista Internacional de Computação 21(2) (2022) 159-168. DOI: 10.47839/ijc.21.2.2584.

[286] O. Tymochko, et al. Investigação de métodos de filtragem de imagens em sistemas informáticos. Sistemas de informação avançados 5(1) (2021) 93-99. DOI: 10.20998/2522-9052.2021.1.13.

[287] O. Yakovleva, K. Nikolaieva, Pesquisa de normalização de imagem baseada em descritor e análise comparativa dos descritores SURF, SIFT, BRISK, ORB, KAZE, AKAZE. Sistemas de Informação Avançados 4(4) (2020) 89-101. DOI: 10.20998/2522-9052.2020.4.13.

[288] I. Ruban, N. Bolohova, V. Martovytskyi, O. Koptsev, Modelo de autenticação de imagens digitais. Sistemas de Informação Avançados 5(1) (2021) 113-117. DOI:10.20998/2522-9052.2021.1.16

[289] E. Sabziev, Determinação da localização de um veículo aéreo não tripulado com base em imagens de câmaras de vídeo. Sistemas de Informação Avançados 5(1) (2021) 136-139. DOI: 10.20998/2522-9052.2021.1.20.

[290] S. Tyshko, et al. Método Compensatório para Medição de Deslocamento de Fase Utilizando Sinais de Conversão Bisemiperiódica em Sistemas de Inteligência de Diagnóstico. CEUR-WS Proceedings 3312 (2022) 144-154.

[291] D. Mozgovoy, V. Hnatushenko, V. Vasyliev, Automated recognition of vegetation and water bodies on theterritory of megacities in satellite images of visible and IR bands, ISPRS Ann. Photogramm. Sensoriamento Remoto. Inf. Espacial. Sci. IV-3 (2018)167-172. DOI: 10.5194/isprs-annals-IV-3-167-2018.

[292] Y. Shedlovska, V. Hnatushenko, Deteção e remoção de sombras usando um modelo de formação de sombras, em Proceedings on the First International Conference on Data Stream Mining & Processing (DSMP), 2016. DOI: 10.1109/dsmp.2016.7583537.

[293] V. Kashtan, V. Hnatushenko, Y. Shedlovska, Tecnologia de processamento de imagens de deteção remota multiespectral, em Proceedings on the IEEE International Young Scientists Forum on Applied Physics and Engineering (YSF), 2017. DOI: 10.1109/ysf.2017.8126647.

[294] V. Gnatushenko, A utilização de métodos geométricos no processamento de imagens multiespectrais. Jornal de Automação e Ciências da Informação 35(12) (2003) 1-8. DOI: 10.1615/JAutomatInfScien.v35.i12.10.

[295] V. Gnatushenko, Utilização de métodos geométricos na análise de imagens multiespectrais. Problemy Upravleniya I Informatiki (Avtomatika) 6 (2003) 72-81.

[296] D. Mozgovoy, V. Hnatushenko, V. Vasyliev, Avaliação da precisão do reconhecimento automático de objetos usando imagens aéreas multiespectrais e rede neural, em Proceedings on the SPIE 10806, Décima Conferência Internacional sobre Processamento de Imagem Digital (ICDIP 2018), 9 de agosto de 2018, 108060H. DOI: 10.1117/12.2502905.

[297] D. Hordiiuk, V. Hnatushenko, Rede neural e métodos de filtro local de laplace aplicados a imagens de deteção remota de muito alta resolução na deteção de danos urbanos, em Proceedings on the IEEE International Young Scientists Forum on Applied Physics and Engineering (YSF), 2017. DOI:10.1109/ysf.2017.8126648.

[298] Y. Shedlovska, V. Hnatushenko, V. Kashtan, Caraterísticas de imagens de satélite para a estimativa de similaridade de imagens, em Proceedings on the IEEE International Young Scientists Forum on Applied Physics and Engineering (YSF), 2017. DOI: 10.1109/ysf.2017.8126673.

[299] B. Rusyn, et al. A correlation method for fingerprint image recognition using spectral features, in Proceedings on the International Conference on Modern Problems of Radio Engineering, Telecommunications and Computer Science, TCSET 2002, pp. 219-220.

[300] B. Rusyn, V. Korniy, O. Lutsyk, R. Kosarevych, Aprendizagem profunda para a segmentação de imagens de nuvens atmosféricas, em Actas da 11.ª Conferência Internacional Científica e Prática sobre Eletrónica e Tecnologias da Informação, ELIT, 2019, pp. 188-191.

[301] B. Rusyn, A. Lutsyk, R. Kosarevych, Arquitetura modificada de compressão de imagem sem perdas baseada em FPGA para dispositivos on - board com CCD linear. Jornal de Automação e Ciências da Informação 51(2) (2019) 41-49.

[302] R. Kosarevych, et al. Padrões de pontos aleatórios e sacos de palavras visuais para imagens de deteção remota. Jornal de Deteção Remota Aplicada 13(3) (2019), 034521.

[303] B. Rusyn, Ya. Varets'kyi, Yu. Lysak, A. Pokhmurs'kyi, Reconstrução e análise quantitativa de superfícies metálicas com buracos com base num método melhorado de correspondência de imagens estéreo. Ciência dos Materiais 47(2) (2011) 255-263.

[304] C. Nicholson, "A Beginner's Guide to Neural Networks and Deep Learning", https://wiki.pathmind.com/neural-network

[305] O. Knocklein, "Classification Using Neural Networks", https://towardsdatascience.com/classification-using-neural-networks-b8e98f3a904f

[306] M. Abadi, A. Agarwal, P. Barham, "Aprendizagem automática em grande escala", http://download.tensorflow.org/paper/whitepaper2015.pdf

[307] Keras, https://keras.io/about/

[308] Cheryl Pellerin, "Project Maven to Deploy Computer Algorithms to War Zone by Year's End",

https://www.defense.gov/Explore/News/Article/Article/1254719/project-maven-to-deploy-computer-algorithms-to-war-zone-by-years-end/

[309] S. C. Liew, "Electromagnetic Wavesm" Centre for Remote Imaging, Sensing and Processing, 2006.

[310] C. Starr, "Biology: Concepts and Applications", Thomson Brooks, 2005.

[311] G. Elert, "The Electromagnetic Spectrum, The Physics Hypertextbook," Hypertextbook.com, 2010.

[312] B. Chen, "7 funções de ativação populares que deve conhecer na aprendizagem profunda e como utilizá-las com o Keras e o TensorFlow 2, https://towardsdatascience.com/7-popular-activation-functions-you-should-know-in-deep-learning-and-how-to-use-them-with-keras-and-27b4d838dfe6

[313] Porque é que o Python é tão popular na aprendizagem automática e na IA?, https://asperbrothers.com/blog/why-python-for-machine-learning/

[314] A. Beklemysheva, "Porquê utilizar Python para IA e aprendizagem automática?", https://steelkiwi.com/blog/python-for-ai-and-machine-learning/

[315] Porque é que Python é a linguagem mais popular utilizada na aprendizagem automática, https://medium.com/@UdacityINDIA/why-use-python-for-machine-learning-e4b0b4457a77

[316] O espetro visível, https://www.britannica.com/science/color/The-visible-spectrum

[317] B. Rusyn, V. Ostap, O. Ostap, "A correlation method for fingerprint image recognition using spectral features," International Conference on Modern Problems of Radio Engineering, Telecommunications and Computer Science, 2002, pp. 219-220.

[318] B. Rusyn, "Critérios de construção dos sistemas de caraterísticas óptimos no reconhecimento de imagens", Problemy Upravleniya I Informatiki, 1997, 36-40.

[319] V. Lytvyn, I. Peleshchak, R. Peleshchak, R. Holoshchuk, "Deteção de imagens de entrada multiespectrais utilizando redes neurais artificiais não lineares", Conferência Internacional sobre Tendências Avançadas em Radioelectrónica, Telecomunicações e Engenharia Informática, 2018, pp. 119-122.

[320] V. Lytvyn, I et al. "Encriptação de informações com base na síntese de uma rede neural e do algoritmo AES", Tecnologias avançadas de informação e comunicação, AICT, 2019, pp. 447-450.

[321] R. Peleshchak, et al. "Modelo de tomada de decisão baseado em rede neural com conexões sinápticas diagonalizadas", Advances in Intelligent Systems and Computing, 2019, 853, pp. 321-329.

[322] I. Tsmots, M. Medykovskyy, O. Skorokhoda, "Síntese de componentes de hardware para redes neurais paralelas de grupo vertical", Ciências da Computação e Tecnologias da Informação, CSIT, 2015, pp. 1-4.

[323] V. Danylyk, et al. "Detecting Items with the Biggest Weight Based on Neural Network and Machine Learning Methods", Communications in Computer and Information Science, 2020, 1158, pp. 383-396.

[324] A. Demchuk, et. al., "Sistema de distribuição de conteúdos comerciais baseado em redes neurais e aprendizagem automática", Actas do Workshop CEUR, 2019, 2516, pp. 40-57.

[325] M. Smaida, S. Yaroshchak, "Bagging of Convolutional Neural Networks for Diagnostic of Eye Diseases", Actas do workshop do CEUR, 2020, Vol-2604, pp. 715-729.

[326] I. Khortiuk, et al. "Sistema de pontuação baseado em redes neuronais para identificação de fatores na perceção de imagens", atas do seminário do CEUR, 2020, Vol-2604, pp. 993-1003.

[327] V. Golovko, et al. "Deteção de painéis solares fotovoltaicos baseada em redes neurais convolucionais em fotografias de satélite", Aquisição Inteligente de Dados e Sistemas de Computação Avançada, 2017, pp. 14-19.

[328] Keras, https://www.kaggle.com/residentmario/keras-optimizers

[329] Keras oprimizers ftrl, https://keras.io/api/optimizers/ftrl/

[330] Conjunto de dados, https://www.kaggle.com/uciml/iris

[331] Rafael C. Gonzalez, Richard E. Woods Digital Image Processing, 4ª edição Pearson/Prentice Hall, 2018. - 1168p.P. S. abril, R. Plant, The patent holder's dilemma: Buy, sell, or troll?, Communications of the ACM 50 (2007) 36-44. doi:10.1145/1188913.1188915.

[332] I. Ruban, H. Khtoudov, V. Lishchenko, A. Zvonko, S. Glukhov, I. Khizhnyak, V. Maliuha, Y. Polonskyi, R. Kushpeta, O cálculo da eficácia crescente da deteção de objetos aéreos combinando radares de vigilância no sistema coerente // Revista Internacional de Tendências Emergentes em Pesquisa de Engenharia. - Vol. 8. (№ 4), 2020. - P. 1295-1301.

[333] V. Lishchenko, V. Chaliy, H. Khudov e A. Zvonko. Propostas para melhorar a informatividade da vigilância aérea em sistemas de radar MIMO baseados em radares bidimensionais // Intern. Scient.-Pract. Conf. Problemas de Infocomunicações. Ciência e Tecnologia (PIC S&T), 9-12 de outubro de 2018, Kharkiv. - P. 153-156.

[334] S. Orozco-Arias et al., "SENMAP: Uma arquitetura de rede neural convolucional para curadoria de bibliotecas LTR-RT de genomas de plantas", 2021 IEEE 2º Congresso Internacional de Engenharia Biomédica e Bioengenharia (CI-IB&BI), Bogotá DC, Colômbia, 2021, pp. 1-4, doi: 10.1109/CI-IBBI54220.2021.9626130.

[335] Lishchenko V., et al. O método de aumentar o alcance de deteção de veículos aéreos não tripulados em sistemas multiradar baseados em radares de vigilância // IEEE 39ª Conferência Internacional sobre Eletrónica e Nanotecnologia (ELNANO), 16-18 de abril de 2019, Kiev, Ucrânia. - P. 559-562.

[336] C. Mejia-Escobar, M. Cazorla e E. Martinez-Martin, "Improving Facial Expression Recognition Through Data Preparation and Merging", em IEEE Access, vol. 11, pp. 71339-71360, 2023, doi: 10.1109/ACCESS.2023.3293728.

[337] B. Zhao, J. R. Sveinsson, M. O. Ulfarsson e J. Chanussot, "(Semi-) Supervised Mixtures of Fator Analyzers and Deep Mixtures of Fator Analyzers Dimensionality Reduction Algorithms for Hyperspectral Images Classification", IGARSS 2019 - 2019 IEEE International Geoscience and Remote Sensing Symposium, Yokohama, Japão, 2019, pp. 887-890, doi: 10.1109/IGARSS.2019.8898932.

[338] Ruban I., Churyumov G., Tokarev V., Tkachov V. Provisão de capacidade de sobrevivência do sistema móvel reconfigurável na exposição à radiação electromagnética de alta potência // Artigos selecionados da XVII Conferência Internacional Científica e Prática sobre Tecnologias da Informação e Segurança

(ITS 2017). - Processamento do Workshop CEUR. - Kyiv, Ucrânia, 2017. - P. 105-111.
[339] Serkov A., Kravets V., Yakovenko I., Churyumov G., Tokariev V., Nannan W. Sinais de banda ultralarga em sistemas de controlo de veículos aéreos não tripulados // Conferência Internacional do IEEE sobre "Sistemas, serviços e tecnologias fiáveis", (DESSERT'2019). - 2019, Leeds, Reino Unido, 5-7 de junho. - P. 26-29.
[340] Tkachov V., Tokariev V., Dukh Y., Volotka V. Método de recolha de dados em redes de sensores sem fios utilizando uma rede Ad Hoc voadora // Conferência científico-prática internacional do IEEE "Problemas de infocomunicações, ciência e tecnologia", (PIC S&T). - 2018, Kharkiv, Ucrânia, 9-12 de outubro. - P. 197-201.
[341] Yevdokymenko M. Investigation of Tensor Approach for Providing Multimedia Quality in Infocommunication Networks // Ceur Workshop Proceedings of the International Workshop on Cyber Hygiene (CybHyg-2019) co-located with 1st International Conference on Cyber Hygiene and Conflict Management in Global Information Networks (CyberConf 2019). - 2019. - Vol. 2654. - P. 227-239.
[342] Yevdokymenko M., Mohamed E., Onwuakpa P. Ethical hacking and penetration testing using raspberry PI // 2017 4th International Scientific-Practical Conference Problems of Infocommunications. Ciência e Tecnologia (PIC S&T), Kharkiv, 2017. - P. 179-181.
[343] Kuzminykh I., Carlsson A., Yevdokymenko M., Sokolov V. Investigação do tempo de vida do dispositivo IoT com transmissão segura de dados // In: Galinina O., Andreev S., Balandin S., Koucheryavy Y. (eds) Internet of Things, Smart Spaces, and Next Generation Networks and Systems. NEW2AN 2019, ruSMART 2019. Notas de aula em Ciência da Computação, Springer, Cham. Vol. 11660. - P. 16-27.
[344] H. Palus e M. Frackiewicz, "Deterministic vs. Random Initializations for K-Means Color Image Quantization", 2019 15th International Conference on Signal-Image Technology & Internet-Based Systems (SITIS), Sorrento, Itália, 2019, pp. 50-55, doi: 10.1109/SITIS.2019.00020.
[345] S. Dinc, R. Russell e L. A. C. Parra, "Cloud Region Segmentation from All Sky Images using Double K-Means Clustering," 2022 IEEE International Symposium on Multimedia (ISM), Itália, 2022, pp. 261-262, doi: 10.1109/ISM55400.2022.00058.
[346] F. Lopez-Tiro, H. Peregrina-Barreto, J. Rangel-Magdaleno e J. C. Ramirez-San-Juan, "Localization of blood vessels in in-vitro LSCI images with K-means," 2021 IEEE International Instrumentation and Measurement Technology Conference (I2MTC), Glasgow, Reino Unido, 2021, pp. 1-5, doi: 10.1109/I2MTC50364.2021.9460100.
[347] A. Ito, "Successive Binary Partition K-means Method for Clustering with Less Cluster Size Bias", 2022 7th International Conference on Signal and Image Processing (ICSIP), Suzhou, China, 2022, pp. 772-776, doi: 10.1109/ICSIP55141.2022.9886452.
[348] J. Prades, A. Salazar, G. Safont e L. Vergara, "Experimental Study of Hierarchical Clustering for Unmixing of Hyperspectral Images," 2021 IEEE International Conference on Aerospace Electronics and Remote Sensing

Technology (ICARES), Bali, Indonésia, 2021, pp. 1-5, doi: 10.1109/ICARES53960.2021.9665201.

[349] J. Bacca, K. Sanchez e H. Arguello, "Sparse Subspace Clustering for Hyperspectral Images with Missing Pixels", 2019 XXII Simpósio de Imagem, Processamento de Sinais e Visão Artificial (STSIVA), Bucaramanga, Colômbia, 2019, pp. 1-5, doi: 10.1109/STSIVA.2019.8730242.

[350] Y. Wei, C. Niu, H. Wang e D. Liu, "O agrupamento de imagens hiperespectrais com base em informações espaciais e agrupamento espetral", 2019 IEEE 4th International Conference on Signal and Image Processing (ICSIP), Wuxi, China, 2019, pp. 127-131, doi: 10.1109/SIPROCESS.2019.8868487.

[351] C. Hinojosa, J. Bacca, E. Vargas, S. Castillo e H. Arguello, "Projeto de matriz de deteção de câmera de pixel único para agrupamento espetral comprimido hierárquico", 2019 IEEE 29th International Workshop on Machine Learning for Signal Processing (MLSP), Pittsburgh, PA, EUA, 2019, pp. 1-6, doi: 10.1109/MLSP.2019.8918856.

[352] J. Lopez, C. Hinojosa e H. Arguello, "Fast Subspace Clustering Algorithm with Efficient Similarity-Constrained Sampling for Hyperspectral Images", 2021 IEEE 31st International Workshop on Machine Learning for Signal Processing (MLSP), Gold Coast, Austrália, 2021, pp. 1-6, doi: 10.1109/MLSP52302.2021.9596507.

[353] K. Smelyakov, A. Chupryna, O. Bohomolov e I. Ruban, "The Neural Network Technologies Effectiveness for Face Detection," 2020 IEEE Third International Conference on Data Stream Mining & Processing (DSMP), 2020, pp. 201-205, doi: 10.1109/DSMP47368.2020.9204049.

[354] K. Smelyakov, A. Chupryna, O. Bohomolov e N. Hunko, "The Neural Network Models Effectiveness for Face Detection and Face Recognition," 2021 IEEE Open Conference of Electrical, Electronic and Information Sciences (eStream), 2021, pp. 1-7, doi: 10.1109/eStream53087.2021.9431476.

[355] K. Smelyakov, M. Shupyliuk, V. Martovytskyi, D. Tovchyrechko e O. Ponomarenko, "Efficiency of image convolution", 2019 IEEE 8th International Conference on Advanced Optoelectronics and Lasers (CAOL), 2019, pp. 578-583, doi: 10.1109/CAOL46282.2019.9019450.

[356] M. Tonin e R. L. de Queiroz, "On Quantization of Image Classification Neural Networks for Compression Without Retraining," 2022 IEEE International Conference on Image Processing (ICIP), Bordéus, França, 2022, pp. 916-920, doi: 10.1109/ICIP46576.2022.9897466.

[357] Kyrychenko, I., Nazarov, O., Huliiev, N., Avdieiev, O. "Selection of Artificial Neural Networks for Disease Prediction", 2023 7th International Conference on Computational Linguistics and Intelligent Systems (COLINS-2023), 2023. - CEUR-WS, 2023, ISSN 16130073. - Volume 3387, PP. 236-248.

[358] Color Space: https://cdn.firespring.com/images/36580bd4-0617-45db-9623-941537eab10d.png

[359] Imagem do automóvel: https://www.autocentre.ua/wp-content/uploads/2018/05/Die-Besten-bis-5000-Euro-TueV-Report-2018-1200x800-17fa1ff16f0bfc7a.jpg

[360] Imagem do automóvel: https://auto.ironhorse.ru/wp-content/uploads/2018/06/Q8-side.jpg

[361] https://unity.com
[362] https://drive.google.com/drive/folders/1MHdinKBlqIGuwz0Irtm4zYV10C a-XLAK
[363] Iwuoha, V. C., & Doevenspeck, M. (2023). Dilemas da "nacionalidade biométrica": controlo das migrações, tecnologia de identificação biométrica e mobilização política dos migrantes na África Ocidental. Território, Política, Governação, 1-26.
[364] Marani, M., Soltani, M., Bahadori, M., Soleimani, M., & Moshayedi, A. (2023). O papel da biometria no sector bancário: Uma revisão. Transacções Aprovadas pela EAI sobre IA e Robótica, 2(1).
[365] El-afifi, M. I., & El Kelany, M. M. (2023). Tendências na autenticação biométrica: A review. Jornal Nilo de Comunicação e Ciência da Computação.
[366] Helmy, M., El-Rabaie, E. S. M., El-Dokany, I., & Abd El-Samie, F. E. (2023). Um novo sistema de reconhecimento biométrico cancelável baseado na técnica do cubo de Rubik para aplicações de cibersegurança. Optik, 285, 170475.
[367] Das, S., De Ghosh, I., & Chattopadhyay, A. (2023). A liveness detection system for sclera biometric applications (Um sistema de deteção de vivacidade para aplicações biométricas da esclera). International Journal of Biometrics, 15(6), 645-664.
[368] Micheletto, M., Orrù, G., Casula, R., Yambay, D., Marcialis, G. L., & Schuckers, S. (2023). Revisão da série de concursos de deteção de vivacidade de impressões digitais (LivDet): de 2009 a 2021. Manual de Anti-Spoofing Biométrico: Apresentação Deteção de ataques e avaliação de vulnerabilidades, 57-76.
[369] Krichen, M. (2023). Redes neurais convolucionais: A survey. Computadores, 12(8), 151.
[370] Micheletto, et al. (2023). Revisão da série de concursos para a deteção da vivacidade das impressões digitais (LivDet): de 2009 a 2021. Manual de Anti-Spoofing Biométrico: Apresentação Deteção de ataques e avaliação de vulnerabilidades, 57-76.
[371] Chicco, D., & Jurman, G. (2023). O coeficiente de correlação de Matthews (MCC) deve substituir o ROC AUC como a métrica padrão para avaliar a classificação binária. BioData Mining, 16(1), 1-23.
[372] Y. I. Shehu, A. Ruiz-Garcia, V. Palade e A. James, "Sokoto coventry fingerprint dataset", arXiv: 1807.10609, 2018.
[373] Sun, H., Shen, L., Zhong, Q., Ding, L., Chen, S., Sun, J., ... & Tao, D. (2023). Adasam: Impulsionando a minimização com consciência de nitidez com taxa de aprendizagem adaptativa e momento para treinar redes neurais profundas. arXiv preprint arXiv: 2303.00565.
[374] Logoyda, M., et al. (2019). Identificação de imagens biométricas usando elementos latentes. Actas do Workshop CEUR. EID: 2-s2.0-85074659529
[375] Dronyuk I, Nazarkevych M, Poplavska Z. Generalização de filtros de Gabor baseada em funções ateb para segurança da informação. Conferência Internacional sobre Interações Homem-Máquina 2017 Out 3 (pp. 195-206). Springer, Cham
[376] Nazarkevych, M., et al. (2021). Avaliação da eficácia de diferentes métodos de esqueletização de imagens em sistemas de segurança biométrica.

International Journal of Sensors Wireless Communications and Control, 11(5), 542-552. DOI: 10.2174/2210327910666201210151809

[377] Sheketa, V., et al. Métodos formais para a resolução de problemas tecnológicos nas rotinas de infocomunicações de tomada de decisões inteligentes para controlo de perfuração. Em 2019 IEEE International Scientific-Practical Conference Problems of Infocommunications, Science and Technology. PIC S&T, 2019, pp. 29-34.

[378] Sheketa, V., et al. Método empírico de avaliação dos valores numéricos das métricas no processo de determinação da qualidade do software médico. Na Conferência Internacional de 2020 sobre Ciências e Aplicações de Auxílio à Decisão DASA, 2020, pp. 22-26.

[379] Shakhovska, et al. O modelo de informação dos armazéns de dados na nuvem. Na Conferência sobre Ciência da Computação e Tecnologias da Informação, 2018, pp. 182-191.

[380] Boyko, N., Tkachuk, N. Processamento de diferentes tipos de dados médicos usando Hadoop e Java MapReduce. Em IDDM, 2020, pp. 405-414.

[381] Tsmots, I., Teslyuk, V., Teslyuk, T., Lukashchuk, Y. O método e o modelo de simulação da seleção da base de elementos para a síntese do sistema de proteção e transmissão de dados. International Journal of Sensors Wireless Communications and Control, 11(5), 2021, p.518-530.

[382] Documentação Jenkins: https://www.jenkins.io/doc/book/

[383] Documentação Docker: https://docs.docker.com/

[384] Documentação Kubernetes: https://kubernetes.io/docs/home/

[385] Berner, S., et al. (2005, maio). Observações e lições aprendidas com os testes automatizados. Em Proceedings of the 27th international conference on Software engineering (pp. 571-579).

[386] Kniberg, H., & Skarin, M. (2010). Kanban e Scrum - tirando o máximo partido de ambos. Lulu. com.

[387] Mouat, A. (2015). Usando docker: desenvolvendo e implantando software com contêineres. " O'Reilly Media, Inc.".

[388] Luksa, M. (2017). Kubernetes em ação. Simon e Schuster.

[389] Kryukov O.M., Melnikov R.S., Muzychuk V.A. O método de diagnóstico da condição técnica de furos e munições com base na identificação das caraterísticas dos elementos balísticos do tiro. Coleção de trabalhos científicos da Academia Nacional.2018. Вип. 2 (32). C. 5-11 DOI: https://doi.org/10.33405/2409-7470/2018/2/32/155166.

[390] Yu. V. Kuts, L. M. Shcherbak. Statistical phasometry. Universidade Técnica Estatal de Ternopil, 2009. - 384 c.

[391] Lavrut O.O., et al. As mais recentes tecnologias e meios de comunicação nas Forças Armadas da Ucrânia: o caminho da transformação e as perspectivas de desenvolvimento Ciência e tecnologia da Força Aérea das Forças Armadas da Ucrânia. 2019.- Edição 1 (34). - C. 91-101 DOI: https://doi.org/: 10.30748/nitps.2019.34.13.

[392] Lavrut O.O., et al. Situação e perspetivas da utilização de tecnologias modernas e meios de radiocomunicação nas Forças Armadas da Ucrânia Sistemas de armas e equipamento militar: uma revista científica. 2017.- Issue1(49). - C. 42-49.

[393] L Bohdal, L. Kukiełka, S. Legutko, R. Patyk, A. M. Radchenko Modelagem e pesquisa experimental de corte por cisalhamento da folha de liga de alumínio AA6111-T4. // Materiais. - 2020. - Vol. 13, Iss. 14. - Artigo Id: 3175. DOI: 10.3390/ma13143175.

[394] 6. Bonavolontà F., D'Apuzzo, M., Liccardo, A. e Mieleb, G. Medições de harmónicas e inter-harmónicas através de uma abordagem de amostragem comprimida. Measurement. 2016. Vol. 77. P. 1-15. DOI: org/10.1016/j.measurement. 2015.08.022.

[395] Skolnik M.I. Radar Handbook. Terceira edição. The McGraw-Hill Companies, 2008. 1352 p.

[396] Sun G., Wu L., Kuang Z., Ma Z., Liu J. Controlo de seguimento prático do motor linear através do modo deslizante de ordem fraccionada. Automatica, 2018, vol. 94, pp. 221-235. doi: https://doi.org/10.1016/j.automatica.2018.02.011

[397] Wang Y., Wang C., Tao Y. Aquisição rápida de frequência e bloqueio de fase de osciladores de anel não planares. Appl. Sci. 2017. Vol. 7. P. 10-32. DOI: https://doi.org/10.3390/app7101032

[398] Kihong S. On the Selection of Sensor Locations for the Fictitious FRF based Fault Detection Method (Sobre a seleção das localizações dos sensores para o método de deteção de falhas baseado em FRF fictícia). Jornal Internacional de Tendências Emergentes em Pesquisa de Engenharia. 2019. Vol. 7. Is. 7. P. 569-575. DOI: https://org/10.30534/ijeter/2019/277112019.

[399] Bonavolontà F., D'Apuzzo, M., Liccardo, A. e Mieleb, G., Medições de harmónicas e inter-harmónicas através de uma abordagem de amostragem comprimida. Measurement. 2016. Vol. 77, pp. 1-15. doi: org/10.1016/j.measurement. 2015.08.022

[400] Kuts Yu, et al. Utilização de um transdutor multidiferencial para a inspeção de objectos por correntes parasitas pulsantes. IEEE Primeira Conferência da Ucrânia sobre engenharia eléctrica e informática (Ukrcon). Actas da Conferência. 29 de maio a 2 de junho de 2017. Kyiv, Ucrânia. P.826 - 829.DOI: 1109/UKRCON.2017.8100361

[401] Tyshko S. A., et al. Análise da possibilidade de utilizar a conversão de dois meios períodos para medir a mudança de fase de sinais harmónicos com igual amplitude Coleção de trabalhos científicos da Universidade de Kharkiv da Força Aérea. 2013. - №2 (30). - C. 42 - 44

[402] Gubin S. V., et al. Método oscilográfico de medição do desvio de fase baseado na transformação bi-semiperiódica. Sistemas radioelectrónicos e informáticos 2019. Vol. 4(2019). C 47 - 54 DOI: https://doi.org/: 10.32620/reks.2019.4.05

[403] Kihong S. On the Selection of Sensor Locations for the Fictitious FRF based Fault Detection Method (Sobre a seleção de localizações de sensores para o método de deteção de falhas baseado em FRF fictícia). Jornal Internacional de Tendências Emergentes em Pesquisa de Engenharia. 2019 Vol. 7, Is. 7, pp. 569-575. DOI:.https:// org/10.30534/ijeter/2019/277112019.

[404] Oleg Klymovych, et. al. The Diagnostics Methods for Modern Communication Tools in the Armed Forces of Ukraine Based on Neural Network Approach [Métodos de diagnóstico para ferramentas de comunicação modernas nas forças armadas da Ucrânia com base na abordagem de redes

neuronais]. Actas do 2.º Workshop Internacional sobre Tecnologias Modernas de Aprendizagem Automática e Ciência de Dados (MoMLeT+DS 2020). Volume I: Conferência Principal Lviv-Shatsk, Ucrânia, 2-3 de junho de 2020.- P. 198-208.- [Recurso eletrónico]. - Modo de acesso: http://ceur-ws.org/Vol-2631/paper15.pdf

[405] Sergey Tyshko, et al. Método compensatório para medir a mudança de fase utilizando sinais de conversão bisemiperiódica em sistemas de inteligência de diagnóstico. Actas do 4.º Workshop Internacional sobre Tecnologias Modernas de Aprendizagem Automática e Ciência de Dados (MoMLeT+DS 2022). Volume I: Conferência Principal Lviv-Shatsk, Ucrânia, 25 de novembro de 2022.- P. 144-154.- URL: https://ceur-ws.org/Vol-3312/paper12.pdf

[406] Nazarkevych, M., Yavourivskiy, B., & Klyuynyk, I. (2015, fevereiro). Edição de imagens raster e classificação digital com software. A Experiência de Conceção e Aplicação de Sistemas CAD em Microeletrónica (pp. 439-441). IEEE.

[407] Nazarkevych, M., Kynash, Y., Oliarnyk, R., Klyujnyk, I., & Nazarkevych, H. (2017, maio). Aplicação aperfeiçoada do algoritmo de rastreamento de ondas. Em 2017 IEEE Primeira Conferência da Ucrânia sobre Engenharia Elétrica e de Computadores (UKRCON) (pp. 1011-1014). IEEE.

[408] Medykovskyy, et. al. (2015, setembro). Métodos de proteção de documentos formados a partir de elementos latentes localizados por fractais. Em 2015 Xth International Scientific and Technical Conference" Computer Sciences and Information Technologies"(CSIT) (pp. 70-72). IEEE.

MIX
Papier aus verantwortungsvollen Quellen
Paper from responsible sources
FSC® C105338

Printed by Books on Demand GmbH, Norderstedt / Germany